内蒙古自治区第一次全国可移动文物普查工作报告

内蒙古自治区文物局　编著

文物出版社

图书在版编目（CIP）数据

内蒙古自治区第一次全国可移动文物普查工作报告 /
内蒙古自治区文物局编著 . —— 北京：文物出版社，
2023.12

ISBN 978-7-5010-8186-8

Ⅰ . ①内… Ⅱ . ①内… Ⅲ . ①文物—普查—工作报告
—内蒙古 Ⅳ . ① K872.26

中国国家版本馆 CIP 数据核字（2023）第 172586 号

内蒙古自治区第一次全国可移动文物普查工作报告

编　　著：内蒙古自治区文物局

责任编辑：乔汉英
封面设计：程星涛
责任印制：王　芳

出版发行：文物出版社
社　　址：北京市东城区东直门内北小街 2 号楼
邮政编码：100007
网　　址：http://www.wenwu.com
经　　销：新华书店
印　　刷：宝蕾元仁浩（天津）印刷有限公司
开　　本：889mm×1194mm　1/16
印　　张：29.5
版　　次：2023 年 12 月第 1 版
印　　次：2023 年 12 月第 1 次印刷
书　　号：ISBN 978-7-5010-8186-8
定　　价：680.00 元

目　录

第一章 普查工作报告

内蒙古自治区第一次全国可移动文物普查工作报告

内蒙古自治区第一次全国可移动文物普查领导小组办公室

内蒙古自治区文物局

前　言

　　第一次全国可移动文物普查是继第三次全国文物普查（不可移动文物部分）之后在文化遗产领域开展的又一重大国情国力调查，是一项旨在全面掌握我国文物资源、加强文物保护、建设文化遗产强国的国家工程。这是中华人民共和国成立六十余年来，我国首次开展的全国可移动文物普查，也是我国文化遗产领域的重大国情国力调查。

　　1. 全国及内蒙古自治区普查工作部署

　　（1）全国普查工作部署

　　为提高我国文化遗产保护水平，促进社会主义文化大发展大繁荣，建设社会主义文化强国，根据《国家"十二五"时期文化改革发展规划纲要》，2012年10月1日，国务院印发《国务院关于开展第一次全国可移动文物普查的通知》（国发〔2012〕54号）。国务院决定从2012年10月开始，至2016年12月结束，开展第一次全国可移动文物普查，普查的标准时点是2013年12月31日24时。2012年10月17日，国家文物局印发《关于落实国务院通知精神认真做好第一次全国可移动文物普查的通知》（文物普查发〔2012〕14号），国家文物局要求各省、市、自治区文物局认真学习国务院通知，做好第一次全国可移动文物普查工作。2013年4月18日，国务院召开了第一次全国可移动文物普查电视电话会议进行动员部署。

　　（2）内蒙古自治区普查工作部署

　　内蒙古自治区文物局高度重视第一次全国可移动文物普查工作，2013年3月28日，自治区文物局召开会议，研究部署全区第一次全国可移动文物普查工作。

　　2013年4月16日，自治区人民政府印发了《内蒙古自治区人民政府关于在全区开展第一次全国可移动文物普查的通知》，自治区人民政府决定在全区开展第一次全国可移动文物普查工作。

　　2013年7月16日，自治区第一次全国可移动文物普查领导小组召开了全区第一次全国可移动文物普查电视电话会议，动员部署我区第一次全国可移动文物普查工作。

　　2. 内蒙古自治区资源总体情况和特点

　　我区幅员辽阔，历史悠久，自古就是中国北方各民族生息繁衍的家园。在漫漫历史长河中，各民族用勤劳和智慧，创造了独具特色的草原文明，留下了丰富的文化遗产。

根据第三次全国文物普查，全区共登记不可移动文物21099处，其中全国重点文物保护单位142处，自治区级文物保护单位511处，市县级文物保护单位2364处。

内蒙古自治区文物资源特点鲜明，独具特色。一是考古学文化丰富，从旧石器时代至早期铁器时代有30余个考古学文化，大窑遗址充分证明了在内蒙古地区自距今50万年以来就一直有先民在此劳动、生息、繁衍。特别是红山文化"中华第一龙"的发现，对中华文明多元一体的科学论断提供了重要的实物证明，也充分说明了内蒙古地区是中华文明的重要组成部分，在中华文明的产生和发展中占有重要地位。二是中国古代北方少数民族，如林胡、楼烦、山戎、东胡、匈奴、鲜卑、突厥、契丹、蒙古等，都从内蒙古大草原崛起，不但在欧亚大陆上创建了卓越的功勋，而且在内蒙古草原上留下了丰富的文化遗产，成为国家、民族以及全人类的宝贵财富。三是近现代少数民族文物独具民族特色，特别是蒙古族、达斡尔族、鄂伦春族、鄂温克族的民族民俗文物，丰富多彩。四是革命文物特征鲜明，内蒙古自治区成立于1947年5月1日，是我国建立最早的省级自治区，在中国共产党领导下各民族共同谱写了内蒙古历史新篇章，留下了丰富的革命遗存，是进行爱国主义教育的生动教材，是培育民族精神的重要载体。

3. 内蒙古自治区普查主要成绩和意义

（1）内蒙古自治区普查主要成绩

经过调查和专家认定，全区国有文物收藏单位共有430家，全部进行了注册登录。其中有357家收藏单位文物在此次普查范围内，上报了文物。截至2016年12月31日，共上报文物（含自然类文物）1125464件／套，总计1506421件，文物总量排在全国各省、市、自治区第6名，比普查前文物总量翻了一番。

（2）内蒙古自治区普查主要意义

内蒙古的文物是中华民族的宝贵财富，是开展爱国主义和民族团结教育最为生动、形象的教材，其意义重大。

可移动文物是中华民族文化的实物见证，通过第一次全国可移动文物普查，我区摸清了家底，是确保国家文化安全、保障人民群众基本文化权益的重要措施，是健全国家文物保护体系的重要基础工作。对维护祖国统一、加强民族团结、加强民族文化大区建设都有着十分重要的意义。

内蒙古文物的民族特色及文化内涵丰富，是旅游的核心和灵魂，对于提升旅游品质、促进经济发展、改善人们生活有重要作用。加强文物保护，合理利用文物对增加内蒙古旅游景点文化含量具有十分重要的意义。

一、内蒙古自治区普查数据

通过普查，全面掌握了我区现存国有可移动文物的数量分布、保存现状、保管权属和使用管理等情况。通过对12个盟市的数据质量抽查，发现数据填报差错率低于0.5%，达到质量控制要求。

截至 2016 年 12 月 31 日，内蒙古自治区按照普查统一标准登录文物信息的国有可移动文物 1125464 件／套（共计 1506421 件），其中文物古籍类 1112253 件／套，标本化石类 13211 件／套。现将相关数据公布如下：

（一）可移动文物基本情况

1．类别

按文物古籍类别统计，数量最多的五个类别分别是钱币 844388 件／套，数量占比 75.92%；石器、石刻、砖瓦 31616 件／套，数量占比 2.84%；铜器 31508 件／套，数量占比 2.83%；古籍图书 27383 件／套，数量占比 2.46%；瓷器 24947 件／套，数量占比 2.24%。以上五个类别合计 959842 件／套，数量占比 86.30%（表 1，图 1—4）。

表 1　按文物古籍类别统计

文物古籍类别	文物古籍数量（件／套）	数量占比（%）
合计	1112253	100.00
玉石器、宝石	5997	0.54
陶器	21630	1.95
瓷器	24947	2.24
铜器	31508	2.83
金银器	6344	0.57
铁器、其他金属器	9068	0.82
漆器	271	0.02
雕塑、造像	22732	2.04
石器、石刻、砖瓦	31616	2.84
书法、绘画	4934	0.44
文具	1127	0.10
甲骨	18	0.00
玺印符牌	6922	0.62
钱币	844388	75.92
牙骨角器	3204	0.29
竹木雕	5511	0.50
家具	2645	0.24
珐琅器	262	0.02

续表 1

文物古籍类别	文物古籍数量（件／套）	数量占比（%）
织绣	6036	0.54
古籍图书	27383	2.46
碑帖拓本	1093	0.10
武器	11440	1.03
邮品	4242	0.38
文件、宣传品	5892	0.53
档案文书	13738	1.24
名人遗物	686	0.06
玻璃器	1438	0.13
乐器、法器	2577	0.23
皮革	2629	0.24
音像制品	459	0.04
票据	3863	0.35
交通、运输工具	531	0.05
度量衡器	817	0.07
其他	6305	0.57

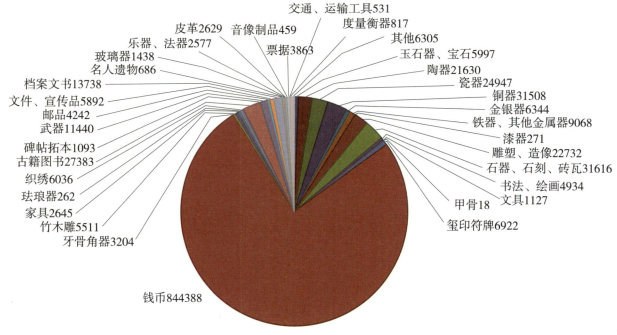

图 1　按文物古籍类别统计

（件/套）

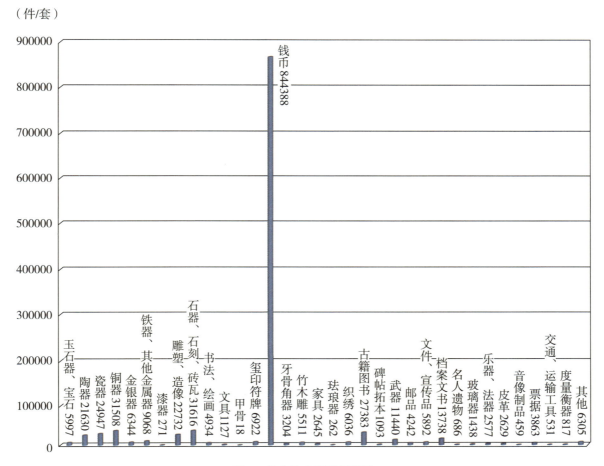

图 2　按文物古籍类别统计

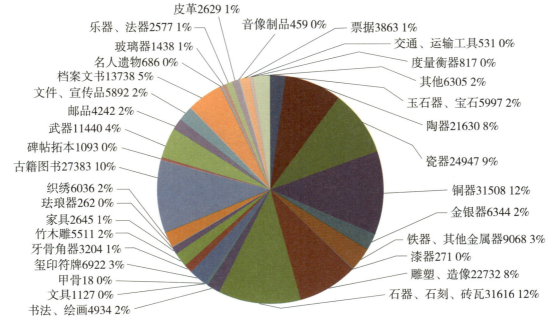

图 3　按文物古籍类别统计（不含钱币）

（件/套）

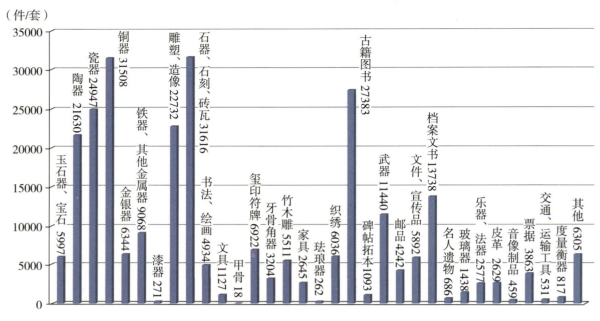

图 4　按文物古籍类别统计（不含钱币）

按标本化石类别统计，数量最多的三个类别分别是古生物化石 10857 件／套，数量占比82.18%；现生动物和现生植物 2004 件／套，数量占比 15.17%；岩石和矿物 331 件／套，数量占比2.50%（表2，图5、6）。

表2　按标本化石类别统计

标本化石类别	标本化石数量（件／套）	数量占比（%）
合计	13211	100.00
古生物化石	10857	82.18
古人类化石	17	0.13
现生动物和现生植物	2004	15.17
岩石和矿物	331	2.50
其他	2	0.02

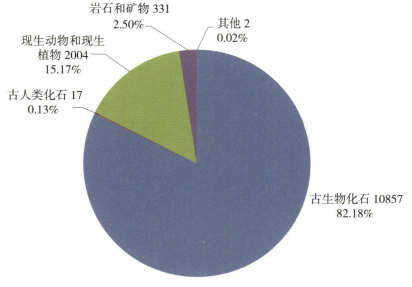

图 5 按标本化石类别统计

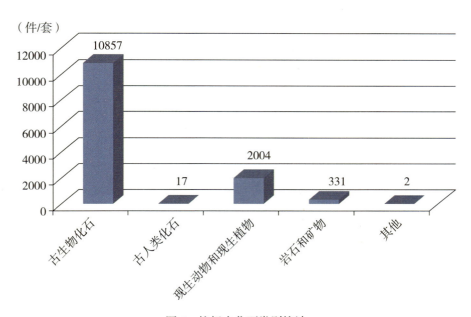

图 6 按标本化石类别统计

2.年代

本次普查使用了六种年代表示方式对文物古籍的年代进行登录，分别是地质年代（41件/套，数量占比0.00%）、考古学年代（29404件/套，数量占比2.64%）、中国历史学年代（1068585件/套，数量占比96.08%）、公历纪年（9999件/套，数量占比0.90%）、其他（3255件/套，数量占比0.29%）、年代不详（969件/套，数量占比0.09%）（表3，图7、8）。

表3　按文物古籍年代统计

文物古籍年代表示方式	文物古籍数量（件／套）	数量占比（%）
合计	1112253	100.00
地质年代	41	0.00
考古学年代	29404	2.64
中国历史学年代	1068585	96.08
公历纪年	9999	0.90
其他	3255	0.29
年代不详	969	0.09

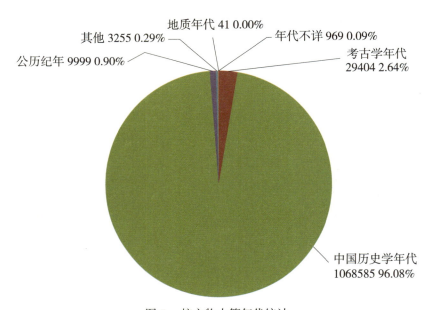

图7　按文物古籍年代统计

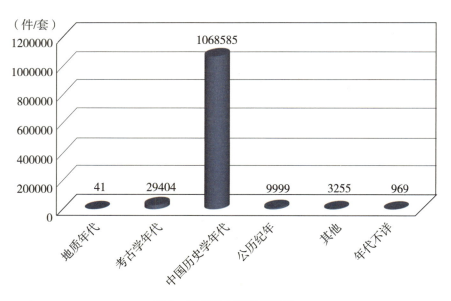

图8　按文物古籍年代统计

使用考古学年代和中国历史学年代登录的文物古籍合计1097989件/套。其中，数量最多的五个年代分别是宋485694件/套，数量占比44.23%；清227399件/套，数量占比20.71%；唐144588件/套，数量占比13.17%；民国59537件/套，数量占比5.42%；汉38533件/套，数量占比3.51%。以上五个年代合计955751件/套，数量占比87.05%（表4，图9、10）。

表4 按文物古籍考古学年代和中国历史学年代统计

考古学年代和中国历史学年代	文物古籍数量（件/套）	数量占比（%）
合计	1097989	100.00
旧石器时代	1734	0.16
新石器时代	27670	2.52
夏	1273	0.12
商	452	0.04
周	19550	1.78
秦	502	0.05
汉	38533	3.51
三国	37	0.00
西晋	54	0.00
东晋十六国	34	0.00
南北朝	2429	0.22
隋	342	0.03
唐	144588	13.17
五代十国	1404	0.13
宋	485694	44.23
辽	21963	2.00
西夏	10169	0.93
金	5123	0.47
元	17083	1.55
明	2698	0.25
清	227399	20.71
民国	59537	5.42
中华人民共和国	29721	2.71

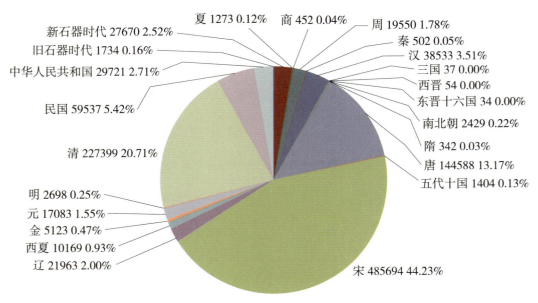

图 9　按文物古籍考古学年代和中国历史学年代统计

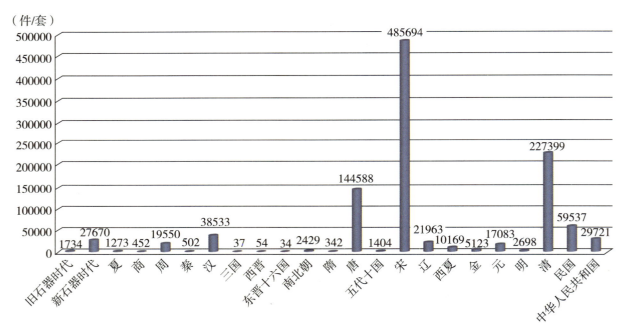

图 10　按文物古籍考古学年代和中国历史学年代统计

3. 级别

按可移动文物级别统计，珍贵藏品共计16054件/套（文物古籍类珍贵文物15916件/套，珍贵标本化石138件/套），数量占比1.43%；一般文物553843件/套，数量占比49.21%；未定级文物555567件/套，数量占比49.36%（表5，图11、12）。

表5 按可移动文物级别统计

可移动文物级别	可移动文物数量（件／套）	数量占比（％）
合计	1125464	100.00
珍贵	16054	1.43
一般	553843	49.21
未定级	555567	49.36

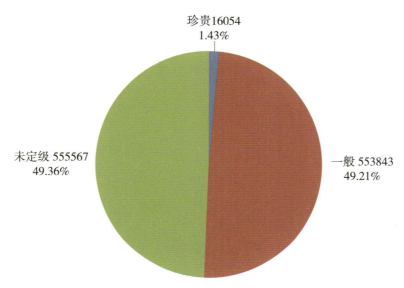

图11 按可移动文物级别统计

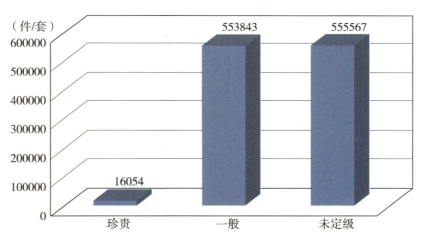

图12 按可移动文物级别统计

按文物古籍级别统计，珍贵文物15916件／套，数量占比1.43％；一般文物549748件／套，数量占比49.43％；未定级文物546589件／套，数量占比49.14％（表6，图13、14）。

表6　按文物古籍级别统计

文物古籍级别	文物古籍数量（件／套）	数量占比（%）
合计	1112253	100.00
珍贵	15916	1.43
一般	549748	49.43
未定级	546589	49.14

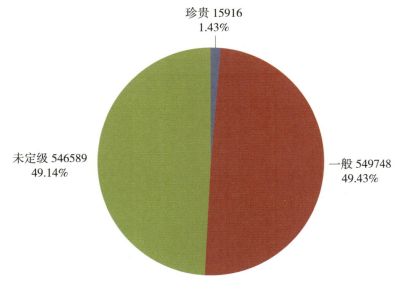

图 13　按文物古籍级别统计

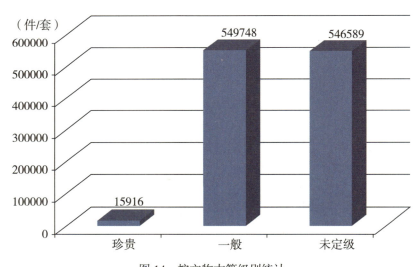

图 14　按文物古籍级别统计

按文物古籍类珍贵文物级别统计，珍贵文物15916件/套，其中一级文物2152件/套，数量占比13.52%；二级文物5397件/套，数量占比33.91%；三级文物8367件/套，数量占比52.57%（表7，图15、16）。

表7 按文物古籍类珍贵文物级别统计

文物古籍类珍贵文物级别	文物古籍类珍贵文物数量（件/套）	数量占比（%）
合计	15916	100.00
一级	2152	13.52
二级	5397	33.91
三级	8367	52.57

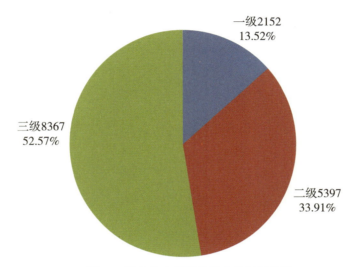

图15 按文物古籍类珍贵文物级别统计

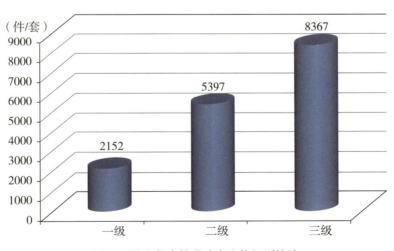

图16 按文物古籍类珍贵文物级别统计

按标本化石级别统计，珍贵标本化石138件/套，数量占比1.04%；一般标本化石4095件/套，数量占比31.00%；未定级标本化石8978件/套，数量占比67.96%（表8，图17、18）。

表8　按标本化石级别统计

标本化石级别	标本化石数量（件／套）	数量占比（％）
合计	13211	100.00
珍贵	138	1.04
一般	4095	31.00
未定级	8978	67.96

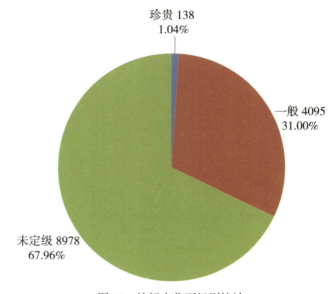

图17　按标本化石级别统计

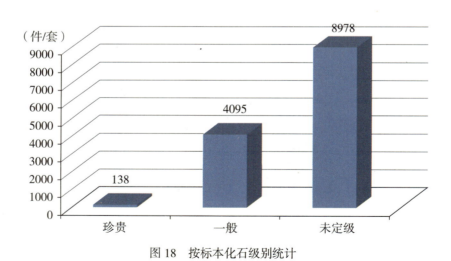

图18　按标本化石级别统计

4．来源

按可移动文物来源统计，主要有以下三种：征集购买304656件／套，数量占比27.07％；旧藏226042件／套，数量占比20.08％；发掘222859件／套，数量占比19.80％。以上三种来源合计753557件／套，数量占比66.96％（表9，图19、20）。

表9　按可移动文物来源统计

可移动文物来源	可移动文物数量（件／套）	数量占比（%）
合计	1125464	100.00
征集购买	304656	27.07
接受捐赠	36584	3.25
依法交换	155	0.01
拨交	119803	10.65
移交	178059	15.82
旧藏	226042	20.08
发掘	222859	19.80
采集	32487	2.89
拣选	2274	0.20
其他	2545	0.23

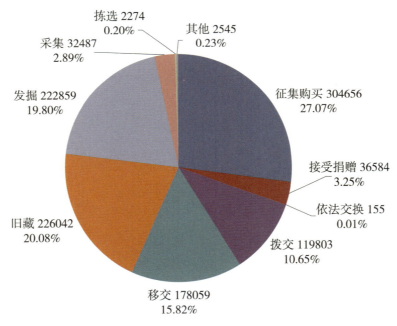

图19　按可移动文物来源统计

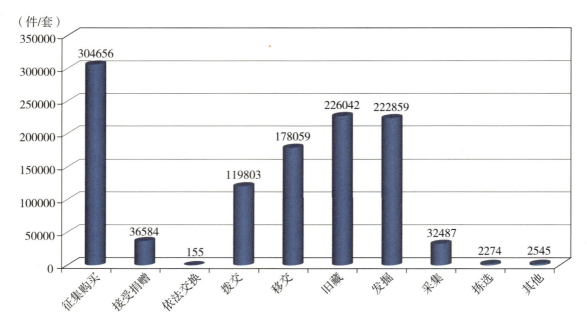

图 20 按可移动文物来源统计

5．入藏时间

按可移动文物入藏时间统计，主要有以下三种：1977—2000年入藏566698件/套，数量占比50.35%；2001年至今入藏354461件/套，数量占比31.49%；1949年10月1日—1965年入藏136789件/套，数量占比12.16%。以上三个时间段入藏合计1057948件/套，数量占比94.00%（表10，图21、22）。

表10 按可移动文物入藏时间统计

可移动文物入藏时间范围	可移动文物数量（件/套）	数量占比（%）
合计	1125464	100.00
1949年10月1日前	10288	0.92
1949年10月1日—1965年	136789	12.16
1966—1976年	57228	5.08
1977—2000年	566698	50.35
2001年至今	354461	31.49

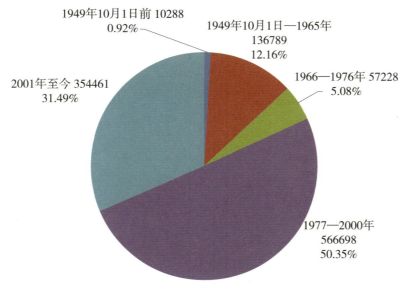

图21　按可移动文物入藏时间统计

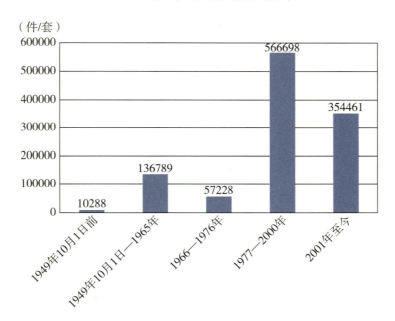

图22　按可移动文物入藏时间统计

6．完残程度

按文物古籍完残程度统计，完整文物154498件/套，数量占比13.89%；基本完整文物887415件/套，数量占比79.79%；残缺文物66556件/套，数量占比5.98%；严重残缺（含缺失部件）文物3784件/套，数量占比0.34%（表11，图23、24）。

表11　按文物古籍完残程度统计

文物古籍完残程度	文物古籍数量（件／套）	数量占比（%）
合计	1112253	100.00
完整	154498	13.89
基本完整	887415	79.79
残缺	66556	5.98
严重残缺（含缺失部件）	3784	0.34

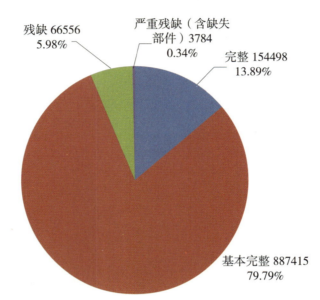

图 23　按文物古籍完残程度统计

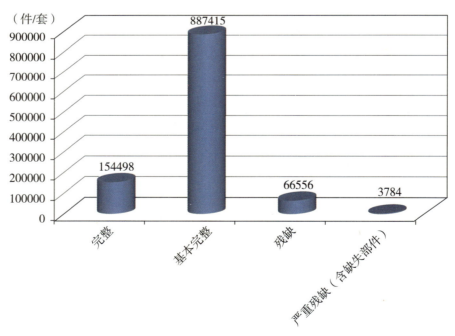

图 24　按文物古籍完残程度统计

7. 保存状态

按文物古籍保存状态统计，状态稳定，不需修复文物399186件/套，数量占比35.89%；部分损腐，需要修复文物703572件/套，数量占比63.26%；腐蚀损毁严重，急需修复文物4949件/套，数量占比0.44%；已修复文物4546件/套，数量占比0.41%（表12，图25、26）。

表12 按文物古籍保存状态统计

文物古籍保存状态	文物古籍数量（件/套）	数量占比（%）
合计	1112253	100.00
状态稳定，不需修复	399186	35.89
部分损腐，需要修复	703572	63.26
腐蚀损毁严重，急需修复	4949	0.44
已修复	4546	0.41

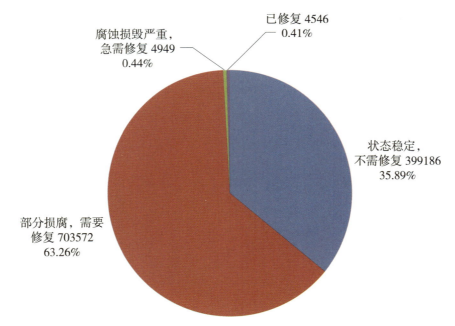

图25 按文物古籍保存状态统计

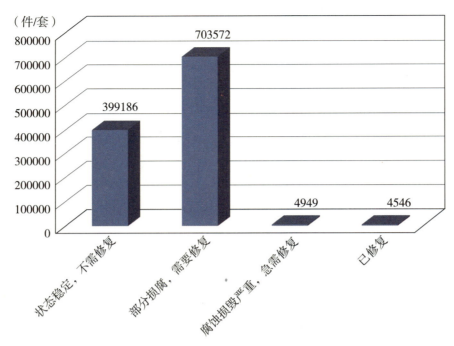

图 26　按文物古籍保存状态统计

（二）珍贵藏品基本情况

1. 类别

按文物古籍类珍贵文物类别统计，数量最多的五个类别分别是铜器2485件/套，数量占比15.61%；瓷器2226件/套，数量占比13.99%；钱币2022件/套，数量占比12.70%；陶器1331件/套，数量占比8.36%；石器、石刻、砖瓦960件/套，数量占比6.03%。以上五个类别合计9024件/套，占珍贵文物总量的56.70%（表13，图27、28）。

表 13　按文物古籍类珍贵文物类别统计

文物古籍类珍贵文物类别	文物古籍类珍贵文物数量（件／套）	数量占比（%）
合计	15916	100.00
玉石器、宝石	626	3.93
陶器	1331	8.36
瓷器	2226	13.99
铜器	2485	15.61
金银器	802	5.04
铁器、其他金属器	240	1.51
漆器	43	0.27
雕塑、造像	936	5.88
石器、石刻、砖瓦	960	6.03

文物古籍类珍贵文物类别	文物古籍类珍贵文物数量（件／套）	数量占比（%）
书法、绘画	391	2.46
文具	78	0.49
甲骨	2	0.01
玺印符牌	366	2.30
钱币	2022	12.70
牙骨角器	124	0.78
竹木雕	348	2.19
家具	82	0.51
珐琅器	41	0.26
织绣	561	3.52
古籍图书	94	0.59
碑帖拓本	1	0.01
武器	333	2.09
邮品	6	0.04
文件、宣传品	162	1.02
档案文书	175	1.10
名人遗物	29	0.18
玻璃器	33	0.21
乐器、法器	178	1.12
皮革	211	1.33
音像制品	25	0.16
票据	646	4.06
交通、运输工具	29	0.18
度量衡器	58	0.36
其他	272	1.71

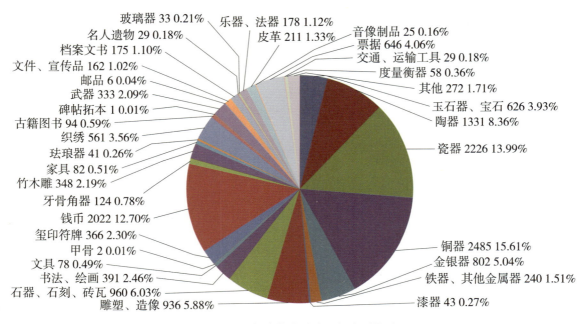

图 27   按文物古籍类珍贵文物类别统计

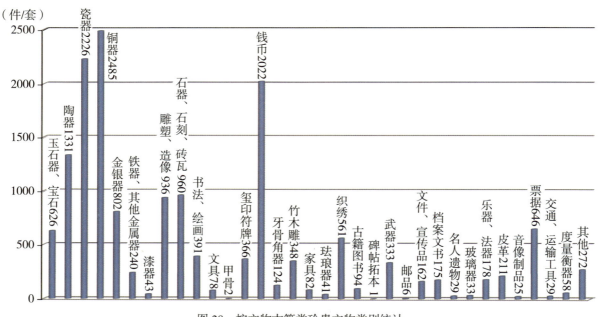

图 28   按文物古籍类珍贵文物类别统计

2. 年代

按文物古籍类珍贵文物年代表示方式统计：地质年代 0 件/套，数量占比 0.00%；考古学年代 882 件/套，数量占比 5.54%；中国历史学年代 14977 件/套，数量占比 94.10%；公历纪年 12 件/套，数量占比 0.08%；其他 43 件/套，数量占比 0.27%；年代不详 2 件/套，数量占比 0.01%（表 14，图 29、30）。

表14 按文物古籍类珍贵文物年代统计

文物古籍类珍贵文物年代表示方式	文物古籍类珍贵文物数量（件／套）	数量占比（％）
合计	15916	100.00
地质年代	0	0.00
考古学年代	882	5.54
中国历史学年代	14977	94.10
公历纪年	12	0.08
其他	43	0.27
年代不详	2	0.01

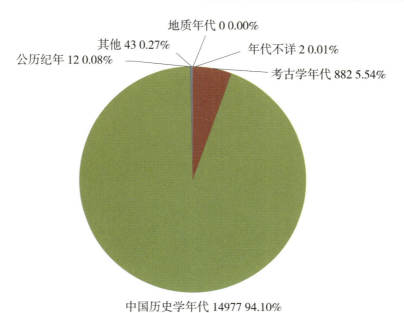

图29 按文物古籍类珍贵文物年代统计

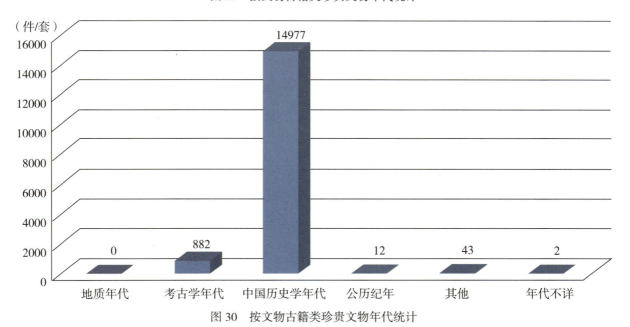

图30 按文物古籍类珍贵文物年代统计

使用考古学年代和中国历史学年代登录的文物古籍类珍贵文物合计15859件/套。其中数量最多的五个年代分别是民国3226件/套，数量占比20.34%；清2988件/套，数量占比18.84%；辽2906件/套，数量占比18.32%；周1555件/套，数量占比9.81%；元1269件/套，数量占比8.00%。以上五个年代合计11944件/套，数量占比75.31%（表15，图31、32）。

表15　按文物古籍类珍贵文物考古学年代和中国历史学年代统计

考古学年代和中国历史学年代	文物古籍类珍贵文物数量（件/套）	数量占比（%）
合计	15859	100.00
旧石器时代	14	0.09
新石器时代	868	5.47
夏	114	0.72
商	50	0.32
周	1555	9.81
秦	8	0.05
汉	920	5.80
三国	5	0.03
西晋	16	0.10
东晋十六国	0	0.00
南北朝	190	1.20
隋	23	0.15
唐	173	1.09
五代十国	53	0.33
宋	197	1.24
辽	2906	18.32
西夏	163	1.03
金	440	2.78
元	1269	8.00
明	186	1.17
清	2988	18.84
民国	3226	20.34
中华人民共和国	495	3.12

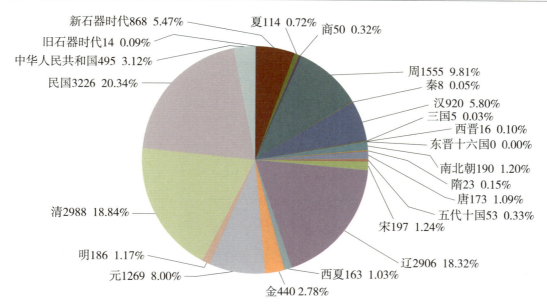

图31 按文物古籍类珍贵文物考古学年代和中国历史学年代统计

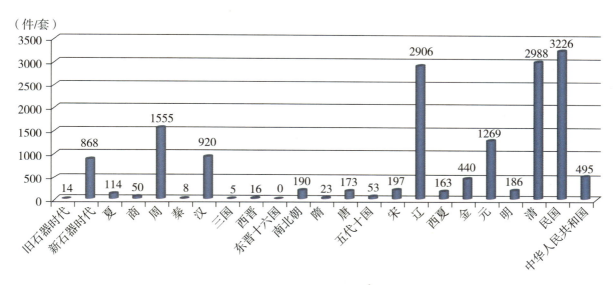

图32 按文物古籍类珍贵文物考古学年代和中国历史学年代统计

3．来源

从珍贵藏品的来源看，主要是下列五种：征集购买6137件/套，数量占比38.23%；发掘2972件/套，数量占比18.51%；旧藏2411件/套，数量占比15.02%；拨交1842件/套，数量占比11.47%；移交1161件/套，数量占比7.23%。以上五种来源合计14523件/套，占珍贵藏品总量的90.46%（表16，图33、34）。

表16 按珍贵藏品来源统计

珍贵藏品来源	珍贵藏品数量（件／套）	数量占比（%）
合计	16054	100.00
征集购买	6137	38.23
接受捐赠	802	5.00
依法交换	2	0.01
拨交	1842	11.47
移交	1161	7.23
旧藏	2411	15.02
发掘	2972	18.51
采集	680	4.24
拣选	21	0.13
其他	26	0.16

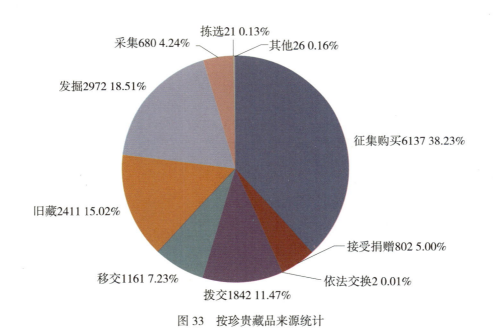

图 33 按珍贵藏品来源统计

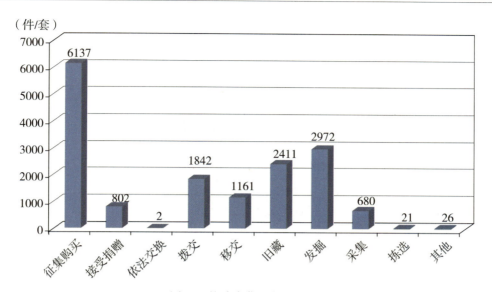

图 34　按珍贵藏品来源统计

4．入藏时间

按文物古籍类珍贵文物入藏时间统计，主要有以下三种：1977—2000年入藏7500件/套，数量占比47.12%；1949年10月1日—1965年入藏4331件/套，数量占比27.21%；2001年至今入藏2829件/套，数量占比17.78%。以上三个时间段入藏文物古籍类珍贵文物合计14660件/套，数量占比92.11%（表17，图35、36）。

表17　按文物古籍类珍贵文物入藏时间统计

文物古籍类珍贵文物入藏时间	文物古籍类珍贵文物数量（件/套）	数量占比（%）
合计	15916	100.00
1949年10月1日前	435	2.73
1949年10月1日—1965年	4331	27.21
1966—1976年	821	5.16
1977—2000年	7500	47.12
2001年至今	2829	17.78

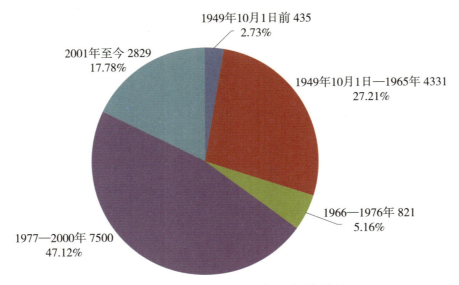

图35 按文物古籍类珍贵文物入藏时间统计

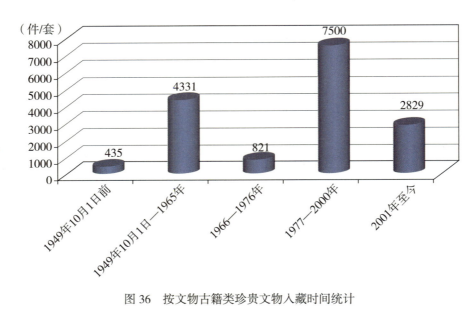

图36 按文物古籍类珍贵文物入藏时间统计

5. 完残程度

按文物古籍类珍贵文物完残程度统计，完整文物7199件/套，数量占比45.23%；基本完整文物4868件/套，数量占比30.59%；残缺文物3314件/套，数量占比20.82%；严重残缺（含缺失部件）文物535件/套，数量占比3.36%（表18，图37、38）。

表18 按文物古籍类珍贵文物完残程度统计

文物古籍类珍贵文物完残程度	文物古籍类珍贵文物数量（件/套）	数量占比（%）
合计	15916	100.00
完整	7199	45.23
基本完整	4868	30.59

续表 18

文物古籍类珍贵文物完残程度	文物古籍类珍贵文物数量（件／套）	数量占比（%）
残缺	3314	20.82
严重残缺（含缺失部件）	535	3.36

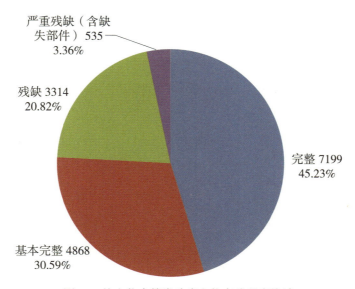

图 37　按文物古籍类珍贵文物完残程度统计

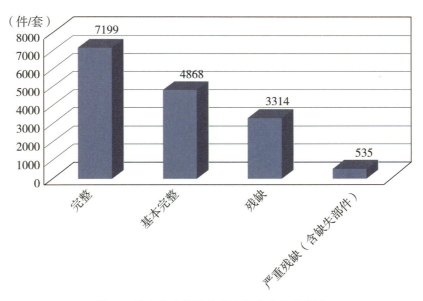

图 38　按文物古籍类珍贵文物完残程度统计

6. 保存状态

按文物古籍类珍贵文物保存状态统计，状态稳定，不需修复文物 9585 件／套，数量占比 60.22%；部分损腐，需要修复文物 5835 件／套，数量占比 36.66%；腐蚀损毁严重，急需修复文物 170 件／套，数量占比 1.07%；已修复文物 326 件／套，数量占比 2.05%（表 19，图 39、40）。

表19　按文物古籍类珍贵文物保存状态统计

文物古籍类珍贵文物保存状态	文物古籍类珍贵文物数量（件／套）	数量占比（%）
合计	15916	100.00
状态稳定，不需修复	9585	60.22
部分损腐，需要修复	5835	36.66
腐蚀损毁严重，急需修复	170	1.07
已修复	326	2.05

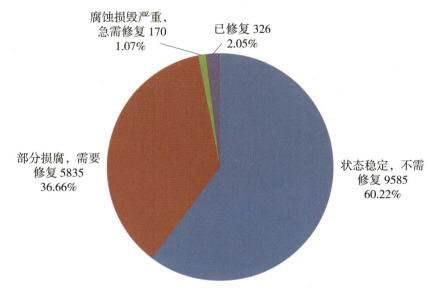

图39　按文物古籍类珍贵文物保存状态统计

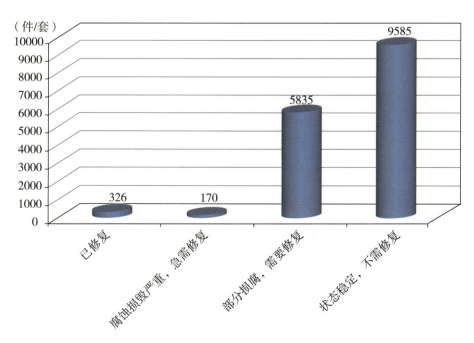

图40　按文物古籍类珍贵文物保存状态统计

（三）收藏单位数量分布情况

1. 按行政区划统计收藏单位数量

收藏单位数量最多的五个盟市分别是呼伦贝尔市46个，数量占比12.89%；呼和浩特市44个，数量占比12.33%；赤峰市43个，数量占比12.05%；通辽市39个，数量占比10.92%；锡林郭勒盟38个，数量占比10.65%。以上五个盟市收藏单位合计210个，占收藏单位总量的58.82%（表20，图41、42）。

表20 按行政区划统计收藏单位数量

盟市	收藏单位数量（个）	数量占比（%）
合计	357	100.00
呼和浩特市	44	12.33
包头市	23	6.44
乌海市	4	1.12
赤峰市	43	12.05
通辽市	39	10.92
鄂尔多斯市	36	10.08
呼伦贝尔市	46	12.89
巴彦淖尔市	25	7.00
乌兰察布市	25	7.00
兴安盟	12	3.36
锡林郭勒盟	38	10.65
阿拉善盟	22	6.16

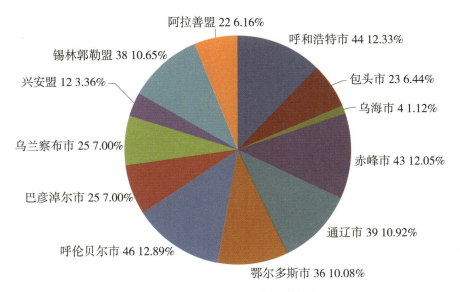

图41 按行政区划统计收藏单位数量

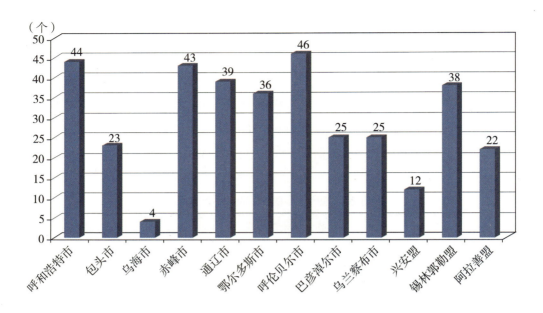

图 42   按行政区划统计收藏单位数量

2. 按收藏单位隶属关系统计收藏单位数量

从收藏单位隶属关系看,旗县区属收藏单位数量最多,共计233个,数量占比65.27%;盟市属收藏单位共计74个,数量占比20.73%。以上两个隶属关系收藏单位合计307个,占收藏单位总量的86.00%(表21,图43、44)。

表21   按收藏单位隶属关系统计收藏单位数量

收藏单位隶属关系	收藏单位数量(个)	数量占比(%)
合计	357	100.00
中央属	2	0.56
自治区属	14	3.92
盟市属	74	20.73
旗县区属	233	65.27
苏木乡镇街道属	27	7.56
其他	7	1.96

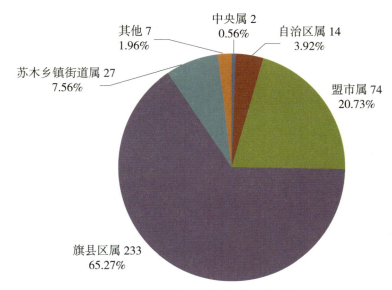

图43　按收藏单位隶属关系统计收藏单位数量

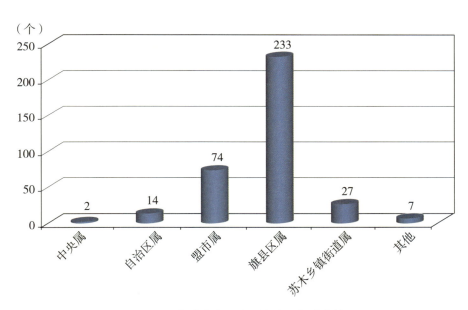

图44　按收藏单位隶属关系统计收藏单位数量

3. 按收藏单位性质统计收藏单位数量

从收藏单位性质看，事业单位数量最多，共254个，数量占比71.15%；国家机关单位共64个，数量占比17.93%。以上两个性质收藏单位合计318个，占收藏单位总量的89.08%（表22，图45、46）。

表22　按收藏单位性质统计收藏单位数量

收藏单位性质	收藏单位数量（个）	数量占比（%）
合计	357	100.00
国家机关	64	17.93

收藏单位性质	收藏单位数量（个）	数量占比（%）
事业单位	254	71.15
国有企业	7	1.96
其他	32	8.96

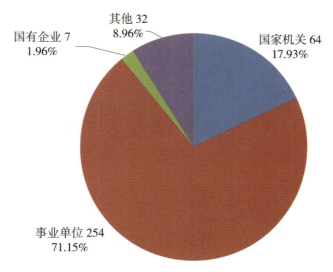

图45　按收藏单位性质统计收藏单位数量

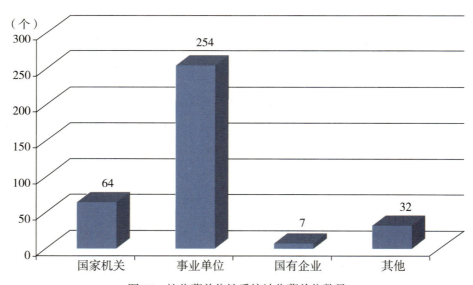

图46　按收藏单位性质统计收藏单位数量

4. 按收藏单位类型统计收藏单位数量

从收藏单位类型看，其他类型单位数量最多，共计167个，数量占比46.78%；博物馆、纪念馆共计123个，数量占比34.46%。以上两个类型收藏单位合计290个，占收藏单位总量的81.23%（表23，图47、48）。

表23 按收藏单位类型统计收藏单位数量

收藏单位类型	收藏单位数量（个）	数量占比（%）
合计	357	100.00
博物馆、纪念馆	123	34.46
图书馆	28	7.84
美术馆	5	1.40
档案馆	34	9.52
其他	167	46.78

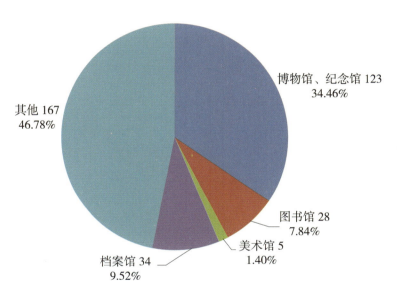

图47 按收藏单位类型统计收藏单位数量

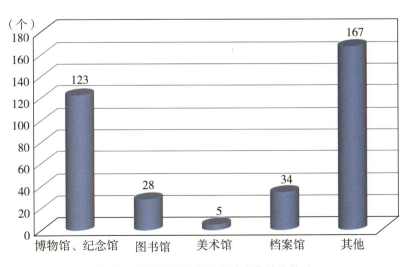

图48 按收藏单位类型统计收藏单位数量

5．按收藏单位所属行业统计收藏单位数量

从收藏单位所属行业看，属于文化文物、体育和娱乐业的收藏单位205个，数量占比57.43%；属于公共管理和社会组织的收藏单位111个，数量占比31.09%；属于教育行业的收藏单位21个，数量占比5.88%。以上三个行业收藏单位合计337个，占收藏单位总量的94.40%（表24，图49、50）。

表24　按收藏单位所属行业统计收藏单位数量

收藏单位所属行业	收藏单位数量（个）	数量占比（%）
合计	357	100.00
农、林、牧、渔业	5	1.40
采矿业	2	0.56
制造业	1	0.28
住宿和餐饮业	2	0.56
金融业	2	0.56
水利、环境和公共设施管理业	2	0.56
居民服务和其他服务业	2	0.56
教育	21	5.88
卫生、社会保障和社会福利业	4	1.12
文化文物、体育和娱乐业	205	57.43
公共管理和社会组织	111	31.09

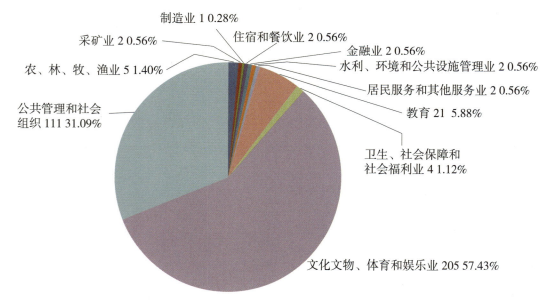

图49　按收藏单位所属行业统计收藏单位数量

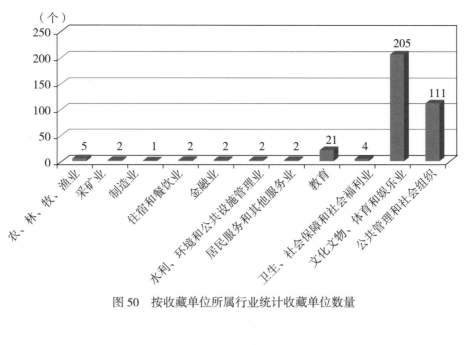

图 50　按收藏单位所属行业统计收藏单位数量

（四）可移动文物数量分布情况

1. 按行政区划统计可移动文物数量

可移动文物数量最多的五个盟市分别是赤峰市362974件/套，数量占比32.25%；呼和浩特市318082件/套，数量占比28.26%；包头市142448件/套，数量占比12.66%；通辽市78142件/套，数量占比6.94%；乌兰察布市61159件/套，数量占比5.43%。以上五个盟市数量合计962805件/套，占可移动文物总量的85.54%（表25，图51、52）。

表25　按行政区划统计可移动文物数量

盟市	可移动文物数量（件/套）	数量占比（%）
合计	1125464	100.00
呼和浩特市	318082	28.26
包头市	142448	12.66
乌海市	7879	0.70
赤峰市	362974	32.25
通辽市	78142	6.94
鄂尔多斯市	40121	3.57
呼伦贝尔市	34606	3.07
巴彦淖尔市	10254	0.91
乌兰察布市	61159	5.43
兴安盟	18071	1.61

盟市	可移动文物数量（件／套）	数量占比（%）
锡林郭勒盟	8965	0.80
阿拉善盟	42763	3.80

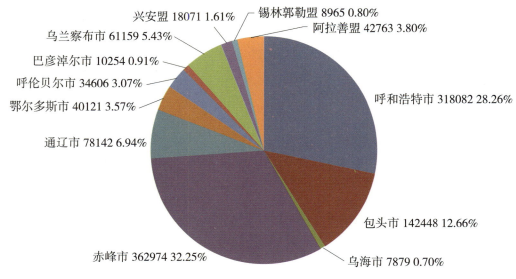

图 51　按行政区划统计可移动文物数量

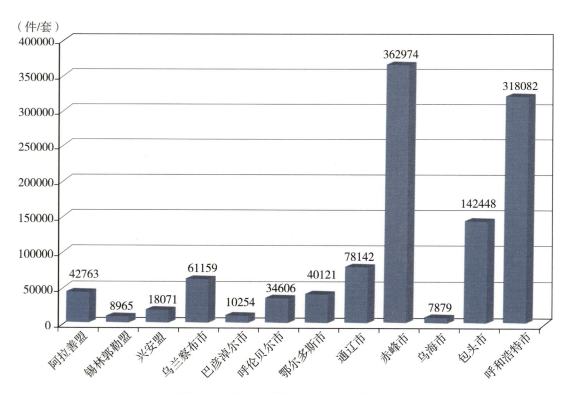

图 52　按行政区划统计可移动文物数量

2. 按收藏单位隶属关系统计可移动文物数量

按收藏单位隶属关系统计，盟市属收藏可移动文物数量最多，共计532267件/套，数量占比47.30%；旗县区属收藏可移动文物407344件/套，数量占比36.19%；自治区属收藏可移动文物182114件/套，数量占比16.18%。以上三个隶属关系收藏单位可移动文物数量合计1121725件/套，占可移动文物总量的99.67%（表26，图53、54）。

表26　按收藏单位隶属关系统计可移动文物数量

收藏单位隶属关系	可移动文物数量（件/套）	数量占比（%）
合计	1125464	100.00
中央属	16	0.00
自治区属	182114	16.18
盟市属	532267	47.30
旗县区属	407344	36.19
苏木乡镇街道属	2856	0.25
其他	867	0.08

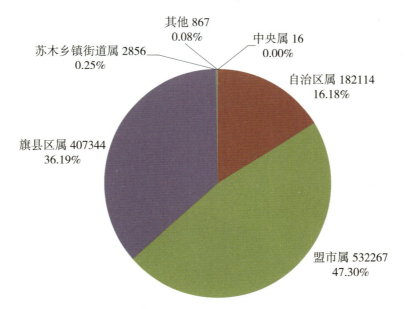

图53　按收藏单位隶属关系统计可移动文物数量

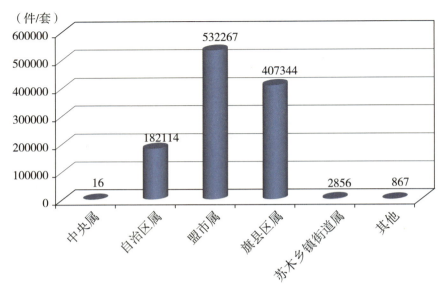

图 54　按收藏单位隶属关系统计可移动文物数量

3. 按收藏单位性质统计可移动文物数量

按收藏单位性质统计，事业单位收藏可移动文物数量最多，共计 1115865 件／套，数量占比99.14%（表27，图55、56）。

表27　按收藏单位性质统计可移动文物数量

收藏单位性质	可移动文物数量（件／套）	数量占比（%）
合计	1125464	100.00
国家机关	8163	0.73
事业单位	1115865	99.14
国有企业	421	0.04
其他	1015	0.09

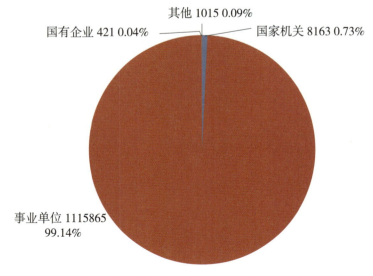

图 55　按收藏单位性质统计可移动文物数量

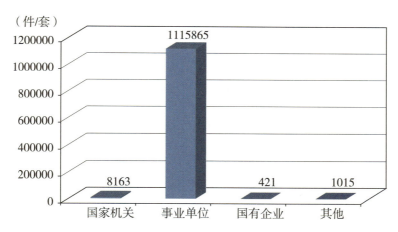

图56　按收藏单位性质统计可移动文物数量

4．按收藏单位类型统计可移动文物数量

按收藏单位类型统计，博物馆、纪念馆收藏可移动文物数量最多，共计1044071件/套，数量占比92.77%（表28，图57、58）。

表28　按收藏单位类型统计可移动文物数量

收藏单位类型	可移动文物数量（件/套）	数量占比（%）
合计	1125464	100.00
博物馆、纪念馆	1044071	92.77
图书馆	20752	1.84
美术馆	854	0.08
档案馆	1999	0.18
其他	57788	5.13

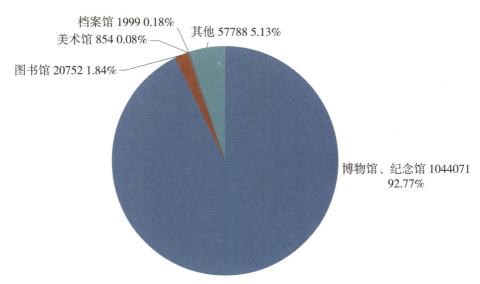

图57　按收藏单位类型统计可移动文物数量

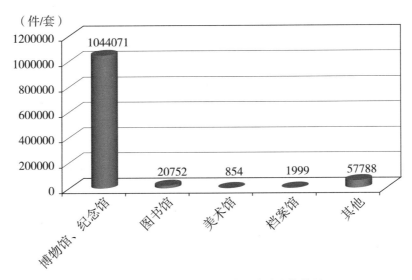

图 58　按收藏单位类型统计可移动文物数量

5. 按收藏单位所属行业统计可移动文物数量

按收藏单位所属行业统计，文化文物、体育和娱乐业收藏可移动文物1100618件/套，数量占比97.80%；公共管理和社会组织收藏可移动文物14616件/套，数量占比1.31%；教育行业收藏可移动文物8905件/套，数量占比0.79%。以上三个行业合计收藏可移动文物1124139件/套，数量占比99.90%（表29，图59、60）。

表29　按收藏单位所属行业统计可移动文物数量

收藏单位所属行业	可移动文物数量（件/套）	数量占比（%）
合计	1125464	100.00
农、林、牧、渔业	984	0.09
采矿业	24	0.00
制造业	49	0.00
住宿和餐饮业	11	0.00
金融业	26	0.00
水利、环境和公共设施管理业	163	0.01
居民服务和其他服务业	19	0.00
教育	8905	0.79
卫生、社会保障和社会福利业	49	0.00
文化文物、体育和娱乐业	1100618	97.80
公共管理和社会组织	14616	1.31

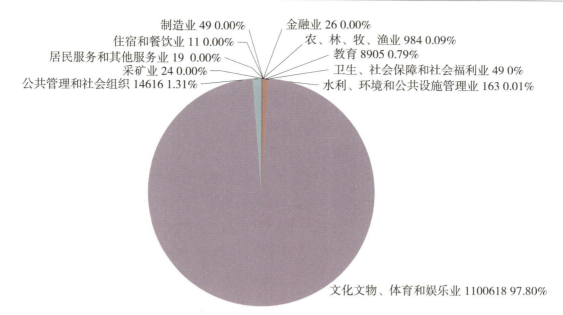

图 59　按收藏单位所属行业统计可移动文物数量

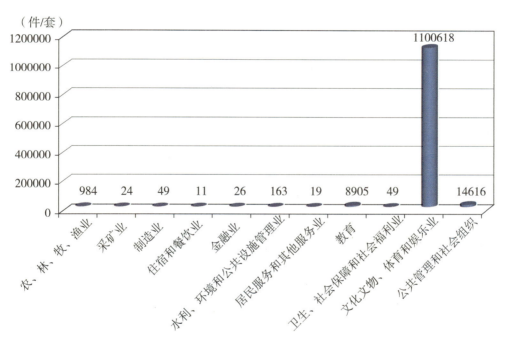

图 60　按收藏单位所属行业统计可移动文物数量

二、内蒙古自治区普查工作组织实施

（一）属地管理、分级负责

1. 设立普查领导小组，成立普查机构

我区普查工作按照统一领导、分工协作、分级负责、共同参与的原则，确定普查的组织方式。

2013年4月16日，自治区人民政府成立了内蒙古自治区第一次全国可移动文物普查领导小组，负责全区普查工作的组织和领导，协调解决重大问题。由自治区人民政府分管文物工作的副主席任组长，成立由发展改革委、教育厅、民政厅、财政厅、国土资源厅、文化厅、人民银行、统计局、宗教局、档案局、文物局、军区政治部、自治区科协等15个相关部委参加的自治区普查领导小组，并指定了各行业系统具体负责人。12个盟市成立了盟市级第一次全国可移动文物普查领导小组，领导小组组长都是由分管文物工作的副盟市长担任。102个旗县区成立了旗县区级第一次全国可移动文物普查领导小组，领导小组组长都是由分管文物工作的副旗县区长担任。

为了合理统筹安排全区普查各项工作，加强对普查工作的指导，保质保量完成文物认定、信息采集、汇总、上报等普查任务，2013年5月13日，成立了内蒙古自治区第一次全国可移动文物普查领导小组办公室，办公室设在自治区文物局，由自治区文物局局长兼任主任，负责普查工作的日常组织和具体协调。12个盟市成立了盟市级第一次全国可移动文物普查领导小组办公室，由盟市文化局分管文物工作的副局长（文物局局长）担任领导小组办公室主任。102个旗县区成立了第一次全国可移动文物普查领导小组办公室，由旗县区文化局分管文物工作的副局长（文物局局长）担任普查领导小组办公室主任。

为了有效开展全区普查工作，加强对普查工作的技术指导，保质保量完成普查任务，2013年5月13日，成立了内蒙古自治区第一次全国可移动文物普查领导小组办公室项目部，办公室设在内蒙古博物院，由内蒙古博物院院长兼任主任，负责文物认定、信息登录和数据管理工作，各盟市主要文博业务单位领导为项目部成员。盟市、旗县区也都成立了相应的第一次全国可移动文物普查领导小组办公室项目部，成立了12个盟市级项目部和102个旗县区级项目部，主任由盟市、旗县区文博业务单位主要领导担任。

第一次全国可移动文物普查是一项重大的国情国力调查，涉及范围广、技术要求高、调查任务重、工作难度大，需各有关部门的积极参与和配合。自治区文物局已分别与自治区档案局、教育厅、民政厅、文化厅、国资委、财政厅、新闻出版局七部门联合转发了国家七部门的通知，与党史办、发展改革委、教育厅、民政厅、财政厅、国土资源厅、文化厅、人民银行、统计局、宗教局、档案局、文物局、军区政治部、自治区科协等部门密切合作，分别就各部门各系统的普查工作做出统一安排部署，同时要求各地各部门按照通知要求，各司其职、协调配合、统筹安排，共同做好全区各相关系统的可移动文物普查工作。国有文物收藏单位均建立了联系制度，并确定了专人负责可移动文物普查工作。各单位积极组织专人参加全区各类可移动文物普查培训班，为普查工作奠定了坚实的基础，也确保了重点行业、系统按时圆满完成普查工作。各盟市、旗县区也都与相关部门建立起普查协调机制，密切配合，共同完成普查任务。

内蒙古博物院、内蒙古自治区文物考古研究所、内蒙古图书馆、内蒙古档案馆、赤峰市博物馆、呼和浩特市博物馆、将军衙署博物院、包头市博物馆、鄂尔多斯市博物馆、鄂尔多斯青铜器博物馆、通辽市博物馆、呼伦贝尔博物馆、乌兰察布市博物馆、兴安盟博物馆、阿拉善盟博物馆、巴彦淖尔市河套文化博物院、乌海市博物馆、锡林郭勒盟博物馆等大型国有文物收藏单位都建立了普查工作组，抽调业务骨干，专门从事普查工作。

全区文物系统积极协调其他行业系统收藏单位做好普查工作，协调各方关系，建立普查专门机构，派出专家认定文物，派出业务人员指导，确保普查工作科学、有序开展。

自治区普查办公室和自治区项目部坚持定期召开会议，推进普查进度和提高普查质量。自治区普查办公室每月月初定期召开普查推进会，按照国家文物局第一次全国可移动文物普查办公室统一部署，加快推进普查进度。每月月底自治区项目部定期召开普查会商会，召集专家进行研讨，共同解决普查中存在的业务问题，严控普查质量关，提高普查质量。定期会议制度及时发现和解决了普查中存在的问题，确保我区第一次全国可移动文物普查工作科学、规范、有序、高效开展。

2. 制定普查实施方案和工作制度

2013年5月2日，根据《国务院第一次全国可移动文物普查实施方案》，内蒙古自治区第一次全国可移动文物普查领导小组制定了《内蒙古自治区第一次全国可移动文物普查实施方案》，明确了普查的意义、目标、范围、内容、技术路线、组织、时间、实施步骤、数据管理、成果应用、经费、宣传、总结等方面内容，确保普查工作科学有序推进。各盟市、旗县区根据自治区普查实施方案制定了本地区普查实施方案，制定盟市级普查实施方案12个、旗县区普查实施方案102个。各级普查方案对普查工作的整体实施进行了具体部署，对普查的阶段工作进行了任务分解和责任明确。

为了合理统筹安排全区普查工作，确保普查各项工作有序进行，2013年6月14日，内蒙古自治区第一次全国可移动文物普查领导小组办公室编制了《内蒙古自治区可移动文物普查时间表、任务书、责任人一览表》，安排了普查各段时间的工作内容，落实到责任单位和责任人。各盟市、旗县区都编制了本地区的普查时间表、任务书、责任人一览表，盟市级普查时间表、任务书、责任人一览表12个，旗县区普查时间表、任务书、责任人一览表102个。

全区盟市、旗县区普查机构按照各级普查实施方案，全区按照既定的时间节点，稳步推进普查各阶段的工作，每项普查工作责任到人，严格执行普查时间表，高质量完成普查任务。

在普查中我区制定了《普查队长责任制度》《普查登记录入人员工作制度》《文物普查摄影人员工作制度》《文物普查资料的整理、分类、归档及室内处理工作制度》《文物库管理制度》《馆藏文物管理制度》《文物档案管理制度》等一套严格的工作制度，分工明确、责任到人，确保我区第一次全国可移动文物普查工作顺利开展。

3. 落实普查工作经费

普查专项经费实行"统一领导、分级管理、分级负担"的原则。按照国家普查支出预算标准，自治区普查办编制了《内蒙古自治区第一次全国可移动文物普查预算》。2013年自治区财政安排普查经费400万元，2014和2015年每年安排423万元，2016年安排402万元，2017年安排209万元。

盟市按照自治区普查预算标准，编制了各盟市普查预算。旗县区按照本盟市普查预算标准，编制了各旗县区普查预算。2013年全区盟市级经费落实293万元，旗县区级普查经费落实252.1075万元。2014年全区盟市级经费落实564万元，旗县区级普查经费落实388.2174万元。2015年全区盟市级经费落实353万元，旗县区级普查经费落实252.107万元。2016年全区盟市级经费落实319.3万元，旗县区级普查经费落实178.418万元（表30）。

表30　各级普查经费统计表　　　　　　　　　　（单位：元）

	2013 年	2014 年	2015 年	2016 年	2017 年	总计
自治区级	400 万	423 万	423 万	402 万	209 万	1857 万
盟市级	293 万	564 万	353 万	319.3 万		1529.3 万
旗县区级	252.1075 万	388.2174 万	252.107 万	178.418 万		1070.8499 万
总计	945.1075 万	1375.2174 万	1028.107 万	899.718 万	209 万	4457.1499 万

五年自治区级经费落实总计1857万元，盟市级经费落实总计1529.3万元，旗县区级经费落实总计1070.8499万元，全区普查投入经费总计4457.1499万元。普查经费基本到位，为普查工作提供了资金保障。

经费做到了专款专用，主要用于购买可移动文物普查设备（电脑、移动硬盘、照相机、三脚架、灯光器材、复印机、置物架、背景纸、测量仪器等设备）和人员培训等普查工作，为全区第一次全国可移动文物普查工作的顺利开展提供了经费保障。

根据盟市旗县区工作量和财政情况，自治区普查办对各盟市旗县区每年补助普查经费10万—50万元。根据文物收藏量，自治区普查办对文物系统外的图书馆等国有文物收藏单位提供了普查经费。盟市普查办视具体情况，对旗县区和系统外收藏单位给予经费支持。

我区普查经费做到了总体谋划、逐级申请、统筹安排、专款专用，为全区第一次全国可移动文物普查工作的顺利开展提供了经费保障。

4．组建普查队伍

为确保普查高质量按时完成，我区建立起三支普查队伍。一支是普查队员队伍，向全区国有文物收藏单位958名普查员发放了普查证，其中自治区级46人、盟市级276人、旗县区级636人，负责采集普查数据。一支是普查专家队伍，2013年5月13日，成立了内蒙古自治区第一次全国可移动文物普查专家组，主要负责普查的文物认定、定级和审核工作。公布了专家组人员名单，各方面专家共计26人。由于普查涉及不同行业和系统，为加强在整个普查过程中有关业务的咨询和指导，自治区文物局加强专家参与力度，2016年7月29日，自治区新增加专家10人。旗县区级专家133人、盟市专家94人、自治区专家36人，全区总计参与普查专家263人。一支是普查志愿者队伍，为扩大普查队伍，充分调动社会力量，各地将在校大学生、文博爱好者等纳入到普查志愿者队伍中，还有一些有摄影特长的志愿者参与藏品拍摄和有电脑特长的志愿者参与数据录入、上传、登录等工作中，自治区级普查志愿者38人、盟市级普查志愿者261人、旗县级普查志愿者322人，全区普查志愿者共有621人。形成了以普查员为主体、普查专家为骨干、普查志愿者为补充、专兼结合的普查人才队伍，全面建立并发挥重要作用，全自治区投入普查人员2820人（表31）。

表31　各级普查人员统计表　　　　　　　　　　　（单位：人）

	普查办	专家	收藏单位	志愿者	总计
自治区级	44	36	186	38	304
盟市级	216	94	204	261	775
旗县级	627	133	659	322	1741
总计	887	263	1049	621	2820

为了加强普查人才队伍建设，自治区派人参加了国家文物局举办的培训班（共8期），培训56人次。自治区共举办培训班15期，共培训人员1779人次。2013年举办全区可移动文物普查骨干培训班2期，培训人员316人次。2014年举办内蒙古自治区第一次全国可移动文物普查登录信息平台骨干培训班3期，培训人员412人次。2015年举办内蒙古自治区第一次全国可移动文物普查数据采集培训班5期，培训人员515人。2016年举办内蒙古自治区第一次全国可移动文物普查数据审核与总结报告编制培训班3期，培训人员362人，举办内蒙古自治区第一次全国可移动文物普查定级培训班1期，培训人员40人。2017年举办内蒙古自治区第一次全国可移动文物普查信息平台（二期）培训班，培训人员134人。盟市级举办培训班55期，培训人员1514人次。旗县级举办培训班219期，培训人员1187人次。我区总计举办培训班289期，培训人员4480人次。培训内容包括第一次全国可移动文物普查标准规范、工作要求、信息采集、数据登录、工作管理、在线填报、审核流程、离线填报、单位及用户管理、信息管理操作、报告编制、文物定级等内容。通过多次培训，各地可移动文物普查业务骨干迅速熟练掌握了第一次全国可移动文物普查技术，解决了工作中遇到的问题，为保质保量完成全区第一次全国可移动文物普查任务奠定了坚实的基础。

（二）调查、认定、采集、登录、审核

1. 国有可移动文物收藏单位调查阶段

国有文物收藏单位调查工作的范围包括国家机关、事业单位、国有企业及国有控股企业三大类国有单位，涉及农、林、牧、渔业，采矿业，制造业，电力、燃气及水的生产和供应业，建筑业，交通运输、仓储和邮政业，信息传输、计算机服务和软件业，批发和零售业，住宿和餐饮业，金融业，房地产业，租赁和商务服务业，科学研究、技术服务和地质勘查业，水利、环境和公共设施管理业，居民服务和其他服务业，教育，卫生、社会保障和社会福利业，文化文物、体育和娱乐业，公共管理和社会组织19个行业和系统（内蒙古自治区没有国际组织）。

2013年6—12月，全区通过发放、填写、回收调查表与实地核对相结合方式，开展国有单位调查。2014年1—2月，我区各级普查机构对国有可移动文物收藏单位调查开展"回头看"，查缺补漏、不留死角，全面完成国有可移动文物收藏单位调查工作。

全区各级普查办印制了《国有单位文物收藏情况调查登记表》，向各国有单位发放，全面开展国有单位调查摸底工作。经过全区各级普查人员的努力，完成了《内蒙古自治区国有单位文物收藏情况调查工作总结》《内蒙古自治区国有单位文物收藏情况调查汇总表》《内蒙古自治区申报文物数量统计表》《内蒙古自治区文物数字化现状调查表》《内蒙古自治区初始化信息表》《内蒙古自治区收藏单位初始化信息统计表》，国有单位文物收藏情况调查工作全面高效完成。

各级普查机构充分利用和发动政府管理的力量和资源，旗县区以乡镇、苏木、街道、社区的网格化为片区单元，开展调查表发放和回收工作，全区共向国有单位发放调查登记表17778份，共计收回16556份，回收率达96%。

调查登记的国有单位17778个，其中国家机关6832个、事业单位8965个、国有企业及国有控股企业1632个、宗教寺庙349个。

调查中反馈收藏有文物的国有单位共980个，占所有调查国有单位的5.9%，其中博物馆、纪念馆247个，图书馆219个，美术馆204个，档案馆138个，其他机关事业单位172个。980个国有文物收藏单位中中央、自治区属单位15个，占所有调查单位的0.08%；盟市级单位397个，占所有调查单位的1.8%；旗县区及以下级别单位共568个，占所有调查单位的3.4%。按照单位所属行业划分，国有文物收藏单位主要集中在文化、体育、娱乐行业，共计673个，占国有文物收藏单位的68.7%；其次是公共管理和社会组织行业，共计273个，占国有文物收藏单位的27.9%；其余的3.4%分布在教育、服务、卫生以及社会保障等行业。

由于部分单位迁移、合并、取消等原因未回馈《登记表》，还有部分单位没有组织机构代码证，无法填写表格。其余国家机关、事业单位、国有企业及国有控股企业全部回馈了《登记表》。

通过此次调查工作，全面掌握了我区国有可移动文物收藏单位的性质、行业分布和收藏文物的数量、种类、保护管理等情况，为下一步开展文物认定、信息采集、登录等工作打下坚实基础。

2．国有可移动文物认定工作阶段

为做好可移动文物普查文物认定工作，自治区普查办转发了国家文物局《关于做好全区第一次全国可移动文物普查文物认定工作的通知》，内容包括文物认定的单位和对象、认定依据、认定原则、定名标准、认定工作任务分解、认定工作程序、认定时间安排等。自治区、各盟市、旗县区已按通知要求，全面进行了文物认定工作。

在文物认定过程中，推行分级认定工作模式。文物收藏单位专家先认定，对不能认定的文物收藏单位提交给旗县区级专家组。旗县区级专家不能认定的文物提交给盟市级专家组，盟市级专家不能认定的文物提交给自治区专家组。自治区专家组认为认定有困难的文物，我们请其他省、市、自治区专家和国家级专家进行认定。在文物认定工作中，我们调动了全区各方面专家参与文物认定工作，也得到其他省、市、自治区和国家专家的大力帮助和支持，各方专家积极参与，共同圆满完成了文物认定工作。

2013年12月至2014年6月，全区文物认定工作全面展开，文物认定的重点是文物系统外单位，专家先后对980家国有文物单位进行文物认定工作，确定全区国有文物收藏单位共有430家，全区新认定文物共55207件/套，其中文博系统内新发现、新认定藏品38466件/套，非文博系统内新发现、新认定藏品16174件/套。各盟市均有新发现和新认定的文物。

通过第一次全国可移动文物普查的大规模文物认定，一些具有一定价值的文物被发现和认定，纳入国家文物保护管理体系。

从2015年11月9日开始，到2016年7月14日结束，由自治区文物局派各领域自治区专家以及盟市、旗县区专家共同参与，自治区专家组驱车行程三万五千千米，对我区12个盟市、102个旗县区的86家文博单位进行了文物定级的初步筛查。2016年12月21—27日召开自治区专家委员会对初步定级文物进行了审核，自治区文物局最终确定3284件/套为珍贵文物，其中一级文物189件/套、二级文物651件/套、三级文物2444件/套。

3．国有可移动文物信息采集登录阶段

自2012年10月，我区国有文物收藏单位接到国务院印发的《国务院关于开展第一次全国可移动文物普查的通知》后，开始着手清理藏品库房和建档工作，预估可移动文物数量。

2013年7月，自治区普查办下发了国家文物局第一次全国可移动文物普查工作办公室编辑的《第一次全国可移动文物普查工作手册》，我区各级国有文物收藏单位严格按照普查手册对可移动文物的文物名称、藏品编号、收藏单位名称、文物类别、级别、年代、质地、外形尺寸、重量、完残程度、保存状态、数量、来源方式、入藏时间14项基本指标项，照片影像资料以及文物描述、来源信息、考古发掘情况、著录信息、鉴定信息、保管信息、展出信息等11类附录信息要求进行文物信息采集工作。涵盖了可移动文物的基本信息，包括藏品的客观信息、保存管理状况等。统一数据采集标准，确保每条藏品录入信息的真实、完整和规范。2015年10—12月，按国家文物局第一次全国可移动文物普查领导小组办公室要求，我区各普查收藏单位又将成组采集数据的铜钱拆分，每枚铜钱按1件/套分别采集数据。截至2015年12月31日，包头市、呼伦贝尔市、兴安盟、通辽市、赤峰市、锡林郭勒盟、乌兰察布市、鄂尔多斯市、巴彦淖尔市、乌海市、阿拉善盟11个盟市均完成了文物信息采集工作，呼和浩特市地区藏品超过10万件/套的内蒙古博物院藏品采集率超过75%，2016年6月，内蒙古博物院完成全部文物信息数据采集工作，至此，全区完成了国有单位藏品数据采集工作。采集文物（含自然类文物）1125464件/套，1506421件，100%完成藏品数据采集工作。

2014年6月全国可移动文物信息登录平台建成并正式启用，2014年9月，自治区普查办转发了国家文物局第一次全国可移动文物普查工作办公室编辑的《第一次全国可移动文物普查藏品登录操作手册》。我区各国有文物收藏单位将采集数据上传登录至国家可移动文物信息登录平台上。登录数据采取随时上传和集中上传相结合的方式，由于全国可移动文物信息登录平台线路拥挤，工作人员就利用休息时间在线上传数据，2015年年底各盟市集中将未上传采集数据送至国家可移动文物信息咨询中心由后台登录，除内蒙古博物院完成上传75%以外，其余盟市、旗县收藏单位全部完成登录工作，2016年8月31日内蒙古博物院也完成了上传登录工作。2016年9—12月，我区把图书馆、档案馆、美术馆等文博系统外文物导入全国可移动文物信息平台。至此，我区完成了全部国有收藏单位藏品上传登录工作。截至2016年12月31日共登录文物（含自然类文物）1125464件/套，1506421件，100%完成国有收藏单位藏品上传登录任务。

在普查数据采集和登录工作中，普查项目部分为藏品数据采集组、摄影组、录入组、资料组、专家组、宣传组等，分工协作，形成一条龙式工作模式，加快速度，确保我区全面完成普查任务。收藏单位普查组设立文物影像采集、信息填写、信息核对、数据录入、数据审核五种岗位，提出每个岗位的具体工作职责，采用分组作业，高效推进工作。

由于非文博系统单位业务力量薄弱，各级项目办采取多种形式帮扶，推进藏品数据采集和登录工作。对于没有技术人员的单位，项目办派人上门采集数据，代为登录。对于技术人员不足的单位，项目办采取培训方式，指导藏品数据采集和登录。技术力量雄厚的文博单位派出技术骨干直接深入基层文物收藏单位，推行"一帮一带"的普查工作模式。各部门团结协作，共同完成文物数据的采集和登录工作。

4．国有可移动文物信息审核阶段

依据国普办《关于发布第一次全国可移动文物普查数据审核工作管理办法的通知》精神，结合我区实际情况，实行多级审核程序，离线审核与在线审核相结合，集中审核与分散审核相结合。

各收藏单位先由单位专家审核后经单位负责人签字，再依次经旗县区级、盟市级审核，最后自治区级专家进行最终审核。

各收藏单位采集数据在上传国家文物局可移动文物信息平台后经本单位专家随时进行在线审核。2016年1—4月，旗县区专家完成了旗县区级数据在线审核工作。5—8月，大部分盟市级专家深入到各旗县区收藏单位逐家进行数据审核，与数据采集者面对面交换意见，当场修改；少部分盟市采取集中审核方式，召集旗县区项目办人员集中会商解决存在的问题。到8月上旬，各盟市圆满完成了盟市级离线审核工作。

自治区第一次全国可移动文物普查项目部按照国普办审核工作方案，审核范围覆盖全部收藏单位，覆盖全部文物类别，三级以上的文物逐条审核，自治区普查项目部邀请《内蒙古自治区第一次全国可移动文物普查实施方案》中公布的专家，每次按各盟市文物数据情况，选出六至八位不同专长的专家和一名组长，进行离线数据审核。

2016年7月13日—8月18日，内蒙古自治区专家组先后对阿拉善盟、巴彦淖尔市、兴安盟、乌兰察布市、赤峰市、通辽市、乌海市、锡林郭勒盟、呼和浩特市、包头市、鄂尔多斯市、呼伦贝尔市普查办提供的第一次全国可移动文物普查数据进行自治区级离线终审，总计审核收藏单位430家，共计1073219件/套，实际数量1542862件。自治区终审发现全区数据采集整体状况良好，但也存在着个别藏品定名、年代、藏品分类、质地选择、文物数量、尺寸描述、质量测量等方面不够准确，完残程度与完残状况不匹配，照片不规范等问题。存在以上问题的原因主要是文博系统业务技术人员严重缺乏，业务水平有待提高。而文博系统外的藏品收藏单位业务力量不足，导致数据采集出现偏差。

经过专家终审后，将审核后数据及专家意见表及时由所辖普查办通知收藏单位，各收藏单位在专家指导下进行修改，将差错率控制在0.5%之内，达到合格要求。

（三）宣传动员

为扩大普查工作影响力，争取社会广泛支持，全区各级普查机构组织开展了丰富多彩的宣传活动。

2013年6月5日，为了做好普查宣传工作，扩大普查工作的影响力，提升全社会文物保护意识，争取各方面的参与与支持，内蒙古自治区第一次全国可移动文物普查领导小组办公室编制了《内蒙古自治区可移动文物普查宣传方案》，对普查宣传的意义、目标、内容、形式、实施步骤、组织、经费作了明确规定。盟市、旗县区根据本地特点，制定了本辖区的普查宣传方案，盟市级普查宣传方案12个，旗县区普查宣传方案102个。

根据普查的不同阶段分别确定相应的重点内容。第一阶段，重点宣传开展普查的目标意义、对象范围、内容方法、程序步骤等。第二阶段，集中宣传与普查有关的法律法规、普查标准规范、普查工作进展、普查先进事迹等。第三阶段，追踪宣传普查数据处理进展情况，发布普查成果，报道文物事业在增强文化软实力、构建和谐社会、推动社会经济发展方面的积极作用。

全区各普查机构把普查作为本行政区域内重点文化工作进行宣传，并根据普查的不同阶段分别确立了相应的重点内容。此次普查宣传主要采取了阶段性集中宣传与长期宣传相结合的形式，覆盖报纸、杂志、广播、电视、网络、移动传媒等各类媒体。通过在报刊开设可移动文物普查专栏，发放宣传页和海报，开设网站，在公共场合播放普查信息或公益宣传短片，利用博物馆日、文化遗产日、草原文化遗产日集中宣传，通过手机平台发布普查公益短信等多种宣传形式，扩大普查工作影响力。

在内蒙古文化网、《内蒙古日报》、内蒙古社科动态等媒体开设普查宣传专栏，利用电视、微博、微信、QQ、LED屏等多媒体多方宣传第一次全国可移动文物普查工作。

2013年8月6日，自治区人民政府新闻办公室在呼和浩特市召开自治区第一次全国可移动文物普查新闻发布会，《内蒙古日报》、内蒙古电视台、内蒙古电台等30余家媒体参加了新闻发布会并进行了宣传报道。

自治区普查领导小组办公室与《内蒙古日报·文化版》合作，于2016年5月5日发表了《我区可移动文物有了"身份证"》，宣传普查作用和普查先进事迹。2016年5月20日，在《中国文化报》上以《让草原文物这张"金色名片"闪闪发光》为题进行报道，宣传自治区第一次全国可移动文物普查成果和意义。2016年12月29日，在《北方周末报》指闻内蒙古版上发表了《内蒙古100多万件文物有了"身份证"数量居全国第五》，报道了内蒙古第一次全国可移动文物普查开展以来取得的阶段性成果。

2013年12月10日，由内蒙古自治区第一次全国可移动文物普查领导小组办公室编辑出版普查宣传手册《内蒙古自治区第一次全国可移动文物普查800问》，内容涵盖普查基本要求，包括历史、民族基础知识、可移动文物知识等，是一部了解可移动文物普查的简明知识读本，印刷3500册，在全区发放，得到了社会各界的广泛好评。

内蒙古自治区第一次全国可移动文物普查领导小组办公室印发普查简报46期，及时报道自治区普查最新进展。赤峰市、乌兰察布市、呼和浩特市、呼伦贝尔市、巴彦淖尔市等盟市领导小组办公室印发了多期简报，报道本地区普查进展情况和先进事迹。

盟市、旗县区开展了丰富多彩的普查宣传活动。在中国文化遗产日、国际博物馆日、草原文化遗产日通过悬挂宣传标语、展出展板、散发传单的方式向广大群众进行可移动文物普查知识宣传。利用网络、电台、报纸等新闻媒体广泛宣传第一次全国可移动文物普查成果、意义。

乌兰察布市博物馆拍摄的公益宣传片《可移动文物普查进行时》在第二届中国公共考古仰韶论坛中荣获考古动漫微电影类一等奖。该片讲述了乌兰察布市博物馆第一次全国可移动文物普查工作情况，是我区可移动文物普查工作的真实缩影。

2017年4月7日，国务院召开第一次全国可移动文物普查总结会议，表彰了全国普查先进集体和先进个人，自治区文物局在《内蒙古文物》2017年第2期上对我区先进集体（内蒙古自治区文物局博物馆处、赤峰市文物局）和先进个人（索秀芬、李丽雅）的先进事迹进行报道。2017年9月14日，内蒙古自治区人民政府召开内蒙古自治区第一次全国可移动文物普查总结会议，表彰先进集体59个、先进个人159人，其名单公布在《内蒙古文物》2017年第5期上，媒体广泛宣传普查中的先进人物和先进事迹。

2017年10月12日，内蒙古自治区政府召开内蒙古自治区第一次全国可移动文物普查成果新闻发布会，三十多家媒体到会，自治区文物局公布了普查成果，就普查背景和意义及其普查成果利用回答了记者提问。2017年10月13日，在《内蒙古日报》上发表了《内蒙古自治区第一次全国可移动文物普查工作报告》《内蒙古自治区第一次全国可移动文物普查工作数据公报》《第一次全国可移动文物普查内蒙古交出了一份满意答卷》《家底厚实的内蒙古可移动文物》；在2017年12月8日《中国文物报》上、《内蒙古文物》2017年第5期上都发表了《内蒙古自治区第一次全国可移动文物普查工作报告》《内蒙古自治区第一次全国可移动文物普查工作数据公报》；在《内蒙古文化》2017年第5期上发表了《内蒙古自治区第一次全国可移动文物普查工作报告》，广泛宣传普查成果。

通过这些宣传活动，广大群众了解到文物保护的重要性，提高了保护文化遗产的意识，积极提供文物线索，为我市实地开展文物普查工作奠定了基础，在全社会形成了重视和关心文物保护工作的良好氛围。

（四）质量控制

为了提高普查质量，2014年11月18日，自治区普查办转发了《国家文物局关于做好第一次全国可移动文物普查进度管理和质量控制的通知》，我区采取自我检查、巡回检查、专项督查、抽样调查、专家议查、定期报告等多种方式进行进度和质量管理。2015年年底绝大多数收藏单位（除内蒙古博物院）完成了数据采集和上传登录工作，2016年1—6月，集中精力对照普查要求进行了自查、互查和督查，查缺补漏，提高质量。

国家文物局第一次全国可移动文物普查领导小组领导、普查领导小组办公室和普查项目部老师们多次莅临我区指导普查工作，推进了我区第一次全国可移动文物普查进度，解答了许多业务疑难问题，指导攻克了技术难关，大大提高了我区普查质量，推动了自治区普查工作顺利开展。

我们也邀请故宫博物院、陕西历史博物馆等省市专家来我区讲授文物知识和文物普查数据采集技术，取长补短，提高我区普查人员业务素质，达到了提高普查质量的目的。

为贯彻落实国家文物局关于加强可移动文物普查督查工作的指示精神，加快推进全区可移动文物普查工作，2015年2月2日—3月10日，自治区文物局成立4个督查组，分别由自治区文物局局长、副局长和有关处室负责人带队，对全区12个盟市的可移动文物普查工作进行了督查。

各督查组深入基层普查单位，宣传国家、自治区关于开展可移动文物普查的政策要求，在听取各单位基层干部汇报的同时，详细检查了普查档案，对普查工作进度管理及质量控制，普查经费、人员、设备、技术保障，文物认定、信息采集登录等情况进行了全面督查。对于普查工作中存在的困难和问题，督查组及时进行协调，要求研究制定科学的解决方案，采取有效措施，立行立改。

各盟市也都采取不同形式，对本地区旗县区普查工作进行督查，各旗县区督查各文物收藏单位，逐层督查有效促进了普查工作的顺利开展。

2015年11月9日—2016年7月14日，我区项目办派出专家组对全区12个盟市和102个旗县项目办采集数据进行全面督查，各方面专家逐条检查采集数据，发现问题，当场解决，各方面专家答疑解惑，进行业务指导，严把普查质量关，把普查数据差错率控制在0.5%以内，精益求精做好普查工作。

全区副研究员以上高级职称人员全部加入各级专家组，全程参与文物认定、采集数据质量审核，确保我区普查质量达到普查标准。盟市专家采用分片包干的办法，每个盟市级专家负责的旗县区均有明确分工，责任到人。自治区专家采用分类负责制，分为石器、玉器、陶器、瓷器、铜器、金银器、宗教文物、民族文物、近现代文物、古生物等组，分门别类进行指导把关。各级专家严谨的工作态度、不辞劳苦的工作作风，大大提高了我区可移动文物普查质量。

根据国家文物局验收要求，我区实行自治区、盟市、旗县区、收藏单位逐级验收的办法。完成了编写国有收藏单位目录，旗县级以上人民政府编写普查工作报告、验收报告和验收表的工作。全区编写了357家收藏单位目录，普查工作报告、验收报告和验收表各115份，其中自治区1份、盟市12份、旗县102份。

（五）普查工作总结情况

1. 编制普查档案

在第一次全国可移动文物普查工作过程中，各级普查办都加强了本辖区的普查档案建设管理工作，做好普查形成的具有保存价值的各类文件材料、音像、载体等整理归档，确保普查档案的完整、真实和规范。同时指定专门的档案管理人员，做好文物档案的管理工作，防止失泄密事件的发生。

对普查各工作环节所形成的文件资料、国有单位调查表、培训工作、会议记录、信息报送、总结汇报、普查数据等方面的内容都进行了及时地收集与归档整理，做到了归档齐全、完整，并由专人存档、管理。根据我区可移动文物普查开展情况，我区普查档案共分为国有单位调查表档案、国有单位名录、可移动文物普查相关文件、普查会议及培训档案、普查宣传档案、普查信息档案、普查工作档案、普查文物信息登记册、普查数据收集相关资料等几类。这些普查档案不仅完整记录和保存了普查工作的工作过程、工作方法和普查文物数据，而且也是今后开展普查工作的重要基础和参考。

针对大量一般文物档案信息不全的问题，我区各国有文物收藏单位都采取了相应措施。在进行信息采集工作中启动藏品原始账目整理工作，并根据普查工作信息采集的顺序建立新的档案账目，在具体实施中合理利用已有的数据与资源，采用高效的工作模式，突破难点。首先做到合理归类。利用已完成的馆藏信息数据库管理系统建设成果，结合藏品管理中的分类原理和实际工作经验，将目标普查藏品划分为已有数据待转换部分（主要为三级以上珍贵藏品）、已认定的一般文物、未认定藏品三个部分。其次完善各收藏单位的总账与分类账，藏品账目管理与文物普查同步进行，实现藏品动态化管理。针对普查发现部分馆藏文物来源、入藏时间等信息不明确的问题，启用藏品老账，以器物或藏品卡片上的原始号为查找线索，基本查明了相关原始信息，使普查的信息录入更为准确。

自治区级编制普查档案1份，盟市级编制普查档案12份，旗县区编制普查档案102份，涵盖从2012年10月开始至今的普查三个阶段的文件、规范手册、培训、调查表、藏品账目、收藏单位名录、藏品信息表、数据审核表、数据库等。包括第一工作准备阶段（2012年10月—2013年5月），普查预算和方案、工作计划制定；第二普查实施阶段（2013年6月—2016年8月），主要任务是以县域为基本单元，实地开展文物调查、认定、信息采集、审核、登录；第三普查验收阶段（2016年9—12月），主要任务是开展普查数据和资料的整理、汇总，数据库建设和总结等工作。

2016年9—11月，我区按照《国有可移动文物普查——收藏单位名录编制规范（试行）》《国有可移动文物普查——文物名录编制规范（试行）》要求，编制了341家国有可移动文物收藏单位目录——《内蒙古自治区第一次全国可移动文物普查收藏单位名录》。12月份将我区古籍类、字画、档案等类藏品数据库导入可移动文物平台后，我区国有可移动文物收藏单位增至357家，都编入了我区国有可移动文物收藏单位目录。摸清了内蒙古自治区国有文物收藏单位的基本情况，为下一步文物保护措施制订、实施、利用等提供依据。

2. 普查专题研究

2016年1—10月，内蒙古自治区普查项目办承担了"内蒙古自治区第一次全国可移动文物普查钱币类文物专项调查项目"，该项目是依托第一次全国可移动文物普查成果，由国家文物局确立的专项调查项目之一，对内蒙古自治区国有单位钱币文物的保管现状与研究和利用进行调查。该项调查目的一是通过这项工作摸清钱币类文物的家底，发现钱币新品和珍品；二是探索创新一套钱币类文物普查工作流程、工作机制、管理机制的模式，发现普查工作和管理工作中存在的问题并提出解决问题的建议。

通过内蒙古自治区第一次全国可移动文物普查，到目前为止，自治区共有430家国有收藏单位，其中收藏钱币文物的单位有108家，共计收藏钱币844388件/套，占总数的75.917%。钱币类文物数量巨大，且具有很高的研究价值，但是也发现存在着部分文物收藏单位多年来基础工作薄弱的问题，专业人员力量不足、文物家底不清、藏品档案登记不全面、保管条件有限、安全措施和保管技术落后、管理不到位等，导致大量古钱币被装入麻袋、包在纸包或放在容器中堆放在库房一角，很多已锈蚀成块，在文物账本上只是有一个大致的数量或质量，对钱币类文物进行专项调查、认定、登记、管理、保护的具体工作刻不容缓。

自治区钱币专项工作组在第一次全国可移动文物普查成果的基础上，通过普查对国有文物收藏单位调查摸底，给155家发放了调查问卷，收到回复的有效问卷达98份。其中有些国有文物收藏单位所收藏的钱币类文物不符合我们此次普查规范要求，没有进行收录，对36家国有普查单位进行了实地调查。

内蒙古自治区作为文物资源大省，钱币类文物数量较大，种类繁多，且具有北方少数民族地区特色。内蒙古文物遗存极为丰富，历代钱币也较多，分布地域广泛。这次普查从原始社会到抗日战争、解放战争时期历代货币，在各个盟市几乎都有发现和收藏。其品种有贝币（包括海贝、骨贝、玉贝、陶贝、铜贝）、刀币、布币、泉货、五铢、通宝、元宝、机制币、银圆、银锭、钞票等；从质地上来讲有金、银、铜、铁、铅、镍、纸币等。同时，普查中又发现了不少钱币珍品和新品。具有内蒙地区特色的北方少数民族货币，特别是辽、金、西夏、元四朝货币的藏品数量又有了增长，出土范围也有所扩大。此外，草原丝绸之路货币也是内蒙古钱币类文物中的一个特点。

通过对自治区钱币专项调查，钱币类藏品管理中存在的问题有征集来源佚失、鉴定工作较少、钱币鉴定技术问题、登记信息缺失、分类方式失当、缺少修复和预防性保护、缺少专业人才、缺少延伸性研究和利用。针对钱币类藏品管理存在的问题，要加强管理，建立起钱币的征集机制、鉴定机制、登记机制、分类机制、库房保管机制等。

3. 普查表彰情况

2017年4月7日，内蒙古自治区第一次全国可移动文物普查领导办公室（内蒙古自治区文物局博物馆处）、第一次全国可移动文物普查领导办公室（赤峰市文物局）两家先进集体和索秀芬、李丽雅两名先进个人受到国务院和国家文物局的表彰。9月14日，内蒙古自治区召开内蒙古自治区文物局第一次全国可移动文物普查总结大会，表彰了59个先进集体和159名先进个人。巴彦淖尔市也已经对普查先进进行了表彰。

三、普查工作成果

经过五年的第一次全国可移动文物普查，我区高质量完成了普查任务，实现了普查目标。

（一）掌握了我区可移动文物资源情况及价值

1. 摸清了数量及分布

截至2016年12月31日，我区登录平台的国有收藏单位数量430家，上传文物的357家，登录文物总数量1125464件/套，其中珍贵藏品共计16054件/套（文物古籍类珍贵文物15916件/套，珍贵标本化石138件/套），数量占比1.43%；一般文物553843件/套，数量占比49.21%；未定级文物555567件/套，数量占比49.36%。主要保存在博物馆和纪念馆，在图书馆、美术馆、档案馆保存的数量较多，其他单位保存的数量较少。

2. 保存情况

我区可移动文物保存情况整体尚好，但也存在一些问题，有些问题亟待解决。

在普查中发现有的国有单位文物保存环境堪忧，文物库房功能和设施简陋，缺乏防震以及必要的空气调节和控制设备，缺乏最基本的防尘、除尘设施，不能对库房内温度、湿度、空气质量等自然因素进行有效控制，致使文物藏品基本处于自然保存状态。而且近年由于城市发展和空气污染，使文物腐蚀状况有蔓延趋势。呼伦贝尔民族博物院、兴安盟博物馆、鄂尔多斯博物馆、扎赉特旗文物管理所等单位向国家文物局申请了馆藏文物预防性保护项目，获得批准，经费用于馆藏文物环境监测、购买恒温恒湿设备、文物架子、藏品柜和囊匣定制等文物预防性保护措施。

我区文物保护条件与现代化文物保护要求还有差距，文物保护修复设备、文物专业保护修复技术人员和文物保护经费等方面都显不足。在第一次全国可移动文物普查过程中，发现部分馆藏藏品急需保护，我们围绕着各类珍贵文物开展文物保护修复工作，内蒙古博物院开展了馆藏壁画、皮毛文物，内蒙古自治区文物考古研究所开展了漆器、金属器、丝织品、纸质文物，赤峰市文物局开展了辽代壁画、纸质文物、青铜器文物，兴安盟博物馆开展了丝织品文物等专题保护修复工作。各收藏单位在普查中发现严重破坏的文物都进行了紧急修复，防止文物进一步损毁。

这些文物保护修复项目的实施，不仅有效地保护了一批珍贵文物，也促使博物馆文物保护研究工作走向更高的水平，同时也为我区博物馆事业培养更多的文物保护业务技术骨干。

3. 使用管理情况

我区公布藏品单位276个，其中博物馆类和纪念馆类国有收藏单位绝大多数藏品以各类展览形式公开，考古所类、文物管理所类国有收藏单位藏品主要用于研究，以发掘简报、报告、论文等研究成果形式公开，一些精品也参与展览，面向观众。博物馆、考古所、文物管理所利用藏品出版图录和音像制品等出版物。图书馆、档案馆类国有收藏单位藏品主要以借阅和查阅形式公开。宗教场所类国有收藏单位藏品主要以展示形式公开。我区公布的丰富多彩的藏品，丰富了人们的文化生活。

我区国有收藏单位藏品总数在1125464万件/套，总计1506421件，民族特色鲜明，在国内和国际上已经多次成功举办过各类有影响的展览，传播知识，弘扬民族文化遗产，进行爱国主义教育。

到目前为止，自治区利用可移动文物普查成果举办展览2个，盟市利用可移动文物普查成果举办展览13个，旗县区利用可移动文物普查成果举办展览12个。自治区、盟市、旗县利用可移动文物普查成果举办展览总计展览数27个。

（二）健全文物保护体系

1．完善文物档案

我区第一次全国可移动文物普查首先是全区国有收藏单位对照账目，全面彻底清库。系统和非文博系统357家国有收藏单位全部新建或完善了藏品账目及档案，并完成了藏品账目及档案信息化，极大地提高了我区可移动文物管理水平，全区可移动文物管理进入信息化时代，为可移动文物管理和保护打下坚实基础。

2．完善制度和规范

我区第一次全国可移动文物普查按照国家文物局普查办公室要求完成了文物调查、认定、信息采集、登录、审核等步骤，形成了一套行之有效的普查规范，357家国有收藏单位建立了藏品管理机制，提高了文物管理水平，促进了文物进一步利用。

3．明确保护要求

内蒙古自治区经济上属于欠发达地区，我区对可移动文物保护投入资金相对较少，还存在缺少库房、保护环境和保护条件不达标的情况，尤其是旗县区文物保护环境亟待改善。受事业单位人员编制限制，我区文物保管人员少，急需扩充保管人员队伍，加强培训，提高保护人员业务水平。

近年来，国家文物局支持珍贵文物的修复，我区一般文物数量众多，很难得到国家资金支持，希望给予政策倾斜、资金扶持。

我区文物类型丰富，尤其民族文物、金属类和有机质类等保存状态不稳定的文物需要经常维护，是今后保护的重点。

4．扩大保护范围

普查前我们掌握的文物资源是文博系统内国有收藏单位的文物情况，普查中我们对非文博系统国有收藏单位收藏藏品进行了数据采集和登录，普查拓展了文物资源领域，全面掌握了国有收藏单位藏品的具体情况，摸清了家底。

（三）有效发挥文物在社会发展中的作用

2016年"5·18国际博物馆日"期间，国家文物局主会场设在内蒙古博物院，国家文物局举办的第一次全国可移动文物成果展和内蒙古自治区文物局举办的内蒙古自治区第一次全国可移动文物成果展同时开展，展览以"典守文明　识珍录宝"为题，时间从5月18日至7月18日。全区普查新发现文物集中展示，惠及民众。内蒙古自治区第一次全国可移动文物普查成果展分为图片和新发现文物展两部分，文物、文字、图片相结合，全面介绍内蒙古自治区第一次全国可移动文物普查开展以来取得的成果，展览在社会上引起强烈反响，取得良好社会效果，参观人数达10万余人次。

在2017年9月6日草原文化遗产日活动期间，内蒙古自治区第一次全国可移动文物普查领导小组办公室、内蒙古自治区文化厅、内蒙古自治区文物局举办了"内蒙古自治区第一次全国可移动文物普查成果展"，分为前言、内蒙古自治区第一次全国可移动文物普查项目办、内蒙古博物院、内蒙古自治区文物考古研究所、呼和浩特市、包头市、呼伦贝尔市、兴安盟、通辽市、赤峰市、锡林郭勒盟、乌兰察布市、鄂尔多斯市、乌海市、巴彦淖尔市、阿拉善盟、结语等部分，共计47块展板，图文并茂，全面展示内蒙古自治区第一次全国可移动文物普查成果，参观人数达一万余人，弘扬了草原文化。

2014—2017年，国际博物馆日期间，赤峰市、阿拉善盟、乌兰察布市、锡林郭勒盟、兴安盟、巴彦淖尔市、鄂尔多斯市等盟市旗县文物局举办了25次第一次全国可移动文物普查成果展，图文与藏品并茂，展示盟市旗县区普查所取得的丰硕成果和重大新发现，社会效果良好，参观人数达12万余人次。

我区利用普查成果出版了多本图录和书籍，还有一些研究论文。在我区第一次全国可移动文物普查成果展上印制了展览图录（《典守文明　识珍录宝——内蒙古自治区第一次全国可移动文物普查成果展》），收录了全区普查重要发现。图书有鄂尔多斯博物馆主编的《农耕游牧·碰撞交融——鄂尔多斯通史陈列》《游戏·竞技——历史上的北方少数民族体育》，察右中旗博物馆主编的《察右中旗古代文明撷英》等。

内蒙古自治区文物局计划在2017—2019年编辑出版我区第一次全国可移动文物普查成果系列丛书，弘扬民族文化，让文物活起来。

2017年编辑出版《内蒙古自治区第一次全国可移动文物普查工作总结》《内蒙古自治区第一次全国可移动文物普查工作报告》《内蒙古自治区第一次全国可移动文物普查展览》。

四、建议

通过内蒙古自治区第一次全国可移动文物普查，基本掌握了全区国有可移动文物的分布、数量、保存、利用、管理等方面的基本情况，建议主要有以下几个方面。

1. 分类标准尚需统一

这次的可移动文物普查是中国第一次全国范围内的普查，国家文物局第一次全国可移动文物普查工作办公室组织专家编写了《第一次全国可移动文物普查工作手册》和《第一次全国可移动文物普查藏品登录操作手册》，制定了全国性的普查标准规范。虽然标准规范详尽，但在分类标准上有许多交叉的地方，有的藏品按质地划分，有的藏品按功用划分，分类标准不一造成了不同程度的混乱，建议分类划分按不同层次，每个层次分类标准按统一标准划分，不妨尝试先按质地划分后再按功用分类。

2. 历史概念尚需明确

在可移动文物普查工作手册上对朝代纪年和历史时期划分混用，造成年代划分不够准确。清代、民国、中华人民共和国与中国近现代区别不清，近现代作为时代概念是与古代相对的概念，是一个大的时代范围，不应该和历史朝代相并列。可移动文物数据作为永久性资料，选用近现代历史时期作为文物时代没有选用朝代纪年准确，再说历史时期的划分是伴随时间推移会发生变化的，而朝代时间性确定，建议统一用朝代纪年确定文物年代。

3. 文物认定尚需专业化

国有收藏单位藏品主要来源有出土文物、征集藏品、涉案没收藏品、社会捐赠藏品等，来源复杂。出土文物为考古发掘品，一般作为时代标型器。而征集藏品、涉案没收藏品、社会捐赠藏品等大都良莠不齐，真伪共存，甄别真伪任重道远。识别真伪需要多方面专家共同参与，是一项艰巨任务，建议各级文物部门吸收各方面专家建立文物认定专家库，全面对国有收藏单位藏品进行文物认定，剔除数据库中的赝品，保证国有可移动文物科学性。

4．文物登录尚需常态化

可移动文物普查登录是一项文化基础性工作，各类国有收藏单位藏品处于一个动态变化过程。各级考古发掘单位，在考古发掘资料整理完成后，在文物主管行政部门批准后将出土文物移交给博物馆等单位进行展览。各收藏单位也不断接受社会捐赠，出于不同展览需要也主动征集藏品，涉案文物及时移交国有收藏单位。建议建立文物动态登录制度，随时监测国有文物变化情况。

5．平台品质尚需提高

进入信息化时代，适时建立可移动文物登录平台，文物数据信息化是时代要求，经过几年运行，显然目前的第一次全国可移动文物平台还不能胜任完成信息化使命。首先多次修改平台，数据大量丢失，重复劳动，造成大量人力物力浪费。其次平台运行速度跟不上，上传数据经常因拥堵不能进行，网速极慢，在线审核更是不能实现。就是在编写普查报告和验收报告的时候，离线审核后数据迟迟不能及时上传，严重影响了普查进度和质量。建议改善国家可移动文物信息平台性能，满足文物数据信息化要求。

6．文物数据管理尚需完善

国家文物局成立了文物信息咨询中心，建立了可移动文物平台和不可移动文物平台，统一管理可移动文物和不可移动文物信息数据，建立了登录制度。为加强我区文物保护，建议内蒙古自治区文物局也设置相应的自治区文物信息中心，建立自治区文物数据库，统一管理我区各类文物资料（可移动文物、不可移动文物、长城、文物保护工程、展览、修复等），适时将文物数据信息化，让文物管理跟上信息时代步伐。

7．基层业务人员素质尚需提升

在第一次全国可移动文物普查过程中，我区对文博系统和非文博系统基层业务人员进行了大规模培训，讲授可移动文物知识。项目办通过派专家进行全区督查，各方面专家莅临各盟市旗县区项目办和收藏单位，进行业务指导。在可移动文物调查、数据采集、平台登录、数据审核、普查报告编写等过程中广大基层业务人员得到了锻炼，业务能力和专业水平有了明显提高。电脑、数码相机等现代技术培训，更新了知识，提高了基层业务人员素质。但我们还要清楚看到，面对100多万件/套的藏品，现有的业务人员数量还是相对较少，急需注入新鲜血液。全区在编基层业务人员年龄偏大、知识老化，大多不能胜任信息化时代要求。基层不但年轻人少，受事业单位编制限制，大多年轻人为临时聘用，普遍不安心文博工作、学习业务积极性不高，业务队伍不稳定，文博人才出现青黄不接的局面。为适应信息化时代保护文物的时代要求，建议各级文物主管部门重视文博队伍建设，提高基层人员业务素质，培养文博人才，有了专业人才才能最终让文物活起来。

8．保护经费投入尚需加大

通过第一次全国可移动文物普查，了解到我区有的国有收藏单位可移动文物保存状况堪忧。

首先保护环境和保护条件急需改善，旗县区基层有的博物馆、纪念馆、文物管理所等文物收藏单位展室、展厅条件简陋，库房条件差，有的根本就没有库房，缺少存放文物的架柜，大多数文物直接暴露在空气中，很少有囊匣保护，更谈不上恒温恒湿了，建议国家加大对文物预防性保护经费投入，保护文物防患于未然。

我区文物中民族文物数量众多，皮毛、丝织品、木质等有机质文物和金属类文物状态不稳定，需要时常维护才能延长其寿命，建议国家对民族文物设立专门保护项目，加大资金投入，抢救一批濒危民族瑰宝。

我区自2012年开展第一次全国可移动文物普查以来，在自治区第一次全国可移动文物普查领导小组领导下，各部门协调合作、积极推进，我区普查工作科学、规范、有序、高效开展，经过全区普查工作者共同奋斗，2016年年底我区全面高质量完成了普查任务，摸清了我区国有文物数量、分布、特点和保存状况，完成了可移动文物藏品的信息化，做到每件文物都有了"身份证"。建立了文物登录备案机制，健全了可移动文物保护体系，加大了保护力度，扩大了保护范围，保障了文物安全，促进了文物资源的整合利用。

内蒙古自治区钱币类文物专项调查报告

内蒙古博物院

前　言

历史悠久、光辉灿烂的货币文化，是中华民族传统文化的瑰宝，也是文物考古、历史研究的重要资料。内蒙古地处祖国北疆，地域辽阔，既是古代北方少数民族活动的大舞台，也是草原文明的发祥地。在这片土地上，迄今发现的历代钱币类文物数量较大、品种繁多，而且不乏珍品。因此，国家文物局将钱币类文物作为第一次全国可移动文物普查专项调查的对象，委托内蒙古博物院开展钱币类文物保管、保护、研究、利用方面的调研工作。

在第一次全国可移动文物普查中，内蒙古自治区对国有文物收藏单位进行了摸底调查，了解了各单位钱币文物的数量、保管现状和研究利用情况。钱币类文物数量巨大，且具有很高的研究价值，但在本次调查中也发现部分文物收藏单位多年来存在基础工作薄弱、专业人员力量不足、文物家底不清、藏品档案登记不全面、安全措施和保管技术落后、管理不到位等问题。此项目旨在完善藏品数据信息的基础上，进一步开展对钱币类文物的管理、保护、研究和利用等工作的调查。针对管理和保护方面存在的问题提出合理化建议，逐步完善钱币类文物的建档、管理、保护、人才培养等工作，形成钱币类文物工作的高效机制。通过上述一系列工作，我们认为"钱币类文物专项调查项目"意义深远，钱币类文物会对相关学科的研究产生积极的影响。同时，本次专项工作也是一次非常有益的尝试，对于今后钱币类文物的相关工作具有推动意义。

一、钱币类文物资源总体情况

本次钱币类文物专项调查依据内蒙古自治区国有文物收藏单位在钱币普查中的经验和成果，调研并梳理了内蒙古自治区钱币类文物的分布、管理、保存、建档、研究利用等现状，基本完成了本次专项调查的预定计划。同时，理清了现阶段钱币类文物存在的具体问题。对国有文物收藏单位进行调查摸底，给155家发放了调查问卷，收到回复的有效问卷98份。其中有些国有文物收藏单位所收藏的钱币类文物不符合此次普查规范要求，没有进行收录。通过对36家国有文物收藏单位进行实地调查，并结合前期掌握的数据和材料，做如下汇总。

（一）钱币类文物数量与分布

内蒙古自治区作为文物资源大省，钱币类文物数量较大，种类繁多，分布地域广泛，且具有北方少数民族特色。

在这次普查中，从夏商周到抗日战争、解放战争时期的历代货币，在各个盟市几乎都有发现和收藏。其品种有贝币、刀币、布币、货泉、五铢、通宝、元宝、机制币、银圆、银锭、钞票等；从质地上来讲有金、银、铜、铁、铅、镍、纸币等。同时，普查中又发现了不少钱币珍品和新品。具有内蒙古地区特色的北方少数民族货币，特别是辽、西夏、金、元四朝货币的藏品数量又有了增长，出土范围也有所扩大。此外，草原丝绸之路上发现的货币也是内蒙古地区钱币类文物的一个特色。早期钱币中夏家店下层文化遗址出土的铅贝，它的发现对研究中国货币史具有重要意义，把我国金属贝的诞生提前了约5个世纪；珍贵的辽代钱币不仅在内蒙古东部赤峰地区多有发现，而且在中西部，包括乌兰察布、鄂尔多斯、呼和浩特地区以及远在东部地区的扎兰屯市也都有发现；蒙元时期金属铸币和纸币的品种与数量，在国内都名列前茅，其中1982年在呼和浩特发现的"中统元宝交钞壹拾文"是迄今发现世界上现存最早的纸币，在国际纸币研究界享有盛誉。1985年又在额济纳旗黑城遗址中发掘出土了"至元通行宝钞"。

目前，内蒙古自治区已成为全国保存各类元代纸币最多的省区。这些纸币和其他历代钱币类文物，对于内蒙古地区货币流通、经济发展史以及中国钱币学货币史的研究提供了宝贵的第一手资料，也为今后的钱币研究工作带来许多新的课题。

1. 钱币类文物的数量与品种

（1）内蒙古自治区钱币文物总体情况

内蒙古自治区钱币类文物共计807764件/套，其中包括珍贵钱币类文物831件/套，一般钱币类文物463494件/套，未定级钱币类文物343439件/套。其中有商代贝币221件/套，春秋战国时期钱币类文物共计7326件/套，秦半两铜钱242件/套，汉代钱币类文物共计16542件/套，魏晋南北朝时期钱币类文物共计29件/套，隋五铢铜钱265件/套，唐代钱币类文物共计137413件/套，五代十国时期钱币类文物共计1260件/套，宋代钱币类文物共计464195件/套，辽代钱币类文物共计556件/套，金代钱币类文物共计1957件/套，西夏时期钱币类文物共计8924件/套，元代钱币类文物共计464件/套，明代钱币类文物共计539件/套，清代钱币类文物共计148598件/套，民国时期钱币类文物共计16831件/套，中华人民共和国成立后钱币类文物共计99件/套，各时期外国钱币类文物总计2303件/套。

内蒙古自治区钱币文物收藏单位共计108家，其中非文博系统的单位共有12家，钱币文物总数为1781件/套。相比较而言，钱币文物的主要收藏单位仍然在文博系统内，收藏总数为805983件/套，约占总收藏量的99.78%（图1）。

贝币是迄今为止发现最早的货币，最初是利用天然海贝作为一般等价物进行物质交换，后来陆续出现了石仿贝、骨角贝、金属贝等其他材质仿制的贝币。贝币的分布特点可以直接反映该地区夏商时期的经济状况。内蒙古地区的国有收藏单位共收藏有贝币221件/套，这些贝币收藏于呼

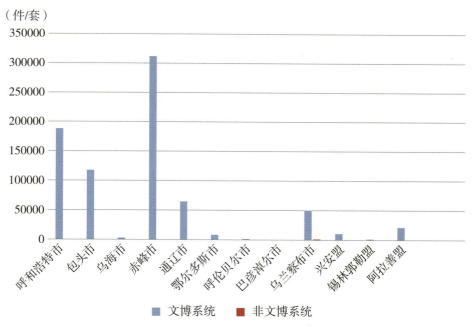

图1　内蒙古文博单位与非文博单位钱币收藏对比图

（调查报告中所提供的图表统计数据截止日期为2016年5月30日）

和浩特市、赤峰市、通辽市、鄂尔多斯市、乌兰察布市和阿拉善盟6个地区，其中阿拉善盟收藏有118件/套，占半数以上（图2）。

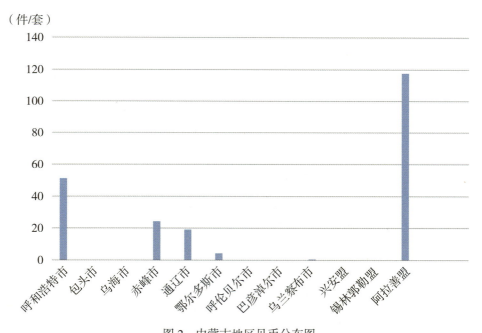

图2　内蒙古地区贝币分布图

辽金时期的钱币反映着10—13世纪北方草原政权的经济状况，在内蒙古自治区的分布也很有特点。辽代钱币数量较少，共有556件/套，赤峰收藏323件/套，呼和浩特收藏174件/套，以这两个地区为主要收藏区，其他地区数量较少。金代钱币数量也较为稀少，共有1957件/套，以赤峰市、呼和浩特市、包头市和乌兰察布市为主要分布区（图3）。

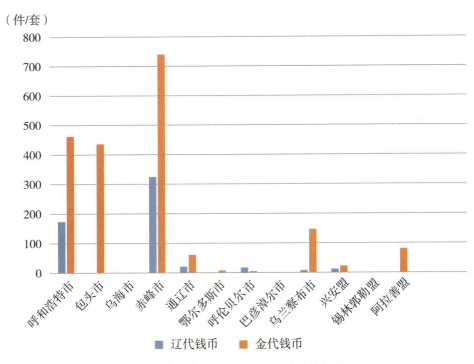

图3　内蒙古各地区辽金时期钱币分布图

西夏是公元11世纪初党项族建立的政权，主要活动在今内蒙古地区的中西部，这一史实也同样表现在钱币的分布状况中。西夏钱币文物共计8924件/套，其中包头地区7774件/套，呼和浩特地区861件/套，占总量的97%（图4）。

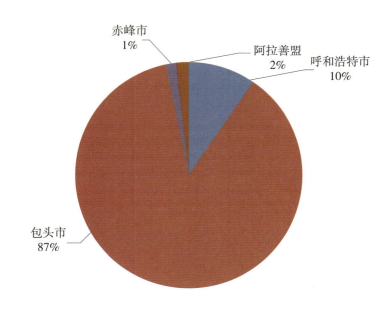

图4　内蒙古西夏钱币分布图

元朝是由蒙古族建立的大一统王朝，在历史上有举足轻重的影响。元代的钱币也是内蒙古地区最具特色的钱币。总数较少，共计464件/套，呼和浩特地区的收藏量占据半数，乌海、赤峰、包头也有收藏。值得一提的是阿拉善地区共有32件/套元代钱币，其中28件/套是收藏在额济纳文物管理所的元代纸币，这28件/套当中又有21件/套定为珍贵文物，级别不等，元代纸币已经成为内蒙古地区最负盛名的钱币种类（图5）。

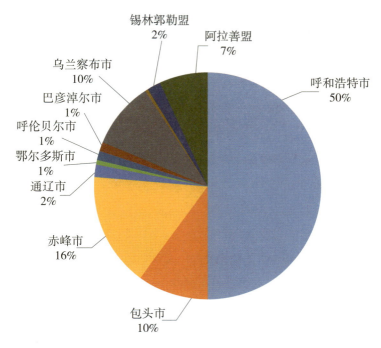

图5　内蒙古元代钱币分布图

外国钱币类文物在本地区的收藏状况可以直接反映国内外的交流情况。外国钱币类文物共计2303件/套，其中呼和浩特地区853件/套，包头地区505件/套，赤峰地区385件/套，通辽地区263件/套，这些地区占据了87%的比例。而这些外国钱币又以日本、安南、俄罗斯、蒙古国的钱币为主（图6）。

（2）内蒙古自治区各盟市钱币类文物基本状况

1）呼和浩特市

呼和浩特市国有收藏单位45家（不含省级单位），有钱币藏品的单位有10家，钱币类文物总计199619件/套，包含珍贵钱币类文物724件/套，一般钱币类文物97059件/套，未定级钱币类文物101836件/套。其中有商代贝币52件/套；春秋战国时期1049件/套；秦半两16件/套；汉代8112件/套；三国时期33件/套；魏晋南北朝时期126件/套，其中有一枚"汉兴"钱，这是内蒙古自治区上报的钱币类文物中唯一的一枚西晋钱币；隋五铢铜钱171件/套；唐代钱币类文物数量最多，共计78204件/套，其中仅开元通宝铜钱数量就达到了73895件，占到了唐代钱币类文物总数的近95%；五代十国时期97件/套；宋代30111件/套；辽代174件/套；金代460件/套；西夏861件/套；元代232件/套；明代372件/套；清代76442件/套；民国时期2185件/套；中华人民共和

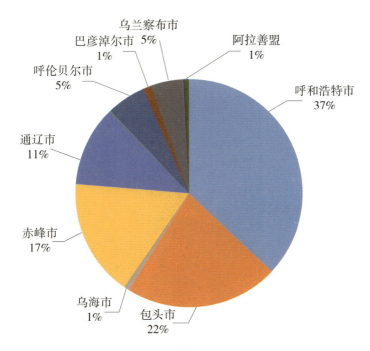

图 6　内蒙古外国钱币文物分布图

国初期钱币 42 件 / 套；各时期外国钱币类文物总计 880 件 / 套。

呼和浩特地区发现古钱币窖藏 20 余处。文博部门钱币藏品数量较大，民间个人收藏也比较丰富，均不乏珍品。根据普查资料，本地区古钱币从贝币、刀布、半两、五铢、莽钱，到唐、宋、辽、金、元、明、清的通宝、元宝、重宝，民国铜圆、银圆以及元明清民国时期的纸币基本都有，还发现了早期的钱范以及西域和外国钱币。货币的质地有金、银、铜、铁、镍、铝、纸。

呼和浩特下属的托克托县、和林格尔县均发现了贝币。和林格尔县小南村农民取土时，发现约 30 枚贝币。呼和浩特地区多次出土战国时期的货币，其中燕国的刀币和赵国的布币较多，赵国的刀币和大布次之。

呼和浩特地区发现的"开元通宝"数量很多，凡辽、金、元时期的窖藏钱币中，开元钱的数量都较多，仅次于北宋钱。

1959 年，在呼和浩特市土默特左旗毕克齐水磨沟南口一座唐代墓葬中，发现 1 枚东罗马拜占庭金币"索里得"。1965 年，在呼和浩特北郊坝口子出土波斯萨珊王朝银币 4 枚。1984 年，在武川县西乌兰不浪乡头号村即水磨沟区北口又发现 1 枚东罗马帝国金币。

2）包头市

包头市有国有文物收藏单位 24 家，有钱币藏品的单位 6 家，钱币类文物总计 118714 件 / 套，包括一般钱币类文物 106047 件 / 套，未定级钱币类文物 12667 件 / 套。其中春秋战国时期刀币 3 件 / 套，秦半两 20 件 / 套，汉代 3982 件 / 套，南北朝时期 14 件 / 套，唐代 4564 件 / 套，五代十国时期 23 件 / 套，宋代 48253 件 / 套，辽代 2 件 / 套，金代 437 件 / 套，西夏 7774 件 / 套，元代 47 件 / 套，明代 38 件 / 套，清代 41720 件 / 套，民国时期 11323 件 / 套，中华人民共和国初期 7 件 / 套，各时期外国钱币 507 件 / 套。

1958年，包头市窝尔吐壕战国遗址出土了3件安阳石布范，范内刻有方足布2枚，有"安阳"二字。1980年，在麻池村西的砂石场出土了一批布币，计40枚，10余种。1989年，在包头火车站东侧施工时发现一批战国明刀货币，共15枚。

汉代墓葬在包头发现较多，汉墓出土的"五铢"钱数量很大，出土量仅次于宋钱。汉"五铢"钱主要在包头召湾、麻池、城梁、古城湾、三顶账房等地的几个汉代墓穴中出土。这些随葬"五铢"钱多者数百枚，少者二三枚。

新莽时期的货币，在包头出土的有"大泉五十""货泉"和"小泉直一"，主要发现于汉代墓葬和后世窖藏中。

元代货币在包头出土相对较少，传世品也不多见。1985年10月，在包头市固阳县画匠渠发现一处元代窖藏，出土古钱币一瓮，有500余千克，由文物部门征集到的有260千克，48193枚，铜钱占95%，铁钱约占5%，铅钱仅见2枚。这批钱币包括12个朝代76种年号和非年号钱。上起汉初，下至元朝中期，有元代"至大通宝"54枚。

元代燕家梁遗址出土4万枚钱币，多为铜钱，少量铁钱。铁钱钱文已漫漶不清。铜钱多为宋钱，少量为汉代、唐代、金代和元代的钱币。

3）呼伦贝尔市

呼伦贝尔市国有收藏单位59家，有钱币藏品的单位14家，上报钱币类文物3177件/套，包括一般钱币类文物1706件/套，未定级钱币类文物1471件/套。其中春秋战国时期钱币类文物共计2件/套，汉代钱币类文物共计58件/套，魏晋南北朝时期钱币类文物共计4件/套，隋五铢铜钱仅1件/套，唐代钱币类文物共计634件/套，五代十国时期钱币类文物共计2件/套，宋代钱币类文物共计1806件/套，辽代钱币类文物共计17件/套，金代钱币类文物共计3件/套，元代钱币类文物共计6件/套，明代钱币类文物共计24件/套，清代钱币类文物共计124件/套，民国时期钱币类文物共计368件/套，各时期外国钱币类文物总计128件/套。

1979年，鄂温克旗伊敏火车站出土了7枚磨背穿孔的海贝。

在额尔古纳市、鄂温克旗、扎兰屯市各发现1枚汉代"五铢"和"大泉五十"。"开元通宝"在呼伦贝尔市大部分旗、市均有发现，共计516枚，可分7品。

呼伦贝尔市文物站收藏1枚银锭，初步判定为元代的"元宝"。这块银锭呈束腰形，厚度不均，周边上翘。明代钱币在呼伦贝尔市发现很少，清代钱币在呼伦贝尔市各旗市均有发现，而且数量很大。另外，在部分旗县还发现了一些清代和民国时期发行的铜圆，还有民国"开国纪念"币、伪满洲国康德年间的壹分钱等等。

同时在额尔古纳市、新巴尔虎左旗、鄂温克旗发现了民国年间国民政府中央银行、东北银行、伪满洲中央银行发行的各种面额的纸币，1945年苏联红军司令部发行的纸币等。

4）兴安盟

兴安盟有国有收藏单位11家，有钱币藏品的单位8家，上报钱币类文物11921件/套，一般钱币类文物93件/套，未定级钱币类文物11828件/套。其中有秦半两铜钱6件/套，汉代钱币类文物共计59件/套，唐代钱币类文物共计1965件/套，五代十国时期钱币类文物共计39件/套，宋代钱币类文物共计9314件／套，辽代钱币类文物共计12件／套，金代钱币类文物共计22件／套，元代钱币类文物共计2件／套，清代钱币类文物共计457件／套，民国时期钱币类文物共计43件／套，各时期外国钱币类文物总计2件／套。

自20世纪80年代起，在兴安盟地区陆续出土了5批窖藏钱币，分别为：1980年，科右中旗白音胡硕镇南4千米发现3枚金代银锭和部分铜钱；1986年，科右中旗酒厂发现2枚清代银锭；1990年，乌兰浩特市辽代窖藏有西汉至辽代钱币45千克；1991年，乌兰浩特市金代窖藏出土了西汉至南宋钱币250余千克；另外，科右中旗还发现有辽代窖藏1处，出土钱币18千克，以北宋钱币为多。元代至民国时期历代货币也均有发现，尤为珍贵的是3块"内蒙古人民银行"本票钞版。

明代钱币较少，清代钱币窖藏仅出1批，发现2枚银锭。民国期间，兴安盟地区曾流通过多种机制币、纸币。还有英国"站人"、墨西哥"鹰洋"等外国银圆。

民国期间在兴安盟地区流通最多，品种最繁杂的是纸币。有国民政府中央、中国、交通、中国农民四家银行发行的法币，东北银行发行的"东北银行地方流通券"，兴安省政府的"兴安总省政府暂行流通券"，苏联红军司令部发行的"红军票"，日本银钞"金票"，沙俄"羌贴"，伪满洲中央银行纸币等。

1946年，东蒙银行在王爷庙（今乌兰浩特市）成立并发行"东蒙古人民自治政府流通券""东蒙各旗县公私款通用"地方流通券，其后又发行了"兴安省政府地方流通券"。1947年，东蒙银行改组为内蒙古银行，发行了"内蒙古各旗县公私款通用"流通券。1948年，内蒙古银行改组为内蒙古人民银行，发行了5种面额的纸币和20万元、50万元、100万元3种本票。

5）通辽市

通辽市国有收藏单位有41家，有钱币藏品的单位9家，上报钱币类文物总计65308件／套，其中珍贵钱币类文物1件／套，一般钱币类文物26034件／套，未定级钱币类文物39273件／套。其中有商代贝币20件／套，春秋战国时期钱币类文物共计10件／套，秦半两铜钱1件／套，汉代钱币类文物共计122件／套，魏晋南北朝时期各类钱币共计2件／套，隋五铢铜钱4件／套，唐代钱币类文物共计9802件／套，五代十国时期钱币类文物共计46件／套，宋代钱币类文物共计53180件／套，辽代钱币类文物共计19件／套，金代钱币类文物共计61件／套，西夏时期钱币类文物共计2件／套，元代钱币类文物共计8件／套，明代钱币类文物共计37件／套，清代钱币类文物共计882件／套，民国时期钱币类文物共计849件／套，各时期外国钱币类文物总计263件／套。

通辽地区出土的隋唐五代十国宋辽金时期的货币有：隋开皇"五铢"、隋炀帝"五铢"；唐"开元通宝""乾元重宝"；五代十国"天福元宝""汉元通宝""周元通宝""唐国通宝"。两宋货币较多，各种钱币都有发现。

辽代货币有"应历通宝"，"统和元宝"，"重熙通宝"大、小样，"清宁通宝"大、中、小样等。金代货币"正隆元宝"有异书体、五笔正，"大定通宝"穿上申、酉，"泰和重宝"当十篆体合背钱。

西夏货币有西夏文"大安宝钱""光定元宝"。元代钱币有"至大通宝""至治通宝""至正通宝"和八思巴文"大元通宝""至元通宝"等。

明代钱币有"大中通宝""洪武通宝""崇祯通宝"等。

清代各种钱币在通辽地区均有发现。其中扎鲁特旗道老杜苏木出土了390枚银圆和17块银锭，通辽钱家店出土540枚银圆，科左中旗大瓦房出土40余斤铜圆。另外，还发现有少量元明清时期的农民起义钱。铜圆有"光绪元宝""大清铜币"，品种繁多。

通辽境内发现的民国时期货币可分银圆、铜圆和纸币三大类。银圆有"开国纪念"、袁世凯头像和"共和纪念"等，还发现少量新疆、西藏铜圆。纸币以本地发行的流通券为特色。迄今为止，通辽地区地方券发现有8种（表1）。

表1　通辽地区地方券

序号	币名	发行时间	票幅（mm）
1	开鲁县灾民临时救济券	1930年	80×150
2	通辽县地方临时救济券百元	1945年8月	95×145
3	通辽县地方临时救济券百元	1945年12月	93×163
4	大林临时救济条伍拾元	1945年12月25日	83×150
5	通辽县钱家店维持会伍拾元	1945年10月	100×140
6	科尔沁左翼三旗联合流通券	1945年	88×153
7	通鲁地方救济券伍元	1946年	61×121
8	通鲁地方救济券拾元	1946年	73×131

通辽市还发现很多日本近代硬币，明治年号的有34个品种，大正年号有25个品种，昭和年号有62个品种。

6）赤峰市

赤峰市国有收藏单位有49家，有钱币藏品的单位20家，上报钱币类文物总计309918件/套，包括珍贵钱币类文物94件/套，一般钱币类文物193142件/套，未定级钱币类文物116682件/套。珍贵钱币中有一级文物8件/套，二级文物14件/套，三级文物72件/套。钱币类文物中包含商代贝币25件/套，春秋战国时期钱币类文物共计6018件/套，秦半两铜钱191件/套，汉代钱币类文物共计1600件/套，南北朝时期钱币类文物共计22件/套，隋五铢铜钱34件/套，唐代钱币类文物共计29415件/套，五代十国时期钱币类文物共计960件/套，宋代钱币类文物共计253113件/套，辽代钱币类文物共计323件/套，金代钱币类文物共计722件/套，西夏时期钱币类文物共计128件/套，元代钱币类文物共计75件/套，明代钱币类文物共计51件/套，清代钱币类文物共计15761件/套，民国时期钱币类文物共计1070件/套，中华人民共和国成立后钱币类文物共计24件/套，各时期外国钱币类文物总计386件/套。

战国时期，赤峰地区流通使用的金属铸币主要是刀币，布币、圆钱次之。1978年，在燕长城内宁城县榆树林子乡出土1000余枚燕国"明"字刀。赤峰地区还多次出土"一化"方孔圆钱以及少量"明化""明四"。1977年，赤峰市喀喇沁旗上瓦房乡大西沟门村发现1件战国时期燕国（一刀）铅质母范。

两汉时期以新莽钱为多，在宁城县黑城古城遗址发现了新莽时期的钱范作坊，出土了数以千计的"大泉五十"和"小泉直一"的陶范。"半两""五铢"钱也时有发现。

赤峰是辽朝腹地，发现的辽钱非常珍贵。1981年7月，林西县三道营子出土的"通行泉货"，1981年8月，巴林右旗上石匠山村出土的"天禄通宝"，都是辽钱上八品。1972年春，辽上京汉城出土了"保宁通宝"。林西县博物馆、巴林左旗博物馆都藏有"统和元宝"。1977年5月，辽上京皇城西墙外出土的契丹大字"天朝万顺"大银钱，据考为太宗耶律德光时期的"祝颂钱"，定为一级文物。

在赤峰地区常见元代钱币有八思巴文"大元通宝"，汉字"至大通宝"小平钱，"至正通宝"折二、小平钱，主要出自宁城县大明城、翁牛特旗及克什克腾旗。

明代钱币有"天启通宝"背十、一两大钱，"洪武通宝"小平钱，"永乐通宝"小平钱，以及"嘉靖""泰昌""利用""洪化"等。清代铜钱和民国时期硬币、纸币也有发现和收藏。

7）锡林郭勒盟

锡林郭勒盟有国有收藏单位49家，有钱币藏品的单位13家，上报钱币类文物总计3922件/套，一般钱币类文物3224件/套，未定级钱币类文物698件/套。其中有春秋战国时期刀币、布币共计6件/套，汉代钱币类文物共计7件/套，唐代钱币类文物共计866件/套，五代十国时期钱币类文物仅1件/套，宋代钱币类文物共计2715件/套，辽代钱币类文物共计1件/套，金代钱币类文物共计2件/套，元代钱币类文物共计9件/套，明代钱币类文物共计2件/套，清代钱币类文物共计281件/套，民国时期钱币类文物共计28件/套，各时期外国钱币类文物总计4件/套。

在上都城南砧子山墓葬发掘出土钱币1562枚，主要以宋钱为主，唐、五代钱次之，有元代"至元通宝"银钱1枚。1989年4月，兵部营子村村民在春耕时发现一批铜钱，共征集4776枚，26种，这批钱币上至唐朝下至宋代。

正蓝旗羊群庙元代祭祀遗址出土铜钱33枚，其中"乾隆通宝"15枚，"嘉庆通宝"18枚，均为"宝源局"所铸。锡林郭勒盟的钱币类文物大都集中出土在多伦县、正蓝旗，其他旗县虽有零星出土，但数量甚少。

8）乌兰察布市

乌兰察布市国有收藏单位有34家，有钱币藏品的21家。上报钱币类文物总计55986件/套，其中包括珍贵钱币类文物53件/套，一般钱币类文物15719件/套，未定级钱币类文物40214件/套。其中有商代贝币1件/套，春秋战国时期刀币、布币共计222件/套，秦半两铜钱2件/套，汉代钱币类文物共计65件/套，魏晋南北朝时期钱币仅1件/套，隋五铢铜钱51件/套，唐代钱币类文物共计6976件/套，五代十国时期钱币共计55件/套，宋代钱币类文物共计38474件/套，辽代钱币类文物共计7件/套，金代钱币类文物共计146件/套，元代钱币类文物共计44件/套，明代钱币类文物共计4件/套，清代钱币类文物共计9028件/套，民国时期钱币类文物共计800件/套，中华人民共和国成立后钱币类文物共计3件/套，各时期外国钱币类文物总计105件/套，钱文不清者2件/套。

自20世纪80年代以来，乌兰察布地区成批出土刀币、布币30余千克。1987年，卓资县三道营乡出土钱币8千克。1990年，商都县小海子乡八号村和西坊乡土城古城出土钱币150千克。1984年，兴和县南湾乡明胜古城出土钱币50多千克。1993年，兴和县二台子乡土堡子村西滩地出土3千克。1984年，察右前旗煤窑乡出土钱币40多千克，礼拜寺乡出土钱币6千克，元代集宁路古城出土钱币12千克。1983年，察右中旗广益隆古城出土钱币3千克。1987年，兴和县钦宝营乡出土钱币20余千克。1996年秋，兴和县瓦窑口村村民翻修房舍时，在距地表50厘米处挖掘出土1件天平砝码，重1855.3克。砝码两面都有阴刻铭文，最上一行横刻楷书"乾隆叁拾叁年"。

战国时期的钱币，在兴和、丰镇、凉城等县都有陆续发现，其中以凉城县出土最多。在凉城县双古城和麦胡图乡一次出土布币和刀币30余千克。隋五铢在乌兰察布市凉城、丰镇、察右前旗、兴和县都有少量出土。

唐朝货币，已发现的"开元通宝"中，既有唐代早期和中期铸造的，也有晚期铸造的。1990年，商都县小海乡八号村出土了1枚"乾封泉宝"。

宋、辽、金、元时期，是乌兰察布历史上商品经济与货币流通空前发展的时期。因此，这个时期的货币窖藏地点分布广、数量大。如商都县小海乡八号村、西坊子乡长胜梁出土49600枚。出土的辽代钱币有"清宁通宝""大康通宝""天庆元宝""寿昌通宝"。

发现的北宋钱品种多达40种，其中在凉城县还出土1枚"崇宁重宝"，背"十"钱，比较罕见。

金代钱币常见的有"正隆元宝""大定通宝""泰和重宝"。1987年，在兴和县十六号村发现了1枚珍贵的"承安宝货壹两半"银铤。

此外，还发现近代银两、银圆，同期的铜圆以及现代史上的镍币、钞票和革命根据地货币也都有发现。

9）鄂尔多斯市

鄂尔多斯市国有收藏单位有55家，有钱币藏品的单位10家，上报钱币类文物总计10626件/套，其中一般钱币类文物6921件/套，未定级钱币类文物3705件/套。其中有商代贝币5件/套，春秋战国时期刀币、布币共计6件/套，汉代钱币类文物共计463件/套，魏晋南北朝时期钱币1件/套，唐代钱币类文物共计5345件/套，宋代钱币类文物共计4654件/套，辽代钱币类文物1件/套，金代钱币类文物共计6件/套，元代钱币类文物共计3件/套，明代钱币类文物共计7件/套，清代钱币类文物共计104件/套，民国时期钱币类文物共计18件/套，中华人民共和国成立后钱币类文物共计11件/套，各时期外国钱币类文物总计2件/套。

鄂尔多斯市曾发现先秦货币共计417枚，数量较少，但是品种相对较多，有24种，包括贝币、布币和刀币。

汉至隋唐时期货币，共发现36883枚，42个品种。宋、辽、西夏、金货币共发现404923枚，72个品种。其中，北宋132063枚，33个品种；辽代的有"重熙通宝""寿昌元宝"等；金代的有"正隆元宝""大定通宝"；西夏文铜钱、西夏铁钱多达270663枚，8个品种；元代的有"至大通宝"、"至正通宝"、八思巴文"大元通宝"。

1980年，在达拉特旗盐店乡新民渠村出土一处西夏窖藏钱币，共出土钱币1048千克，计272154枚，共拣选出12种计26式。其中有东汉"五铢"、唐代"开元通宝"和多种北宋钱币，以及西夏"天盛元宝""乾祐元宝"。该窖藏除东汉、北宋2枚铜钱之外，其余均为铁钱，西夏铁钱占99.45%。

此外，20世纪八九十年代，在乌审旗陶利苏木桃儿庙嘎查发现一处古钱窖藏，出土钱币605千克，计115707枚，上起秦代"半两"，下迄西夏"乾祐元宝"，计有秦汉、北朝、隋唐、五代十国、宋、辽、金、西夏诸朝钱77种。伊金霍洛旗发现的西夏铁钱窖藏，出土钱币约15千克，品种有"天盛元宝""乾祐元宝"。准格尔旗纳林乡出土的西夏铁钱有"天盛元宝""乾祐元宝""宣和通宝"，共计4708枚。在东胜市漫赖出土西夏铁钱6396枚，主要是"天盛元宝""乾祐元宝"，还有少量北宋"宣和通宝"铁钱。东胜市罕台庙出土一处钱币窖藏，有铁钱2659枚，仍为"天盛元宝""乾祐元宝""宣和通宝"三种钱币。

在普查中还发现了18个品种308枚外国钱币，以"宽永通宝"最多，其中以日本、安南钱币为主。同时还收藏了部分压胜钱、银圆、铜圆和纸币等。

10）巴彦淖尔市

巴彦淖尔市国有收藏单位33家，有钱币藏品的单位10家，上报钱币类文物总计2211件/套，其中包括二级文物1件/套，一般钱币类文物1846件/套，未定级钱币类文物364件/套。其中有春秋战国时期刀币、布币共计10件/套，秦半两铜钱4件/套，汉代钱币类文物共计1352件/套，隋五铢铜钱2件/套，唐代钱币类文物共计15件/套，宋代钱币类文物共计136件/套，金代钱币类文物仅1件/套，西夏时期钱币类文物共计5件/套，元代钱币类文物共计6件/套，明代钱币类文物共计5件/套，清代钱币类文物共计599件/套，民国时期钱币类文物共计37件/套，中华人民共和国成立后钱币类文物共计12件/套，各时期外国钱币类文物总计27件/套。

20世纪80年代，在磴口沙金套海汉墓、乌拉特前旗沙德盖汉代古城出土了西汉五铢、半两和新莽钱币。在纳林套海25号西汉墓中出土了近百枚用绳索串在一起的五铢钱。

巴彦淖尔市临河区西夏时期的高油房古城，是已知西夏时期最大的一座城址，城内出土文物很多。据统计，1958年城址东门内曾出土大批铁钱，共计约5000千克，其中大多数为西夏"天盛元宝""乾祐元宝"。

11）乌海市

乌海市国有收藏单位4家，有钱币藏品的单位只有1家，即乌海市博物馆，上报钱币类文物总计4257件/套，都是各时代金属类钱币，这些钱币类文物都是一般文物。时代最早的为秦半两，仅有1件/套，汉代钱币类文物2件/套，唐代开元通宝26件/套，宋代钱币类文物共计745件/套，西夏时期钱币类文物3件/套，明代仅1件/套钱币，清代钱币类文物共计3460件/套，民国时期钱币类文物共计7件/套，各时期外国钱币类文物总计12件/套。

在乌海市新地秦汉古城考古发掘中，部分墓葬出土了"半两"钱和"五铢"钱。对新地110国道边的一座汉代墓葬进行抢救性发掘时也发现了"半两"和"五铢"钱。

乌海市博物馆收购征集有秦"半两"，汉"五铢"，唐代"开元通宝"，北宋钱，西夏"乾祐元宝""天盛元宝"铁钱，明清钱币等。

12）阿拉善盟

阿拉善盟国有收藏单位22家，有钱币藏品的单位3家，上报钱币类文物总计22756件/套，包括珍贵钱币类文物23件/套（一级文物2件/套，二级文物11件/套，三级文物10件/套）；一般钱币类文物22733件/套。其中有商代贝币116件/套，秦半两铜钱1件/套，汉代钱币类文物共计722件/套，十六国时期钱币类文物共计1件/套，北周钱币类文物2件/套，隋钱币类文物2件/套，唐代钱币类文物共计2537件/套，五代后周时期钱币类文物共计14件/套，十国时期钱币类文物31件/套，宋代钱币类文物共计18628件/套，金代钱币类文物共计79件/套，西夏时期钱币类文物共计155件/套，元代钱币类文物共计30件/套，清代钱币类文物共计314件/套，民国时期钱币类文物共计110件/套，公元前19世纪钱币类文物1件/套，17世纪钱币类文物12件/套，18世纪钱币类文物1件/套。

阿拉善盟曾发现5枚长约1.5—2厘米的自然贝；额济纳旗发现的贝中有4枚背部都有明显磨平痕迹；20世纪90年代在阿盟额济纳旗居延故地出土青铜铸蚁鼻钱3枚，鎏金铜贝数枚。

秦代钱币出土仅见"半两"钱。在出土的西夏钱币中有西夏文"福圣""大安""天庆"宝钱，汉文有"元德通宝""天盛元宝""乾祐元宝"，其中"乾祐""天盛"钱较多。近年来在阿拉善地区出土发现的金代货币主要是"正隆通宝""大定通宝"，也有个别辽钱被发现。

近代，从额济纳黑城及附近出土了大量元代文物，其中有大量的元代纸币，举世瞩目。同时也有八思巴文"大元通宝"、银质"大朝通宝"等铸币。在纸币中以"至元通行宝钞"为多，系铜版印刷，纸张粗厚，呈灰蓝色。面值为"贰贯"和"壹贯"，"中统元宝交钞"也有发现，"中统元宝交钞一贯文省"是最早公开发表的纸币实物之一。

清代钱币出土颇为丰富，上至"顺治通宝"，下至"宣统元宝"，几乎各种年号钱都有，版别也较多，数量超过历代古钱币。

2. 钱币类文物的特点

（1）通过普查摸清家底，使钱币类文物数量更为准确

钱币类文物藏品数量大的特点，在内蒙古自治区第一次全国可移动文物普查中表现得尤为突出。内蒙古自治区文物藏品共计1067968件/套，钱币类文物数量为807764件/套，约占文物总数的76%。其中内蒙古博物院钱币数量为93449件/套，内蒙古自治区将军衙署博物院74429件/套，包头博物馆106637件/套，通辽博物馆41581件/套，阿拉善博物馆21054件/套，赤峰市博物馆74876件/套，巴林右旗博物馆79473件/套，巴林左旗辽上京博物馆也多达111827件/套。可见，通过第一次全国可移动文物普查对文物藏品的实际数量有了更精准的掌握。钱币类文物数量大不仅体现在每个地区的总收藏量中，也体现在很多文物收藏单位个体当中。

（2）钱币类文物种类繁多，涵盖整个货币发展过程中的大多数钱币

内蒙古自治区发现的钱币类文物所属时代从夏商时期到中华人民共和国成立后，种类很丰富。例如，发现的布币上多有城邑名称，常见的有晋阳、安邑、离石、蔺、皮氏、襄平等100多个；有的布币又分大小几种，如安邑布有二、一、半之分。王莽时期进行了4次币制改革，这期

间出现了几十种钱币，有一刀平五千，契刀五百，以"小泉直一"和"大泉五十"为代表的新莽"六泉"，以"小布一百"和"大布黄千"为代表的新莽十布以及出土较多的"货布"、"货泉"、"货泉"饼钱、"布泉"等等。此外，种类较多的为宋钱，两宋300余年历经18帝，改换年号57个，钱币共计43种。

（3）各朝代货币铸造量差异大

从调查的情况来看，各收藏单位的钱币中秦半两、汉五铢、唐代开元通宝、宋代钱币和清代钱币占据的比例较大。尤其是北宋钱币铸行量巨大，是自治区钱币类文物的主体。然而，同时期的辽代钱币铸行量极少，辽朝在货币制度上实行"新旧互用，锦帛兼行"的政策，流通货币主要使用中原历代钱币，自铸币很少。根据赤峰市多次出土钱币窖藏资料统计，辽自铸币仅占约千分之一，95%左右为北宋铜钱。另外，唐代铸造货币量很大，到五代十国时期货币铸造量又极大地萎缩；明代货币铸造量不是很大，而清代又开始大规模铸造货币。

（4）经考古发掘的钱币类文物大多存在生锈、腐蚀的现象

大多数钱币类文物为考古发掘和窖藏出土，有的被泥水冲刷，有的被酸碱盐类腐蚀，再加上有些钱币类文物原本的质地单薄易损，因此有很多钱币类文物出现被淤泥包裹、生锈、腐蚀、裂缝、破损等问题。

（5）性质稳定，易于保存

钱币类文物目前存在的残损问题形成的主要原因，一是埋藏时没有用防水的容器盛放，也没采取防潮的措施，在埋藏环境中被腐蚀；二是出土后没有进行及时的保护处理，或者处理方式不得当；三是早年库房条件较差，由于房屋漏雨、文物保管设施短缺造成了一部分钱币类文物被锈蚀。除此之外，目前入藏时品相较好的钱币类文物，保存在库房的正常环境里，如果不接触腐蚀性的化学制剂，不受外力破坏，那么作为钱币类文物主要组成部分的金属货币还是很容易保存的。

3．钱币类文物的意义

我国是世界上最早使用货币的国家之一，中国古代货币在形成和发展的过程中，钱币类文物可以直接或间接地反映当时社会的政治、经济和文化的发展状况。货币铸造量的大小可以反映中国古代商品交换的频率、社会安定程度和货币铸造能力的高低。因此研究钱币类文物既有现实意义，也有深远的历史意义，也可为其他相关学科研究提供参考资料和启迪。

首先，钱币类文物的现实意义主要表现在钱币研究是金融研究的基础，可为现代经济理论研究提供很好的借鉴；几千年来的货币发展史，是当代金融研究的重要参考资料，可为今天防止通货膨胀和稳定币值提供借鉴；研究历代货币发行理论和制度，可为今天维护人民币的主体地位提供借鉴；研究历代货币政策与财政政策的经验教训，可为今天改善宏观调控，搞好微观调节提供借鉴；研究历代钱币的形制、图案和材质，可为今天人民币、纪念币的币材、形制、图案的选配提供借鉴。

其次，钱币类文物的历史意义主要是钱币直接反映了当时社会经济的发展状况，间接地反映了当时的政治、军事、文化现状。钱币类文物用来展陈，是普及钱币知识、向广大观众进行宣传、陶冶情操的好教材；钱币类文物用作研究，可为国家制定完善的货币设计、制作、发行投放

制度提供好的经验，从而筑牢实现和谐社会、国泰民安的经济基础。

此外，钱币是历史的实物见证，对与其相关学科的研究都可起到提供参考资料和启迪的作用。古代钱币具有流传时间长、流通范围广、时代特征强等特点，每一枚钱币又与当时历史背景、科技文化、书法艺术、工艺美术、社会风俗、衡制及冶金、铸造、印刷等学科具有直接或间接的联系。钱币文字几乎包含了真、行、草、篆、隶等各种书体，钱币的模铸成型、文字图饰、方孔圆形的传统，形成了完整的东方钱币文化体系，对后世乃至今天的铸造技术、印刷工艺、交通、舆地、商贸等研究都有积极的影响。

（二）钱币类文物的保管情况

钱币类文物的保管工作是各收藏单位的重要工作之一，良好的保存条件和完善的管理体系是确保藏品安全、充分发挥藏品价值的重要保证。钱币类文物要做到分类明确、科学建档、防锈、防尘、避光、防止磕碰，对温湿度也有特别明确的要求。

通过实地调查和回收的问卷，得到以下65家钱币类文物收藏单位的保管情况（表2）。

表2　钱币类文物收藏单位保管情况表

序号	单位	建档情况		库房面积（平方米）	保管人员数量（人）
		纸质	电子		
1	包头市文物管理处	√		300	2
2	鄂尔多斯青铜器博物馆	√	√	1800	5
3	满洲里市扎赉诺尔博物馆	√	√	671	3
4	包头市土右旗文体广电局			800	4
5	鄂尔多斯市文化局	√	√	2974	7
6	包头师范学院			150	1
7	包头市土右旗敕勒川博物馆	√	√	800	7
8	化德县文物管理所	√		0	0
9	额济纳旗文物管理所	√	√	90	3
10	阿拉善右旗博物馆	√		75	2
11	多伦县文物局	√	√	0	0
12	西乌旗文物保护管理所	√	√	15	2
13	东乌珠穆沁旗文物保护管理所	√		108	2
14	锡林浩特市文物保护管理所	√		70	3
15	二连浩特市文物保护管理所	√		0	0
16	科尔沁右翼前旗博物馆	√		300	2
17	乌兰浩特市文物管理站	√		50	2

序号	单位	建档情况		库房面积（平方米）	保管人员数量（人）
		纸质	电子		
18	内蒙古民族解放纪念馆	√		2000	2
19	察哈尔右翼后旗文物管理所	√		100	4
20	兴和县文化广播电视局			0	0
21	杭锦后旗文化广播电影电视局			300	1
22	乌拉特后旗博物馆	√		72	4
23	乌拉特中旗博物馆	√		20	2
24	乌拉特前旗博物馆	√		20	2
25	乌拉特前旗公田村博物馆			500	3
26	磴口县文物管理所	√		20	2
27	巴彦淖尔市文物站	√		300	2
28	内蒙古河套文化博物院	√		580	4
29	巴彦淖尔市一职			100	2
30	额尔古纳市文物管理所	√		0	0
31	萨马街索伦部落民俗博物馆	√		20	2
32	萨马街鄂温克民俗馆	√		20	2
33	扎兰屯市历史博物馆	√	√	50	2
34	呼伦贝尔市中东铁路博物馆	√	√	20	2
35	伪兴安东省历史陈列馆	√	√	50	2
36	满洲里市沙俄监狱陈列馆	√		37	2
37	满洲里市博物馆	√		190	2
38	陈巴尔虎旗民族博物馆	√		100	3
39	鄂温克族自治旗锡尼河布里亚特博物馆	√		364	3
40	阿荣旗博物馆	√		30	2
41	伊金霍洛旗文物保护管理所	√		50	2
42	杭锦旗文物管理所			80	3
43	鄂托克旗查布恐龙博物馆	√	√	40	2
44	鄂托克旗蒙古族实验小学			0	1
45	准格尔旗文物馆	√		80	2
46	奈曼旗王府博物馆	√		150	2
47	开鲁县文物管理所	√		180	2
48	科尔沁左翼后旗文物管理所	√		12	2

序号	单位	建档情况		库房面积（平方米）	保管人员数量（人）
		纸质	电子		
49	科尔沁左翼中旗文物管理所	√		170	3
50	敖汉旗博物馆	√	√	500	5
51	宁城县博物馆	√	√	500	3
52	喀喇沁旗文物管理所	√	√	0	2
53	克什克腾旗经棚庆宁寺	√		60	2
54	林西县博物馆	√		580	2
55	巴林左旗辽上京博物馆	√		384	5
56	阿鲁科尔沁旗博物馆	√	√	500	2
57	赤峰市松山区文物管理所	√		0	2
58	赤峰市博物馆	√	√	940	5
59	赤峰学院	√		60	2
60	武川县文化体育局	√		80	2
61	和林格尔县文化体育局	√		120	2
62	呼和浩特市和林格尔盛乐博物馆	√		345	2
63	呼和浩特市托克托县博物馆			2400	2
64	内蒙古师范大学博物馆	√		0	0
65	诺门罕战役遗址陈列馆	√	√	40	6

由上表可见，文博系统中博物馆类的收藏单位都建有专门的文物库房。盟市级博物馆要比旗县博物馆库房面积大、条件好，保管人员数量不一，但也都实现了库房有专人管理负责。文物管理所类的收藏单位大部分有工作站，也是有专门的库房，配备有专门负责文物管理的人员。非文博单位往往没有专门的库房保存文物，也很少安排工作人员专门负责钱币类文物的保管工作。

从实地调查的结果来看，大多数文物收藏单位在藏品的保管方面也积累了很多好的经验。内蒙古博物院藏钱币类文物，均用小纸袋单枚包装，放入囊匣，再入文物柜。库房恒温恒湿、防尘、避光。赤峰市博物馆的钱币保存状况为分类后的铜钱都集中放在塑封袋里，特殊的压胜钱单独塑封，再统一放置在小抽屉式保存柜中。巴林右旗博物馆将钱币分类后成串装箱。巴林左旗博物馆将钱币分类后直接成串放在老旧的木柜中。通辽市博物馆将钱币分类后成串放在纸盒内，再将纸盒放在空间较大的保存柜中。库伦旗博物馆将数量较多的钱币包成纸包，数量较少的钱币装在透明塑料盒中，统一放置在大抽屉分隔式保存柜中。包头博物馆将整理好的钱币统一单枚装袋之后，存放到文物柜中。

随着第一次全国可移动文物普查工作的开展，内蒙古自治区的钱币类文物已引起各收藏单位的重视，既增加了专业保管人员，也改善了保存条件，保管水平得到明显提升。

根据调查掌握的材料，内蒙古自治区保存条件较好的收藏单位目前大约有60余家，而基层少数盟市和部分旗县级文物收藏单位，相对来说保管工作尚需进一步加强，钱币类文物的保管条件有待改善。

钱币类文物的建档工作也在逐渐完善，通过此次可移动文物普查，各收藏单位都建立了纸质档案和电子档案，对钱币类文物也第一次实行了科学规范的建档，并做了按质地分类、采集基础数据和登录等工作。但是由于各收藏单位条件不同，例如工作人员数量、专业水平、工作态度等原因，导致内蒙古自治区钱币类文物收藏单位的建档质量也有很大的差异。有的收藏单位档案信息非常全面，不仅包括最基本的属性信息，还有文物的背景信息。有的收藏单位对一些信息项进行了大致填写，钱币的质量和尺寸只给出数据范围，或者只测量其中部分，然后进行文物信息的复制；照片档案信息不全面，钱币应拍摄正反两面，照片档案应与实物相同，但有些收藏单位，为尽快完成任务，敷衍了事，用一张照片复制所有同名称文物。基于这种信息所建立起来的档案是不合格的，需要修正。

（三）钱币类文物的保护情况

钱币类文物的保护主要分为以下三个方面，首先是防止变质，避免出现生锈、裂缝、破碎、腐蚀等状况。目前从调查的情况来看，内蒙古自治区文物系统的文物收藏单位大都有不同程度的保护预防措施。绝大多数文物库房干净整洁，符合文物存放条件，库房保管人员配备专业级别较高，定期参加国家及地方的各类文物保护培训班，对文物的保护工作具有较高专业技术水平。对于一些锈蚀严重的铜、铁类钱币文物，进行了隔离分装，但也有个别的与其他状况好的钱币装放在一起，这是接下来的工作中需要改进的。

其次是要避免出现保护性破坏的情况。绝大多数基层文物收藏单位由于客观条件和业务水平的差异，对于保存状况不好的钱币普遍采取"拣选—单独存放—等待修复"的措施。但也有个别单位擅自进行了试验性的修复工作，导致文物本体再次遭受破坏，调查中发现有文物收藏单位的工作人员将一块块粘连在一起的铁质钱币用醋酸浸泡，希望能用酸性物质将铁锈消融掉，结果却使钱币出现变色、受损的现象。

最后，对于钱币类文物的修复工作是需要在调查的基础上，积极制定科学的、专业的、及时的修复方案，逐渐形成对钱币类文物进行常态性修复的工作理念。内蒙古博物院作为国家一级博物馆，文物保护专业技术水平在全区最强，专业技术人员最多，近年来，随着对文物保护工作的加强，已在内蒙古自治区建立了馆际联盟体系，数量达30多家，将逐步完成濒危文物的抢救与保护工作。

（四）钱币类文物的研究与利用情况

1985年，内蒙古自治区钱币学会成立，组织文博、金融、高校、科研部门的研究人员，开展内蒙古地区出土发现收藏钱币研究，举办历代钱币展览。特别是将古代北方少数民族建立政权辽、西夏、金、元四朝货币及草原丝绸之路货币作为研究重点。此后二三十年间，也是钱币研究事业的黄金时期，钱币研究领域学术成果显著。至今编辑出版《内蒙古金融研究·钱币增刊》134期，初步统计已发表学术论文近千篇，出版钱币类文物专著20多部。在历届中国钱币研究领域最高奖"金泉奖"的评选中都有作品获奖，为国家级的重大科研项目的实施、为区内外相关学科的研究提供了珍贵的实物资料和研究成果。部分专业研究人员参与《中国钱币大辞典》《中国历代货币大系》《中国丝绸之路货币》《内蒙古金融志》《内蒙古文物志》的编撰工作，为《内蒙古金融研究·钱币专刊》的编辑出版提供了大量关于钱币类文物的稿件，为内蒙古历代钱币发展史的研究提供了基础性资料。

同时，在各文物收藏单位的文物陈列中，都展示有很多珍贵的钱币类文物，还有部分文物收藏单位在历史展区设有钱币类文物展柜，为研究人员提供丰富的历史实物资料，有的作为高等院校专业实习的基地。例如，呼和浩特市托克托县博物馆，展厅面积多达300余平方米，博物馆设有4个展厅，值得一提的是，其中的历代古钱币陈列展，馆藏古钱币已成为系列，钱币类文物展品数千枚，从最早出土的贝币到中国人民银行发行的第一版全套人民币都能在这里看到，涉及匈奴、鲜卑、契丹、女真、党项、蒙古、满、汉等多民族使用过的钱币。仅在2015年，就接待专业人员和钱币爱好者约六万人次进馆考察参观学习。

2016年"5·18国际博物馆日"，在内蒙古博物院举办第一次全国可移动文物普查成果展中，展示了部分有地方特色的珍贵钱币类文物，看到普查工作的重要阶段性成果，让大家为三年来所付出的劳动感到欣慰。同时，我们也看到，对于钱币类文物的研究和利用，还是需要继续努力。目前内蒙古自治区还没有钱币类文物专题博物馆，有钱币类文物专题陈列展览的收藏单位也是凤毛麟角。大多数珍贵钱币类文物依旧静静地待在文物库房中。

钱币类文物是最受观众关注的焦点。一方面，钱币类文物真实地再现了钱币的起源、各朝各代逐步发展的历史进程。另一方面，它们形象地让观众感知到货币铸造文化的辉煌。各收藏单位可以借助钱币类文物的展示工作，向观众深入浅出地介绍钱币学、货币史、金属钱币的铸造、纸币的印制以及钱文书法、图案艺术等相关知识。同时宣传对钱币类文物的保护工作，让人们全面地认识到钱币类文物背后蕴含的文化价值。

二、钱币类文物工作中存在的问题

（一）钱币类文物的保管工作仍需提高

1. 钱币类文物的保存条件有待优化

由于客观条件所限，绝大多数钱币类文物收藏单位还未能将藏品单件分装。钱币类文物的保存方式多采用单件标号，然后集中袋装或利用线绳成串的方式存放。这种保存方式不仅存在着钱币类文物变质损坏的隐患，而且也为以后的清查和利用等工作带来不便。

内蒙古自治区钱币类文物收藏单位多达100余家，各收藏单位之间保存条件差异较大。自治区级和盟市级收藏单位的条件相对较好，但是一些偏远的旗县区收藏单位保存条件相对落后。一方面由于资金投入较少，另一方面由于历史文化资源匮乏，缺少文化价值高的文物。有的收藏单位文物库房正在建设中，现有规模非常小，最小的只有30—40平方米，只能放置一些包装好的珍贵文物，很难使所有文物都能得到有效的保护。个别收藏单位的藏品柜还是早年的旧木柜，灰尘多，安全系数低。文物系统外的单位之前不太重视文物保护工作，有的器物直接裸露地放置在木架上，钱币甚至直接集中放在锅、碗等容器里，或者装入麻袋、塑料编织袋中。

2. 部分钱币类文物的保存方式需要改善和提升

很多金属钱币出土时锈蚀严重，字迹模糊，有的已经锈蚀粘连成块，无法分离。针对这类钱币，有一部分收藏单位将数量、尺寸和质量等指标测量记录之后，继续将锈蚀的钱币与品相较好的存放在一起，这样的保存方法会造成锈蚀状况的蔓延。

另外，纸币的材质属于有机质，因此纸币在钱币类文物中是最难保存的。近现代的纸币由于历时不久，还能基本保持原状，但是珍贵的元代纸币却面临着窘迫的保存状况。由于纸币本身质地柔软易撕裂，再加上有机质材料容易发黄、变形、脱落，因此需要特殊的保存方式。

呼和浩特市博物馆的一级文物元代"中统元宝交钞壹拾文"纸币曾经进行过氮气熏蒸的处理，并用玻璃板将纸币真空封存起来，不活泼的氮气可以延缓有机质与外界物质的化学反应，起到延长保存时间的效果。内蒙古博物院与日本九州国立博物馆对纸质文物的保护工作展开合作与研究，并且已经建立了针对西夏文书和元代纸质文物（含纸币）保护的专门文物保护实验室。但目前由于很多客观存在的困难，这些先进的科学技术还未能普及，很多文物还暂时得不到科学地保存。例如，额济纳旗黑城遗址出土的元代纸币，只是进行了简单清理，并没有按照科学手段进一步处理，这样时间一长就会变色、发脆，影响其寿命。

3. 钱币类文物的登记和建档工作需要进一步完善

在藏品的日常登记工作中，由于钱币类文物数量大、个体小的特殊性，在登记时只能给予初步的信息采集，无法完善全面的信息。名称、年代、藏品特征、来源、级别等信息项难免会出现差错和空缺。

在本次调研中，虽然有的收藏单位已基本建成了登记系统，但从其登记内容分析，各家标准不同，普遍比较简略，缺项较多，需要加强和完善登记工作。例如，许多收藏单位早年间档案上的钱币类文物大多没有登记具体来源方式，征集的无法了解发现经过，出土的更无法知道具体的出土地点和位置。这种情况出现的很多，甚至包括很多珍贵的钱币类文物。这样的问题对于钱币类文物研究工作就会有很大的难度，只能凭借钱币特征、文字和质地进行品类和年代研究，无法研究其埋藏特点、规律、分布情况和地域环境。如果出土的原始信息更加详备，一方面有利于货币史的研究，另一方面也便于考古调查，为进一步发掘工作提供线索。类似于此类信息的缺失都会对钱币类文物的保护和研究造成不利的影响。

内蒙古自治区各钱币收藏单位建档工作完成情况总体较好，文博系统外的收藏单位大多未进行分类和建档工作，目前也在逐渐改进中。文物系统内的收藏单位有的在建档分类工作中将同一窖藏出土的钱币类文物分为一个总登记号，没有按照钱文及质地进行分类编号。这样窖藏出土钱币本来就种类繁多，虽然保持了最原始的信息，但是入账方式较为简单，无法详细记录每枚钱币的特征和属性，不符合藏品建档原则。

（二）钱币类文物保护工作略显滞后

由于钱币类文物的数量巨大，因此各收藏单位只是做到妥善保管，而严重锈蚀、腐蚀及纸质发黄、发脆等问题依然存在。钱币类文物保护工作的滞后现象不容忽视，亟须进一步加强。

钱币类文物的保护往往都只局限于出土时的预防性保护，由于刚出土时钱币窖藏往往粘连着泥土、盐碱混合物等，如果不进行处理，会大大影响到钱币类文物的保存寿命。因此，考古工地上钱币类文物出土后一般都会进行清理。但是进入收藏单位后，大部分钱币类文物很少能得到专门的保护和修复。

目前，钱币类文物的保护工作有待加强。一方面主要由于文物保护经费缺少，有些收藏单位将保护经费优先用到皮毛类和纸质、壁画类等一些不易保存的文物上面，很少考虑到钱币类文物锈蚀保护。另一方面，各收藏单位专业修复人员数量普遍较少，由于机构编制问题，基层文物收藏单位常常出现一人多岗的现象，无法专注于文物保护工作，故而钱币类文物长期处在缺少保护修复的状态之下。

（三）钱币研究工作有待加强

内蒙古自治区在二三十年前曾有过钱币研究的黄金时期，但近几年对于钱币的研究工作稍有滞后，导致这一问题的原因主要有以下几个方面。

一是藏品缺乏系统整理，文物信息不完善导致研究工作基础薄弱。完善的藏品信息是开展研究工作的基础。而钱币类藏品缺乏全面系统地整理，大量藏品由于尚未进行准确鉴定，信息不完善，藏品的分级管理未得到落实，藏品的数字信息系统也未完成，这导致在研究藏品时，无法了解钱币的来源和真伪，衡量不出藏品本身的价值。

二是由于研究人员和收藏单位缺少统一的信息共享机制，要想对馆藏的钱币类文物进行细致的研究，了解实物不是很方便，大多数钱币保存在文物库房中，除特别需求，一般人员想要进入库房采集数据信息，手续烦琐，十分不便。再加上一直以来库房文物的数字化信息对外保密的因素，很难提供基础材料给有关研究人员。

三是缺少研究人员。钱币研究的黄金时期，出现了一批钱币研究的专家和学者，取得了很多高水平的研究成果。但近年来，钱币研究界早年的一批研究学者多已退休，有的已离世，而年轻一代的研究者还没有补充到钱币研究的队伍中，钱币研究人才出现了青黄不接的局面。在本次调查中发现，各收藏单位在钱币类文物研究领域人员较少甚至没有。

（四）钱币利用方式亟待创新

大多数文物收藏单位对钱币类文物的利用局限于传统的展览形式，缺少合理创新的利用方式。首先，很多收藏单位基本没有钱币的专项展陈，对钱币类文物的展览也只是放到历史文物展陈中的一个部分，展品也只限于一部分馆藏文物，大多数依旧收藏于文物库房中，很少得到真正的利用；其次，缺少与其他收藏单位钱币类文物的交流与共享，这样无法使更多有价值的钱币类文物展示出来，起不到很好的利用效果，钱币类文物无法实现更好地展现古代钱币历史发展进程的作用；最后，钱币类文物的利用缺少与新科技、新理念的融合，钱币类文物的利用方式略显单调，文化创意产品很少，利用方式缺乏趣味性。

（五）专业技术人才短缺

近年来，内蒙古自治区文物系统的专业人才队伍有了明显的加强。国家文物局、内蒙古自治区文物局历年来多次举办关于文物保管、保护等很多方面的专业技术培训与学习，这些学习平台客观上为人才培养工作做了很大贡献，但在实际工作中还是存在着人才短缺的问题。

钱币类文物缺少专业保管人才。钱币类文物是一类重要资源，既能为开展学术研究提供重要的实物资料和数据，同时也是货币沿革、经济发展史的实物见证。而目前基层文物收藏单位往往缺少可以对藏品进行科学分类、登记和建档的专业人员，保管工作大多局限于日常的存放和管理，缺少一定的计划性和科学性。同时，钱币类文物缺少专业修复人才。钱币类文物数量巨大，其中残损、生锈的钱币类文物占很大一部分，钱币类文物的修复工作十分繁重。学习周期长、学习难度大等特点造成全国文物修复的人才本来数量就少，加上目前资深的文物修复专家多专注于陶瓷器、皮毛类、青铜器、壁画和古籍等珍贵文物的修复，年轻的修复人才还未完全补充到各收藏单位中，这就使得几十万件钱币类文物的修复与保养工作被搁置和延误。

三、钱币类文物管理、保护、研究、利用的建议

（一）健全钱币类文物管理机制，提高管理水平

要提高文物管理能力和水平，必须要在当前的管理机制基础上加以改进和完善，建立起一套有效的文物管理机制。针对钱币类文物，首先要完善入藏机制，确保每一件钱币类文物的来源、数量、尺寸等基本信息明确无误。其次要完善分类建档机制，理清每一件钱币类文物的信息和分类情况。分类标准要明确，馆际之间分类标准要统一；钱币类文物档案要细致，不能以点盖面，档案信息的更新工作要及时、全面。第三，文物工作的重点是要完善库房保管机制，库房保管工作要有原则、有纪律、有流程、有效率，严格规范文物管理行为，杜绝一切不安全的因素。最后要完善钱币类文物出入库管理机制，不仅要明确出入库的各项基本信息、钱币类文物的保存现状，更要着眼于细节，要加强文物管理过程中的信息记录工作，逐步建立起一套动态明细、条理清晰的出入库管理系统，实现管理机制健全、管理水平提高的目标。

（二）逐渐加强对钱币类文物的保护工作

文物收藏单位要充分认识到文物保护工作的重要性和紧迫性，在各项工作同步推进的同时，要高度重视钱币类文物的保护工作，做到文物保护工作全面加强、重点突出。既要加强对钱币类文物的预防性保护工作，又要增加对钱币类文物的修复工作；既要兼顾到钱币类文物的整体保护状况，又要集中力量对于损坏、锈蚀、脆薄的钱币类文物开展抢救性保护工作。

文物收藏单位要严格遵照文物保护工作的原则和要求，制定科学合理、简单可行的保护方案。在文物保护的过程中各收藏单位要加强沟通协调和紧密合作。有条件的文物收藏单位，可以建立专门的科学保护实验室，进而帮助基础条件较差的收藏单位缓解经费不足、专业人员不够的实际困难，完成文物的保护工作。要严格履行文物修复报批程序，文物修复计划要进行上报和申请，经过论证批复后才可以实施修复，避免修复工作出现失误。

（三）加强资源整合、实现信息共享

内蒙古自治区已经基本完成了文物信息数据库的建设工作。下一步要加强文物信息资源整合工作，继续推进文物资源信息化。要改变文物信息共享渠道少、获取文物信息不便、申请手续繁杂等现状。建立科学合理的文物信息化服务平台，标定不同层级的信息分享权限，建立有条件、有计划的文物信息共享机制。钱币类文物数据信息的共享有利于拓展社会教育渠道，推进钱币研究事业的进步。

（四）鼓励学术研究

要加大对钱币类文物研究工作的鼓励力度，特别是针对钱币类文物藏品如何保护、管理和利用等研究课题，应组织专家开展深入探讨。不仅注重钱币学、货币史的研究，而且要加强对钱币类文物本体的管理、保护以及充分利用等专题的探讨和研究。同时，应全力支持基层研究人员投入到钱币研究工作中，多发表学术论文，将研究成果融入评优机制。在业务权限范围内尽量为研究人员的工作创造便利条件，支持研究人员外出考察、交流研讨，组织召开钱币专题学术会议。做好这些基础工作，不仅能使钱币类文物得到更好地保护，发挥其作用，而且有助于钱币类文物及货币史的研究持续向前发展。

（五）增强钱币类文物的活力，创新利用方式

文物存在的重要意义之一就在于展示其文化内涵，教育大众。而目前大多数馆藏钱币类文物只是在库房中沉睡，展示方式也很单调。增强钱币类文物的活力是利用文物进行创新工作。

首先，钱币文物丰富的收藏单位应举办钱币类文物专题展览，将各时代馆藏钱币及制币工具通过展陈方式展示给大众，让大众对钱币类文物有一个新的认识，了解钱币的多样性和灿烂的钱币文化发展历史。这种专题展览模式可以利用到很多文物单位的馆藏钱币，共享展品，增加更多交流和展示的机会，在利用中不断提升展示水平和能力，也让很多钱币爱好者、研究人员能有更多的渠道了解本地区钱币的情况。

另外，可以针对钱币类文物进行最新的三维数字扫描。既可以让观众对这种展示方式有新的体验感受，也可以更清晰地看到钱币文物的每一个细部特征，有利于钱币研究的深入开展。

最后，可以将钱币类文物融入文化产业开发当中去，将钱币文化元素融入大众的日常生活中，这是解决钱币类文物逐渐消失于大众视线的有效途径。文化产业部门可以生产尺寸相同的钱币仿制品。钱币类文物的文化产业开发潜力很大，钱币类文物的利用方式应该得到创新。

附表：各收藏单位钱币类文物具体数量

序号	收藏单位名称	已报送文物数（件／套）	预估文物总量（件／套）	钱币类文物藏品总量（件／套）
1	包头市文物管理处	18438	6455	12508
2	鄂尔多斯青铜器博物馆	3736	1447	257
3	呼伦贝尔民族博物院	12007	9830	2313
4	满洲里市扎赉诺尔博物馆	906	858	62
5	包头市土右旗文物管理所（美岱召）	214	209	3
6	鄂尔多斯博物馆	16853	16498	10091
7	乌兰察布市博物馆	37804	37069	32824
8	包头师范学院	402	395	112
9	达拉特旗文物管理所	432	426	48
10	包头市土右旗敕勒川博物馆	1897	1881	46
11	化德县文物管理所	384	382	360
12	内蒙古包头博物馆	110609	110303	106637
13	锡林郭勒盟博物馆	727	725	3
14	锡林郭勒盟文物保护管理站	794	792	434
15	内蒙古自治区将军衙署博物院	102063	102057	74429
16	克什克腾旗博物馆	18799	18798	17671
17	额济纳旗文物管理所	5177	5177	727
18	阿拉善右旗博物馆	4122	4122	730
19	阿拉善博物馆	32238	32238	21054
20	多伦县文物局	3196	3196	3098
21	正蓝旗元上都遗址文物事业管理局	763	763	138
22	正镶白旗博物馆	224	224	110
23	西乌旗文物保护管理所	35	35	3
24	东乌珠穆沁旗博物馆	173	173	24
25	东乌珠穆沁旗文物保护管理所	316	316	24
26	苏尼特右旗文物保护管理所	122	122	14
27	苏尼特左旗博物馆	258	258	4
28	锡林浩特市文物保护管理所	168	168	65
29	二连浩特市伊林驿站遗址博物馆	164	164	5
30	突泉县文物管理所	187	187	54

序号	收藏单位名称	已报送文物数（件/套）	预估文物总量（件/套）	钱币类文物藏品总量（件/套）
31	扎赉特旗文物管理所	810	810	144
32	科尔沁右翼中旗博物馆	4450	4450	2629
33	科尔沁右翼前旗博物馆	5033	5033	4371
34	乌兰浩特市文物管理站	349	349	308
35	中国人民银行兴安盟中心支行	14	14	14
36	内蒙古民族解放纪念馆	1242	1242	31
37	兴安博物馆	5534	5534	4370
38	丰镇市文物管理所	107	107	40
39	察哈尔右翼后旗文物管理所	238	238	63
40	察哈尔右翼中旗博物馆	382	382	197
41	察哈尔右翼前旗文物管理所	1046	1046	993
42	凉城县文化局	1390	1390	957
43	兴和县文化广播电视局	569	569	507
44	商都县文物管理所	15466	15466	15281
45	卓资县文物管理所	2825	2825	2649
46	集宁战役纪念馆	240	240	9
47	杭锦后旗文化广播电影电视局	49	49	2
48	乌拉特后旗博物馆	633	633	167
49	乌拉特中旗博物馆	211	211	23
50	乌拉特前旗博物馆（文物管理所）	559	559	199
51	乌拉特前旗公田村博物馆	405	405	21
52	磴口县文物管理所	353	353	40
53	黄河水利文化博物馆	595	595	69
54	巴彦淖尔市文物站	3629	3629	1450
55	内蒙古河套文化博物院	2161	2161	213
56	巴彦淖尔市一职	50	50	29
57	额尔古纳市文物管理所	381	381	5
58	萨马街索伦部落民俗博物馆	884	884	91
59	萨马街鄂温克民俗馆	136	136	10
60	扎兰屯市历史博物馆	5421	5421	359
61	呼伦贝尔市中东铁路博物馆	855	855	42

序号	收藏单位名称	已报送文物数 （件／套）	预估文物总量 （件／套）	钱币类文物藏品总量 （件／套）
62	伪兴安东省历史陈列馆	133	133	11
63	满洲里市沙俄监狱陈列馆	263	263	11
64	满洲里市博物馆	1110	1110	104
65	新巴尔虎左旗博物馆	759	759	20
66	陈巴尔虎旗民族博物馆	845	845	19
67	鄂温克族自治旗锡尼河布里亚特 博物馆	289	289	3
68	阿荣旗博物馆	605	605	127
69	伊金霍洛旗文物保护管理所	766	766	54
70	鄂尔多斯市乌审旗文物局	991	991	42
71	杭锦旗文物管理所	751	751	29
72	鄂托克旗查布恐龙博物馆	412	412	5
73	鄂托克旗文物保护管理所	1534	1534	454
74	鄂托克旗蒙古族实验小学	235	235	65
75	准格尔旗文物馆	444	444	23
76	鄂尔多斯市东胜区文物保护 管理所	459	459	29
77	扎鲁特旗文物管理所	5073	5073	4471
78	扎鲁特旗民族宗教事务局	16	16	3
79	奈曼旗王府博物馆	4656	4656	2149
80	库伦旗宗教博物馆	7280	7280	5890
81	开鲁县文物管理所	598	598	46
82	科尔沁左翼后旗文物管理所	11544	11544	11043
83	科尔沁左翼中旗文物管理所	408	408	62
84	通辽市博物馆	47392	47392	41581
85	通辽市医院	79	79	71
86	敖汉旗博物馆	10978	10978	4870
87	宁城县博物馆	7856	7856	5687
88	喀喇沁旗文物管理局	1300	1300	291
89	翁牛特旗博物馆	6455	6455	4033
90	克什克腾旗经棚庆宁寺	18	18	1
91	林西县博物馆	1161	1161	41

序号	收藏单位名称	已报送文物数（件/套）	预估文物总量（件/套）	钱币类文物藏品总量（件/套）
92	巴林左旗辽上京博物馆	113931	113931	111827
93	巴林右旗博物馆	82389	82389	79473
94	阿鲁科尔沁旗博物馆	11027	11027	9081
95	赤峰市松山区文物管理所	4382	4382	2056
96	赤峰市博物馆	83223	83223	74876
97	赤峰学院	61	61	11
98	乌海博物馆	5143	5143	4257
99	呼和浩特市武川县文物保护管理所	200	200	21
100	呼和浩特市和林格尔县文物保护管理所	300	300	108
101	呼和浩特市和林格尔盛乐博物馆	497	497	24
102	呼和浩特市托克托县博物馆	2952	2952	1859
103	内蒙古师范大学博物馆	302	302	7
104	内蒙古自治区文物考古所	16607	16607	11625
105	呼和浩特博物馆	22663	22663	6137
106	呼和浩特市文物事业管理处	1409	1409	245
107	诺门罕战役遗址陈列馆	708	730	10
108	内蒙古博物院	123004	155000	93449
	总计	1056643	1067968	807764

项目总负责人：塔　拉

执行负责人：李少兵　张文芳

执　笔：张文芳　李丽雅　隋瑞轩　付丽琛

制作图表：隋瑞轩　付丽琛

主要参考文献

1．李逸友：《包头市窝尔吐壕发现安阳布范》,《内蒙古文物资料选辑》, 内蒙古人民出版社, 1964年。

2．乔晓金：《试论辽代的货币经济》,《内蒙古金融》1983年辽代货币专号, 总第1期。

3．卜杨武：《呼市东郊白塔发现一张"中统元宝交钞"》,《内蒙古金融》1984年元代货币专刊, 总第2期。

4．周锦章：《战国时期赤峰地区的货币流通》,《内蒙古金融·钱币增刊》1985年, 总第3期。

5．张文芳：《内蒙古博物馆馆藏金贞祐交钞铜版考》,《内蒙古金融·钱币增刊》1985年, 总第3期。

6．吴宗信：《三道营子窖藏古铜钱》,《内蒙古金融·钱币增刊》1985年, 总第3期。

7．金永田：《内蒙巴林左旗出土三件银锭》,《内蒙古金融·钱币增刊》1986年, 总第5期。

8．巴林右旗博物馆：《巴林右旗灰通河金代窖藏古钱清理报告》,《内蒙古金融·钱币增刊》1988年, 总第10期。

9．伊克昭盟文物工作站：《内蒙古达拉特旗盐店乡出土西夏窖藏铁钱》,《内蒙古金融研究·钱币增刊》1989年, 总第13期。

10．李聪颖、王洪江：《锡林郭勒盟历代钱币普查报告》,《内蒙古文物考古》1999年第2期。

11．张振宇：《元上都遗址发现较珍贵的元代钱币》,《内蒙古金融研究·钱币增刊》2006年第1期, 总第101期。

12．赵占奎：《从高油坊古城大量出土西夏和宋代钱币看西夏钱币铸造与边境贸易》,《内蒙古金融研究·钱币增刊》2006年第1期, 总第101期。

13．王培义：《托克托县发现战国燕明刀》,《内蒙古金融研究·钱币增刊》2006年第2期。

14.《内蒙古金融志》编纂委员会：《内蒙古金融志》（第一编）, 内蒙古人民出版社, 2007年。

15．内蒙古自治区钱币学会：《内蒙古革命根据地货币史》, 中国金融出版社, 2007年。

16．张文芳：《元钞与货币文化初探——以内蒙古出土发现元代纸币为例》,《内蒙古金融研究·钱币增刊》2012年第3、4期。

17．庞文秀：《从阿盟出土历史货币探析"草原丝路"的开辟与发展》,《内蒙古钱币通讯》1994年第11、12期。.

18．苏利德：《民国时期漠南商埠重镇多伦货币的流通》,《内蒙古金融研究·钱币增刊》2013年第1、2期, 总第129、130期。

19．张功平主编：《辽代货币论文集》, 内蒙古人民出版社, 1991年。

20．张功平主编：《元代货币论文集》, 内蒙古人民出版社, 1993年。

21．唐雨良主编：《辽代货币文集》, 内蒙古人民出版社, 1993年。

22．张文芳：《对王莽时期"铸币厂"的探讨——以霍洛柴登古城出土考古资料为例》,《内蒙古金融研究·钱币增刊》2014年第1、2期，总133、134期。

23. 内蒙古考古学会、内蒙古文物考古研究所：《内蒙古文物考古年报》2003—2014年，总第1—12期。

24. 内蒙古考古博物馆学会、内蒙古文物考古研究所：《内蒙古文物考古》1981—2010年，总第1—42期。

25. 内蒙古文物考古研究所、《草原文物》编辑部：《草原文物》2011—2015年，总第1—10期。

呼和浩特市第一次全国可移动文物普查工作报告

呼和浩特市第一次全国可移动文物普查领导小组办公室

呼和浩特市文物局

前　言

第一次全国可移动文物普查是国家在可移动文物领域启动的一项重要活动，是自中华人民共和国成立以来首次开展的全国性可移动文物普查。本次普查的意义在于全面掌握我国现存国有可移动文物的数量分布、保存状况、保管权属和使用管理等情况，为科学制定保护政策和规划提供依据，实现文物信息资源的整合与合理利用，有效发挥文物在国民经济和社会发展中的积极作用。本次普查针对的是全部国有收藏单位截至2013年12月31日24时之前所收藏的文物藏品。利用2012—2016年五年的时间，完成收藏单位摸底、单位信息采集、收藏单位信息汇总、文物认定、文物信息采集、平台登录、数据审核、报送等工作。

呼和浩特为蒙古语音译，汉语意为青色的城市。呼和浩特市作为我国正北方的塞外明珠，既是内蒙古自治区的首府所在地，也是一座融合农耕文明和游牧文明的草原都市。自古以来，这里就是各族人民生活的摇篮和活动中心，是华夏文明的发祥地之一。1986年4月，经国务院批准公布，呼和浩特被列入第二批国家历史文化名城。呼和浩特市总面积1.72万平方千米，市辖4个行政区、4个县、1个旗和1个国家级开发区。全市常住人口近300万人。现有全国重点文物保护单位18处，自治区文物保护单位61处，市、旗县级文物保护单位77处。目前发现的战国、秦、汉、北魏、金、明等历代长城达641.5千米。

悠久的历史孕育了丰富的文化资源。随着第一次全国可移动文物普查的开展，大批收藏在各国有收藏单位的可移动文物逐渐揭开神秘的面纱，走进大众的视野。截至2016年12月31日，我市共登录文物藏品318082件/套，位居内蒙古自治区各盟市藏品数量第2位、全国地级市第17位。

一、呼和浩特市第一次全国可移动文物普查数据

（一）收藏有可移动文物的国有单位情况

文物是宝贵的不可再生的历史文化遗产，文物普查是国情国力调查的重要组成部分，是确保国家历史文化遗产安全的重要措施，也是我国文化遗产保护的基础性工作。本次可移动文物普查

不仅将文博系统纳入到普查范围内，还将普查范围扩大到各级国家机关、事业单位、国有企业和国有控股企业、中国人民解放军和武警部队。

呼和浩特市人民政府在接到国家、自治区的普查相关通知后，对此次普查工作给予高度重视，成立了呼和浩特市第一次全国可移动文物普查领导小组，举办了呼和浩特市第一次全国可移动文物普查骨干培训班，对全市各行业、系统、旗县区的普查工作人员进行了培训指导，拉开了我市第一次全国可移动文物普查的序幕。

根据培训时国家普查办和自治区普查办的老师所提供的示范案例，我市决定采取试点城市——青岛市的工作模式开展普查摸底工作（图1）。

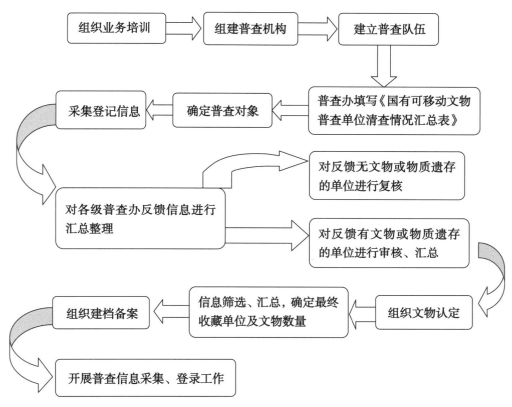

图1 呼和浩特市第一次全国可移动文物普查工作流程示意图

经第一次全国可移动文物普查摸底调查，呼和浩特市行政区域内反馈有文物收藏并经市普查办专家组复核认定的国有可移动文物收藏单位44家（表1），保管人员80人，库房面积15701.60平方米。

表1 呼和浩特市国有文物收藏单位名单

序号	单位编码	收藏单位名称
1	15000221800002	内蒙古博物院
2	15010021600006	呼和浩特市一中

续表 1

序号	单位编码	收藏单位名称
3	15010021600007	呼和浩特市二中
4	15010021600008	呼和浩特市回民中学
5	15010021600009	呼和浩特土默特学校
6	15010021800001	内蒙古自治区将军衙署博物院
7	15010021800002	呼和浩特市文物事业管理处
8	15010021800003	呼和浩特博物馆
9	15010021800004	呼和浩特市档案局
10	15010021800005	呼和浩特市图书馆
11	15010221800001	呼和浩特市新城区档案局
12	15010221800004	呼和浩特市新城区图书馆
13	15010221800005	内蒙古自治区美术馆
14	15010311800005	乌兰夫同志纪念馆
15	15010321700008	内蒙古医学院图书馆
16	15010321800007	呼和浩特民族美术馆
17	15010341900001	呼和浩特市回民区攸攸板镇西龙王庙村委会
18	15010341900002	呼和浩特市佛教协会乌素图召管理组
19	15010341900003	呼和浩特市清真北寺
20	15010341900004	呼和浩特市天主教爱国会
21	15010351900006	呼和浩特市清真大寺
22	15010351900007	呼和浩特市回民区攸攸板镇坝口子村委会
23	15010441900001	呼和浩特市佛教协会大召管理委员会
24	15010441900003	呼和浩特市玉泉区观音寺
25	15010441900004	呼和浩特市佛教协会席力图召管理委员会
26	15010521300008	内蒙古社会科学院图书馆
27	15010521600002	呼和浩特市赛罕区巴彦镇中心校
28	15010521600004	内蒙古大学图书馆
29	15010521600010	中共内蒙古自治区委员会党校（内蒙古自治区行政学院）
30	15010521800001	呼和浩特市赛罕区档案局
31	15010521800003	内蒙古自治区文物考古所
32	15010521800005	内蒙古大学民族博物馆

序号	单位编码	收藏单位名称
33	15010521800006	内蒙古师范大学博物馆
34	15010521800007	呼和浩特市赛罕区文物管理办公室
35	15010521800008	内蒙古图书馆
36	15012121800001	呼和浩特市土左旗文物馆
37	15012141900002	呼和浩特市土左旗喇嘛洞召
38	15012221800002	呼和浩特市托克托县图书馆
39	15012221800003	呼和浩特市托克托县博物馆
40	15012321800002	呼和浩特市和林格尔盛乐博物馆
41	15012321800003	呼和浩特市和林格尔县文物保护管理所
42	15012421600002	呼和浩特市清水河县教育局（教育史馆）
43	15012421800001	呼和浩特市清水河县文物管理所
44	15012521800001	呼和浩特市武川县文物保护管理所

　　44家国有文物收藏单位按隶属关系划分，有中央属单位 0家、省属单位 10家、盟市属单位 17家、区县属单位 14家、乡镇街道属单位 2家、其他类型单位 1家（图 2）。

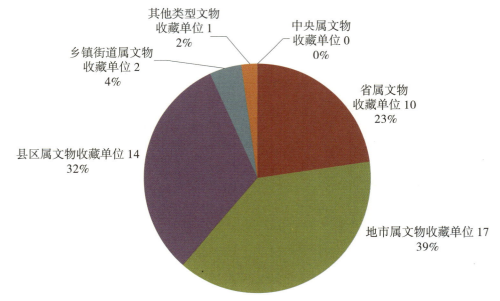

图 2　按单位隶属关系统计呼和浩特市收藏单位数量

　　44家文物收藏单位按单位性质划分，有国家机关 1家，事业单位 33家，国有企业、国有控股企业 0家，其他 10家（图 3）。

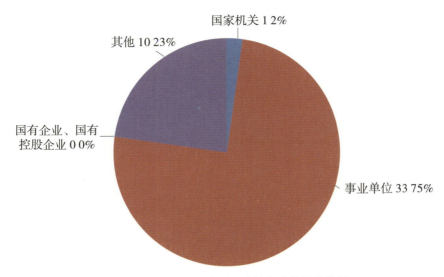

图3　按单位性质统计呼和浩特市收藏单位数量

　　44家文物收藏单位按单位类型划分，有博物馆、纪念馆13家，图书馆8家，美术馆 2家，档案馆3家，其他18家（图4）。

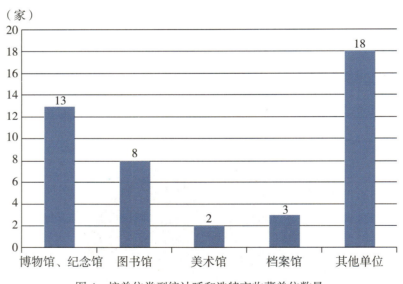

图4　按单位类型统计呼和浩特市收藏单位数量

　　44家文物收藏单位按行业划分，除了文化行业外，主要集中在教育、社会组织等行业系统（表2，图5）。

表2　按行业系统统计呼和浩特市收藏单位数量

序号	国民经济行业分类（GB/T 4754–2011）	本次普查代码	数量（家）
1	农、林、牧、渔业	01 农、林、牧、渔业	0
2	采矿业	02 采矿业	0
3	制造业	03 制造业	0

序号	国民经济行业分类（GB/T 4754–2011）	本次普查代码	数量（家）
4	电力、热力、燃气及水生产和供应业	04 电力、燃气及水的生产和供应业	0
5	建筑业	05 建筑业	0
6	批发和零售业	06 交通运输、仓储和邮政业	0
7	交通运输、仓储和邮政业	07 信息传输、计算机服务和软件业	0
8	住宿和餐饮业	08 批发和零售业	0
9	信息传输、软件和信息技术服务业	09 住宿和餐饮业	0
10	金融业	10 金融业	0
11	房地产业	11 房地产业	0
12	租赁和商务服务业	12 租赁和商务服务业	0
13	科学研究和技术服务业	13 科学研究、技术服务和地质勘查业	1
14	水利、环境和公共设施管理业	14 水利、环境和公共设施管理业	0
15	居民服务、修理和其他服务业	15 居民服务和其他服务业	0
16	教育	16 教育	8
17	卫生和社会工作	17 卫生、社会保障和社会福利业	1
18	文化、体育和娱乐业	18 文化文物、体育和娱乐业	24
19	公共管理、社会保障和社会组织	19 公共管理和社会组织	10
20	国际组织	20 国际组织	0

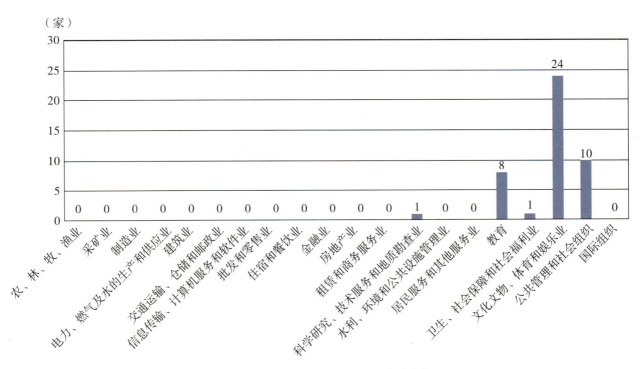

图 5　按行业系统统计呼和浩特市收藏单位数量

综合各方面因素来看，呼和浩特市收藏有可移动文物的国有单位有以下特点：

1．收藏单位中省属、盟市属、区县属、乡镇街道属多种情况并存。一方面是因为呼和浩特市作为内蒙古自治区首府所在地的地理位置所决定，另一方面是因为我们的普查员严格按照各级普查办相关文件精神，结合本地区实际，根据机构编制委员会和统计局提供的数据，将普查区域细分到每个街道居委会，逐一核实确认，不放过任何一个在摸底名录上的单位。各级领导高度重视，普查员认真工作，各收藏单位积极配合……大家的共同努力使得我市文物收藏单位数量位居全区各盟市第2位，全国第65位。

2．反馈有文物藏品的单位，除了传统的文博系统外还扩大到其他行业系统，一些宗教场所、高校、科研机构也纳入本次普查范围。

（二）呼和浩特市国有可移动文物数量及分布

经第一次全国可移动文物普查统计，截至2016年12月31日，呼和浩特市行政区域内国有可移动文物收藏量为318082件/套。呼和浩特市文物资源、文化遗产首次有了确切的数字，各国有文物收藏单位的家底第一次被摸清。

按单位隶属关系划分：中央属收藏单位收藏可移动文物 0件/套；省属收藏单位收藏可移动文物181442件/套；盟市属收藏单位收藏可移动文物131768件/套；区县属收藏单位收藏可移动文物4854件/套；乡镇街道属收藏单位收藏可移动文物10件/套；其他单位收藏可移动文物8件/套（图6）。

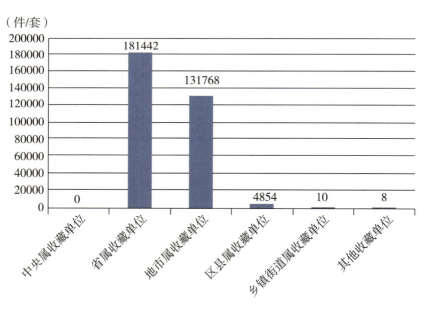

图6　按收藏单位隶属关系统计呼和浩特市可移动文物数量

按单位性质划分：国家机关收藏可移动文物 0件/套；事业单位收藏可移动文物317970件/套；国有企业、国有控股企业收藏可移动文物0件/套；其他单位收藏可移动文物112件/套（图7）。

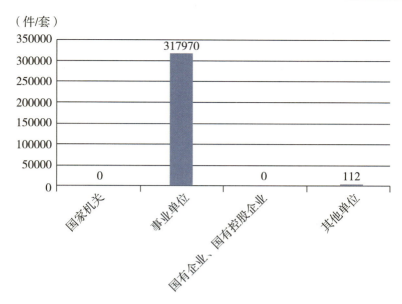

图 7　按收藏单位性质统计呼和浩特市可移动文物数量

按单位类型划分：博物馆、纪念馆收藏可移动文物 278130 件 / 套；图书馆收藏可移动文物 18103 件 / 套；美术馆收藏可移动文物 220 件 / 套；档案馆收藏可移动文物 869 件 / 套；其他单位收藏可移动文物 20760 件 / 套（图 8）。

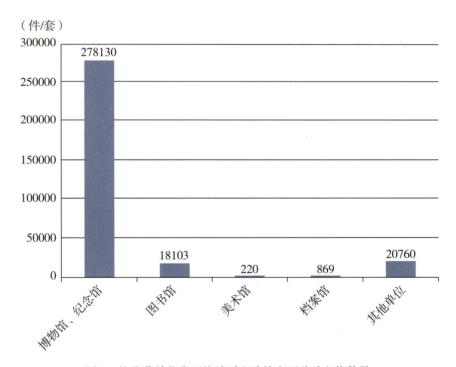

图 8　按收藏单位类型统计呼和浩特市可移动文物数量

按行业划分：20 个行业中，由于文物藏品的特殊性和来源方式的制约，使得文物藏品主要分布在科学研究和技术服务业，教育以及文化、体育和娱乐业三个行业中，所占比重分别达到 0.32%、2.50% 和 97.11%。明显可以看出文化、体育和娱乐业行业的绝对性优势地位（表 3，图 9）。

表3　按收藏单位所属行业统计呼和浩特市可移动文物数量

序号	国民经济行业分类（GB/T4754–2011）	文物藏品数量（件／套）
1	农、林、牧、渔业	0
2	采矿业	0
3	制造业	0
4	电力、热力、燃气及水生产和供应业	0
5	建筑业	0
6	批发和零售业	0
7	交通运输、仓储和邮政业	0
8	住宿和餐饮业	0
9	信息传输、软件和信息技术服务业	0
10	金融业	0
11	房地产业	0
12	租赁和商务服务业	0
13	科学研究和技术服务业	1049
14	水利、环境和公共设施管理业	0
15	居民服务、修理和其他服务业	0
16	教育	7940
17	卫生和社会工作	86
18	文化、体育和娱乐业	308893
19	公共管理、社会保障和社会组织	114
20	国际组织	0
合计	318082 件／套	

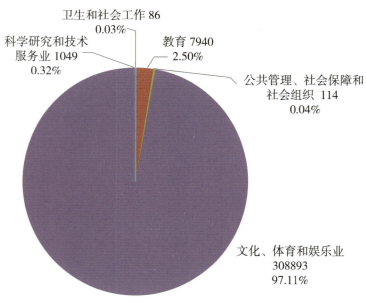

图 9　按收藏单位所属行业统计呼和浩特市可移动文物数量

44 家文物收藏单位的 318082 件/套藏品按照隶属关系、单位性质、单位类型、所属行业进行归类整理，结果如下：

表 4　呼和浩特市国有文物收藏单位名录

序号	收藏单位名称	单位编码	隶属关系、单位性质、单位类型、行业	上级主管机构	单位地址	藏品数量（件/套）
1	内蒙古社会科学院图书馆	15010521300008	省属；事业单位；图书馆；科学研究和技术服务业	内蒙古社会科学院	内蒙古自治区呼和浩特市赛罕区大学东路 129 号	1049
2	中共内蒙古自治区委员会党校（内蒙古自治区行政学院）	15010521600010	省属；事业单位；图书馆；教育	中国共产党内蒙古自治区委员会	内蒙古自治区呼和浩特市赛罕区滨河南路东段	92
3	内蒙古大学图书馆	15010521600004	省属；事业单位；图书馆；教育	内蒙古自治区教育厅	内蒙古自治区呼和浩特市赛罕区大学西路 235 号	4160
4	内蒙古医学院图书馆	15010321700008	省属；事业单位；图书馆；卫生和社会工作	内蒙古自治区教育厅	内蒙古自治区呼和浩特市金山开发区金山大道	86
5	内蒙古大学民族博物馆	15010521800005	省属；事业单位；博物馆、纪念馆；文化、体育和娱乐业	内蒙古自治区教育厅	内蒙古自治区呼和浩特市赛罕区大学西路 235 号	642
6	内蒙古师范大学博物馆	15010521800006	省属；事业单位；博物馆、纪念馆；文化、体育和娱乐业	内蒙古自治区教育厅	内蒙古自治区呼和浩特市和林县盛乐经济园区内蒙古师范大学盛乐校区	302
7	内蒙古博物院	15000221800002	省属；事业单位；博物馆、纪念馆；文化、体育和娱乐业	内蒙古自治区文化厅	内蒙古自治区呼和浩特市新城区新华东街 27 号	146441
8	内蒙古自治区文物考古所	15010521800003	省属；事业单位；博物馆、纪念馆；文化、体育和娱乐业	内蒙古自治区文化厅	内蒙古自治区呼和浩特市赛罕区展览馆南巷 1 号	16777
9	内蒙古图书馆	15010521800008	省属；事业单位；图书馆；文化、体育和娱乐业	内蒙古自治区文化厅	内蒙古自治区呼和浩特市赛罕区乌兰察布西街 34 号	11678
10	内蒙古自治区美术馆	15010221800005	省属；事业单位；美术馆；文化、体育和娱乐业	内蒙古自治区文学艺术界联合会	内蒙古自治区呼和浩特市新城区新华大街 43 号	215
11	呼和浩特市一中	15010021600006	盟市属；事业单位；其他单位；教育	呼和浩特市教育局	内蒙古自治区呼和浩特市回民区西环河街 33 号	1379
12	呼和浩特市二中	15010021600007	盟市属；事业单位；其他单位；教育	呼和浩特市教育局	内蒙古自治区呼和浩特市新城区呼伦贝尔南路 1 号	1447

续表 4

序号	收藏单位名称	单位编码	隶属关系、单位性质、单位类型、行业	上级主管机构	单位地址	藏品数量（件/套）
13	呼和浩特市回民中学	15010021600008	盟市属；事业单位；其他单位；教育	呼和浩特市教育局	内蒙古自治区呼和浩特市回民区通道南路21号	833
14	呼和浩特土默特学校	15010021600009	盟市属；事业单位；其他单位；教育	呼和浩特市教育局	内蒙古自治区呼和浩特市玉泉区文庙街1号	1
15	内蒙古自治区将军衙署博物院	15010021800001	盟市属；事业单位；博物馆、纪念馆；文化、体育和娱乐业	呼和浩特市文化新闻出版广电局	内蒙古自治区呼和浩特市新城区新华大街31号	102195
16	呼和浩特市文物事业管理处	15010021800002	盟市属；事业单位；博物馆、纪念馆；文化、体育和娱乐业	呼和浩特市文化新闻出版广电局	内蒙古自治区呼和浩特市玉泉区大东园街御景苑综合楼	1409
17	呼和浩特博物馆	15010021800003	盟市属；事业单位；博物馆、纪念馆；文化、体育和娱乐业	呼和浩特市文化新闻出版广电局	内蒙古自治区呼和浩特市新城区新华大街44号	22663
18	呼和浩特市档案局	15010021800004	盟市属；事业单位；档案馆；文化、体育和娱乐业	中国共产党呼和浩特市委员会、呼和浩特市人民政府	内蒙古自治区呼和浩特市金桥开发区世纪五路	413
19	呼和浩特市图书馆	15010021800005	盟市属；事业单位；图书馆；文化、体育和娱乐业	呼和浩特市文化新闻出版广电局	内蒙古自治区呼和浩特市回民区公园东路14号	1023
20	乌兰夫同志纪念馆	15010311800005	盟市属；事业单位；博物馆、纪念馆；文化、体育和娱乐业	中国共产党呼和浩特市委员会宣传部	内蒙古自治区呼和浩特市回民区新华西街26号	305
21	呼和浩特民族美术馆	15010321800007	盟市属；事业单位；美术馆；文化、体育和娱乐业	呼和浩特市文化新闻出版广电局	内蒙古自治区呼和浩特市回民区公园东路108号	5
22	呼和浩特市佛教协会乌素图召管理组	15010341900002	盟市属；其他收藏单位；其他单位；公共管理、社会保障和社会组织	呼和浩特市佛教协会	内蒙古自治区呼和浩特市回民区西乌素图村乌素图召	14
23	呼和浩特市清真北寺	15010341900003	盟市属；其他收藏单位；其他单位；公共管理、社会保障和社会组织	呼和浩特市伊斯兰教协会	内蒙古自治区呼和浩特市回民区通道南街13号	2
24	呼和浩特市天主教爱国会	15010341900004	盟市属；其他收藏单位；其他单位；公共管理、社会保障和社会组织	呼和浩特市天主教爱国会	内蒙古自治区呼和浩特市回民区通道南路27号	8

序号	收藏单位名称	单位编码	隶属关系、单位性质、单位类型、行业	上级主管机构	单位地址	藏品数量（件/套）
25	呼和浩特市佛教协会大召管理委员会	15010441900001	盟市属；其他收藏单位；其他单位；公共管理、社会保障和社会组织	呼和浩特市佛教协会	内蒙古自治区呼和浩特市玉泉区长和廊街道办事处大召社区大召前街	53
26	呼和浩特市玉泉区观音寺	15010441900003	盟市属；其他收藏单位；其他单位；公共管理、社会保障和社会组织	呼和浩特市佛教协会	内蒙古自治区呼和浩特市玉泉区长和廊街道办事处南柴火市居委会泉源巷	4
27	呼和浩特市佛教协会席力图召管理委员会	15010441900004	盟市属；其他收藏单位；其他单位；公共管理、社会保障和社会组织	呼和浩特市佛教协会	内蒙古自治区呼和浩特市玉泉区大南街街道办事处大南街社区石头巷	14
28	呼和浩特市新城区档案局	15010221800001	旗县区属；事业单位；档案馆；文化、体育和娱乐业	呼和浩特市新城区人民政府	内蒙古自治区呼和浩特市新城区成吉思汗大街 29 号	1
29	呼和浩特市新城区图书馆	15010221800004	旗县区属；事业单位；图书馆；文化、体育和娱乐业	呼和浩特市新城区文化体育广播电影电视局	内蒙古自治区呼和浩特市新城区艺术厅北街星火巷 20 号	6
30	呼和浩特市赛罕区巴彦镇中心校	15010521600002	旗县区属；事业单位；其他单位；教育	呼和浩特市赛罕区教育局	内蒙古自治区呼和浩特市赛罕区巴彦镇腾家营村	4
31	呼和浩特市赛罕区档案局	15010521800001	旗县区属；事业单位；档案馆；文化、体育和娱乐业	呼和浩特市赛罕区人民政府	内蒙古自治区呼和浩特市赛罕区金桥开发区世纪五路	455
32	呼和浩特市赛罕区文物管理办公室	15010521800007	旗县区属；事业单位；其他单位；文化、体育和娱乐业	呼和浩特市赛罕区文化体育和广播电影电视局	内蒙古自治区呼和浩特市金桥开发区赛罕大厦 205 室	5
33	呼和浩特市土左旗文物馆	15012121800001	旗县区属；事业单位；博物馆、纪念馆；文化、体育和娱乐业	呼和浩特市土默特左旗文化体育和广播电影电视局	内蒙古自治区呼和浩特市土默特左旗察素齐镇人民路南路	188
34	呼和浩特市土左旗喇嘛洞召	15012141900002	旗县区属；其他收藏单位；其他单位；公共管理、社会保障和社会组织	呼和浩特市土默特左旗民族宗教事务局	内蒙古自治区呼和浩特市土默特左旗毕克旗喇嘛洞沟喇嘛洞召	1
35	呼和浩特市托克托县图书馆	15012221800002	旗县区属；事业单位；图书馆；文化、体育和娱乐业	呼和浩特市托克托县文化体育局	内蒙古自治区呼和浩特市托克托县双河镇东胜大街	9
36	呼和浩特市托克托县博物馆	15012221800003	旗县区属；事业单位；博物馆、纪念馆；文化、体育和娱乐业	呼和浩特市托克托县文化体育局	内蒙古自治区呼和浩特市托克托县东胜街	2953

序号	收藏单位名称	单位编码	隶属关系、单位性质、单位类型、行业	上级主管机构	单位地址	藏品数量（件/套）
37	呼和浩特市和林格尔盛乐博物馆	15012321800002	旗县区属；事业单位；博物馆、纪念馆；文化、体育和娱乐业	和林格尔县文化体育广播电视局	内蒙古自治区呼和浩特市和林格尔县盛乐经济园区 209 国道路西	500
38	呼和浩特市和林格尔县文物保护管理所	15012321800003	旗县区属；事业单位；博物馆、纪念馆；文化、体育和娱乐业	和林格尔县文化体育广播电视局	内蒙古自治区呼和浩特市和林格尔县城关镇新华街北 1 号	300
39	呼和浩特市清水河县教育局（教育史馆）	15012421600002	旗县区属；事业单位；博物馆、纪念馆；教育	呼和浩特市清水河县教育局	内蒙古自治区呼和浩特市清水河县城关镇永安街	24
40	呼和浩特市清水河县文物管理所	15012421800001	旗县区属；事业单位；博物馆、纪念馆；文化、体育和娱乐业	呼和浩特市清水河县文化体育广播电影电视局	内蒙古自治区呼和浩特市清水河县城关镇永安街	208
41	呼和浩特市武川县文物保护管理所	15012521800001	旗县区属；事业单位；其他单位；文化、体育和娱乐业	呼和浩特市武川县文化体育和广播电影电视局	内蒙古自治区呼和浩特市武川县可镇青山路宣传文化中心	200
42	呼和浩特市回民区攸攸板镇西龙王庙村委会	15010341900001	乡镇街道属；其他收藏单位；其他单位；公共管理、社会保障和社会组织	呼和浩特市回民区攸攸板镇政府	内蒙古自治区呼和浩特市回民区巴彦淖尔南路	8
43	呼和浩特市回民区攸攸板镇坝口子村委员会	15010351900007	乡镇街道属；事业单位；其他单位；公共管理、社会保障和社会组织	呼和浩特市回民区攸攸板镇政府	内蒙古自治区呼和浩特市回民区坝口子村生态路	2
44	呼和浩特市清真大寺	15010351900006	其他属；其他收藏单位；其他单位；公共管理、社会保障和社会组织	呼和浩特市宗教局	内蒙古自治区呼和浩特市回民区通道街 26 号	8

截至 2016 年 12 月 31 日，呼和浩特市共登录文物藏品 318082 件/套，这些文物藏品按照来源、类别、级别、完残程度、入藏时间统计，呈现以下特点。

按照来源统计，征集购买 140154 件/套，占全部文物的 44.06%；旧藏 27849 件/套，占全部文物的 8.76%；发掘 100480 件/套，占全部文物的 31.59%。以上三种来源文物总数达到 268483 件/套，所占百分比为 84.41%（表 5，图 10）。

表5　按藏品来源统计呼和浩特市可移动文物数量

可移动文物来源	可移动文物数量（件／套）	数量占比（%）
征集购买	140154	44.06
接受捐赠	20260	6.37
依法交换	12	0.00
拨交	5760	1.81
移交	12204	3.84
旧藏	27849	8.76
发掘	100480	31.59
采集	10892	3.42
拣选	87	0.03
其他	384	0.12
总计	318082	100.00

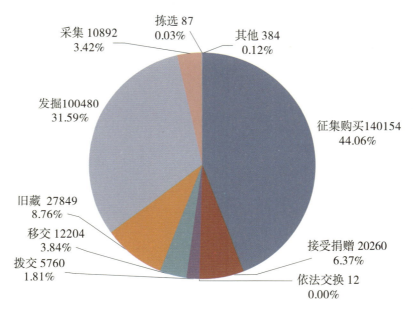

图10　按藏品来源统计呼和浩特市可移动文物数量

　　按类别统计，数量最多的五个类别分别是钱币202782件／套，所占百分比为65.59%；古籍图书23422件／套，所占百分比为7.58%；雕塑、造像17936件／套，所占百分比为5.80%；石器、石刻、砖瓦10864件／套，所占百分比为3.51%；瓷器9972件／套，所占百分比为3.23%。以上五个类别合计264976件／套，所占百分比为85.70%（表6、7，图11—13）。

表6　按文物类别统计呼和浩特市文物古籍类文物数量

可移动文物类别	可移动文物数量（件／套）	数量占比（%）
玉石器、宝石	2653	0.86
陶器	3758	1.22

续表6

可移动文物类别	可移动文物数量（件／套）	数量占比（%）
瓷器	9972	3.23
铜器	8806	2.84
金银器	2293	0.74
铁器、其他金属器	1831	0.59
漆器	130	0.04
雕塑、造像	17936	5.80
石器、石刻、砖瓦	10864	3.51
书法、绘画	3033	0.98
文具	669	0.22
甲骨	4	0.00
玺印符牌	947	0.31
钱币	202782	65.59
牙骨角器	990	0.32
竹木雕	940	0.30
家具	525	0.17
珐琅器	55	0.02
织绣	3020	0.98
古籍图书	23422	7.58
碑帖拓本	1014	0.33
武器	1548	0.50
邮品	39	0.01
文件、宣传品	2148	0.69
档案文书	3845	1.24
名人遗物	266	0.09
玻璃器	396	0.13
乐器、法器	378	0.12
皮革	543	0.18
音像制品	210	0.07
票据	2393	0.77
交通、运输工具	104	0.03
度量衡器	101	0.03
标本、化石	33	0.01
其他	1538	0.50
总计	309186	100.00

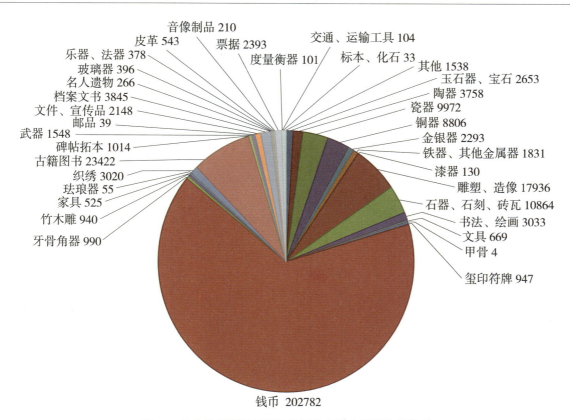

音像制品 210
皮革 543
票据 2393
交通、运输工具 104
乐器、法器 378
度量衡器 101
标本、化石 33
玻璃器 396
其他 1538
名人遗物 266
玉石器、宝石 2653
档案文书 3845
陶器 3758
文件、宣传品 2148
瓷器 9972
邮品 39
铜器 8806
武器 1548
金银器 2293
碑帖拓本 1014
铁器、其他金属器 1831
古籍图书 23422
漆器 130
织绣 3020
雕塑、造像 17936
珐琅器 55
石器、石刻、砖瓦 10864
家具 525
书法、绘画 3033
竹木雕 940
文具 669
牙骨角器 990
甲骨 4
玺印符牌 947

钱币 202782

图 11　按文物类别统计呼和浩特市文物古籍类文物数量

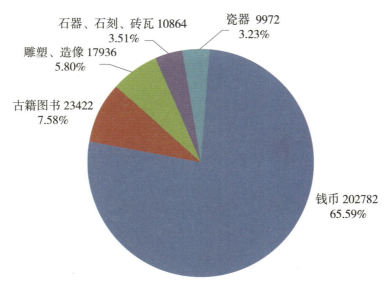

石器、石刻、砖瓦 10864
3.51%
瓷器 9972
3.23%
雕塑、造像 17936
5.80%
古籍图书 23422
7.58%
钱币 202782
65.59%

图 12　呼和浩特市文物古籍类重点文物类文物数量

表 7　按文物类别统计呼和浩特市标本化石类文物数量

可移动文物类别	可移动文物数量（件／套）	数量占比（％）
古生物化石	8705	97.85
古人类化石	0	0.00

续表 7

可移动文物类别	可移动文物数量（件／套）	数量占比（%）
现生动物和现生植物	0	0.00
岩石和矿物	191	2.15
其他	0	0.00
总计	8896	100.00

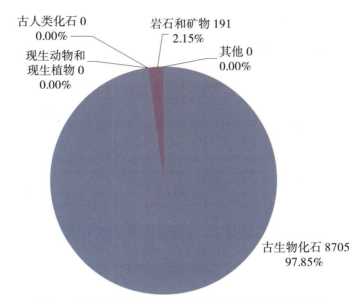

图 13　按文物类别统计呼和浩特市标本化石类文物数量

　　按文物级别统计，我市珍贵文物共计6261件/套，所占百分比为1.97%；一般文物137569件/套，所占百分比为43.25%；未定级文物174252件/套，所占百分比为54.78%（表8、9，图14—17）。

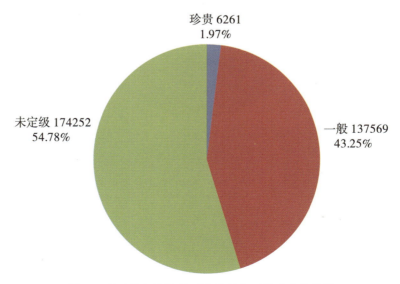

图 14　按文物级别统计呼和浩特市可移动文物数量

表 8 按文物级别统计呼和浩特市文物古籍类文物数量

可移动文物级别	可移动文物数量（件／套）	数量占比（%）
一级	904	0.29
二级	2337	0.76
三级	3019	0.98
一般	137263	44.39
未定级	165663	53.58
总计	309186	100.00

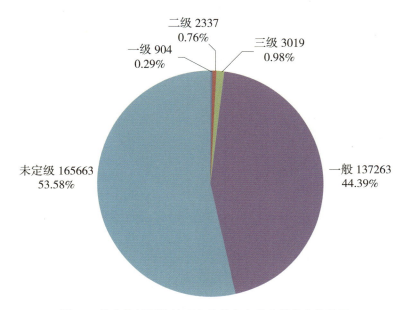

图 15 按文物级别统计呼和浩特市文物古籍类文物数量

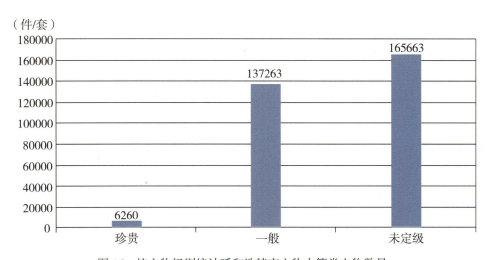

图 16 按文物级别统计呼和浩特市文物古籍类文物数量

表9   按文物级别统计呼和浩特市标本化石类文物数量

可移动文物级别	可移动文物数量（件／套）	数量占比（%）
珍贵	1	0.01
一般	306	3.44
其他	8589	96.55
总计	8896	100.00

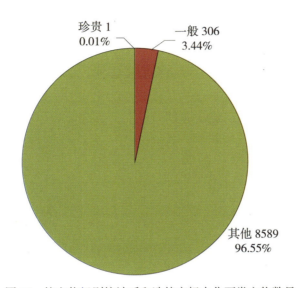

图17   按文物级别统计呼和浩特市标本化石类文物数量

按完残程度统计：由于标本化石类文物藏品无完残指标项，所以只统计文物古籍类文物藏品。309186件／套藏品中，完整为33013件／套，所占百分比为10.68%；基本完整为249544件／套，所占百分比为80.71%；残缺为25443件／套，所占百分比为8.23%；严重残缺（包括缺失部件）为1186件／套，所占百分比为0.38%（表10，图18）。

表10   按完残程度统计呼和浩特市可移动文物数量

可移动文物完残程度	可移动文物数量（件／套）	数量占比（%）
完整	33013	10.68
基本完整	249544	80.71
残缺	25443	8.23
严重残缺（包括缺失部件）	1186	0.38
总计	309186	100.00

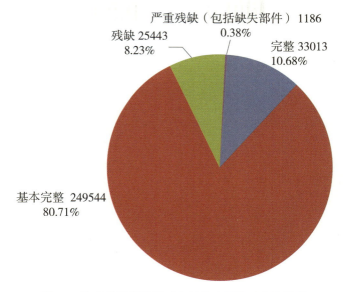

严重残缺（包括缺失部件）1186
0.38%

残缺 25443
8.23%

完整 33013
10.68%

基本完整 249544
80.71%

图18 按完残程度统计呼和浩特市可移动文物数量

按入藏时间统计：1949年10月1日前2832件/套，所占百分比为0.89%；1949年10月1日—1965年133324件/套，所占百分比为41.92%；1966—1976年4717件/套，所占百分比为1.48%；1977—2000年50777件/套，所占百分比为15.96%；2001年至今126432件/套，所占百分比为39.75%（表11，图19）。

表11 按入藏时间统计呼和浩特市可移动文物数量

可移动文物入藏时间	可移动文物数量（件/套）	数量占比（%）
1949年10月1日前	2832	0.89
1949年10月1日—1965年	133324	41.92
1966—1976年	4717	1.48
1977—2000年	50777	15.96
2001年至今	126432	39.75
总计	318082	100.00

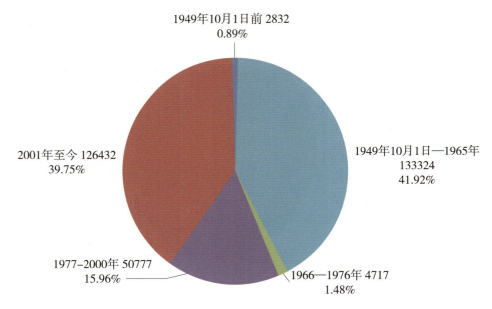

图 19 按入藏时间统计呼和浩特市可移动文物数量

二、呼和浩特市普查工作组织实施

（一）属地管理、分级负责

1. 设立普查领导小组，成立普查机构

2013年4月18日，第一次全国可移动文物普查电视电话会议召开，对普查工作进行全面部署。2013年5月7日自治区第一次全国可移动文物普查领导小组办公室召开工作会议。国务院和自治区人民政府相继下发《国务院关于开展第一次全国可移动文物普查的通知》《内蒙古自治区人民政府关于在全区开展第一次全国可移动文物普查的通知》等文件。

呼和浩特市人民政府对此次普查工作给予高度重视，下发《呼和浩特市人民政府关于认真做好第一次全国可移动文物普查工作的通知》（呼政发〔2013〕98号），成立了呼和浩特市第一次全国可移动文物普查领导小组。2013年8月23日下午，呼和浩特市在市政府和林厅会议室组织召开了呼和浩特市第一次全国可移动文物普查工作协调会。呼和浩特市第一次全国可移动文物普查领导小组副组长、市政府副秘书长刘月平主持了会议，传达了国家、自治区有关文物普查的会议精神。会议讨论决定由副市长白金祥同志任组长，亲自负责、指导呼和浩特市第一次全国可移动文物普查各项工作的开展。各参与行业、系统成员共同组成呼和浩特市第一次全国可移动文物普查领导小组，指定本行业、系统具体负责人，组织和协调本行业、系统的可移动文物普查工作。

领导小组下设普查办公室，呼和浩特市第一次全国可移动文物普查办公室设在市文化新闻出版广电局，主要负责普查相关文件的转发；普查经费的分配和安排；普查档案的整理、保存；市普查办与旗县区普查办、市属单位之间沟通协调等日常工作。普查办公室下设项目组、专家组、宣传组。项目组设在呼和浩特博物馆，承担我市第一次全国可移动文物普查技术指导；可移动文物普查各项工作的实施和推进；上级普查办下发文件的处理、汇总；本市普查办文件通知的草拟；全市普查工作总结和汇报材料的编制；普查数据的审核和上传等工作。宣传组设在呼和浩特市文物事业管理处，负责我市可移动文物普查工作简报的收集、编辑；我市可移动文物普查的宣传、报道等工作。专家组在我市文博、图书系统的业务骨干中抽调而成，负责我市可移动文物普查文物认定和普查数据市级审核工作。

为了进一步做好我市可移动文物普查工作，呼和浩特市人民政府、市文化局多次下文推进工作进展。市属文博单位和主要行业、系统均按照本单位实际，组建了普查工作小组，切实将可移动文物普查工作落到实处。同时，全市9个旗县区也都成立了相应的普查工作领导机构。领导小组组长都是由主管副旗（县、区）长或者主要负责人担任。各级领导机构的成立，从组织上保证了普查工作的顺利开展。

2. 制定普查实施方案和工作制度

本次可移动文物普查涵盖多个行业和系统，旨在摸清国有单位文物收藏数量。2013年呼和浩特市普查办成立后，马上组织项目组工作人员编制《呼和浩特市第一次全国可移动文物普查实施方案》和《呼和浩特市第一次全国可移动文物普查宣传方案》，并下发到市属文博单位，相关行业、系统及旗县区普查办。市直属文博单位和主要行业、系统也根据本单位普查工作实际制定相关工作制度和实施方案，对普查工作的进展、人员的分工、时间节点、责任落实进行了规范。这些方案和制度的制定，为普查工作的顺利进展提供了制度保障，让每位参与人员在开展工作时有章可循、保证了普查工作的质量和时效。

经过市普查办和市教育局的多次沟通，市教育局成立系统普查办，负责本系统的可移动文物普查工作。我市回民区、玉泉区、土默特左旗为典型的少数民族聚居区，辖区内民族、宗教场所较多，市普查办、辖区普查办和这些文物收藏单位多次沟通，取得对方的信任和理解，平稳、安全地推进本次普查工作。我市新城区、赛罕区辖区内省属、市属单位较多，辖区普查办工作推进难度较大，在自治区普查办、市普查办的支持和共同努力下，普查工作得以顺利开展。

3. 落实普查经费

兵马不动，粮草先行。本次普查是一项长期性、战略性的工程，涉及多个单位和部门，参与人员众多。为了保证本次普查顺利开展，国家和自治区政府多次下发相关文件，并在普查实施方案中重点强调普查经费的投入和使用。普查经费的合理分配和使用是普查工作顺利开展的重要前提。我市可移动文物普查经费主要来自市本级财政拨款和上级主管部门拨款，2012—2016年共落实普查经费307万元。2013年市本级财政拨款100万元作为我市可移动文物普查启动经费和普查设备采购费，年底上级主管部门追加20万元作为普查经费。从2014年开始市本级财政不再拨款，只有上级主管部门每年拨款20万元作为本年度普查经费。2016年上级主管部门拨款15万元。四年下来普查经费累计175万元。市普查办在普查经费到账后，按照各单位和各辖区的实际情况对普查经费进行分配。对于一些文物数量较大的收藏单位和当地财政比较困难的辖区普查办给予适当的照顾。为了弥补基层普查经费的短缺，市普查办在下属辖区普查办争取旗县区财政拨款时提供全力支持，提供相关文件和标准，我市旗县区2013年得到本级财政拨款63万元，2014年得到本级财政拨款47万元，2015年得到本级财政拨款5万元，2016年得到本级财政拨款17万元（表12）。这些经费的落实极大地缓解了旗县区普查办经费不足的窘境，保证了普查工作的顺利进行。

表12　呼和浩特市第一次全国可移动文物普查经费统计表　　（单位：万元）

行政区	2013年	2014年	2015年	2016年	总计
自治区级	20	20	20	15	75
市本级	100	0	0	0	100
新城区	0	32	0	0	32
回民区	5	5	5	2	17
玉泉区	0	10	0	0	10
赛罕区	41	0	0	0	41
土默特左旗	7	0	0	0	7
托克托县	0	0	0	15	15
和林格尔县	10	0	0	0	10
清水河县	0	0	0	0	0
武川县	0	0	0	0	0
合计	183	67	25	32	307

4. 组建普查队伍

为了保证本次普查工作的顺利进行，我市组建了一支三百多人，涵盖各行业系统、涵盖老中青各阶段的普查员队伍，其中不乏各行业、系统的骨干精英。

我市共有11个普查办（含1个市级普查办、9个旗县区普查办、1个系统普查办），下辖51家文物收藏单位，其中24家文物收藏单位成立了普查工作组（表13）。全市参加文物普查工作的成员中，市本级单位一百多人，旗县区工作人员两百多人，58位参与者持有国家下发的"普查员证"。这些参与者中，有一百多位为各级普查工作组成员，有三十多位为各级普查办专家组成员（表14）。收藏单位的工作人员占了参与人员的绝大多数，很多人员既是本收藏单位的工作人员，也是普查办公室的成员。很多专家既是本级普查办的专家组成员，也是其他级普查办的专家组成员。三百多人的工作队伍在数目巨大的文物数据面前，每位参与者都是身兼数职、以一当十。为了弥补普查工作人手不足带来的不便，我市一些收藏单位及旗县区普查办还招募了志愿者帮忙处理本次普查的相关工作，这些新鲜血液的加入极大地提高了普查工作的效率，保证了普查工作的顺利进行。

考虑到本次普查文物范围的多样性，市普查办从全市文博、图书系统抽调业务骨干精英19人组成市普查办专家组。除了这些固定的专家组成员，我市还有一批"甘当绿叶"的专家学者，他们虽然不是专家组的固定成员，但是当收藏单位遇到相关方面的疑难杂症时，他们就会挺身而出，帮大家答疑解惑。

表13　呼和浩特市普查机构统计表

行政区	地市级普查领导小组数量（个）	地市级普查工作办公室（个）	建立普查工作机制的行业系统（个）	建立普查工作机制的收藏单位（个）	印发地市级普查通知（份）	印发地市级普查实施方案（份）	开展普查工作档案整理的地市数量（个）
市级普查机构	1	1	1	5	9	9	9
新城区	1	1	0	1	4	4	4
回民区	1	1	0	0	9	9	9
玉泉区	1	1	0	3	3	3	3
赛罕区	1	1	0	8	10	10	10
土默特左旗	1	1	0	1	2	2	2
托克托县	1	1	0	2	2	2	2
和林格尔县	1	1	0	2	2	2	2
清水河县	1	1	0	1	2	2	2
武川县	1	1	0	1	1	1	1
总计	10	10	1	24	44	44	44

表14　呼和浩特市第一次全国可移动文物普查人员统计表　　　　（单位：人）

行政区	普查办工作人员	收藏单位	专家	志愿者	合计
市级普查机构	30	93	26	7	156
新城区	5	2	0	1	8
回民区	15	1	0	42	58
玉泉区	6	8	0	1	15
赛罕区	18	14	0	11	43
土默特左旗	5	8	1	0	14
托克托县	6	8	1	0	15
和林格尔县	8	13	6	0	27
清水河县	3	8	1	1	13
武川县	8	6	1	0	15
总计	104	161	36	63	364

（二）调查、认定、采集、登录、审核，分阶段实施

1. 国有可移动文物收藏单位调查阶段

2013年7月起，自治区普查办陆续印发全区第一次全国可移动文物普查相关规范、文件等，并在全区组织培训班，对普查工作流程、工作安排、开展形式和内容进行了普及。2013年11月15日呼和浩特市第一次全国可移动文物普查骨干培训班召开，市普查办请来了国家普查办和自治区普查办的刘佳、李丽雅老师再次对我市的普查工作者进行培训。经过培训，各参会人员了解、掌握了可移动文物普查工作流程和各阶段工作重点。培训结束后，我市各级普查办按照培训内容展开国有文物收藏单位摸底调查工作。各级普查办联系本辖区的机构编制委员会、统计、街道居委会等单位对辖区内的国有单位进行梳理，编制辖区内国有单位名录。对于一些存疑的单位，普查员们亲自上门核实相关信息，以保证信息的真实可靠性

我市对各旗县区普查办前期摸底所反馈回来的信息进行汇总后，对名单上的单位发放了国有单位文物收藏情况调查登记表，发放范围涵盖中央属、省属、盟市属、县区属、乡镇街道属的各级机关、事业单位、国有企业及国有控股企业以及其他组织（含公布为各级文物保护单位的宗教活动场所）。截至2013年12月31日，我市发放的1844张调查表中，最终回收1771张，其中个别调查表因为信息不完善退回到收藏单位重新填写，最终存档时收回1741张。

在2014年开年之初，根据《转发〈自治区第一次全国可移动文物普查领导小组办公室关于开展全区第一次全国可移动文物普查"回头看"工作的通知〉的通知》（呼文普办发〔2014〕3号）文件精神，呼和浩特市第一次全国可移动文物普查领导小组办公室召开专项工作促进会。市普查办项目组工作人员督促我市各级普查办再次核实本辖区文物收藏单位数量。但是由于个别收藏单位消极对待本次普查工作，对于普查员送来的调查表未给予重视，污损、遗失调查表，或者拒绝普查人员进入。至普查结束节点，我市国有文物收藏单位没有新增。

2. 国有可移动文物认定工作阶段

2014年我市大部分文物收藏单位开始进入到文物普查数据采集阶段，我市的可移动文物普查文物认定工作也迫在眉睫。自治区和市普查办下发内普办发〔2014〕6号、呼文普办发〔2014〕8号文件，要求各文物收藏单位根据本单位实际，对需要申请专家进行认定的文物统一登记、上报。但由于各单位工作进度不同，文物认定工作一直未能统一进行。2015年3月，经市普查办沟通协调，呼和浩特市第一次全国可移动文物普查专家组开始对我市文物收藏单位中的非文物系统收藏单位展开文物认定工作。在乍暖还寒的春风中，我市普查办各位专家对全市9个旗县区进行了走访，经过3个月不间断的集中认定，专家组的各位专家完成了呼和浩特市档案局、呼和浩特市教育系统及呼和浩特市赛罕区、回民区、新城区、玉泉区等23家文物收藏单位几千件文物的认定工作。专家组严格遵守本次可移动文物普查文物认定范围的相关规定，对收藏单位所提供的文物藏品进行认真筛选和仔细甄别，最终认定817件/套藏品可纳入本次可移动文物普查范围。这批文物藏品主要以文物古籍和资料档案居多，此外还有很多宗教用具和石碑石刻。这些珍贵资料的认定，既填补了我市相关方面的空白，又促进了相关文物藏品的保护管理。各位专家通过认定

工作对各收藏单位的藏品种类、藏品数量和保存状态有了清晰、直观的认识，对今后指导相关单位、部门开展文物保护和资源共享提供了依据。

2016年3月，自治区普查办专家督导组在我市进行工作督导时，对我市文博系统文物藏品进行了现场等级认定。这是我市时隔多年后再次开展的文物等级认定工作，很多近年新增的文物有了确定的等级、规范的名称，各收藏单位编制文物账目，管理文物藏品，研究文物历史、科学、艺术价值有了依据。经过自治区专家组各位专家的共同把关，我市有299件/套文物藏品进入到文物等级复核阶段，最终有161件/套藏品成功晋级（表15）。

表15　呼和浩特市新增珍贵文物统计表　　（单位：件/套）

收藏单位	一级	二级	三级	合计
内蒙古自治区将军衙署博物院	5	13	69	87
呼和浩特博物馆	28	36	0	64
呼和浩特市赛罕区文物管理办公室	0	0	1	1
托克托县博物馆	0	2	7	9
合计	33	51	77	161

3. 国有可移动文物信息采集登录阶段

普查的前期摸底和文物认定都是为了文物信息采集服务，文物数据是我们五年普查工作的最终成果，也是我们开放、利用文物资源的重要前提。受前期信息采集软件更换和国家可移动文物信息登录平台调试影响，我市从2014年6月才进入到文物信息登录阶段。在等待平台调试的过程中，我市各文物收藏单位并没有停止普查工作，磨刀不误砍柴工，利用这段时间对本单位的文物藏品进行清点、整理，对文物账目进行信息化处理，补充完善文物藏品相关信息。保证普查工作永远在心上、手上。内蒙古自治区将军衙署博物院、托克托县博物馆对文物库房进行了清库，对文物数量进行了摸底。呼和浩特文物事业管理处选取下辖单位之一作为试点，率先尝试用数据模板采集藏品数据。呼和浩特博物馆组织工作人员核对文物账目，对文物账本进行信息化处理。随着第一次全国可移动文物信息登录平台的推出，我市普查办紧跟自治区普查办的脚步，将大量最新信息及时传递到下属普查办和文物收藏单位，同时也密切关注大家对于平台操作的反馈意见。在线填报平台使用初期，很多收藏单位一直心存疑虑，担心平台发生变化，担心文物信息数据安全，信息填报积极性不高。市普查办项目组派出工作人员上门指导收藏单位登录平台进行相关操作，耐心回答大家在登录过程中遇到的各种问题，并根据大家的反馈，编制详细易懂的平台操作教材进行补充，这些努力取得了不错的反响，各单位的登录积极性得到了明显提升。随着各单位对在线平台和离线软件的熟悉程度提高，我市可移动文物普查信息采集、登录速度有了显著提升。

文博系统内的大型收藏单位虽然文物藏品众多，但是工作人员熟悉业务、文物基本信息规范全面，普查工作进展平稳。而对于一些新参与进来的系统外收藏单位和基层专业人才青黄不接的旗县区普查办而言，普查文物的15项基本指标项就像一座座挡路山，一山更比一山高。针对这种情况，我市推出"一帮一带"的普查工作模式，即技术力量雄厚的文博单位派出技术骨干直接深入基层文物收藏单位对口帮扶，现实有效地解决该单位的难题。比如：内蒙古将军衙署博物院对口援助市教育系统学校；呼和浩特市文物事业管理处对口援助回民区、和林普查办；呼和浩特博物馆对口援助新城、玉泉、清水河普查办等。这样一方面保证了普查工作的均衡、顺利进行，另一方面锻炼了一批业务骨干和后备军，实现了双方的互利共赢。

2014年年底，我市各文物收藏单位开始陆续上报文物数据，已报送文物藏品数量呈现几何数级的增加态势。我市辖区内的内蒙古将军衙署博物院曾进入到国家周藏品登录增长前50名。后期由于全国各地集中在线报送文物数据导致数据平台出现拥堵，市普查办和自治区普查办老师进行沟通，决定采取两条腿走路的方式。对于文物数量较小的收藏单位鼓励他们错峰上传文物数据，尽量避免数据高峰期上报数据。对于文物数量巨大的收藏单位，鼓励他们采用离线软件进行工作，先保证文物数据的采集有序进行，待文物数据采集完毕、本单位审核人进行审核后再由市普查办统一收取安排上传。通过这样的规划安排，我市的文物数据采集工作在2015年年底基本完成，市普查办项目组工作人员携带我市各收藏单位通过本单位审核后的数据赴北京中国文物信息咨询中心（国家文物局数据中心）上传文物数据，经过2位工作人员5天的连续工作，截至2015年12月31日，我市第一次全国可移动文物普查数据上报率完成了从百分之三十到百分之九十九的飞跃。

4. 国有可移动文物信息审核阶段

数据审核工作是本次可移动文物普查的重中之重，是对五年普查工作最真实的检验。从普查进入后期，各文物收藏单位开始陆续上传文物数据信息开始，这项工作就被提上普查工作日程。国普办、自治区普查办多次下发相关文件，强调数据审核工作的重要性和紧迫性。我市要求市普查办辖区内的文物收藏单位在2015年12月31日前，完成本单位的可移动文物数据信息采集、审核、上报工作。2016年开始，呼和浩特市普查办开始启动数据审核工作。

44家文物收藏单位的318082条文物数据，基本涵盖了文物分类的所有类别。要在不到一年的时间内完成全部文物的旗县区、市级审核，无疑是个巨大的挑战。针对我市可移动文物普查各收藏单位和文物藏品的实际情况，市普查办专家组召开专门会议，结合各位专家的专业所长和工作经验，对审核工作进行了细化分工。各位专家签订了文物审核责任状，对自己所负责的数据全面负责。按照谁审核谁负责的原则，对文物数据实行溯源制，一旦这条文物数据在上一级普查办的审核中发现存在问题，市普查办的工作人员就会及时联系审核专家，要求他们按照上级普查办的审核意见进行修改。除此之外，市普查办还专门成立了审核工作小组，从普查参与人员中挑选8名熟悉普查工作流程、熟悉电脑操作的工作人员在全市9个旗县区展开数据审核督导，通过对各普查办、各收藏单位的现场审核、指导，将一些常识性的、粗心大意造成的失误控制在旗县区普查办审核之前。

文物藏品的多样性决定了文物数据的复杂性，而且每个人对于相关标准的解读程度不同，审核意见也存在着一定分歧，各位审核人员尽量在遵守客观事实和相关规定的同时做到精益求精。通过各位参与专家的研究商讨和自治区普查办专家的指导，我市可移动文物数据在上报省普查办审核之前经过两次规模较大的整体修改。经过这两次大规模修改后，我市的数据质量和完整性有了明显提升，一些存在争议的疑点、难点得到有效解决，文物数据信息更加规范具体，基本做到"闻其名知其物"。文物信息基本完善、文物图片客观规范，这对于很多系统外的文物收藏单位和系统内的基层文博单位而言都是破天荒的头一次，文物普查的意义得到了初步体现。

2016年8月中旬，我市的可移动文物普查数据经过省普查办各位专家一天半的辛勤工作，基本完成省级审核工作。各位审核专家对文物数据提出了一些中肯的修改建议。发现这些问题后，市普查办项目组工作人员将文物收藏单位的工作人员集中到一起，进行现场修改、指导，当场发现问题当场解决，再次对文物数据进行审核修改。至2016年9月，我市上报中国文物信息咨询中心（国家文物局数据中心）的待上传数据已是修改后通过自治区终审的合格数据。

（三）宣传动员

呼和浩特市十分重视普查的宣传工作，市各级普查机构充分利用各种机会、场合进行社会公众的宣传和信息发布。从最初的舆论准备、机构筹建、工作部署，到人员培训、开始调查、专家指导，再到登记统计、录入数据、总结验收等环节，各类媒体多管齐下，全面深入报道第一次全国可移动文物普查工作。我市可移动文物普查宣传组设在呼和浩特文物事业管理处，全面负责我市市级可移动文物普查宣传工作。市属文博单位和旗县区普查办也根据本单位、本辖区实际，展开相关宣传。

我市可移动文物普查宣传多家单位共同宣传，多种宣传方式多管齐下，宣传结果百家齐鸣。电视方面，宣传集中在2013年启动阶段，多次上过本市新闻，2014—2016年保证每年3—4次的频率，在2016年的"5·18国际博物馆日"，我市进行了可移动文物普查的相关专题报道。互联网方面，市主要文博单位的网站开辟可移动文物普查版块，及时更新可移动文物普查工作进展。报刊方面，在2013—2016年保证每年3—4次的频率，市直属文博单位也多次投稿汇报本单位可移动文物普查工作进展。至普查结束我市印制、发放宣传海报2000余份，宣传册页3500余份，编辑可移动文物普查工作简报32期。市主要文博单位也在本单位的信息专讯上多次报道本单位的可移动文物普查进展。

除了这些常规的宣传方式，我市普查办宣传组还采取在每年的国际博物馆日、中国文化遗产日、内蒙古草原文化遗产保护日活动现场悬挂条幅，发放宣传材料的现场宣传方式和最近异军突起的微信公众号宣传、LED宣传屏进行宣传（表16）。

表16　呼和浩特市普查宣传工作统计表

行政区	组建地市级宣传机构（个）	制定地市级宣传方案（个）	宣传方式									
			电视（次）	互联网（次）	报刊（次）	海报（份）	册页（份）	广播	悬挂条幅	简报	信息	LED宣传屏
市级普查机构	1	1	18	30	8	2000	3500	5	7	32	3	4
新城区	1	1	0	0	0	200	200	1	7	2	0	0
回民区	1	1	0	1	0	100	0	0	2	2	0	0

续表 16

行政区	组建地市级宣传机构（个）	制定地市级宣传方案（个）	宣传方式									
			电视（次）	互联网（次）	报刊（次）	海报（份）	册页（份）	广播	悬挂条幅	简报	信息	LED宣传屏
玉泉区	1	1	0	1	0	100	0	0	2	2	0	0
赛罕区	1	1	0	,1	7	800	500	0	8	5	0	1
土默特左旗	1	1	1	0	0	500	0	0	2	1	0	0
托克托县	1	1	1	1	0	100	0	0	2	2	0	0
和林格尔县	1	1	1	1	0	100	0	0	2	1	0	0
清水河县	1	1	0	0	0	50	0	0	0	1	0	0
武川县	1	1	0	0	0	50	0	0	2	1	0	0
总计	10	10	21	35	15	4000	4200	6	34	49	3	5

多种宣传方式在社会大众中极大地扩大了本次可移动文物普查的知名度，普及了本次文物普查的重要性和必要性，为我们工作的顺利开展创造了条件。

（四）质量控制

质量是一条数据的生命，一条完整的、正确的数据才能发挥它的实际功用。从国家到地方，各级普查办始终把文物安全、数据质量作为普查工作的头等大事，常抓不懈，并将其纳入到相关领导的绩效考核中。从上到下的高度重视，也为普查参与人员树立了一道警戒线，让每位参与者文物安全、数据安全常在心间。

本次可移动文物普查不是走过场，而是需要实打实地苦干、实干。呼和浩特市普查办在督促各文物收藏单位做好数据采集、登录工作的同时也不忘记紧抓数据质量关。举例来说，一条平台上的文物数据需要包含基本尺寸、质量、图片这几项基本内容才能上报。采集一件文物的相关信息不难，采集一百件文物的信息也不难，但是当这个数目乘以千，乘以万，那就是一个相当庞大的数字。而且不是所有的文物都是小物件，可以轻易提取、摆放的。很多大体型的陶瓷器、金属器、石质器物的测量、拍照需要普查工作小组全体齐上阵才能在保证文物安全的前提下完成。这对于本就人员短缺、工作量巨大的收藏单位而言更是加大了普查任务量。自治区普查办和市普查办防微杜渐，展开工作巡查、督导，将各种偷工减料的企图扼杀在萌芽状态，保证每一条文物数据的真实可靠。我市文物数据中数量最多的钱币每一枚都是经过我们的普查员测量、称重、拍照的，大家戏称本次普查工作帮大家圆了"数钱数到手抽筋"的梦想。

干得好的前提是知道干什么、怎么干，只有在充分掌握工作内容和工作流程的条件下，参与者才能充分发挥主观能动性，既快又好地完成普查工作。本次普查从2013年正式启动到2016年完成省级审核，期间经历了信息采集软件的更换、信息采集模板的更换、在线平台的测试使用……很多工作都需要在电脑上操作完成，培训对于普查工作的顺利开展具有十分重要的意义。自治区普查办根据普查工作进展每年定期组织相关方面的业务培训。因为呼和浩特是内蒙古自治区首府所在地，每次省普查办组织业务培训时，呼和浩特市各收藏单位也可以现场参加培训，所以我市的业务培训计划也就合并到省培训之中，除了2013年的启动培训外不再单独安排。

培训的时间是固定的，但是为大家提供技术支持的时间是没有限制的。每次培训结束后，市普查办会派出项目组工作人员对全市文物收藏单位进行走访，展开有针对性的辅导。对于一些临时发生的难点问题，则通过网上演示解答和电话沟通协调来努力解决。本次普查使用的相关软件虽然经过测试，但是由于很多操作人员并非电脑专业科班出身，电脑系统、工具软件的多样性，不时会出现一些突发情况，这种情况在后期各收藏单位进行信息数据打包、汇总时尤为突出，很多工作人员反映，本来是为了节省工作时间，在下班后开着电脑进行数据打包、汇总，结果第二天上班的时候发现，数据打包不成功或者存在文本信息数量和图片信息数量不对称，或者打包数据条数与数据包内条数不符。市普查办项目组的工作人员接到大家的反应后，紧急联系省普查办的老师和软件开发公司的技术人员，想方设法为大家排忧解难，最终在数据上报国家信息平台时做到物图相符，信息对称。

从2014年开始，自治区普查办每年组织可移动文物普查工作巡查，对上一年可移动文物普查工作进展情况和工作中存在的问题进行督导。自治区巡视结束后，市普查办根据自治区的指导意见，安排本辖区年度工作重点，下力气整改存在的问题和不足，并不定时走访各收藏单位和各级普查办，督促各单位、各普查办查摆问题，下力气真抓实干解决问题，保障第一次全国可移动文物普查工作的顺利进行。层层重视、层层落实，我市可移动文物普查数据顺利通过国家终审，普查过程中工作人员零伤亡、文物安全零事故与各级、领导专家的督促指导有着不可分割的联系。

（五）普查工作总结情况

截至2016年12月31日，第一次全国可移动文物普查活动画上了圆满的句号。可移动文物普查信息采集、登录、审核、报送工作虽然结束了，但这并不意味着整个普查工作的结束。普查成果的总结、整理工作才刚刚拉开序幕。

五年的普查工作，除了带给我们318082条文物数据这样的电子成果，还形成了沉甸甸的纸质普查资料、档案。市普查领导小组办公室设专人和专门的卷柜保管我市全部可移动文物普查工作档案。全市9个旗县区和市属单位的表1（国有单位文物收藏情况调查登记表）、表3（可移动文物信息认定登记表）均按照属地管理原则妥善保存在这里。我市的表2（国有单位文物收藏情况调查汇总表）及2013—2016年各级普查文件收发文和各级普查工作简报、工作汇报、总结也都按照年度分门别类存档、保存。档案整理工作有理、有序。从2016年年底开始，市普查办工作人员陆续开始对这些档案、资料进行梳理、登记、归纳，待整理结束后进行统一封存。市普查办项目组也开始着手编制我市可移动文物普查工作报告，对五年来的工作进行总结、归纳。除了市普查办开始行动起来，各级普查办和有条件的收藏单位也开始整理本辖区、本单位的普查资料，组织相关人员进行普查工作报告的编写。一些普查办借着本次普查的机会，重新修订、出版本辖区文物资源报告，将普查工作成果的编制出版提上日程。除此之外，我市为内蒙古自治区普查办所展开的"钱币类文物专题研究"提供了相关资料，以实际行动支持普查成果转换和广泛应用。

三、普查工作成果

五年的普查时光如白驹过隙，在各级领导的关心帮助下和每位参与者的共同努力下，我市基本实现普查目标。完成了对呼和浩特市可移动文物资源的普查摸底，给每件文物藏品编制了属于自己的身份证件，为今后文物资源共享、文物保护创造了必要条件，同时也借本次普查工作锻炼出一批业务骨干，为文博部门增添了新鲜血液。

（一）掌握本行政区域可移动文物资源情况及价值

1. 摸清数量及分布

经过5年的普查、统计，呼和浩特市行政区域内有文物收藏单位44家，保管人员80人，库房面积15701.60平方米，文物收藏量为318082件/套。这318082件/套文物藏品主要分布在省属、盟市属、县区属文物收藏单位中；单位性质以事业单位居多，此外还包括一些宗教场所和社会管理组织；单位类型以博物馆、纪念馆、图书馆为主体，但是一些系统外的收藏单位也呈现出异军突起的趋势；收藏单位的行业向着泛文博方向发展。通过和以前的文物数据进行对照，我们可以看出我市文物事业的发展脉络和前进方向。这批最新普查成果不仅为我们今后开展文物保护、文物管理工作提供了翔实的数据和可靠的信息来源，同时也为我们在全社会实现文化资源共享、营造文物保护氛围提供了便利。

2. 掌握保存状况

本次可移动文物普查中，每一条数据都要涵盖15项基本指标项，其中更是为文物保存状态设置了专门的指标项，而且从之前的选填变成了必填项，从这些细节可以看出国家对于文物保护工作的重视程度。随着全部普查数据由一期国家信息登录平台过渡到二期社会管理平台上，相关信息的查询更加方便快捷，新增的统计报表功能更是为文物收藏单位和上级主管部门提供了极大的便利。各级文物主管部门可以根据自己的实际需要有时效性、针对性的掌握某一地区、某一种类、某一单位的藏品保管状况，这对我们今后展开文物病害预防性保护与一般性日常养护都具有极大的指导意义，方便我们从源头上遏制危害文物安全的事件发生。

3. 掌握使用管理情况

国家进行本次可移动文物普查的目的除了全面掌握我国现存国有可移动文物的数量分布、保存状况、保管权属和使用管理等情况外，更重要的意义在于实现文物信息资源的整合与合理利用，有效发挥文物在国民经济和社会发展中的作用。本次可移动文物普查所使用的数据平台是"全国统一，联网直报，属地管理，以县为单元"，随着本次普查所使用的平台向着资源开放共享平台转换，信息的空间局限性将被打破，资源真正"活"起来。这将促进各行业系统文物资源挖掘，促进普查成果利用，实现全国文物资源互通共享。当本次普查的大数据体系建立起来时，各收藏单位可以充分利用普查成果，开展合作。各省之间、地市之间可以互通有无，展开联合研究，共同策展，提高文物展示利用率。同时也可以吸引社会大众参与到文物保护、文化资源开发中来，支持社会力量参与保护合作，参与挖掘和研究文物内涵，参与开发特色文创产品。激发中华优秀传统文化的生命力和影响力，促进文物资源活起来，发挥其在传承中华优秀传统文化、培育社会主义核心价值观方面的独特作用。

（二）健全文物保护体系

通过本次可移动文物普查，我们清醒地认识到在日常文物管理中存在的不足和欠缺，也清醒地认识到我们今后需要努力的地方，今后将从完善文物档案、完善制度和规范、明确保护需求等方面继续努力，努力修正我们工作中存在的不足，努力改进我们的工作方式和管理方式，努力健全完善我们的文物保护制度和体系，将被动保护转变成为主动保护与预防性保护，让我们的文物、文化资源更加长久的传递下去。

1. 完善文物档案

本次普查我市44家收藏单位均在数据采集模板的基础上建立了本单位的藏品账目和档案，这些账目在尊重原收藏编号的基础上，添加了收藏单位的相关信息，使得藏品编号具有独一性，不会出现同一编号对应两件器物这种情况。本次普查所使用的数据采集模板和离线采集软件成为文物收藏单位进行日常管理的好帮手，将人们从烦冗的工作中解放出来，而且全国标准统一，对于各单位之间的交流也提供了极大的便利。今后我们还将陆续补充完善藏品相关信息，将藏品流传经历、保护修复经历，相关研究成果补充进去。

2. 完善制度和规范

本次普查，我市对于辖区内文物收藏单位的数量和藏品数量有了确切的统计，这为主管部门补充完善信息，加强监管提供了依据。我们今后将借着普查活动的东风，加强地区间文物资源整合，深化部门、行业、系统间合作，促进各行业、系统加大对文物资源的保护管理力度，促进普查成果转换，最终实现文物资源互通共享。主管部门通过建立、完善相关制度和规范，采取有效措施，推动各收藏单位、各级文物保管单位转变观念，提高服务意识，创新开放方式，进一步落实《公共文化服务保障法》，推动我市文物保护管理事业更上一个台阶。

3. 明确保护需求

本次普查，为我市下一步的文物保护管理工作指明了方向，我市通过对普查数据的分析整理，明确了本市文物保护的总体需求，我市将会在此基础上继续深化研究，对本市各类收藏单位保护需求、不同级别收藏单位保护需求、不同类型收藏单位保护需求、不同行业收藏单位保护需求观念进行了解处理，为今后保护工作指明重点。

4. 扩大保护范围

本次文物普查扩大了我市文物保护范围，增加了文物保护的工作量，我市将会指导非文博系统的收藏单位开展藏品规范化管理，为他们开展文物保护工作提供相关支持和帮助，将他们吸收到文物保护管理的队伍中，共同守护我们的精神家园。

5. 未完成普查登录的收藏单位工作安排

对于本次普查的遗留问题，我市会继续跟踪管理，督促他们行动起来，加快工作步伐，完成本次普查的工作要求。

（三）有效发挥文物在本行政区域经济社会发展中的重要作用

文物藏品的价值并不单单在于保存，文博系统单位的职责也不单单在于保管，更大的价值在于展示和发掘文物背后的故事。为了配合2016年国际博物馆日主题活动，我市提供了13件珍贵文物参加内蒙古博物院组织的"识珍录宝 典守文明——第一次全国可移动文物普查成果展"。这是这些文物藏品近年来的首次亮相，吸引了众多参观者的目光，取得了极大的社会反响。本次可移动文物普查结束后，我市有30多家文物收藏单位陆续向社会公布藏品资源，方便普通大众参观学习。对于普查成果的转换利用，文博系统将以自己的工作岗位为展示窗口，做好本职工作的同时，努力为社会公众提供更多更好的文化服务，非文博系统的单位则计划以出版图录等方式宣传本次普查成果，加强人们的文物保护意识和参与意识。

（四）建议

1. 尽快公开本市可移动文物普查成果，让更多的人民群众享受普查成果，参与到文物保护的工作中来。

2. 根据普查成果，制定符合本市实际的文物利用、保护、修复计划，加深对文物藏品的研究和利用程度，让文物健康可续持发展。

3. 加大和落实对可移动文物保护性投入，建立文物经费使用审计制度和问责制度，实现专款专用。

4. 建议吸纳非文博行业系统的专家进入到本市专业鉴定专家库中，实现文物鉴定的专业化和多样化。

5. 强化文博人才队伍建设，尤其是基层文博单位，培养一批能担大梁的骨干力量。

四、结语

2012—2016年五年的可移动文物普查带给我们的记忆和感动并不会随着时光的流逝而褪色，我们在五年的普查工作中走了很多路，去了很多地方，认识了很多辛勤工作的朋友，见识了很多难得一见的文物珍品……而这仅仅是我们万里文物保护管理道路上的一小步，一个小过往。通过本次普查摸底，我们对自己的家底有了清晰明了的认识，在感恩祖先留给我们如此丰富的文化遗产资源的同时，我们也清醒地认识到文物主管部门和保管部门在现阶段工作中存在的一些不足与问题，我们深切感受到身上这幅担子的重量，也深切感受到我们所做的与普通大众希望的之间的差距。

第一次全国可移动文物普查不是我们工作的终点，而是我们工作过程中的一个节点，下一步如何转换普查成果，让它更好地服务社会、服务人民是我们所要思考的，希望这些普查成果借助互联网和全国信息共享平台这双翅膀，能够打破时间和空间的藩篱，讲好中国故事，将我们悠久灿烂的华夏文明一代代传承下去。本次普查为我们指明了前进方向，指引我们向着这个目标而努力，希望通过一代代文博人的努力，来实现最终的梦想。

执笔：张敏超

包头市第一次全国可移动文物普查工作报告

包头市第一次全国可移动文物普查领导小组办公室

前　言

　　包头是蒙古语"包克图"的谐音，意为"有鹿的地方"，所以又有"鹿城"之称，是内蒙古自治区的制造业、工业中心，是中国重要的基础工业基地和全球轻稀土产业中心，被誉为"草原钢城""稀土之都"。

　　包头市辖5个区、1个县、2个旗及1个国家级稀土高新技术产业开发区。即昆都仑区、青山区、东河区、九原区、石拐区、固阳县、土默特右旗、白云鄂博市（拟由达尔罕茂明安联合旗、白云鄂博矿区合并而成）和包头稀土高新技术产业开发区（包括滨河新区）。

　　种类丰富、数量庞大、价值突出的可移动文物是中华民族文化的实物见证。第一次全国可移动文物普查是继第三次全国文物普查（不可移动文物部分）之后在文化遗产领域开展的国情国力调查，是确保国家文化安全、保障人民群众基本文化权益的重要措施，是健全国家文物保护体系的重要基础工作。可移动文物普查是通过国家统一组织、由专业部门采用现代信息手段集中调查统计的方式，对可移动文物进行调查、认定和登记，掌握可移动文物现状等基本信息，为科学制定保护政策和规划提供依据。开展可移动文物普查，将有利于掌握和科学评价我国文物资源情况和价值，健全文物登录备案机制和文物保护体系，加大文物保护力度、扩大保护范围，保障文物安全，并将进一步促进文物资源整合利用，丰富公共文化服务内容，有效发挥文物在国民经济和社会发展总体布局中的积极作用。

　　2012年10月1日，国务院下发了《关于开展第一次全国可移动文物普查工作的通知》（国发〔2012〕54号），2013年4月16日，内蒙古自治区人民政府印发了《内蒙古自治区人民政府关于开展第一次全国可移动文物普查的通知》（内政发〔2013〕33号），2013年6月18日，包头市人民政府下发了《包头市人民政府关于在全市开展第一次全国可移动文物普查的通知》（包政发〔2013〕59号），组建成立了包头市第一次全国可移动文物普查工作领导小组及文物普查办公室，同时对我市开展文物普查工作的组织和实施、普查范围和内容、时间安排、普查经费等做出了明确的规定。

　　1. 普查领导机构和办事机构成立时间

　　2013年6月18日，包头市成立了第一次全国可移动文物普查领导小组，下设办公室。办公室设在包头市文物管理处，组织领导全市的文物普查工作，同时对全市的文物普查工作进行监督，确保第一次全国可移动文物普查工作能够保质保量按时完成。

2．普查领导机构和办事机构组织结构

包头市第一次全国可移动文物普查工作机构由领导小组、办公室、专家组、普查队员组成。

3．普查领导机构和办事机构工作情况

开展第一次全国可移动文物普查，是国务院做出的重要决策。国务院专门成立了第一次全国可移动文物普查领导小组，负责全国普查工作的组织领导，协调解决普查工作中遇到的重大问题。包头市人民政府按照国务院、内蒙古自治区人民政府的统一部署，设立了相应的普查工作机构。

市财政局落实普查经费，普查队伍所需工作经费列入地方财政预算。文物使用单位要按照《中华人民共和国文物保护法》的要求，积极配合普查机构和普查人员做好普查工作。

此次文物普查工作开展了阶段性的集中宣传和长期宣传活动。新闻中心充分利用报纸、广播、电视、互联网等现代传媒，及时报道普查工作的进展情况以及取得的成绩，特别是对内涵不断丰富发展的文物遗产新品类进行重点宣传和报道，广泛深入地宣传开展第一次全国可移动文物普查工作的重要意义，宣传文物工作在新时期构建和谐社会中所应发挥的作用。

执笔：王英泽

呼伦贝尔市第一次全国可移动文物普查工作报告

呼伦贝尔市第一次全国可移动文物普查领导小组办公室

呼伦贝尔市文物局

前　言

为全面掌握和科学评价我国文物资源情况和价值，健全文物登录备案机制和文物保护体系，加大文物保护力度，保障文物安全，进一步促进文物资源整合利用，丰富公共文化服务内容，有效发挥文物在国民经济和社会发展总体布局中的积极作用，国家于2012年10月至2016年12月开展了第一次全国可移动文物普查工作。

根据《国务院关于开展第一次全国可移动文物普查的通知》（国发〔2012〕54号）、《内蒙古自治区人民政府关于在全区开展第一次全国可移动文物普查的通知》（内政发〔2013〕33号）、《呼伦贝尔市人民政府关于开展第一次全国可移动文物普查的通知》（呼政发〔2013〕89号）等文件精神，为准确科学、规范有序、按时按质完成呼伦贝尔市第一次全国可移动文物普查工作任务，我市成立了第一次全国可移动文物普查领导小组，设立了普查办公室，组织成立各级普查机构，落实普查人员，并组织开展各类业务培训，按相关要求积极开展普查工作，根据《内蒙古自治区第一次全国可移动文物普查实施方案》，经呼伦贝尔市第一次全国可移动文物普查领导小组研究决定，制定并印发了《呼伦贝尔市第一次全国可移动文物普查工作实施方案》和《国有单位文物收藏情况调查登记表》，召开了呼伦贝尔市第一次全国可移动文物普查动员大会，对普查工作的目的、意义、方法、原则、步骤、总结进行了培训。截至2016年12月，呼伦贝尔市已全面完成一普文物信息的采集、登录、上传信息平台、报送、审核、验收等各项工作，我市第一次全国可移动文物普查工作圆满完成。

一、本行政区域普查工作开展情况

（一）建立普查组织、成立普查机构

自第一次全国可移动文物普查工作开展以来，呼伦贝尔市政府高度重视，提早安排，精心组织，认真贯彻刘新乐副主席在自治区第一次全国可移动文物普查电视电话会议上的讲话精神，于2013年6月，成立了呼伦贝尔市第一次全国可移动文物普查领导小组，设立了普查领导小组办公室；成立了办公室、项目部、专家组，并及时制定和印发了《呼伦贝尔市第一次全国可移动文物普查工作实施方案》，对可移动文物普查的目的和意义、工作范围和内容、时间安排、组织和实施形式等方面都做出明确要求。2013年下半年，我市14个旗市区也根据文件要求，成立了各级普查办，并根据上级文件要求制定了宣传方案，成立领导小组、办公室，各级普查领导机构的成立从组织上确保了我市一普工作的顺利开展。

呼伦贝尔市第一次全国可移动文物普查领导小组，组长由副市长牛振声担任，副组长由市政府副秘书长崔新宇，市文化局党组书记、局长何涛，市文化局党组成员、呼伦贝尔民族博物院院长白劲松三人担任，普查领导小组成员单位由市发展和改革委员会、市教育局、市财政局、人民银行市中心支行、市民委、市宗教局、市档案局、市科协、市民政局、市国土资源局、市统计局等各行业单位组成。

领导小组办公室设在市文化局，负责普查工作的日常组织和具体协调。办公室主任为何涛（兼），常务副主任为白劲松（兼）。

表1 呼伦贝尔市普查机构统计表

行政区	地市级普查领导小组数量（个）	地市级普查工作办公室（个）	建立普查工作机制的行业系统（个）	建立普查工作机制的收藏单位（个）	印发地市级普查通知（份）	印发地市级普查实施方案（份）	开展普查工作档案整理的地市数量（个）
合计	14	14	32	44	100	100	14
具体情况	是否组建地市级普查领导小组	是否成立地市级普查工作办公室	建立普查工作机制的行业系统（个）	建立普查工作机制的收藏单位（个）	是否印发普查通知	是否印发普查实施方案	是否开展普查工作档案整理
呼伦贝尔市市直属	■是□否	■是□否	3	1	■是□否	■是□否	■是□否
满洲里市	■是□否	■是□否	1	3	■是□否	■是□否	■是□否
额尔古纳市	■是□否	■是□否	11	2	■是□否	■是□否	■是□否
海拉尔区	■是□否	■是□否	3	3	■是□否	■是□否	■是□否
鄂温克族自治旗	■是□否	■是□否	2	4	■是□否	■是□否	■是□否
鄂伦春自治旗	■是□否	■是□否	1	2	■是□否	■是□否	■是□否
莫力达瓦达斡尔族自治旗	■是□否	■是□否	1	6	■是□否	■是□否	■是□否
陈巴尔虎旗	■是□否	■是□否	1	1	■是□否	■是□否	■是□否
新巴尔虎左旗	■是□否	■是□否	1	2	■是□否	■是□否	■是□否
新巴尔虎右旗	■是□否	■是□否	1	2	■是□否	■是□否	■是□否
阿荣旗	■是□否	■是□否	1	2	■是□否	■是□否	■是□否
扎兰屯市	■是□否	■是□否	2	12	■是□否	■是□否	■是□否
根河市	■是□否	■是□否	2	2	■是□否	■是□否	■是□否
扎赉诺尔区	■是□否	■是□否	2	2	■是□否	■是□否	■是□否

（二）开展普查培训，加强普查队伍专业人才建设

为了更好地开展和完成第一次全国可移动文物普查工作，我市积极参加自治区举办的各类一普培训班，同时针对我市一普工作的实际情况开展普查业务培训，于2013年8月14—16日举办了全市一普工作业务骨干培训班，成为全区第一个举办第一次全国可移动文物普查培训班的盟市。

2013年7月，呼伦贝尔市20名普查工作者赴呼和浩特市参加了自治区普查办举办的第一次全国可移动文物普查工作业务骨干培训班。

2013年8月，呼伦贝尔市普查办举办了全市第一次全国可移动文物普查业务骨干培训班，全市14个旗县区的一普工作代表均参加了此次培训班，同时银行、教育局、档案局、民政局等非文物系统单位也都派员参加了此次培训班。全市区参加此次培训班的共计70余人。

2013年年末至2014年年初，鄂温克族自治旗、鄂伦春自治旗等旗县也举办了旗市级培训班，参加人员为本行政区域内文博系统及乡镇文化站的工作人员。

2014年12月，20名各旗市区普查工作人员代表呼伦贝尔市参加了自治区第一次全国可移动文物普查东部区的培训班。

2015年9月和2015年12月，我市先后有近70名一普工作者参加全区第一次全国可移动文物普查数据审核与管理培训班和内蒙古自治区可移动文物摄影培训班（第二期）。

截止到2016年，呼伦贝尔市共有500余人次参加第一次全国可移动文物普查工作的相关培训，通过培训和学习提高了普查人员的业务素质、提升了我市普查队伍的人才建设和整体实力（表2）。

表2　呼伦贝尔市第一次全国可移动文物普查培训统计表

行政区	合计		2013 年		2014 年		2015 年		2016 年	
	次数（次）	人数（人）	次数（次）	人数（人）	次数（次）	人数（人）	次数（次）	人数（人）	次数（次）	人数（人）
合计	67	513	16	212	19	106	18	117	14	78
呼伦贝尔市市直属	5	253	1	70	1	60	2	78	1	45
海拉尔区	4	20	1	8	1	2	1	2	1	8
鄂温克族自治旗	5	19	1	9	2	6	1	2	1	2
鄂伦春自治旗	7	40	2	25	2	8	2	5	1	2
莫力达瓦达斡尔族自治旗	5	23	1	13	1	2	2	6	1	2
扎兰屯市	6	35	2	22	2	8	1	2	1	3
陈巴尔虎旗	5	23	1	13	2	5	1	3	1	2
新巴尔虎左旗	4	12	1	6	1	2	1	2	1	2
新巴尔虎右旗	4	14	1	8	1	2	1	3	1	1
阿荣旗	4	12	1	7	1	1	1	2	1	2
额尔古纳市	4	13	1	6	1	2	1	3	1	2

续表2

行政区	合计		2013 年		2014 年		2015 年		2016 年	
	次数（次）	人数（人）	次数（次）	人数（人）	次数（次）	人数（人）	次数（次）	人数（人）	次数（次）	人数（人）
满洲里市	5	16	1	7	2	4	1	2	1	3
扎赉诺尔区	5	19	1	10	1	2	2	5	1	2
根河市	4	14	1	8	1	2	1	2	1	2

表3　呼伦贝尔市第一次全国可移动文物普查人员统计表　　　　（单位：人）

行政区	各级普查办	收藏单位	普查专家	普查志愿者	合计
合计	76	175	14	7	272
呼伦贝尔市市直属	13	13	8	0	34
莫力达瓦达斡尔族自治旗	5	22	1	0	28
阿荣旗	3	5	0	0	8
鄂伦春自治旗	12	24	0	0	36
鄂温克族自治旗	5	9	0	0	14
满洲里市	6	8	0	0	14
新巴尔虎左旗	3	6	0	1	10
新巴尔虎右旗	3	8	0	0	11
牙克石市	3	7	1	0	11
额尔古纳市	7	6	0	0	13
陈巴尔虎旗	3	21	2	1	27
扎兰屯市	4	19	1	0	24
扎赉诺尔区	3	16	0	3	22
海拉尔区	3	6	1	0	10
根河市	3	5	0	2	10

（三）经费保障情况

根据国家、内蒙古自治区对第一次全国可移动文物普查工作的相关要求，为了保障呼伦贝尔市的可移动文物普查工作顺利开展，我市成立了第一次全国可移动文物普查工作领导小组，按照上级工作要求，统一部署可移动文物普查工作并督促各旗市区按照要求及时开展工作，保障普查经费积极落实。我市各旗市区的财政部门能够按照普查工作实际进展情况安排普查经费，保证本地区普查工作顺利开展。自2013年至2016年，我市共安排普查经费165.4299万元，经费主要用于普查方案制定、普查宣传动员、人员培训、实地调查、设备购置、印制相关资料等项工作。

（四）调查摸底情况

为进一步加大可移动文物普查宣传的广度和深度，营造浓厚的社会氛围，我市充分运用电视、报纸和互联网等现代传媒技术，及时报道可移动文物普查实施方案和我市普查工作的进展情况以及取得的成绩。呼伦贝尔市可移动文物普查队员收集了全市14个旗县区的各国有企事业单位名录，进行确认、校对、分类和整理，并通过上门确认、电话联系和相关单位咨询等方式，对辖区内国有单位进行了摸底排查。其中包括国家机关887家、事业单位1398家、国有企业单位256家、其他单位350家，共计2891家，实现了单位类型的全覆盖（图1）。

　　此次摸底调查共发放《国有单位文物收藏情况调查登记表》2847份，回收2847份，回收率100%（表4），反馈有文物收藏的单位为各旗县区博物馆、纪念馆、图书馆、档案史志局等44家文物收藏单位（图2）。经初步统计，我市辖区内各类国有单位共收藏有可移动文物34776件/套，其中呼伦贝尔民族博物院收藏文物12354件/套，占全市可移动文物收藏量的1/3以上，为我市最大的国有可移动文物收藏单位。

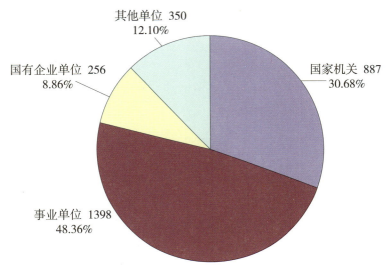

图1　按单位性质统计呼伦贝尔市收藏单位数量

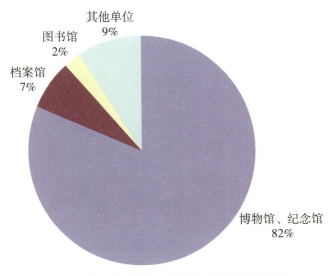

图2　按单位类型统计呼伦贝尔市收藏单位数量

表4 呼伦贝尔市国有单位可移动文物收藏情况调查表

行政区划	辖区内国有单位数量（家）	国有单位可移动文物收藏情况调查表		
		发放（张）	回收（张）	反馈收藏有可移动文物的国有单位（家）
呼伦贝尔市	2891	2847	2847	44
满洲里市	260	260	260	3
额尔古纳市	154	154	154	2
海拉尔区	283	283	283	4
鄂温克族自治旗	276	276	276	4
鄂伦春自治旗	326	326	326	2
莫力达瓦达斡尔族自治旗	287	287	287	6
陈巴尔虎旗	120	120	120	1
新巴尔虎左旗	104	104	104	2
新巴尔虎右旗	177	177	177	2
阿荣旗	160	160	160	2
扎兰屯市	380	380	380	12
根河市	234	190	190	2
扎赉诺尔区	130	130	130	2

（五）年检、年鉴与普查申报量等几方面的数据核准情况

呼伦贝尔市各文物收藏单位严格按照《馆藏文物登录规范》的工作标准，保证采集文物信息的完整性、准确性、真实性、规范性，在第一次全国可移动文物普查工作中申报的文物数量为34776件/套和年检、年鉴数据已进行了核准，排除民办和其他行业博物馆收藏的可移动文物近3万件/套，此次我市申报的文物数量与年检数量基本一致，并对出入情况做了说明。通过第一次全国可移动文物普查，我市可移动文物收藏单位已编制到国有文物收藏单位名录中。

（六）制定普查方案、普查工作制度

为了更好地贯彻落实国家、自治区关于开展第一次全国可移动文物普查的文件精神，全面掌握我市可移动文物资源的基本情况，构建科学的文化遗产保护体系，结合我市实际情况制定了《呼伦贝尔市第一次全国可移动文物普查实施方案》，同时还制定了普查工作时间表和普查宣传方案，方案中包括普查的意义、普查的目标、普查的范围和内容、普查的工作要求、普查的技术路线、普查的组织、普查时间和实施步骤、普查的经费、普查的宣传、普查的总结等内容。各级普查办严格按照普查实施方案的要求，按照既定的时间节点，稳步推进普查各阶段的工作。分工明确，责任到人，从制度上确保了我市第一次全国可移动文物普查工作的顺利开展。

二、呼伦贝尔市第一次全国可移动文物普查数据

（一）可移动文物数量及分布情况

经第一次全国可移动文物普查，呼伦贝尔市申报国有可移动文物收藏量为34776件/套，其中文物类33704件/套，标本化石类297件/套，资料类775件/套；其中民族文物约占文物总数的45%，主要以蒙古族、鄂温克族、鄂伦春族、达斡尔族等民族文物为主；钱币约占文物总数的15%，其他历史类文物占40%。

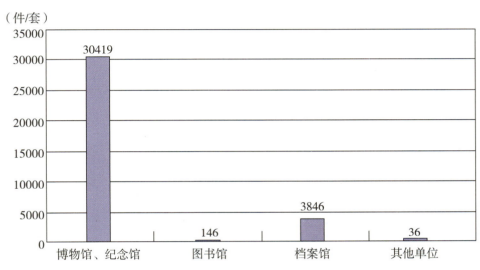

图3 按收藏单位类型统计呼伦贝尔市可移动文物数量

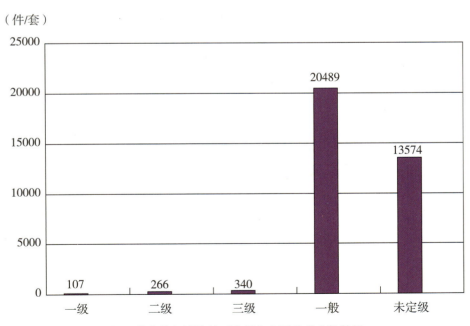

图4 按文物级别统计呼伦贝尔市可移动文物数量

（二）本行政区域内国有收藏单位情况

经呼伦贝尔市第一次全国可移动文物普查，对全市 14 个旗县区的各国有企事业单位进行确认、校对、分类和整理，并通过上门确认、电话联系和相关单位咨询等方式，对辖区内国有单位进行了摸底排查，其中包括国家机关 887 家、事业单位 1398 家、国有企业单位 256 家，其他单位 350 家，共计 2891 家，实现了单位类型的全覆盖。反馈有文物收藏的单位为各旗县区博物馆、纪念馆、图书馆、档案史志局等 44 家文物收藏单位（表 5）。

表 5　呼伦贝尔市国有文物收藏单位名录

单位编码	单位名称	上级主管机构	藏品数量（件/套）	单位地址
15070221800004	呼伦贝尔市海拉尔博物馆	海拉尔区文化体育局	116	内蒙古自治区呼伦贝尔市海拉尔区河西哈萨尔大桥西侧
15070221800005	呼伦贝尔市海拉尔要塞遗址博物馆	海拉尔区文化体育局	696	内蒙古自治区呼伦贝尔市海拉尔北山上
15070221800006	呼伦贝尔市哈克遗址博物馆	海拉尔区文化体育局	237	内蒙古自治区呼伦贝尔市海拉尔哈克镇哈克村
15070221800007	呼伦贝尔民族博物院	呼伦贝尔市文化新闻出版广电局	12328	内蒙古自治区呼伦贝尔市海拉尔区河东胜利大街 23 号
15072111900003	呼伦贝尔市阿荣旗音河乡人民政府	阿荣旗人民政府	111	内蒙古自治区呼伦贝尔市阿荣旗音河乡富吉村九三站
15072121800002	呼伦贝尔市阿荣旗博物馆	阿荣旗文化体育广播电影电视局	605	内蒙古自治区呼伦贝尔市阿荣旗那吉镇振兴路王杰广场南侧
15072211900003	呼伦贝尔市莫力达瓦达斡尔族自治旗档案史志局	中国共产党莫力达瓦达斡尔族自治旗委员会办公室	3836	内蒙古自治区呼伦贝尔市莫旗尼尔基镇巴特罕大街旗政府 2 号办公楼
15072211900004	呼伦贝尔市莫力达瓦达斡尔族自治旗旅游局	莫力达瓦达斡尔族自治旗人民政府	170	内蒙古自治区呼伦贝尔市莫旗尼尔基镇巴特罕大街 27 号
15072211900005	呼伦贝尔市莫力达瓦达斡尔族自治旗阿尔拉镇政府	莫力达瓦达斡尔族自治旗人民政府	61	内蒙古自治区呼伦贝尔市莫旗阿尔拉镇政府办公楼东侧
15072221800001	呼伦贝尔市莫力达瓦达斡尔族自治旗达斡尔民族博物馆	莫力达瓦达斡尔族自治旗文体广电局	1340	内蒙古自治区呼伦贝尔市莫旗尼尔基镇纳文东大街 93 号
15072221800002	呼伦贝尔市莫力达瓦达斡尔族自治旗图书馆	莫力达瓦达斡尔族自治旗文体广电局	145	内蒙古自治区呼伦贝尔市莫旗尼尔基镇巴特罕大街 56 号
15072221800006	呼伦贝尔市莫力达瓦达斡尔族自治旗腾克达斡尔民俗陈列馆	莫力达瓦达斡尔族自治旗腾克镇人民政府	97	内蒙古自治区呼伦贝尔市莫旗腾克镇腾克大街民俗村
15072311900003	呼伦贝尔市鄂伦春自治旗档案史志局	中国共产党鄂伦春自治旗委员会	2	内蒙古自治区呼伦贝尔市鄂伦春自治旗阿里河镇拓跋鲜卑大街
15072321800001	呼伦贝尔市鄂伦春自治旗博物馆	鄂伦春自治旗文化体育新闻出版广电局	1095	内蒙古自治区呼伦贝尔市鄂伦春自治旗阿里河镇拓跋鲜卑大街

续表 5

单位编码	单位名称	上级主管机构	藏品数量（件/套）	单位地址
15072421800001	呼伦贝尔市鄂温克族自治旗鄂温克博物馆	鄂温克族自治旗文化体育新闻出版广电局	1266	内蒙古自治区呼伦贝尔市鄂温克族自治旗巴彦托海镇伊敏路鄂温克博物馆
15072421800002	呼伦贝尔市鄂温克族自治旗巴彦塔拉达斡尔民族博物馆	鄂温克族自治旗巴彦塔拉达斡尔民族乡人民政府	175	内蒙古自治区呼伦贝尔市鄂温克族自治旗巴彦塔拉达斡尔民族乡
15072421800003	鄂温克族自治旗锡尼河布里亚特博物馆	鄂温克族自治旗锡尼苏木人民政府	289	内蒙古自治区呼伦贝尔市鄂温克族自治旗锡尼河东苏木
15072441800008	呼伦贝尔市鄂温克族自治旗锡尼河庙	鄂温克族自治旗民族事务局	5	内蒙古自治区呼伦贝尔市鄂温克族自治旗锡尼河庙
15072521800001	呼伦贝尔市陈巴尔虎旗民族博物馆	陈巴尔虎旗文化体育新闻出版广电局	907	内蒙古自治区呼伦贝尔市陈巴尔虎旗巴彦库仁镇巴音布日德街西乌珠尔路1号
15072621800001	呼伦贝尔市新巴尔虎左旗博物馆	新巴尔虎左旗文化体育新闻出版广电局	885	内蒙古自治区呼伦贝尔市新巴尔虎左旗阿木古郎镇巴尔虎路文体活动中心
15072621800002	呼伦贝尔市诺门罕战役遗址陈列馆	新巴尔虎左旗文化体育新闻出版广电局	778	内蒙古自治区呼伦贝尔市新巴尔虎左旗罕达盖苏木查干诺尔嘎查
15072721800001	呼伦贝尔市新巴尔虎右旗巴尔虎博物馆	新巴尔虎右旗文化体育新闻出版广电局	498	内蒙古自治区呼伦贝尔市新巴尔虎右旗阿拉坦额莫勒镇乌尔逊大街
15072721800002	呼伦贝尔市思歌腾博物馆	新巴尔虎右旗文化体育新闻出版广电局	447	内蒙古自治区呼伦贝尔市新巴尔虎右旗阿拉坦额莫勒镇克尔伦大街
15078121800001	呼伦贝尔市满洲里市博物馆	满洲里市文化体育新闻出版广播电影电视局	1110	内蒙古自治区满洲里市南区三道街1号
15078121800007	呼伦贝尔市满洲里市扎赉诺尔博物馆	满洲里市扎赉诺尔区文物局	956	内蒙古自治区满洲里市扎赉诺尔新区市政大街南、鑫湖路西
15078121800008	呼伦贝尔市满洲里市沙俄监狱陈列馆	满洲里市文化体育新闻出版广播电影电视局	263	内蒙古自治区满洲里市南区三道街与四道街之间天桥路西侧
15078121800009	呼伦贝尔市满洲里市中共六大展览馆	满洲里市文化体育新闻出版广播电影电视局	37	内蒙古自治区满洲里市华埠大街互贸区国门景区内
15078130200008	呼伦贝尔市扎赉诺尔国家矿山博物馆	扎赉诺尔煤业有限责任公司	19	内蒙古自治区满洲里市扎赉诺尔区通满街1号扎赉诺尔国家矿山博物馆
15078321800001	呼伦贝尔市伪兴安东省历史陈列馆	扎兰屯市文化体育广播电影电视（文物）局	279	内蒙古自治区扎兰屯市铁路小学对面
15078321800002	呼伦贝尔市中东铁路博物馆	扎兰屯市文化体育广播电影电视（文物）局	254	内蒙古自治区扎兰屯市站前街2号

续表 5

单位编码	单位名称	上级主管机构	藏品数量（件/套）	单位地址
15078321800003	呼伦贝尔市扎兰屯市历史博物馆	扎兰屯市文化体育广播电影电视（文物）局	3226	内蒙古自治区扎兰屯市吊桥路 8-1 号
15078321800004	呼伦贝尔市扎兰屯市乌兰夫同志纪念馆	扎兰屯市文化体育广播电影电视（文物）局	227	内蒙古自治区扎兰屯市原市医院 CT 室
15078321800005	呼伦贝尔市扎兰屯市教育局	扎兰屯市人民政府	7	内蒙古自治区扎兰屯市站前街 91 号
15078321800006	呼伦贝尔市扎兰屯市档案史志局	中国共产党扎兰屯市委员会	8	内蒙古自治区扎兰屯市中央北路市委楼
15078321800007	呼伦贝尔市成吉思汗镇东德胜村史陈列馆	扎兰屯市文化体育广播电影电视（文物）局	162	内蒙古自治区扎兰屯市成吉思汗镇东德胜村村部内
15078321800010	呼伦贝尔市萨马街鄂温克民俗馆	扎兰屯市文化体育广播电影电视（文物）局	95	内蒙古自治区扎兰屯市萨马街鄂温克民族乡政府对面
15078321800011	呼伦贝尔市南木鄂伦春民俗博物馆	扎兰屯市文化体育广播电影电视（文物）局	93	内蒙古自治区扎兰屯市南木乡政府对面
15078321800012	呼伦贝尔市达斡尔民俗博物馆	扎兰屯市文化体育广播电影电视（文物）局	57	内蒙古自治区扎兰屯市达斡尔民族乡政府内
15078341800008	呼伦贝尔市成吉思汗镇梧琼花朝鲜民俗博物馆	扎兰屯市文化体育广播电影电视（文物）局	61	内蒙古自治区扎兰屯市成吉思汗镇鲜光村
15078341800009	呼伦贝尔市萨马街索伦部落民俗博物馆	扎兰屯市文化体育广播电影电视（文物）局	925	内蒙古自治区扎兰屯市萨马街鄂温克民族乡距萨马街 16 千米处
15078411900003	呼伦贝尔市恩和俄罗斯民族博物馆	恩和俄罗斯民族乡人民政府	28	内蒙古自治区额尔古纳市恩和俄罗斯民族乡
15078421800002	呼伦贝尔市额尔古纳市文物管理所	额尔古纳市文化体育新闻出版广电局	416	内蒙古自治区额尔古纳市中央大街文体大厦五楼
15078521800001	呼伦贝尔市敖鲁古雅乡驯鹿文化博物馆	根河市文化新闻出版广电局	226	内蒙古自治区根河市敖鲁古雅乡林海路
15078521800002	呼伦贝尔市根河市文物管理所	根河市文化新闻出版广电局	230	内蒙古自治区根河市敖鲁古雅乡林海路

三、普查成果

（一）基本摸清了我市国有可移动文物的家底

截至 2016 年 12 月，呼伦贝尔市共申报、录入各级各类可移动文物数据 34776 件/套，其中文物类 33704 件/套、标本化石类 297 件/套、资料类 775 件/套；其中民族文物约占文物总数的 45%，主要以蒙古族、鄂温克族、鄂伦春族、达斡尔族等民族文物为主；钱币约占文物总数的 15%，其他历史类文物占 40%。拍摄上传文物照片 125634 张，100% 完成一普数据的录入、上传平台、审核工作。

1．完善可移动文物收藏数据

通过文物普查工作，我市各文物收藏单位第一次对所收藏的每件可移动文物进行电子系统登记、录入，建立电子档案；对原在册文物相关信息进行了补充，建立了馆藏文物影像信息数据库。

2．充分开展普查工作宣传、扩大社会参与

可移动文物保护是涉及广大人民群众文化权益的一项伟大文化保护事业，我市各文博单位按照普查方案的要求，综合运用广播、电视、报纸、宣传册、条幅、海报、街头展览等多种手段的宣传方式，全方位加大宣传力度，重点组织好文化遗产日、世界博物馆日等重要文化节日的宣传活动，扩大社会参与，赢得了群众的广泛支持和认可，使得普查工作收到了良好的效果。

（二）清库建档情况

自第一次全国可移动文物普查工作开展以来，我市14个旗县区44家收藏可移动文物的国有单位，对所收藏的文物进行了重新梳理、建档。对我市申报的34776件/套可移动文物进行了登记、拍摄、编目、建档工作，并将文物按照用途及质地分为金银器、宝玉石、瓷器、陶器、铜器、铁器及其他金属器、木器、皮革、服饰、骨角牙器、书画、钱币、雕塑造像、玺印符牌、武器、邮品、乐器、法器、其他等近20种类，并为每件文物贴好标签，注明文物的编号、名称、尺寸、质地、年代等相关信息并进行拍照，认真登记藏品信息，确保做好收藏文物基础数据的采集工作。按照文物类别整齐有序地将文物放置在库房指定的位置。目前各文物收藏单位收藏文物登记总账、藏品登记卡、藏品档案等相关建档工作已顺利完成，全市文物收藏单位的文物电子档案建档已全部完成。

（三）健全文物档案与账目

通过第一次全国可移动文物普查工作的全面开展，我市14个旗县区44家可移动文物国有收藏单位，对收藏文物的账目和档案进行了重新梳理和完善，在做好收藏文物基础数据采集、录入工作的同时，认真整理、核对并完善了藏品账目及文物档案，做到账目准确清晰、档案完整规范。

1．藏品分类的调整

在此次文物普查工作中，部分收藏单位发现存在文物分类不合理的地方，如木件登记在瓷器铁器账册中，骨角牙器登记在石器账册中等，发现问题后工作人员及时根据可移动文物预防性保护的要求并结合本单位库房管理的实际情况将这些归属错误的文物重新调整，登记在相应的文物账册中，做到文物分类准确，账册登记准确清晰。

2．完善藏品账目

根据第一次全国可移动文物普查藏品登录的相关要求，部分成套文物需要拆分，而部分文物如车马件、建筑构件需要按1件/套计算，现有文物账册不能准确反映馆藏文物的实际登记情况。因此，我市部分文物收藏单位对现有馆藏文物总登记账和藏品分类账在藏品分类调整后进行了重新登记和整理，逐步完善了藏品账目。

3．文物编目和档案工作

建立完整的文物编目卡和文物档案是博物馆藏品管理的基础性工作。但由于种种原因，我市个别文物收藏单位存在部分文物没有文物编目卡和藏品档案的情况，经过此次普查工作，在文物分类调整和完善账目后便集中精力开展了建立文物档案和文物编目卡填写工作，切实建立起符合博物馆藏品管理账、卡、册健全的管理机制。

（四）强化资源管理能力建设

通过此次文物普查，提升了我市各文物收藏单位的文物保管业务能力。在长达四年的第一次全国可移动文物普查工作中，我市各收藏单位的各职能部门的一普工作人员不论是在库房还是文物展厅，进行文物影像信息采集还是填写《文物登记表》，均能以高度的主人翁精神，任劳任怨、踏实肯干、认真负责，克服工作枯燥和安全责任重大的压力，成长为可移动文物普查工作的核心力量。

通过此次文物普查，基本摸清了我市国有可移动文物家底，初步掌握了我市文博系统和各级党政机关、国有企事业单位可移动文物的数量和分布情况，以及文物的本体特征、基本数据等情况；一批有价值的文物得到发现和认定，纳入了国家文物保护管理体系，文物安全得到有效保障；在我市范围内初步建立了一套比较全面、准确的国有可移动文物数据档案和数据库，进一步健全了文物登录备案机制和文物保护体系；"文物身份证"管理体系初见成效。非文博单位通过此次普查进一步学习了文物知识，认识了文物，能从文物的角度看待藏品，增强了文物管理与保护的意识，培养了文物保护管理人才队伍，强化了藏品管理基础。

通过此次普查，全面掌握了我市国有收藏单位可移动文物的数量、分布、本体特征和保存情况，总体评价可移动文物保护现状及发展趋势，为构建科学有效的文物保护体系提供依据。同时也为建立、完善国有可移动文物档案和信息管理系统，可移动文物分级、分类，文物的标准化和规范化管理创造了条件。通过此次可移动文物普查，我市拟建立可移动文物动态监测体系，以全面提升我市文物保护的管理水平。

（五）改善条件，加强文物保护

通过第一次全国可移动文物普查工作的全面开展，我市各文物收藏单位根据自身实际情况从软、硬件两方面改善文物保护条件，加强文物保护。软件方面，各收藏单位通过集中学习加强并深化全体工作人员的文物保护意识和责任，做到文物安全责任到人；硬件方面，我市各文物收藏单位针对自身硬件方面存在的问题，通过完善监控设施、改善库房及展厅通风系统、增设藏品柜架及皮毛制品库房等措施加强文物保护，改善文物的保管和展览条件。

此外，以呼伦贝尔民族博物院为代表的我市各文博单位始终将蒙古族、鄂温克族、鄂伦春族、达斡尔族、俄罗斯族等少数民族文物的征集、研究、保护作为民族、民俗文物工作的一个重要组成部分，而皮毛制品文物、桦树皮文物则是民族文物中的瑰宝，是研究少数民族民俗习惯及生产生活方式等方面十分重要的实物资料。但现有文物库房的保护与保存环境无法对这些文物进行良好的保护，为加强对呼伦贝尔市现藏的近万件民族文物的预防性保护，从源头上保护民族文物，现正在建设内蒙古"四少"民族文物保护科研中心，从而全方位的对我市所藏皮毛、桦树皮制品等民族文物进行科学有效地保护。

（六）文物资源利用与展示

为充分利用普查成果、弘扬民族文化，充分发挥博物馆教育基地的作用，我市各文博单位开展组织军人、学生集体参观，培养小讲解员志愿者，引进外展、外出举办临时展览等形式为广大人民群众带来一场场精神文化的盛宴。

为配合自治区举办的"第一次全国可移动文物普查成果展"，呼伦贝尔市选取可移动文物普查登记录入的46件/套精品文物，赴呼和浩特市参加了此次可移动文物普查成果展。

自2014年9月起，呼伦贝尔民族博物院联合鄂伦春民族博物馆、鄂温克博物馆、达斡尔民族博物馆、额尔古纳民族博物馆隆重推出原创展览《五彩呼伦贝尔——鄂伦春、鄂温克、达斡尔三少民族、民俗展》和《散落在草原上的珍珠——蒙古族文物精品展》，先后走进贵州、广西、海南、泉州、广州、湖北等地进行交流展览，展览充分展示了鄂伦春、鄂温克、达斡尔三少民族和蒙古族独具特色的民族文化及生产生活方式，将呼伦贝尔悠久的历史、灿烂的文化充分展现出来，为贵州、广西、海南、泉州、广州、湖北等地的观众带来了一场民族文化盛宴，在当地掀起了一股绚丽的呼伦贝尔民族风。

2014年，鄂伦春民族博物馆在呼和浩特市民族文化宫举办临时展览《鄂伦春民族游猎文化展》，展览全方位多角度展示了鄂伦春族悠久的狩猎文化，让人们了解了兴安猎神——鄂伦春。

2015年，为纪念抗日战争胜利70周年，我市举办了《为了不能忘却的纪念——呼伦贝尔（1931—1945）》纪念中国人民抗日战争胜利70周年展，全面真实地反映了呼伦贝尔军民不畏强敌、前仆后继、浴血奋战的抗争历史。

扎赉诺尔博物馆利用普查成果举办《武文刚抗战文物个人收藏精品展》《敖汉瑰宝——王彦利文物藏品展》等多项展览。

此外，我市各文博单位均已公开馆藏藏品资源，此次可移动文物普查成果也通过免费开放的方式向广大观众进行展示，全市免费参观人数已近400万人次。同时在本次可移动文物普查工作中，各文物收藏单位将本单位所有文物按照规范进行多方位的影像信息数据采集，建立了馆藏文物影像信息数据库，迈出了对文物藏品进行数字化管理的第一步（表6）。

表6 呼伦贝尔市普查成果开发利用情况统计表

行政区	是否有收藏单位公开藏品资源	已公开藏品资源的单位数量（家）	是否举办普查主题展览（含网络展览）	展览数量（个）
呼伦贝尔市市直属	■是 □否	1	■是 □否	4
满洲里市	■是 □否	3	□是 ■否	0
额尔古纳市	■是 □否	3	■是 □否	2

续表6

行政区	是否有收藏单位公开藏品资源	已公开藏品资源的单位数量（家）	是否举办普查主题展览（含网络展览）	展览数量（个）
海拉尔区	■是 □否	3	■是 □否	1
鄂温克族自治旗	■是 □否	3	■是 □否	2
鄂伦春自治旗	■是 □否	1	■是 □否	3
莫力达瓦达斡尔族自治旗	■是 □否	2	■是 □否	2
陈巴尔虎旗	■是 □否	1	□是 ■否	0
新巴尔虎左旗	■是 □否	2	■是 □否	1
新巴尔虎右旗	■是 □否	2	□是 ■否	0
阿荣旗	■是 □否	2	■是 □否	1
扎兰屯市	■是 □否	10	■是 □否	1
根河市	■是 □否	2	□是 ■否	0
扎赉诺尔区	■是 □否	1	■是 □否	3

（七）先进事迹、先进人物及表彰情况

在长达四年的第一次全国可移动文物普查的工作中，我市各级普查办的工作人员充分发挥各自优势，奋斗在库房、展厅等一普工作的第一线，展现出我市文博工作者的高度责任感、吃苦耐劳的精神和奉献精神，为我市一普工作的顺利完成，发挥了中坚作用。工作伊始，全市各级普查办工作人员开展了对我市2847家单位的走访调查工作，针对我市行政区域面积广、工作人员少、工作量大等实际情况，各地普查人员采取分片包干发放调查表的方法，面对个别单位解体、找不到具体负责人的情况，工作人员就采取守门、多次上门走访等办法来完成调查工作任务，各级普查办的工作人员每天早上班、晚下班、顶烈日、冒严寒，他们加班加点克服重重困难，任劳任怨从未说过苦和累，也从未计较报酬和得失。

在进行文物数据采集拍摄时，各文物收藏单位工作人员常常加班加点，在库房一待就是一天，大多数人都对库房消杀性药物及皮毛文物过敏，即使戴上口罩也普遍出现了打喷嚏、流鼻涕、流眼泪，脸和手上红肿、发痒等过敏症状；夏天在库房进行文物拍摄时，屋里闷热，再加上拍摄设备和灯光温度，库房里可以说是高温难耐，拍摄人员一会儿的工夫就已汗流浃背，还有不少地方工作条件简陋、艰苦，工作更是难上加难，大家克服身体和工作环境上的重重困难，硬是在小小的库房里、冰冷的展厅中完成了文物信息的采集、拍摄工作。

市普查办自2016年7月起就组织专家组开展了为期近一个月的市级数据审核工作。市普查办专家组严格按照国普办馆藏文物登录、数据审核相关规范和标准，对呼伦贝尔市上报的34776件/套数据按照文物、标本、资料三种类型进行了逐条审核，确定藏品性质并进行登记。

专家组面对人员少、工作量大的困难，加班加点工作成为家常便饭。专家组认真地对所有数据进行了逐条核对、审核，他们每天八点就开始工作，中午吃过午饭不休息就又投入到审核工作中，一直到晚上八九点才结束一天的工作，甚至周末也要加班工作；专家组对存在问题的数据都逐个指导改正，对旗县提出的数据审核相关问题都予以了明确而满意的解答；专家们身上表现出的高度责任感、敬业精神和奉献精神感染着团队的每一个人，正是在这些工作认真、不断求索的一普工作者们的不懈努力下，我市圆满地完成了第一次全国可移动文物普查工作。

（八）专项调查与深度研究情况

为确保我市第一次全国可移动文物普查工作的顺利开展，呼伦贝尔市普查办主动调查、收集、整理各旗市区在普查工作中遇到的实际问题，对于这些存在的问题进行了认真的研究和解答，并就一些疑难问题请教自治区专家，得到了解答。

市普查办认真阅读并仔细研究了《普查藏品登录手册》《第一次全国可移动文物普查工作手册》等一普相关操作规范和书籍，梳理出今后工作中应注意的问题，并对今后普查工作提出建设性意见。

2016年1月，由呼伦贝尔市第一次全国可移动文物普查专家组专家陈凤山、高洪才、陈桂婷、崔爽组成的专家组驱车百余里赴扎兰屯、莫力达瓦达斡尔族自治旗、额尔古纳等旗市区开展可移动文物普查的专项调查和督导工作，及时指出各旗市区一普工作存在的问题，并认真给予解决。此次调查和督导工作指出并解决了各旗县区存在的问题，加快了我市的可移动文物普查工作进程，为我市按时、高质量完成一普工作起到了重大推动作用。

（九）数据审查和文物认定工作

2016年6月24日至7月10日，由内蒙古自治区文物局博物馆处副处长索秀芬老师带队的自治区第一次全国可移动文物普查专家组一行7人，在呼伦贝尔市全面开展了一普数据审查与文物定级工作，足迹遍布呼伦贝尔的14个旗县区。

专家组在我市各旗县主要开展以下两项工作：

1. 开展一普数据的检查工作

每到一个旗县区专家组都认真地检查本地区一普数据录入和登录情况，对文物信息登录的14个基本项的内容逐条逐项进行检查，对旗县工作人员提出的相关问题现场予以面对面解答，对数据检查中发现的一些问题进行针对性指导，并进行现场修改（表7）。

2. 开展文物的定级工作

在开展一普数据检查工作的同时，专家组对我市各旗县未定级及已定级但未进入珍贵文物藏品数据库的文物进行了全面的定级工作。专家们每到一处都深入库房、展厅，对需要定级的文物逐一审查、定级，经过本次文物定级，我市共定级文物779件/套，其中一级文物41件/套、二级文物197件/套、三级文物541件/套。

表7 呼伦贝尔市文物认定及建档情况统计表

行政区划	文博系统单位					非文博系统单位				
	收藏单位数量（家）	新发现、新认定藏品数量（件/套）	新建/重建藏品账目及档案的单位数量（家）	新建/重建藏品账目及档案的文物数量（件/套）	完成藏品账目及档案信息化的单位数量（家）	收藏单位数量（家）	新发现、新认定藏品数量（件/套）	新建/重建藏品账目及档案的单位数量（家）	新建/重建藏品账目及档案的文物数量（件/套）	完成藏品账目及档案信息化的单位数量（家）
呼伦贝尔市直	1									
满洲里市	3	2	3	1410	1					
额尔古纳市	3	43	1	444						
海拉尔区	3				3					
鄂温克族自治旗	3					1				
鄂伦春自治旗	1			1095	1	1	2	1	2	1
莫力达瓦达斡尔族自治旗	2	41	1	170	2	4		4	4212	4
陈巴尔虎旗	1				1					
新巴尔虎左旗	2	120	1	878	1					
新巴尔虎右旗	2				2					
阿荣旗	2	5								
扎兰屯市	10	129	10	5379	10	2	15			2
根河市	2	32	2	456	2					
扎赉诺尔区	1		2	956	2	1	19			

四、结语

　　呼伦贝尔市第一次全国可移动文物普查工作在上级领导部门的关怀与指导下，在市委、市政府的正确领导下，在全体普查工作人员的共同努力下，完成了相关文物数据资料的采集、整理、录入、审核、验收等各项工作；第一次全国可移动文物普查工作的有序推进，不仅让社会各界对可移动文物保护与利用有了一个新的认识，同时也使呼伦贝尔市的文博工作队伍在业务能力方面整体上有了一个提升；随着呼伦贝尔市第一次全国可移动文物普查工作报告的编制完成，全市的一普工作也圆满完成。

　　执笔：陈桂婷　崔　爽　洪　萍　长　福　孙祖栋　给拉巴干　何　佳　宏　宇　昆　霞　吴　杰　郭元清　张　勇　崔立军　刘　娜　任万程　王斯琴　巴图孟和　关　荣　通拉嘎　其贺日勒　郭旭晟　杜恩辉　沃欣明　邢　锐　宿振华　于文郁　邢留凤　王艳梅　陈立荣　宋宝峰　苗福晖　特木其勒　塔　娜　巴拉金

兴安盟第一次全国可移动文物普查工作报告

兴安盟第一次全国可移动文物普查领导小组办公室

前 言

　　我国可移动文物种类丰富、数量庞大、价值突出，收藏体系多元。中华人民共和国成立以后，先后在全国范围内开展了三次不可移动文物普查，建立起完整的档案，为不可移动文物的保护发挥了重大推动作用。但是，由于各方面条件的限制，从未开展过全国性可移动文物普查，在国有可移动文物的管理方面一直存在着家底不清、现状不明等问题。全国可移动文物年度统计的数量和范围，仅限于博物馆、纪念馆等文物单位登记在账的馆藏文物，既与我们几千年悠久灿烂的历史文化和各民族创造多样文化财产极不相称，也与我国现存可移动文物的实际数量有着较大的差距。严重影响到对文物的有效保护和利用，成为制约我国文物事业发展的重要瓶颈。

　　文物普查是科学保护和利用文化遗产的基础工作。第一次全国可移动文物普查是中华人民共和国成立60余年来，我国首次针对可移动文物开展的普查，是在我国文化遗产领域开展的重大国情国力调查项目。第一次全国可移动文物普查由国务院统一领导，集中技术和人才力量，对我国可移动文物进行全面调查登记，并建立全国可移动文物信息登录平台和数据库，从而实现全国文物信息资源的整合利用和动态管理。

　　兴安盟位于内蒙古自治区东北部，地处大兴安岭向松嫩平原过渡带，东北、东南分别与黑龙江、吉林两省毗邻；南部、西部、北部分别与通辽市、锡林郭勒盟和呼伦贝尔市相连；西北部与蒙古国接壤，国境线长126千米。设有中国阿尔山—蒙古松贝尔国际季节性开放口岸。总面积近6万平方千米，总人口168万，少数民族人口占47%，其中蒙古族人口占42.1%，是全国蒙古族人口比例较高的地区。1980年兴安盟恢复盟建制，现辖两市（乌兰浩特市、阿尔山市）、三旗（科尔沁右翼前旗、科尔沁右翼中旗、扎赉特旗）、一县（突泉县），其中，阿尔山市和科右前旗为边境旗市，乌兰浩特市为盟委行署所在地。

　　兴安盟位于我国北部边疆，幅员辽阔，宜农宜牧，历史上曾经是许多北方少数民族和汉族聚居活动的地方。根据历史记载，在兴安盟地区曾有匈奴、东胡、鲜卑、契丹、女真、蒙古、汉族等许多民族活动，他们曾不同程度地影响了中国的历史进程。

　　截止到2017年末，兴安盟调查已发现不可移动文物点502处，全国重点文物保护单位6处，即金界壕（穿越我盟的扎赉特旗、科尔沁右翼前旗、突泉县和科尔沁右翼中旗境内）、内蒙古自治政府成立大会会址（五一会址）、成吉思汗庙、中国共产党内蒙古工作委员会办公旧址、吐列毛杜古城遗址、侵华日军阿尔山要塞遗址群等。自治区级重点文物保护单位16处，分别是博克达活佛府邸、乃吉托音祭坛、哲里木盟会盟地旧址、代钦塔拉古墓群、科右中旗辽金元墨书题记（巴日哈达洞壁题记、毕其格哈达题记）、乌兰夫办公旧址、内蒙古日报社旧址、乌兰哈达遗址群、内蒙古自治政府办公楼旧址、神山础伦浩特遗址、伪满公署旧址、索伦红军烈士纪念塔、突泉辽金城址、阿尔山森林小火车及森林铁路等。旗县级重点文物保护单位88处。

根据《国务院关于开展第一次全国可移动文物普查的通知》《内蒙古自治区人民政府关于在全区开展第一次全国可移动文物普查的通知》文件精神，兴安盟于2013年6月正式开展第一次全国可移动文物普查工作。成立了兴安盟第一次全国可移动文物普查领导小组，制定了普查工作方案、明确了普查领导小组办公室成员和项目部、专家组人员名单。按照自治区可移动文物普查领导小组办公室的工作部署，经过全盟各级普查办三年多的辛勤工作，2016年8月31日，兴安盟全面完成可移动文物普查文物信息采集、报送工作，数据报送进度为100%。

通过开展文物普查基本掌握了兴安盟现存国有可移动文物的数量分布、保存状况、保管权属和使用管理等情况；建立可移动文物认定体系；完善可移动文物档案和可移动文物名录；建全可移动文物信息的知识产权保护制度，为科学制定保护政策和规划提供依据，实现文物信息资源的整合与合理利用；丰富公共文化服务内容，有效发挥文物在城市经济和社会发展总体布局中的积极作用。

一、普查工作的组织实施

（一）成立普查机构，制定普查工作方案

2012年10月，《国务院关于开展第一次全国可移动文物普查的通知》下发后，第一次全国可移动文物普查工作在全国范围内正式拉开帷幕。

2013年4月16日，内蒙古自治区人民政府下发了《关于在全区开展第一次全国可移动文物普查的通知》，通知就此次普查的目的和意义、范围和内容、时间安排、组织实施、经费保障、资料填报和管理、普查宣传等方面的工作提出了明确要求。根据自治区通知要求，2013年5月13日，兴安盟行政公署印发了《关于在全盟开展第一次全国可移动文物普查的通知》，要求各地、各单位充分认识到开展可移动文物普查工作的重要性，加大宣传力度，重点把握关键环节，加强组织协调，明确责任分工，落实经费保障，完善工作机制。

2013年7月16日，兴安盟行政公署制定并下发了《兴安盟第一次全国可移动文物普查实施方案》，明确了普查的时间、任务、责任人以及相关工作内容。成立了兴安盟第一次全国可移动文物普查领导小组，负责全盟普查工作的组织和领导，协调解决重大问题。领导小组组长由盟行署副盟长刘剑夕担任；副组长由盟行署副秘书长王玉林、兴安盟文体广电局局长任玉忠、盟文体广电局副调研员哈斯担任。领导小组成员单位包括发展改革委、教育局、民政局、财政局、国土局、人民银行、统计局、民族事务局、档案局、科协、博物馆、文物管理站。

兴安盟可移动文物普查领导小组下设办公室，办公室设在兴安盟文物管理站，统筹负责全盟

可移动文物普查的组织、实施、指导、督查等工作。办公室下设项目部和专家组，负责全盟可移动文物的认定和数据审核工作。

2013年8月1日，兴安盟第一次全国可移动文物普查领导小组印发了《兴安盟第一次全国可移动文物普查工作时间表、任务书、责任人一览表》，对全盟普查工作各阶段的工作目标、责任单位及责任人进行了详细部署。要求各级政府进一步加强普查工作组织领导，建立普查责任制度，明确职责分工，确保领导、机构、人员、经费、设备"五落实"。随后，兴安盟六个旗县市也相继印发了可移动文物普查实施方案，并成立了可移动文物普查领导小组。

按照国家文物局、教育部、国家档案局统一要求，兴安盟文体局分别与兴安盟教育局、兴安盟档案局联合下发了《关于积极做好教育、档案系统第一次全国可移动文物普查工作的通知》，以便顺利开展兴安盟的可移动文物普查工作。至此，我盟可移动文物普查工作全面展开。

（二）落实普查工作经费

依照国家、自治区相关要求，兴安盟高度重视对普查经费的保障。盟财政局及旗县财政局、文物部门密切配合，按照各自责任分工，测算数据、编制预算、统筹经费，将普查经费列入年度部门预算，实行专项管理，确保普查经费能及时、足额到位，从资金方面确保兴安盟第一次全国可移动文物普查各项工作顺利实施。普查期间，兴安盟财政共拨款118万元，其中盟直属文博单位75万元、乌兰浩特市15万元、科尔沁右翼中旗10万元、扎赉特旗10万元、科尔沁右翼前旗8万元。这些普查经费主要用于全盟普查的宣传动员、采购设备、编制普查方案、印制相关资料、普查人员培训、信息采集、检查验收、举办专家研讨会、总结等全过程。

普查专项经费实行"统一领导、分级管理、分级负担"的原则。实行动态管理，普查专项经费必须按照规定用途，专款专用，不得挤占和挪用，不得用于基本建设，不得抵冲行政、事业经费，确保全部用于文物普查工作。对于违规使用普查专项经费的单位，按照《财政违法行为处罚条例》追究责任。年终决算后，资金使用单位应将普查专项经费使用情况及说明报各级财政、文物主管部门审核并批准。

（三）组建普查队伍

1．人员

为了保证普查工作质量，挑选我盟具有文博专业知识背景或文博系统单位任职经历，具有中级职称以上专业技术资格，熟悉本地文物资源情况的人员，组建了兴安盟可移动文物普查工作专家组，专家组主要由盟文物管理站、博物馆的文物专家负责日常工作。统一负责本次可移动文物普查的专业指导、技术咨询、文物认定、质量把关、信息汇总、检查验收等专业指导工作。

普查工作开展以来，全盟共有120余名普查工作者参与了普查工作。经过普查培训、数据采集、资料录入和数据整理，广大基层文物工作者的业务能力和工作水平得到了全面的锻炼和提升。一些懂专业、有专长的大学生也充实到了文物普查机构和一线业务单位，为普查工作输送了新鲜血液。

2. 培训

2013年7月，兴安盟组织各旗县市文物业务骨干赴呼和浩特市参加自治区文物局组织的第一次全国可移动文物普查业务培训班。2013年9月召开兴安盟第一次全国可移动文物普查电视电话会议，行署分管副盟长及第一次全国可移动文物普查领导小组各相关单位分管负责人、各旗县市分管文化局长及相关单位负责人出席了会议。

2013年12月，兴安盟举办全盟可移动文物普查培训班，对全盟48名业务骨干进行为期两天的培训，并建立了兴安盟第一次全国可移动文物普查QQ群，方便全盟"一普"工作人员在线沟通交流，随时解决"一普"工作中出现的问题。普查工作开展的几年，兴安盟各级普查办，积极参加自治区普查办举办的各类培训，认真贯彻落实培训会议提出的各项要求。通过培训，一线业务工作人员对普查的目标要求、工作流程、文物认定、信息采集、技术规范及重点任务都有了清晰的认识，为全盟可移动文物普查工作培养了中坚力量（表1）。

表1　兴安盟第一次全国可移动文物普查培训统计表

年份	2013 年	2014 年	2015 年	2016 年	合计
次数	2	1	1	1	5
人数 / 人次	90	42	51	48	231

（四）普查的技术路线

普查按照统一平台、联网直报、属地管理、县为单元的原则开展。全国建立统一标准规范，以单位自查申报与重点排查相结合的方式，由地方政府按照属地开展网格化调查和文物认定。兴安盟各级普查机构共向1186家国有单位发放《国有单位文物收藏情况调查登记表》，实现调查上不漏单位，认定上不漏文物。

依托全国可移动文物信息平台，兴安盟各级普查机构和收藏单位组织普查人员，对经认定的文物开展文物定名、断代、分类、编号、测量、计量、拍照等，填写《可移动文物认定信息登记表》和《文物登记卡》，依托互联网在统一平台上进行数据登录、审核。

（五）普查的质量控制

根据《第一次全国可移动文物普查数据审核工作管理办法》和评定标准，兴安盟各级普查办明确填报规范和评定细则，加强数据审核和质量管理。各地细化普查目标，分解年度工作任务，落实责任，强化进度管理，严把质量关，以自查、督查、评估、验收等多种形式保证普查质量。兴安盟普查办公室组织普查验收，重点检查普查机构制度建立情况、人员及经费等保障措施、普查覆盖率及数据质量等，组织专家对各旗县市数据抽样审核，数据差错率均在0.5%以下，达到数据质量控制要求。

（六）普查的宣传动员

为了让广大干部群众深入了解可移动文物普查工作的重要意义，争得各方面对文物普查的支持，兴安盟各级普查办采取多种办法进行宣传。一是利用广播、电视、报刊等媒体进行宣传，扩大宣传面，使各层面干部群众了解第一次全国可移动文物普查的重要性和必要性。二是将宣传工作与入户调查相结合，普查人员深入国家机关、事业单位、国有企业等单位发放登记表，并进行现场宣传、指导，全方位、多角度地向社会各界宣传文物普查的意义，使宣传更有针对性，确保参与普查人员能够认识到"普查不是小事"。三是紧密结合国际博物馆日、文化遗产日等重要节日，通过发放宣传材料等方式加强普查宣传。普查队员不仅是普查员又是一名宣传员，每到一处都向普查单位发放文物普查宣传资料，宣传普及文物知识和普查知识，为全盟顺利开展普查工作营造了良好的舆论氛围。

二、调查、认定、采集、登录、审核，分阶段实施

（一）国有可移动文物收藏单位调查阶段

2013年11月，全盟普查工作进入前期文物调查摸底阶段。通过摸底调查对盟直机关、事业单位、国有企业及国有控股企业发放调查登记表。此次普查共调查国有单位1186家，包括机关单位483家、事业单位613家、国有企业及国有控股企业79家、其他单位11家，调查中反馈收藏有文物的国有单位共11家。通过调查有效掌握了我盟国有可移动文物分布和收藏情况，为文物收藏单位开展文物信息采集和登记等工作打下坚实基础。

（二）国有可移动文物认定工作阶段

根据《兴安盟第一次全国可移动文物普查实施方案》的安排部署，为做好普查文物认定工作，兴安盟普查办以高度负责、严谨细致的工作作风开展认定工作，邀请自治区文物专家委员会专家组对我盟各级收藏单位的文物进行了重新认定。

2016年5月，内蒙古自治区文物专家委员会派出文物定级专家组对兴安盟国有馆藏文物进行了实地初步定级。2016年12月，自治区文物专家委员会召开扩大会议，对初步定级结果进行了审定。根据审定结果，第一次全国可移动文物普查期间，兴安盟新认定珍贵文物共227件/套，其中一级文物9件/套、二级文物24件/套、三级文物194件/套。

（三）国有可移动文物信息采集登录阶段

2014年3月，兴安盟第一次全国可移动文物普查工作进入普查数据采集和录入阶段。盟旗两级普查办，统一要求、明确规范，严格按照可移动文物普查的标准规范开展文物测量、拍摄、信息数据采集、信息登录等各项工作。

经过前期文物收藏单位的摸底调查，兴安盟境内国有文物收藏单位共有11家（表2）。其中，文博系统内收藏单位7家，分别为兴安博物馆5672件/套、内蒙古民族解放纪念馆1242件/套、乌

兰浩特市文物管理站349件/套、科尔沁右翼前旗博物馆5061件/套、扎赉特旗文物管理所810件/套、科尔沁右翼中旗博物馆4671件/套、突泉县文物管理所187件/套，文博系统内收藏单位文物申报总数为17993件/套。

表2　兴安盟国有文物收藏单位名录

序号	单位编码	单位名称	藏品数量（件/套）	单位地址
1	15220011900001	兴安博物馆	5672	内蒙古自治区兴安盟乌兰浩特市新桥东大街999-6号
2	15220011900002	内蒙古民族解放纪念馆	1242	内蒙古自治区兴安盟乌兰浩特市爱国南大路16-25号
3	15220111000003	中国人民银行兴安盟中心支行	14	内蒙古自治区兴安盟乌兰浩特市兴安大街1-3号
4	15220121800001	乌兰浩特市文物管理站	349	内蒙古自治区兴安盟乌兰浩特市
5	15220121900004	乌兰浩特市城市建设档案馆	3	内蒙古自治区兴安盟乌兰浩特市
6	15220121900006	乌兰浩特市史志档案局	33	内蒙古自治区兴安盟乌兰浩特市
7	15222111900001	科尔沁右翼前旗博物馆	5061	内蒙古自治区兴安盟科尔沁右翼前旗
8	15222211900001	科尔沁右翼中旗博物馆	4671	内蒙古自治区兴安盟科尔沁右翼中旗
9	15222221900002	科尔沁右翼中旗档案局	2	内蒙古自治区兴安盟科尔沁右翼中旗
10	15222321800001	扎赉特旗文物管理所	810	内蒙古自治区兴安盟扎赉特旗
11	15222421800001	突泉县文物管理所	187	内蒙古自治区兴安盟突泉县

此外，兴安盟文博系统外的收藏单位共有4家，分别为科尔沁右翼中旗档案局2件/套、乌兰浩特市史志档案局33件/套、中国人民银行兴安盟中心支行14件/套、乌兰浩特市城市建设档案馆3件/套，文博系统外收藏单位文物申报总数为52件/套。

截至2016年5月底，兴安盟采集上报文物总数为18045件/套，报送进度100%，普查数据采集工作全面完成，普查取得阶段性成果。

（四）国有可移动文物信息审核阶段

2016年6月，根据国家文物局《第一次全国可移动文物普查数据审核工作管理办法》的相关要求，兴安盟第一次全国可移动文物普查工作进入文物信息审核阶段，全盟所有国有文物收藏单位开始汇总离线数据。

2016年7月，兴安盟文物普查办专家审核组对全盟11家文物收藏单位采集登录的18045件/套文物开展盟级审核工作。专家组通过离线审核的方式，对文物的名称、类别、级别、年代、质地、外形尺寸、质量、完残程度、保存状态、包含数量、来源方式、入藏时间、藏品编号、收藏单位名称共14项基本指标项和11类附录信息进行审核，审核内容涵盖了可移动文物的基本信息、客观信息、保存管理状况（表3—6，图1—4）。

表3 按藏品来源统计兴安盟可移动文物数量 （单位：件/套）

序号	来源类别	兴安博物馆	内蒙古民族解放纪念馆	中国人民银行兴安盟中心支行	乌兰浩特市文物管理站	乌兰浩特市城市建设档案馆	乌兰浩特市史志档案局	科尔沁右翼前旗博物馆	科尔沁右翼中旗博物馆	科尔沁右翼中旗档案局	扎赉特旗文物管理所	突泉县文物管理所	合计
1	征集购买	5017	31	14	324	0	0	5059	0	0	810	1	11256
2	接受捐赠	153	1211	0	0	0	4	0	0	0	0	0	1368
3	拨交	479	0	0	0	0	0	0	0	0	0	0	479
4	发掘	23	0	0	21	0	0	1	0	0	0	0	45
5	采集	0	0	0	2	0	0	0	13	0	0	4	19
6	移交	0	0	0	2	3	29	0	7	0	0	0	41
7	旧藏	0	0	0	0	0	0	1	4651	2	0	182	4836
	小计	5672	1242	14	349	3	33	5061	4671	2	810	187	18044

表4 按文物类别统计兴安盟可移动文物数量

序号	类别	兴安博物馆	内蒙古民族解放纪念馆	中国人民银行兴安盟中心支行	乌兰浩特市文物管理站	乌兰浩特市城市建设档案馆	乌兰浩特市史志档案局	科尔沁右翼前旗博物馆	科尔沁右翼中旗博物馆	科尔沁右翼中旗档案局	扎赉特旗文物管理所	突泉县文物管理所	合计
1	玉石器、宝石	35	0	0	2	0	0	18	105	0	8	0	168
2	陶器	224	1	0	13	0	0	41	227	0	36	12	554
3	瓷器	181	4	0	7	0	0	179	451	0	58	24	904
4	铜器	147	10	0	9	0	2	79	242	0	125	13	627
5	金银器	33	1	0	3	0	0	27	114	0	78	1	257
6	铁器、其他金属	112	12	0	4	0	14	76	250	0	146	32	646
7	漆器	0	1	0	0	0	0	8	18	0	2	0	29

续表4

序号	类别	兴安博物馆	内蒙古民族解放纪念馆	中国人民银行兴安盟中心支行	乌兰浩特市文物管理站	乌兰浩特市城市建设档案馆	乌兰浩特市史志档案局	科尔沁右翼前旗博物馆	科尔沁右翼中旗博物馆	科尔沁右翼中旗档案局	扎赉特旗文物管理所	突泉县文物管理所	合计
8	雕塑、造像	143	0	0	0	0	0	12	30	0	23	0	208
9	石器、石刻、砖瓦	192	0	0	2	0	1	54	212	0	22	12	495
10	书法、绘画	0	0	0	0	0	0	0	7	0	3	0	10
11	文具	5	18	0	0	0	0	12	2	0	1	1	39
12	甲骨	0	0	0	0	0	0	0	0	0	0	0	0
13	玺印符牌	5	8	0	0	0	0	0	4	0	4	0	21
14	钱币	4378	31	14	308	0	0	4373	2634	0	144	58	11940
15	牙骨角器	39	0	0	0	0	0	8	43	0	1	2	93
16	竹木雕	55	0	0	0	0	0	23	68	0	40	21	207
17	家具	0	9	0	0	0	0	16	34	0	0	0	59
18	珐琅器	0	0	0	0	0	0	0	14	0	3	0	17
19	织绣	29	36	0	0	0	0	17	50	0	13	0	145
20	古籍图书	16	56	0	0	0	0	13	2	1	20	0	108
21	碑帖拓本	0	0	0	0	0	0	0	0	0	0	0	0
22	武器	50	71	0	0	0	0	22	8	0	7	0	158
23	邮品	0	6	0	0	0	0	0	0	0	0	0	6
24	文件、宣传品	1	421	0	0	0	16	2	0	0	0	0	440
25	档案文书	0	172	0	0	3	0	2	3	1	0	0	181
26	名人遗物	0	142	0	0	0	0	0	0	0	0	0	142
27	玻璃器	4	3	0	0	0	0	2	16	0	0	0	25

序号	类别	兴安博物馆	内蒙古民族解放纪念馆	中国人民银行兴安盟中心支行	乌兰浩特市文物管理站	乌兰浩特市市建设档案馆	乌兰浩特市史志档案局	科尔沁右翼前旗博物馆	科尔沁右翼中旗博物馆	科尔沁右翼中旗档案局	扎赉特旗文物管理所	突泉县文物管理所	合计
28	乐器法器	2	2	0	0	0	0	13	49	0	22	0	88
29	皮革	14	18	0	0	0	0	7	27	0	8	6	80
30	音像制品	0	82	0	0	0	0	0	0	0	0	0	82
31	票据	0	1	0	0	0	0	0	0	0	0	0	1
32	交通、运输工具	2	0	0	0	0	0	1	0	0	0	0	3
33	度量衡器	4	3	0	0	0	0	4	7	0	9	0	27
34	标本化石	0	0	0	0	0	0	0	13	0	0	2	15
35	其他	1	134	0	1	0	0	52	41	0	37	3	269
	小计	5672	1242	14	349	3	33	5061	4671	2	810	187	18044

表5　按文物级别统计兴安盟可移动文物数量　　（单位：件/套）

序号	级别	兴安博物馆	内蒙古民族解放纪念馆	中国人民银行兴安盟中心支行	乌兰浩特市文物管理站	乌兰浩特市市建设档案馆	乌兰浩特市史志档案局	科尔沁右翼前旗博物馆	科尔沁右翼中旗博物馆	科尔沁右翼中旗档案局	扎赉特旗文物管理所	突泉县文物管理所	合计
1	一级	10	0	0	0	0	0	0	8	0	0	0	18
2	二级	34	0	0	0	0	0	0	20	0	0	0	54
3	三级	29	0	0	0	0	0	0	26	0	0	0	55
4	一般	0	0	0	2	0	0	6	0	0	0	0	8
5	未定级	5599	1242	14	347	3	33	5055	4617	2	810	187	17909
	小计	5672	1242	14	349	3	33	5061	4671	2	810	187	18044

表6　按完残程度统计兴安盟可移动文物数量　　　　（单位：件/套）

序号	完残程度	兴安博物馆	内蒙古民族解放纪念馆	中国人民银行兴安盟中心支行	乌兰浩特市文物管理站	乌兰浩特市城市建设档案馆	乌兰浩特市史志档案局	科尔沁右翼前旗博物馆	科尔沁右翼中旗博物馆	科尔沁右翼中旗档案局	扎赉特旗文物管理所	突泉县文物管理所	合计
1	完整	787	813	0	6	0	2	124	1353	1	479	136	3701
2	基本完整	4302	412	14	329	3	18	4717	2811	1	230	34	12871
3	残缺	536	17	0	14	0	13	214	483	0	99	13	1389
4	严重残缺	47	0	0	0	0	0	6	11	0	2	2	68
5	标本化石	0	0	0	0	0	0	0	13	0	0	2	15
小计		5672	1242	14	349	3	33	5061	4671	2	810	187	18044

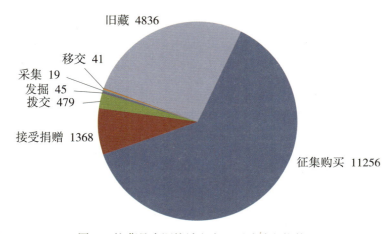

旧藏 4836
移交 41
采集 19
发掘 45
拨交 479
接受捐赠 1368
征集购买 11256

图1　按藏品来源统计兴安盟可移动文物数量

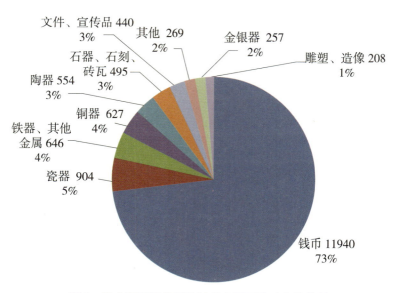

文件、宣传品 440 3%
其他 269 2%
金银器 257 2%
雕塑、造像 208 1%
石器、石刻、砖瓦 495 3%
陶器 554 3%
铜器 627 4%
铁器、其他金属 646 4%
瓷器 904 5%
钱币 11940 73%

图2　按主要藏品类别统计兴安盟可移动文物数量

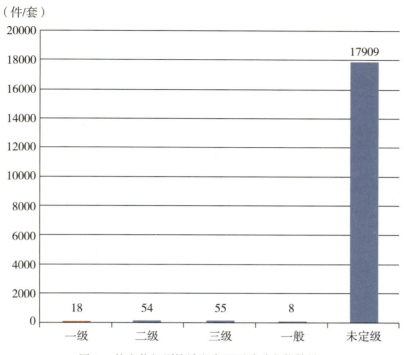

（件/套）

图3　按文物级别统计兴安盟可移动文物数量

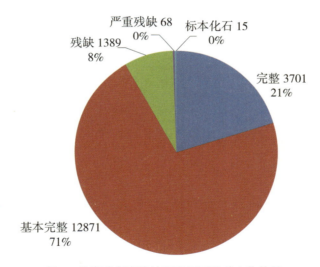

图4　按完残程度统计兴安盟可移动文物数量

2016年8月5日，自治区普查办组织专家对兴安盟第一次全国可移动文物普查数据进行审核，兴安盟采集登录上报的18045件/套普查数据全部通过自治区审核验收。

三、普查主要工作成果

（一）初步掌握兴安盟国有可移动文物资源总体情况

兴安盟各级普查办以县域为单元，对行政区域内可移动文物资源进行普查登记，全面掌握可移动文物资源状况、收藏单位数量和行业分布，建立各级文物资源目录和文物资源地图。本次普查实现了国有单位的全覆盖，打破了原有行业系统条块分割局限，初步摸清了兴安盟文博系统外收藏单位的文物收藏情况。

普查除对文物本体信息进行逐项登记外，还对收藏单位、展览面积、保管人员、库房情况、管理制度等同时开展了调查。根据普查结果，兴安盟各级各类博物馆总占地面积96290平方米，建筑面积64119.6平方米，展览面积26165平方米，文物库房面积6900平方米（表7），保管人员总数46人。全盟文物基础数据更加全面翔实准确，为文物资源精细化管理创造良好条件。

表7　兴安盟国有文物收藏单位统计表

序号	收藏单位名称	隶属关系	单位性质	单位类型	行业类型	库房面积（平方米）
1	兴安博物馆	地市	事业单位	博物馆	文化文物、体育、娱乐业	1800
2	内蒙古民族解放纪念馆	地市	事业单位	纪念馆	文化文物、体育、娱乐业	1500
3	中国人民银行兴安盟中心支行	地市	事业单位	银行	金融业	0
4	乌兰浩特市文物管理站	地市	事业单位	文物管理站	文化文物、体育、娱乐业	400
5	乌兰浩特市城市建设档案馆	地市	事业单位	档案馆	文化文物、体育、娱乐业	120
6	乌兰浩特市史志档案局	地市	事业单位	档案局	文化文物、体育、娱乐业	140
7	科尔沁右翼前旗博物馆	区县	事业单位	博物馆	文化文物、体育、娱乐业	800
8	科尔沁右翼中旗博物馆	区县	事业单位	博物馆	文化文物、体育、娱乐业	1200
9	科尔沁右翼中旗档案局	区县	事业单位	档案局	文化文物、体育、娱乐业	140
10	扎赉特旗文物管理所	区县	事业单位	文物管理所	文化文物、体育、娱乐业	500
11	突泉县文物管理所	区县	事业单位	文物管理所	文化文物、体育、娱乐业	300
					合计	6900

（二）新发现一批重要文物

兴安盟各级普查机构通过实地走访、上门调查、重点认定等方式，加大对新发现文物资源的梳理调查和登记，全盟新发现文物共49件/套，新认定珍贵文物227件/套。其中不乏精品，如兴安盟博物馆馆藏辽保宁通宝铜钱、辽绿釉莲花纹洗、清团寿纹龙柄执壶；科右中旗博物馆馆藏辽金针、辽绿釉盆、辽木质双陆棋、辽木枕、清吉祥天母唐卡；扎赉特旗文物管理所所藏清朱墨甘珠尔经卷、清藏文墨书经卷；科右前旗博物馆馆藏蒙古汗国人面雄鹿铜雕等，均为此次普查中发现的珍贵文物。

（三）建立文物资源数据库和文物身份证制度

第一次全国可移动文物普查采集了27项收藏单位信息和15项文物基础信息，建成国家文物资源数据库，改变过去各单位文物信息零散孤立、互不相通的信息孤岛局面，实现全国国有可移动文物信息的统一集中存储。本次普查，兴安盟共登录上传文物照片48000余张，数据总量超过140G，有效构建了全盟可移动文物大数据。

兴安盟各级普查机构按照统一编码规范，对登录文物和单位统一分配标准代码和分类编号，建立文物实物、藏品档案、电子信息关联一体的"文物身份证"编码系统和数据管理系统，登录的每件文物赋予全国永久唯一的22位数字编码，作为文物属性验证、信息甄别和索引查询的识别标识。

（四）全面夯实文物基础工作

本次普查制定了文物藏品登录规范，统一文物藏品档案和登记卡，建立了十余项标准，文物定名、断代、计量、分类等15个核心指标。全盟各文物收藏单位按照普查要求开展藏品清点，核定账、物对应，补充完善文物信息，健全藏品账目档案，依法向上级文物行政部门备案，使《文物保护法》及其实施条例关于国有单位收藏文物建档备案的要求真正落实落地。

普查期间，全盟累计举办和参加自治区各类培训40余次，培训人员600余人次，全盟新建重建档案的文物达15000件/套，有11家单位新建立了藏品档案和账目。通过普查，构建科学规范的藏品管理体系，锻炼基层从业人员的专业素质，建立了文博系统内良好的团队协作。

（五）普查成果共享惠民

兴安盟各级普查机构积极推进普查成果共享和利用，举办展览，出版各类普查成果图书，建立网上共享平台。全盟共举办普查相关展览23个，参观总人次达到5万余人。利用普查成果，编辑出版了《兴安盟文化遗产大观——可移动文物》一书，初步建立了可移动文物社会服务和共享机制。

第一次全国可移动文物普查由国务院统一部署、历时5年、覆盖广泛，是继第三次全国文物普查之后，又一次文博领域基本国情国力的大盘点，也是有史以来我国针对可移动文物开展的首次全国性普查。普查期间，兴安盟共成立6个普查机构，投入150余名普查人员（表8）、118万元经费，调查1186家国有单位，普查全盟可移动文物共计18045件/套。亮眼的数字，可喜的成果，史上空前，令人瞩目。在欢欣鼓舞的同时，还应看到普查成果来之不易，文物保护利用任重道远。

表8　兴安盟第一次全国可移动文物普查人员统计表

序号	机构单位类别	普查工作组	普查工作组成员	收藏单位普查人员	专家组人员	志愿者	人数合计
1	兴安盟普查办	1	7	20	5	12	44
2	乌兰浩特市普查办	1	10	8	3	8	29
3	科尔沁右翼前旗普查办	1	5	10	2	3	20

续表 8

序号	机构单位类别	普查工作组	普查工作组成员	收藏单位普查人员	专家组人员	志愿者	人数合计
4	科尔沁右翼中旗普查办	1	6	15	3	15	39
5	扎赉特旗普查办	1	3	3	1	2	9
6	突泉县普查办	1	3	6	1	4	14
	小计	6	34	62	15	44	155

因此，从促进中华优秀传统文化传承发展、建设文化遗产强国的战略视角出发，确应立足来之不易的"一普"成果，正视"一普"中遇到和发现的问题，进一步落实文物保护责任，提升文物保护能力，建立健全文物登录制度和长效工作机制，加强文物安全和数据资源管理，创新文物利用手段，推动文物健康地活下去、精彩地活起来。

执笔：高国庆　路　瑶

通辽市第一次全国可移动文物普查工作报告

通辽市第一次全国可移动文物普查领导小组办公室

通辽市文物局

前　言

通辽市位于内蒙古自治区东部，松辽平原西端，科尔沁草原腹地。东靠吉林省，西接赤峰市，南依辽宁省，西北和北边分别与锡林郭勒盟、兴安盟为邻，属东北和华北地区的交汇处。总面积达59535平方千米，南北长约418、东西宽约370千米。地理坐标是东经119°14′—123°43′，北纬42°15′—45°59′。通辽市区位优势明显，依托西部，靠近东北经济区，处于内蒙古东部核心位置。

辽河流域自古以来就是人类繁衍生息的重要历史舞台，半个多世纪以来的考古发现，证明辽河流域曾经孕育了灿烂深厚的史前文化，也是中华文明最重要的发祥地之一。处于西辽河中下游的科尔沁地区是一个有着多元历史文化的地域，这里是游牧文化与农耕文化交融、碰撞的特殊地带，是辽河流域史前文化承上启下的重要区域。

通辽市境内地上和地下的文物十分丰富，先民们很早就在这块土地上繁衍生息，创造了丰富多彩的史前文化。远古时代，这里有古老的动植物化石；新石器时代发现了数百处内容丰富的遗址；商周时期，出土过青铜器；更有穿行沟壑的秦汉长城和连绵起伏的金代界壕；辽代贵族墓葬中出土的珍贵文物更是富丽灿烂。

通辽地区的史前文化最早可以追溯到8000年前的兴隆洼文化。早在那个时代，通辽地区就开始有人类繁衍生息。兴隆洼文化也是通辽市境内目前已知发现最早的人类活动痕迹。这里也是夏家店上下层文化、高台山文化、哈民文化、南宝力皋吐文化类型所汇集之处。916年，契丹贵族联合汉族和其他少数民族上层在北方草原上建立了辽政权。在辽代的二百余年间，契丹人大力发展农牧业和手工业，兴建城市交通。所以在辽代，通辽地区第一次出现田野宜辟、道路纵横、城郭相望的图景。通辽市辖区，历史上是辽王朝的京畿地区、契丹人的政治中心。考古发现通辽地区的扎鲁特旗、奈曼旗、库伦旗、科左后旗、科尔沁区都有辽代的古城。城内都出土了辽代的生产工具和生活用品。

第一次全国可移动文物普查是国务院继第三次全国不可移动文物普查之后在文化遗产领域开展的又一重大国情国力资源调查，是一项旨在全面掌握我国文化遗产资源、建设文化强国的战略工程，也是加强文物保护管理、推进公共文化服务体系建设的基础性工作。可移动文物普查是通过国家统一组织、由专业部门采用现代信息手段集中调查统计的方式，对可移动文物进行调查、认定和登记，掌握可移动文物现状等基本信息，为科学制定保护政策和规划提供依据。开展可移动文物普查，将有利于掌握和科学评价我国文物资源情况和价值，健全文物登录备案机制和文物保护体系，加大文物保护力度、扩大保护范围、保障文物安全，并将进一步促进文物资源整合利用，丰富公共文化服务内容，有效发挥文物在国民经济和社会发展总体布局中的积极作用。

第一次全国可移动文物普查从2012年10月开始，至2016年12月结束，普查的标准时点是2013年12月31日。普查分为工作准备、普查实施和验收汇总三个阶段。本次普查的任务范围是我国境内（不包括港澳台地区）各级国家机关、事业单位、国有企业和国有控股企业、中国人民解放军和武警部队等各类国有单位法人所收藏保管的可移动文物，包括普查前已经认定和在普查中新认定的国有可移动文物。

根据《国务院关于开展第一次全国可移动文物普查的通知》《内蒙古自治区人民政府关于在全区开展第一次全国可移动文物普查的通知》文件精神，2013年7月，通辽市人民政府办公厅召开全市第一次全国可移动文物普查电视电话会议，组建了由通辽市副市长及市委宣传部、财政局、文化局、民政局等多家单位的分管领导共同组成的通辽市第一次全国可移动文物普查工作领导小组及其办公室，同时，市普查领导小组印发了《通辽市第一次全国可移动文物普查实施方案》《通辽市第一次全国可移动文物普查宣传方案》和《通辽市第一次全国可移动文物普查工作时间表、任务书、责任人一览表》，对普查工作的整体实施进行了具体部署，对普查的阶段工作进行了任务分解和责任明确。这次会议的召开，标志着通辽地区的第一次全国可移动文物普查正式启动。通辽市可移动文物普查领导小组下设文物普查办公室、项目部，办公室设在通辽市文化新闻出版广电局，项目部设在通辽市博物馆，主要负责接下来几年的普查工作，同时各旗县、区也相应成立了普查领导办公室和项目部。

通辽市可移动文物普查已于2016年6月31日前全部完成数据登录工作，数据报送进度为100%，全面完成了普查数据信息采集和上报工作；并于2016年7月10日通过市级专家数据审核；2016年8月5日通过自治区级普查办数据审核。2016年9月5日到北京国家文物局数据中心完成数据转换工作并报送国家数据中心。

通过本次全国可移动文物普查工作，通辽地区的可移动文物藏品的文物名称、类别、级别、年代、质地、外形尺寸、质量、完残程度、保存状态、包含数量、来源方式、入藏时间、藏品编号、收藏单位名称共14项基本指标项，11类附录信息以及照片影像资料、收藏单位基本情况等指标完整地展现在可移动文物信息平台上，健全了文物登录备案机制和文物保护体系，加大文物保护力度，保障文物安全，进一步促进文物资源的整合利用。

一、普查数据

（一）收藏可移动文物的国有单位情况

通辽市国有可移动文物收藏单位39家，保管人员36人，库房面积3807平方米。

按隶属关系：盟市属收藏单位7家，县区属收藏单位27家，乡镇街道属收藏单位4家，中央属收藏单位1家（图1）。

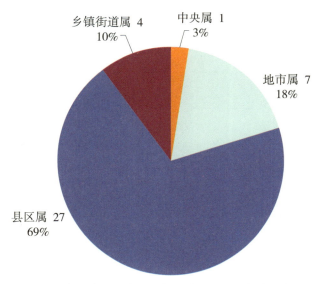

图1 按隶属关系统计通辽市可移动文物收藏单位数量

按单位性质：国家机关11家，事业单位22家，国有企业3家，其他类型3家。

按单位类型：博物馆和纪念馆9家，图书馆3家，档案馆6家，其他21家。

按所属行业：文化文物、体育和娱乐业13家，公共管理和社会组织13家，卫生、社会保障和福利业4家，教育2家，农、林、牧、渔业2家，住宿和餐饮业2家，水利、环境和公共设施管理业1家，居民服务和其他服务业1家，采矿业1家。

（二）国有可移动文物数量及分布

经第一次全国可移动文物普查，通辽市国有可移动文物收藏量为78142件/套。

按隶属关系：盟市属47607件/套，旗县区属30524件/套，街道属9件/套，中央属2件/套（图2）。

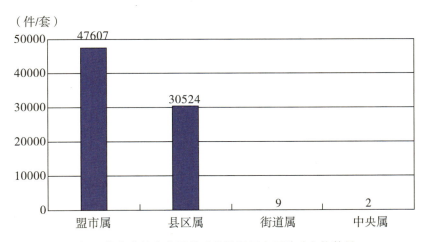

图2 按收藏单位隶属关系统计通辽市可移动文物数量

按单位性质：国家机关144件/套，事业单位77939件/套，国有企业16件/套，其他43件/套（图3）。

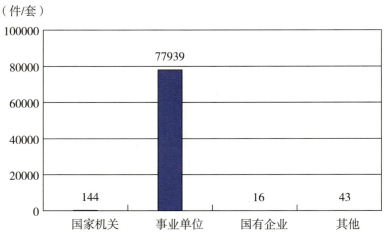

图 3　按收藏单位性质统计通辽市可移动文物数量

　　按单位类型：博物馆和纪念馆77468件/套，图书馆105件/套，档案馆276件/套，其他293件/套（图4）。

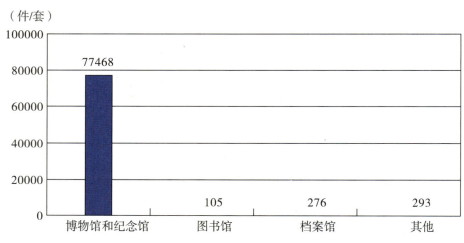

图 4　按收藏单位类型统计通辽市可移动文物数量

　　按所属行业：文化文物、体育和娱乐业77663件/套，公共管理和社会组织246件/套，教育148件/套，卫生、社会保障和福利业49件/套，居民服务和其他服务业16件/套，住宿和餐饮业11件/套，采矿业5件/套，农、林、牧、渔业2件/套，水利、环境和公共设施管理业2件/套（图5）。

　　按来源：移交40029件/套、旧藏29237件/套、征集购买3251件/套、采集2852件/套、发掘2421件/套、接受捐赠176件/套、其他82件/套、依法交换76件/套、拨交 18件/套，比例分别为51.22%、37.42%、4.16%、3.65%、3.10%、0.23%、0.10%、0.10%、0.02%（图6）。

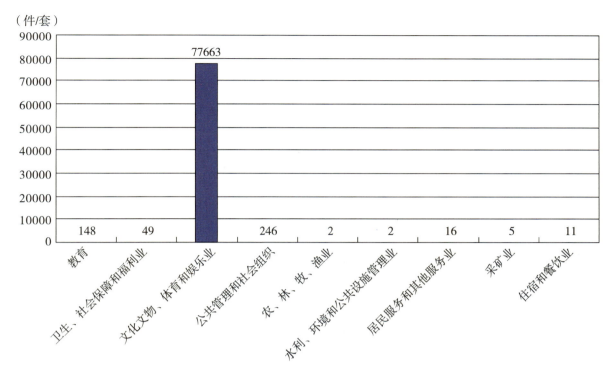

图 5　按收藏单位所属行业统计通辽市可移动文物数量

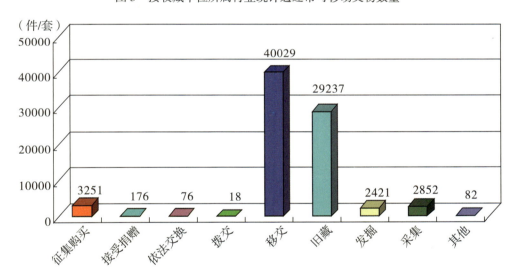

图 6　按藏品来源统计通辽市可移动文物数量

　　按类别：钱币 65363 件 / 套，陶器 2716 件 / 套，瓷器 1881 件 / 套，铜器 1542 件 / 套，石器 1418 件 / 套，雕塑、造像 1151 件 / 套，金银器 610 件 / 套，玉石器、宝石 595 件 / 套，铁器 487 件 / 套，其他 469 件 / 套，武器 285 件 / 套，档案文书 252 件 / 套，古籍图书 181 件 / 套，乐器、法器 172 件 / 套，织绣 135 件 / 套，书法、绘画 117 件 / 套，牙骨角器 104 件 / 套，度量衡器 86 件 / 套，竹木雕 83 件 / 套，家具 77 件 / 套，玻璃器 72 件 / 套，皮革 63 件 / 套，名人遗物 62 件 / 套，文件宣传品 60 件 / 套，玺印符牌 50 件 / 套，文具 47 件 / 套，音像制品 26 件 / 套，珐琅器 23 件 / 套，漆器 9 件 / 套，票据 3 件 / 套，交通、运输工具 2 件 / 套，碑帖拓本 1 件 / 套。比例分别为 83.65%、3.48%、2.41%、1.97%、1.82%、1.47%、0.78%、0.76%、0.62%、0.60%、0.37%、0.32%、

0.23%、0.22%、0.18%、0.15%、0.13%、0.11%、0.11%、0.10%、0.09%、0.08%、0.08%、0.08%、0.06%、0.06%、0.03%、0.03%、0.01%、0.00%、0.00%、0.00%（图7）。

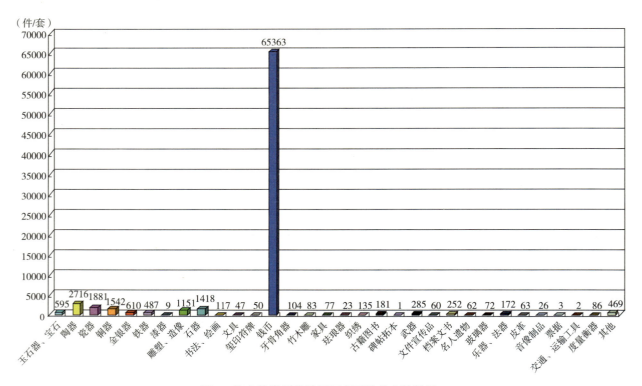

图7 按文物类别统计通辽市可移动文物数量

按级别：一级71件/套、二级271件/套、三级391件/套、一般24538件/套、未定级52871件/套，比例分别为0.09%、0.35%、0.50%、31.40%、67.66%（图8）。

按完残程度：完整5659件/套、基本完整69132件/套、残缺3247件/套、严重残缺104件/套，比例分别为7.24%、88.47%、4.16%，0.13%（图9）。

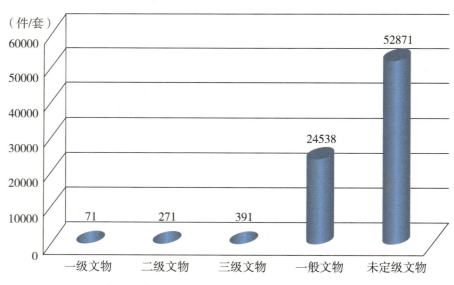

图8 按文物级别统计通辽市可移动文物数量

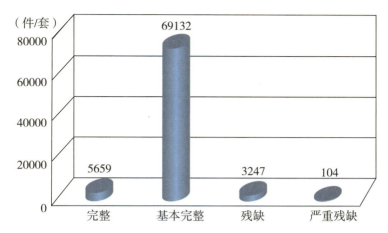

图 9　按完残程度统计通辽市可移动文物数量

按年代统计：旧石器时代 1 件/套，新石器时代 1723 件/套，夏 0 件/套，商 1 件/套，周 91 件/套，秦 27 件/套，汉 220 件/套，南北朝 333 件/套，隋 7 件/套，唐 11158 件/套，五代十国 51 件/套，宋 51927 件/套，辽 2337 件/套，西夏 2 件/套，金 578 件/套，元 516 件/套，明 79 件/套，清 4459 件/套，民国 2272 件/套，中华人民共和国 496 件/套，公历纪年 350 件/套，其他 1492 件/套，年代不详 22 件/套（图 10）。

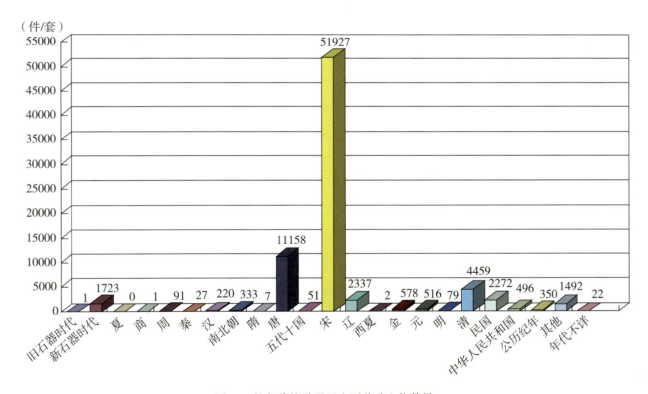

图 10　按年代统计通辽市可移动文物数量

二、普查工作组织实施

（一）属地管理、分级负责

1. 设立普查领导小组，成立普查机构。

根据《国务院关于开展第一次全国可移动文物普查的通知》《内蒙古自治区人民政府关于在全区开展第一次全国可移动文物普查的通知》文件精神，通辽市于2013年7月18日成立了通辽市第一次全国可移动文物普查领导小组，以分管副市长为组长、相关部门负责人为主体成员，具体组织、协调可移动文物普查工作。领导小组下设文物普查办公室，普查项目部办公室设在通辽市博物馆，组建文物普查工作队。

2013年8月6日，为贯彻《国务院关于开展第一次全国可移动文物普查工作的通知》（国发〔2012〕54号）和《内蒙古自治区人民政府关于在全区开展第一次全国可移动文物普查的通知》（内政发〔2013〕33号）精神，全面部署全市第一次全国可移动文物普查工作。通辽市委、市政府召开会议，通辽市于沨副市长做重要讲话，市文化局马壮志副局长对通辽市第一次全国可移动文物普查工作相关情况做说明，市财政局杨树清副局长代表普查领导小组成员单位发言，市文化局、市财政局、市发展改革委员会、市教育局、市国土资源局、市统计局、市民政局、市民委、市档案局、市科协、市直相关单位负责人及各旗县市区政府分管负责人参加了此次会议。会议研究并部署了第一次全国可移动文物普查工作在我市的具体实施方案，明确了我市第一次全国可移动文物普查的范围、内容、时间与实施步骤等事项。会议提出了普查工作要按照市人民政府的统一部署，设立相应的普查领导小组及其办公室，组织实施本行政区域可移动文物普查工作，在普查过程中严格遵守有关规定，严肃工作纪律，确保普查工作中的文物安全与人员安全等相关要求。此次会议对于我市做好第一次全国可移动文物普查工作具有重要的意义。

2. 制定普查实施方案和工作制度

2013年7月8日，通辽市政府公布《通辽市人民政府关于认真做好第一次全国可移动文物普查工作通知》（通政发〔2013〕109号）文件，7月24日通辽市可移动文物普查办公室印发《通辽市第一次全国可移动文物普查工作时间表、任务书、责任人一览表的通知》（通普发〔2013〕1号）、《通辽市第一次全国可移动文物普查领导小组办公室关于印发〈通辽市第一次全国可移动文物普查宣传方案〉的通知》（通普发〔2013〕2号）、《通辽市第一次全国可移动文物普查领导小组办公室关于印发〈通辽市第一次全国可移动文物普查培训工作方案〉的通知》（通普发〔2013〕3号）等文件。这一系列文件的公布为通辽市今后第一次全国可移动文物普查工作的开展建立起了一套完善的制度方案。

3. 落实普查工作经费

按照《国务院关于开展第一次全国可移动文物普查的通知》第五条"此次普查所需经费由中央和地方分别负担，并分别列入中央和地方相应年度的财政预算"的规定，中央财政和省级财政根据普查工作的需要，对地方财政予以适当补助。通辽市普查办根据内蒙古自治区普查办编制的《内蒙古自治区第一次全国可移动文物普查经费预算说明》，结合我市实际，进一步细化了工作任务和计划，确定了合理的经费标准，编制了我市可移动文物普查经费预算，制定了《通辽市第一次全国可移动文物普查经费保障制度》，保障普查经费专款专用。

通辽市可移动文物普查工作启动以来，我市为了支持并搞好文物普查，在经费上给予了充分保障。2013年市级财政拨付30万，2014年至2016年市级财政每年拨付可移动文物普查经费50万元，自治区每年补助15万元。四年来通辽市财政共拨付可移动文物普查经费180万元，自治区补助45万元，共计225万元。

这些经费主要用于我市普查宣传动员、采集设备的购置、编制普查试点工作方案、印制相关资料等，各级普查人员培训、信息采集、检查验收、专家研讨会、总结等全过程。

4. 组建普查队伍和培训

按照国务院《第一次全国可移动文物普查实施方案》精神，各国有单位要按照统一要求和本级普查机构的部署，建立专门的普查工作队伍，执行统一的标准规范，做好文物调查认定、信息采集登录及其他相关工作。普查工作人员是普查任务的直接承担者，其素质高低直接影响到普查数据质量好坏，关系到整个普查工作的成败。因此，组建一支数量充足、人员稳定、专业能力过硬、责任心强的普查队伍，是本次普查工作能否顺利实施的关键。为此，通辽市普查办挑选我市具有文博专业知识背景或文博系统单位任职经历、具有高级职称以上专业技术资格、熟悉本地文物资源情况的人员，组建了通辽市可移动文物普查工作专家组。专家组统一负责本次可移动文物普查的专业指导、技术咨询、文物认定鉴定、质量把关、市级普查验收等专业指导工作。

为切实推进我市第一次全国可移动文物普查工作，加强普查专业人员队伍建设，通辽市普查办于2013年10月15—18日邀请内蒙古自治区普查办的李少兵、李丽雅老师在通辽市对全市普查人员进行了培训。此次培训为学员详细讲解了《第一次全国可移动文物普查实施方案》，对普查的意义、目标、范围、内容、技术路线、组织、时间及实施步骤，普查信息采集软件的使用、可移动文物普查登录规范以及文物摄影等技术问题进行了讲解。通过培训，学员们基本掌握了可移动文物普查工作的相关理论基础知识，收到了良好的培训效果，为即将开展的通辽市第一次全国可移动文物普查工作奠定了坚实的工作基础。

2014年12月15—18日，通辽市旗、县、市、区各普查办选派20余人前往海拉尔参加了全区可移动文物普查骨干培训班（东部区）。本次培训集中学习了在线填报及审核流程、离线填报、单位及用户管理、信息管理操作等内容，就普查工作中的重点、难点问题一起进行了讨论。

2015年9月5日，通辽市普查办选派20余人赴海拉尔参加了内蒙古自治区第一次全国可移动文物普查数据审核与管理培训班。

2015年9月17日，通辽市文物局在通辽市举办了全市文博系统骨干培训班，来自全市区旗县的文化局、文物局、博物馆、文物管理所的领导及业务骨干50余人参加了此次培训会议。会议邀请了自治区文化厅副厅长、文物局局长安泳锝，文物局博物馆处副处长富永军，文物管理处处长陈雅光为学员授课。此次会议对推进通辽市文博系统骨干人才的队伍建设，提升通辽市文博人员的相关业务、理论知识，起到了良好的促进作用。

2015年12月9—12日，内蒙古自治区可移动文物普查文物影像采集第一期骨干培训班在呼和浩特市举办，我市文物收藏单位的10多名摄影骨干参加了此次培训。此次培训特邀故宫博物院、陕西历史博物馆以及内蒙古博物院文物摄影专家就文物摄影规范、摄影器材、摄影操作等方面知识进行授课，采取理论学习、操作实践相结合的方式，对学员强调了文物普查摄影规范及设备要求、影像采集注意事项和文物微距摄影的技术操作要领。

2016年6月，通辽市旗、县、市、区各普查办10余人参加了在赤峰举办的全区可移动文物普查（东部区）培训，国家文物局第一次全国可移动文物普查办公室的老师受邀进行授课。本次培训主要讲授了普查进度管理和质量控制要求、普查数据安全与数据管理利用、普查数据审核工作要求与流程等内容，又结合普查数据网上审核常见问题及普查总结报告编制进行了详细讲解。本次培训针对性强，不仅解决了以往工作中遇到的难题，还学到了切实可行的解决办法，理清了工作思路，为下一步数据审核工作的全面顺利展开起到积极的推动作用。

2016年7月，通辽市普查办邀请内蒙古自治区普查办的李丽雅、张彤两位老师，对全市普查数据的审核与管理进行了详细的讲解。通过本次培训，为通辽市文物普查数据下一步的终审打下了良好的基础，确保了通辽市第一次全国可移动文物普查工作任务圆满完成。

（二）调查、认定、采集、登录、审核，分阶段实施

1. 国有可移动文物收藏单位调查阶段

根据《通辽市开展第一次全国可移动文物普查工作实施方案》要求，可移动文物普查2013年10月开始进入普查第二阶段，这一阶段内主要开展国有文物收藏单位情况摸底调查。经过多方收集，整理出全市各个国家机关、国有企业和事业单位名录，共计有1300家单位。为确保可移动文物信息的完整性、真实性和准确性，通辽市普查队员按照整理出的名录，通过上门发放调查表、电话询问等方式，在通辽市旗市区共调查近千家单位，发放调查表近千份，调查表回收率在百分之九十以上。通过调查走访，通辽市地区共发现文物收藏单位39家，包括国家机关11家、事业单位22家、国有企业3家、人民解放军和武警部队0家、其他类型3家，其中内蒙古民族大学博物馆不属于通辽市所辖，属于区直单位，按照属地原则，通辽市普查办也把这家纳入到这次普查范围内。通过这次调查工作掌握了我市国有可移动文物分布和收藏情况，为下一阶段文物收藏单位开展文物信息采集和登记等工作打下坚实基础。

2014年3月，通辽市第一次全国可移动文物普查领导小组办公室召开可移动文物普查前期调查摸底"回头看"工作会议。各旗县市区普查办主要负责人参会，对前一阶段的工作进行认真梳理，总结经验，按照普查程序和要求，对国有单位文物收藏情况调查工作进行全面检查、审核，查漏补缺，确保调查范围全覆盖。通过开展"回头看"活动，对调查前期漏报与误报的单位及时报送内蒙古自治区普查办进行了增加和删除，确保了这次可移动文物普查调查数据的真实、准确、完整；同时要求各级普查机构认真做好调查数据的统计、分析、资料整理工作，全面掌握国有可移动文物数量、分布、保管保护情况。

2. 国有可移动文物认定工作阶段

通辽市国有文物收藏单位调查完成后，文物信息采集工作即启动，按照国家文物局、自治

区文物局的统一安排部署，通辽市普查办组织专家组对我市及各旗县非文博单位的藏品进行了认定。经过专家对内蒙古民族大学博物馆、通辽市蒙药厂等多家单位现场认定，将符合普查条件的藏品填写初步认定意见，纳入此次普查范围。通辽市普查办进行汇总后，申请自治区普查办专家组进行复核。2016年6月8日至17日，内蒙古自治区文物局博物馆处副处长索秀芬率领自治区普查办项目部专家组一行7人赴通辽市开展可移动文物普查数据审核、文物复核定级工作。专家组成员对通辽市博物馆等国有文博单位进行文物复核鉴定，认定国家一级文物24件/套、二级文物122件/套、三级文物429件/套。专家组每到一处对可移动文物数据的定名、年代等各项数据指标进行了认真的检查，对出现的错误及时进行了修改，同时为各文物收藏单位的藏品进行了定级。通过为期半个月的工作，通辽地区可移动文物数据的准确性、科学性方面有进一步的提升，为下一步的国有单位文物藏品正式定级奠定了良好的基础。

3. 采集登录阶段

自可移动文物普查进入第二阶段以来，通辽市博物馆与通辽市普查工作组开始进行文物数据采集试点工作，在文物信息采集登录工作过程中逐渐摸索出适合本馆与本地区实际情况，适合不同种类文物的工作流程。为了发挥普查组员的不同特点和长处，特结合整理工作所需要的各项步骤来确定各自应该承担的工作，并可适当进行轮换，保证每个组员都能熟练地掌握工作的各个环节，以防因组员突发情况造成工作流程中断。保障各步骤之间衔接流畅，提高普查工作效率。

通辽市博物馆，属于通辽市辖区内国有文物收藏单位中的文物藏品大户，同时通辽市普查办的工作人员也来自于此馆，因而，通辽市博物馆既是收藏单位也是通辽地区的普查实施机构，肩负着双重职责。在这种情况下，通辽市普查人员不等不靠，进库房、入展厅、加班加点进行普查数据的录入工作。在完成通辽市博物馆数据采集后，通辽市普查办工作人员又到非文博单位采集文物数据，先后到通辽市蒙药厂、内蒙古民族大学博物馆等单位采集，先后采集文物数据信息196件/套。同时通辽市普查办还负责对通辽地区的旗县区各普查办、文物收藏单位进行业务上的指导工作，做到文物上报数据真实、可靠，使通辽地区的整体报送进度和质量有了可靠的保障。

截至普查结束，通辽地区共计78142件/套文物藏品信息已经保质保量的上传至国家文物局信息中心平台。

4. 审核阶段

2016年是可移动文物普查工作的收官之年，可移动文物普查数据集中审核是可移动文物普查收官工作的关键技术环节，市普查办高度重视数据审核工作。通辽市普查办按照内蒙古自治区文物局转发的《国家文物局关于发布〈第一次全国可移动文物普查数据审核工作管理办法〉》的通知文件，组建了通辽市普查办专家审核组，由通辽博物馆馆长哈斯（文博研究馆员）、书记邰新河（文博研究馆员）等5位高级职称的人员组成，对全市文物普查数据进行审核。

根据市普查办的安排，2016年7月全市所有国有文物收藏单位开始汇总离线数据。市级普查办作为审核工作的第一关，对各单位申报的文物数量与实际数仔细核对，确保准确无误；对登录的必填项查漏补缺，保证初核数据信息的真实、完整、准确。2016年7月5—15日，通辽市文物普查办专家审核组对全市39家文物收藏单位采集登录的78142件/套藏品开展市级审核工作。专家组通过离线审核的方式，对文物的名称、类别、级别、年代、质地、外形尺寸、质量、完残程度、保存状态、包含数量、来源方式、入藏时间、藏品编号、收藏单位名称等14项基本指标项和11类附录信息进行审核，审核内容涵盖了可移动文物的基本信息、客观信息、保存管理状况。

从审核结果看，大部分数据都符合国家发布的普查数据质量评定标准，但也存在一些常见的问题，主要表现在以下几个方面：一是断代有错误，如有的是典型的辽代器物，被断为宋代；二是命名不规范，如"清代"应改为"清"；三是文物分类划分不准确，比如铜灯碗应为铜器类，而不是法器类。全体审核人员和专家加班加点及时高效地完成了市级终审工作，使我市普查登录数据的差错率控制在0.5%之内。之后，通辽市普查办工作人员携带通辽市数据到呼和浩特市进行数据终审工作。2016年8月2日，内蒙古自治区普查办组织专家对通辽市第一次全国可移动文物普查数据进行审核，经过专家们的认真工作，我市采集登录上报的78142件/套普查数据全部通过自治区审核验收。审核过程中，自治区普查办对通辽市普查办及我市各文物收藏单位的普查工作给予了充分肯定；同时，对数据审核中存在的一些有待修正或进一步规范的问题提出了修改意见。

（三）普查宣传

通辽市普查办根据《通辽市第一次全国可移动文物普查宣传方案》针对不同阶段分别确定相应的重点内容。第一阶段，重点宣传开展普查的目标、意义、对象范围、内容方法、程序步骤、可移动文物知识等；第二阶段，集中宣传与普查有关的法律法规、普查标准规范、普查工作进展、普查先进事迹、普查重要发现等；第三阶段，追踪宣传普查数据处理进展情况，宣传普查成果，报道文物事业在增强文化软实力、构建和谐社会、推动社会经济发展方面的积极作用。普查宣传采取阶段性的集中宣传与长期宣传相结合，覆盖报纸、广播、电视、网络、移动传媒等各类媒体。每年以博物馆日、文化遗产日、草原文化遗产日为依托，通过普查工作人员制作的"通辽市第一次全国可移动文物普查"户外展板，向老百姓解答可移动文物普查的目的意义及通辽市文物普查成果。发放《通辽市可移动文物普查宣传手册》《通辽市可移动文物普查宣传画册》等文物宣传资料，使市民可以了解到通辽市历史发展沿革，通辽市各博物馆可移动文物的详情、收藏须知，普查成果展示等内容。2016年5月18日，通辽市可移动文物普查中新发现的15件文物参加了全国可移动文物普查成果展（呼和浩特市会场）及全区可移动文物普查成果展。成果展主要以图文简介及实物展览的形式向社会公众进行展出，收到了良好的社会效果。

可移动文物形象记载着中华民族发展的进程，它们不但是认识历史的证据，也是增强民族凝聚力、促进民族文化可持续发展的基础。通过宣传，可以使文物普查家喻户晓，深入人心，得到全社会的共同关注和参与。

（四）普查工作总结情况

通辽市普查办按照《通辽市开展第一次全国可移动文物普查工作实施方案》中的要求，建立可移动文物普查档案规范。各国有文物收藏单位在文物普查工作中形成的原始数据和资料及时整理归档。文物信息采集结束后，由市文物普查办对全市所有原始资料进行归纳、整理、建档，最终由市普查办对档案进行备份、保存、管理。档案实行纸质文本和电子文本双套制的存储模式，做到普查数据整理有序、管理科学、有效利用，从而方便日后工作中的查阅与调用，发挥出应有的作用，基本实现通辽市第一次全国可移动文物普查档案的信息化管理，增加普查档案管理的科技含量。

三、普查工作成果

（一）基本掌握了全市可移动文物资源总体情况

经普查，全市共登录各类可移动文物78142件/套，其中登录珍贵藏品733件/套。其中，通辽市普查办6家单位报送47598件/套，科尔沁左翼后旗普查办报送5家单位共11740件/套，库伦旗普查办报送3家单位共7294件/套，扎鲁特旗普查办报送3家单位共5190件/套，奈曼旗普查办报送3家单位共4813件/套，开鲁县普查办报送7家单位共816件/套，科尔沁左翼中旗普查办报送2家单位共660件/套，霍林郭勒市普查办报送3家单位共16件/套，科尔沁区普查办报送7家单位共15件/套。

按隶属关系：地市级收藏单位7家，县区收藏单位27家，街道收藏单位4家，中央属收藏单位1家。

按单位性质：国家机关11家，事业单位22家，国有企业3家，其他类型3家。

按单位类型：博物馆和纪念馆9家，图书馆3家，档案馆6家，其他21家。

按所属行业：文化文物、体育和娱乐业13家，公共管理和社会组织13家，卫生、社会保障和福利业4家，教育2家；农、林、牧、渔业2家，住宿和餐饮业2家，水利、环境和公共设施管理业1家，居民服务和其他服务业1家，采矿业1家。

通过普查，各旗县市区全面掌握了本行政区域文物资源状况、收藏单位数量和行业分布。普查还对收藏单位信息、文物保管信息、管理情况等同步开展了调查，文物基础数据更加全面、准确。

（二）新发现、新认定了一批重要文物

各级普查机构通过实地走访、上门调查、重点认定等方式，新发现了一些具有价值的文物，通辽市博物馆新普查登录了一批重要民族文物，内蒙古民族大学在普查中认定了一批文物，包括玉石器、陶瓷器、青铜器等类型。

（三）建立文物资源数据库和文物身份证制度

普查采集了27项收藏单位信息和15项文物基础信息，普查按照统一标准为每件文物赋予永久、唯一的22位数字编码，作为文物属性验证、信息甄别和索引查询的识别标识，文物实物、藏品档案、电子信息关联一体的"文物身份证"编码和数据管理系统基本建立；依托互联网，按照

管理层级和区域对文物资源信息进行标准化、动态化管理，文物资源管理能力全面提升。

（四）健全了文物资源保护体系

长期以来通辽市的博物馆及各旗县博物馆、文物管理所由于技术等多方面因素制约，馆内藏品只有简单目录账本，缺乏符合现代馆藏文物管理要求的档案，为文物普查及科研工作带来不便。自2013年通辽市启动第一次全国可移动文物普查工作以来，通辽市各博物馆及文物管理所以这次普查为契机，完善可移动文物信息管理。目前各博物馆、文物管理所对馆藏的珍贵文物已建立档案，未定级与一般文物建档工作将在文物普查工作结束后逐步开展。普查建立的组织体系、标准规范、统一平台和文物资源数据库，为创新资源保护管理模式打下了坚实基础。

（五）普查成果的利用和开发

通过这次普查，摸清了文物家底，掌握了文物的数量、分布、特征等基本情况，培养了一支文物保护管理队伍，提高了整体素质。同时依托互联网可移动文物资源大数据，在文物研究展示、公众服务、文创产品开发等工作方面也奠定了坚实基础。

文物是人类文化的物化成果，承载着一座城市的发展历史，是一座城市文化内涵的真实展现，是城市发展的核心资源。以举办展览、出版著作、召开研讨会等形式，深入挖掘蕴含的文化内涵和信息，改善人民群众物质文化生活，让人民群众在共享普查成果上"各得其利"，保障人民群众的基本文化权益，更好地惠及民众、普及民生。同时，通过普查成果转化，保持浓厚的文化环境、创造美丽的宜居环境，为推进文化建设、打造文化强市、提高文化软实力奠定基础。

执笔：李铁军

赤峰市第一次全国可移动文物普查工作报告

赤峰市第一次全国可移动文物普查领导小组办公室

赤峰市文物局

前　言

　　2012年10月，国务院正式启动第一次全国可移动文物普查工作，决定从2012年10月到2016年12月，对我国境内全部国有单位收藏的文物进行普查登记。这是中华人民共和国成立后首次针对可移动文物开展的普查，是继第三次全国文物普查后文化遗产领域又一重大国情国力调查，也是贯彻落实党的十八大提出的"建设优秀传统文化传承体系，增强文化整体实力和竞争力，努力建设社会主义文化强国"的重要举措。此次普查范围包括我国各级国家机关、事业单位、国有企业和国有控股企业、部队等各类国有单位所收藏、保管的可移动文物。普查分为三个阶段开展，2012年10—12月为工作准备阶段，主要任务是成立机构、制定方案、组建队伍、开展培训等；2013年1月—2015年12月为普查实施阶段，主要任务是以县域为基础开展文物调查认定和信息数据登录等工作；2016年1—12月为验收总结阶段，主要任务是整理汇总普查数据、建立文物名单和数据库、公布普查成果、编写普查报告等。

　　根据《国务院关于开展第一次全国可移动文物普查的通知》《内蒙古自治区人民政府关于在全区开展第一次全国可移动文物普查的通知》文件精神，我市于2013年4月正式开展赤峰市第一次全国可移动文物普查工作。成立普查领导小组、办公室及项目部，制定了《赤峰市第一次全国可移动文物普查实施方案》和《赤峰市第一次全国可移动文物普查工作时间表、任务书、责任人一览表的通知》，组织成立各级普查机构，落实了普查人员，组织开展各类业务培训和专家研讨会，积极开展可移动文物普查工作。截至2016年12月，赤峰市第一次全国可移动文物普查已全面完成文物信息采集、登录、报送、审核、上传信息平台、验收等各项工作。

　　赤峰市历史悠久，文化灿烂，境内有8000年的人类文明史，是中华文明的发祥地之一，是草原文明的重要组成部分，红山文化、草原青铜文化、契丹辽文化、蒙元文化在这里聚集绵延，与中原文化交相辉映，共同筑造了中华文明。赤峰地区发现并命名了红山文化、兴隆洼文化、富河文化等8种考古学文化类型，是全国以地名命名文化最多的地级市。境内已发现各类历史文化遗址、遗迹7340余处，占全自治区文化遗址、遗迹的三分之一。其中，"十二五"时期全国重点保护的150处大遗址中，赤峰市就占有3处（辽上京遗址、辽陵及奉陵邑、二道井子遗址），全国重点文物保护单位50处，自治区重点文物保护单位70处，赤峰市重点文物保护单位91处，旗（县、区）级文物保护单位201处。

近年来，赤峰市委、市政府高度重视文博事业的发展，博物馆事业发展快速，已初步形成了以历史类博物馆为基础、专题性博物馆为特色，以国有博物馆为主干、非国有博物馆为辅助的博物馆体系。现经登记注册的各级各类博物馆23家，其中国有博物馆12家，非国有博物馆11家；国家二级馆1家，三级馆5家。截止到第一次全国可移动文物普查前数据显示：全市国有博物馆馆藏文物约14万余件/套，三级以上珍贵文物5183件/套，包括一级文物672件/套、二级文物1729件/套、三级文物2782件/套。

赤峰市历来重视文物工作，第一次全国可移动文物普查，是在文化遗产领域开展的国情国力调查，是一项旨在全面掌握我市文物资源、加强文物保护、建设文化遗产强市的重大举措。第一次全国可移动文物普查将全面摸清我市可移动文物家底，普查的目的不仅仅是调查统计文物数据，而是在此基础上更好地发挥文物信息的价值和作用，服务于人民群众。

一、赤峰市普查数据

（一）收藏有可移动文物的国有单位情况

经第一次全国可移动文物普查，赤峰市国有可移动文物收藏单位49家，保管人员92人，库房面积8016.52平方米。

按隶属关系：中央属单位0家、省属单位1家、盟市属收藏单位2家、区县属收藏单位43家、乡镇街道属收藏单位2家、其他1家（图1）。

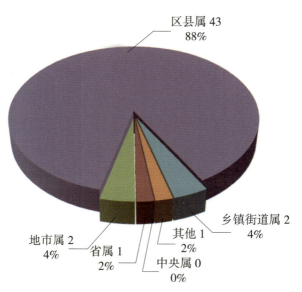

图1　按隶属关系统计赤峰市收藏单位数量

按单位性质：国家机关18家，事业单位24家，国有企业、国有控股企业2家，其他5家（图2）。

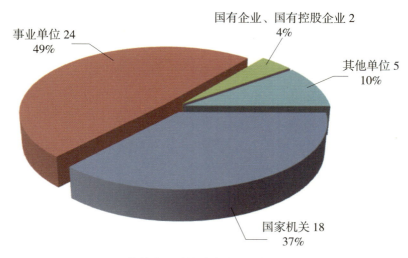

图 2　按单位性质统计赤峰市收藏单位数量

按单位类型：博物馆、纪念馆 14 家，图书馆 3 家，美术馆 0 家，档案馆 8 家，其他 24 家（图 3）。

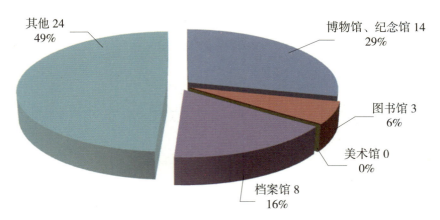

图 3　按单位类型统计赤峰市收藏单位数量

按行业分布：教育 2 家，文化文物、体育和娱乐业 19 家，公共管理和社会组织 27 家，电力、燃气及水的生产和供应业 1 家（表 1）。

表 1　按行业分布统计赤峰市收藏单位数量　　　　　　　　（单位：家）

序号	行业分布	收藏单位数量
1	农、林、牧、渔业	0
2	采矿业	0
3	制造业	0
4	电力、燃气及水的生产和供应业	1
5	建筑业	0

序号	行业分布	收藏单位数量
6	交通运输、仓储和邮政业	0
7	信息传输、计算机服务和软件业	0
8	批发和零售业	0
9	住宿和餐饮业	0
10	金融业	0
11	房地产业	0
12	租赁和商务服务业	0
13	科学研究、技术服务和地质勘查业	0
14	水利、环境和公共设施管理业	0
15	居民服务和其他服务业	0
16	教育	2
17	卫生、社会保障和社会福利业	0
18	文化文物、体育和娱乐业	19
19	公共管理和社会组织	27
20	国际组织	0

（二）国有可移动文物数量及分布

经第一次全国可移动文物普查，本行政区域国有可移动文物收藏量为362974件/套。

按单位隶属关系：中央属收藏单位收藏可移动文物0件/套、省属收藏单位收藏可移动文物61件/套、盟市属收藏单位收藏可移动文物83234件/套、区县属收藏单位收藏可移动文物279673件/套、乡镇街道属收藏单位收藏可移动文物6件/套、其他收藏可移动文物 0件/套（图4）。

按单位性质：国家机关收藏可移动文物435件/套，事业单位收藏可移动文物362516件/套，国有企业、国有控股企业收藏可移动文物0件/套，军队收藏可移动文物0件/套，其他单位收藏可移动文物23件/套（图5）。

按单位类型：博物馆、纪念馆收藏可移动文物359877件/套，图书馆收藏可移动文物599件/套，美术馆收藏可移动文物0件/套，档案馆收藏可移动文物432件/套，其他单位收藏可移动文物2066件/套（图6）。

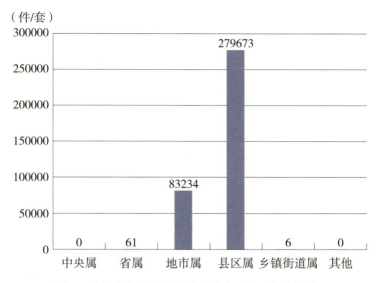

图 4　按单位隶属关系统计赤峰市可移动文物数量

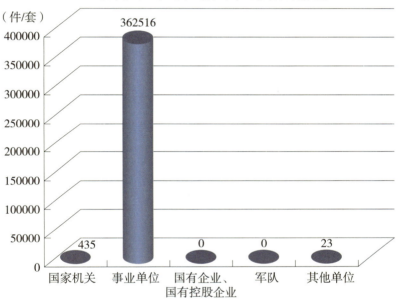

图 5　按单位性质统计赤峰市可移动文物数量

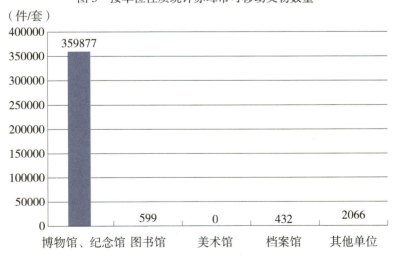

图 6　按单位类型统计赤峰市可移动文物数量

按行业分布：教育65件/套，文化文物、体育和娱乐业362328件/套，公共管理和社会组织581件/套（表2）。

表2　按行业分布统计赤峰市可移动文物数量　　　　　　（单位：件/套）

序号	行业分布	文物数量
1	农、林、牧、渔业	0
2	采矿业	0
3	制造业	0
4	电力、燃气及水的生产和供应业	0
5	建筑业	0
6	交通运输、仓储和邮政业	0
7	信息传输、计算机服务和软件业	0
8	批发和零售业	0
9	住宿和餐饮业	0
10	金融业	0
11	房地产业	0
12	租赁和商务服务业	0
13	科学研究、技术服务和地质勘查业	0
14	水利、环境和公共设施管理业	0
15	居民服务和其他服务业	0
16	教育	65
17	卫生、社会保障和社会福利业	0
18	文化文物、体育和娱乐业	362328
19	公共管理和社会组织	581
20	国际组织	0

按来源：征集购买26575件/套、接受捐赠6784件/套、依法交换10件/套、拨交1188件/套、移交117679件/套、旧藏128060件/套、发掘75189件/套、采集4302件/套、拣选2158件/套、其他1029件/套。

按类别：赤峰市国有可移动文物按类别统计数量如表3、图7。

表3 按文物类别、级别统计赤峰市可移动文物数量 （单位：件/套）

类别＼级别	一级	二级	三级	一般	未定级	总计
玉石器、宝石	104	141	61	634	381	1321
陶器	47	184	519	3166	1222	5138
瓷器	57	390	727	4085	1870	7129
铜器	82	244	457	3662	1964	6409
金银器	53	108	89	426	633	1309
铁器、其他金属器	1	11	52	912	403	1379
漆器	0	1	0	20	0	21
雕塑、造像	34	76	114	229	156	609
石器、石刻、砖瓦	50	125	238	3154	1229	4796
书法、绘画	22	45	24	32	44	167
文具	6	10	14	38	19	87
甲骨	0	0	0	2	1	3
玺印符牌	14	68	46	56	45	229
钱币	12	19	67	192330	136294	328722
牙骨角器	0	2	26	630	138	796
竹木雕	123	18	26	292	30	489
家具	6	10	13	68	17	114
珐琅器	0	3	3	50	9	65
织绣	20	32	36	275	7	370
古籍图书	12	0	2	213	525	752
碑帖拓本	0	0	0	29	0	29
武器	5	29	45	493	450	1022
邮品	0	0	0	0	0	0
文件、宣传品	1	0	2	187	7	197
档案文书	2	3	4	197	248	454
名人遗物	0	0	2	1	0	3
玻璃器	3	3	12	107	232	357
乐器、法器	3	8	28	145	66	250
皮革	1	4	3	70	1	79
音像制品	0	0	0	9	24	33

续表 3

级别 类别	一级	二级	三级	一般	未定级	总计
票据	0	0	1	18	0	19
交通、运输工具	0	3	3	28	47	81
度量衡器	1	3	14	36	20	74
标本、化石	0	0	4	228	45	277
其他	3	4	8	172	7	194
总计	662	1544	2640	211994	146134	362974

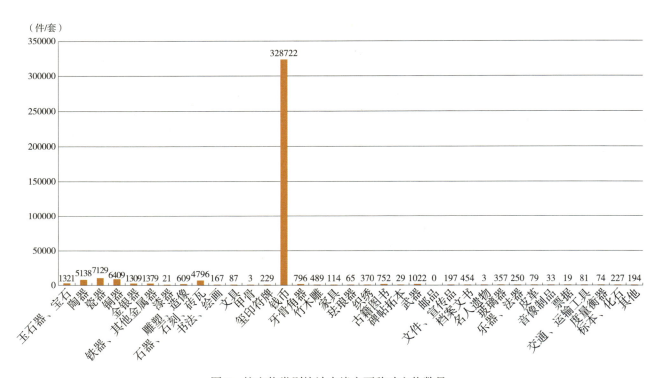

图 7　按文物类别统计赤峰市可移动文物数量

　　按级别：一级 662 件/套、二级 1544 件/套、三级 2640 件/套、一般 211994 件/套、未定级 146134 件/套。比例分别为 0.18%、0.43%、0.73%、58.40%、40.26%（表 3、图 8 ）。

　　按完残程度：完整为 10100 件/套、基本完整为 336543 件/套、残缺为 15261 件/套、严重残缺（包括缺失部件）为 1070 件/套。比例分别为 2.8%、92.7%、4.2%、0.3%（图 9 ）。

　　按入藏时间：1949 年 10 月 1 日前 99 件/套、1949 年 10 月 1 日—1965 年 2238 件/套、1966—1976 年 45266 件/套、1977—2000 年 228335 件/套、2001 年至今 87036 件/套。比例分别为 0.03%、0.62%、12.47%、62.91%、23.97%（图 10 ）。

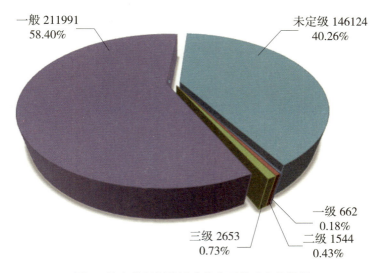

图 8　按文物级别统计赤峰市可移动文物数量

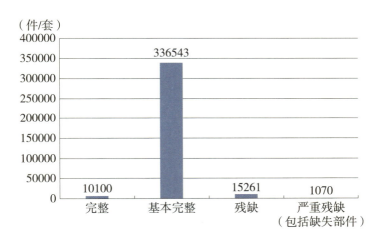

图 9　按完残程度统计赤峰市可移动文物数量

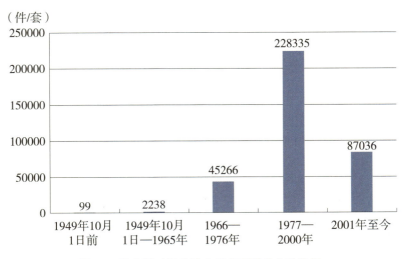

图 10　按入藏时间统计赤峰市可移动文物数量

二、普查工作组织实施

（一）属地管理、分级负责

1. 设立普查领导小组，成立普查机构

根据《内蒙古自治区人民政府关于在全区开展第一次全国可移动文物普查的通知》文件精神，2013 年 5 月 28 日，赤峰市第一次全国可移动文物普查工作领导小组正式成立。领导小组由市政府副市长梁淑琴同志任组长，市政府副秘书长李忠、文化局（文物局）局长于凤先、文化局副局长刘冰、文物局副局长陶建英任副组长，成员由市级 11 个相关部门的主管领导组成，并指定了各行业系统具体负责人。领导小组下设办公室，办公室设在市文物局，主任由陶建英副局长兼任，负责普查工作的日常组织和协调。普查办公室下设项目部，地点设在市文物局，赤峰市博物馆副馆长赵国栋任项目部主任，具体负责文物认定、信息登录和数据管理等工作。

同时，全市 12 个旗县区也都成立了相应的普查工作领导机构。领导小组组长都是由主管副旗（县、区）长担任。各级领导机构的成立，从组织上保证了普查工作的顺利开展。

表 4　赤峰市普查机构统计表

行政区	地市级普查领导小组数量（个）	地市级普查工作办公室（个）	建立普查工作机制的行业系统（个）	建立普查工作机制的收藏单位（个）	印发地市级普查通知（份）	印发地市级普查实施方案（份）	开展普查工作档案整理的地市数量（个）
合计	13	13	24	43	49	49	43
具体情况	是否组建地市级普查领导小组	是否成立地市级普查工作办公室	建立普查工作机制的行业系统（个）	建立普查工作机制的收藏单位（个）	是否印发普查通知	是否印发普查实施方案	是否开展普查工作档案整理
赤峰市直属	■是 □否	■是 □否	2	2	■是 □否	■是 □否	■是 □否
阿鲁科尔沁旗	■是 □否	■是 □否	1	4	■是 □否	■是 □否	■是 □否
巴林左旗	■是 □否	■是 □否	3	3	■是 □否	■是 □否	■是 □否
巴林右旗	■是 □否	■是 □否	1	3	■是 □否	■是 □否	■是 □否
克什克腾旗	■是 □否	■是 □否	3	3	■是 □否	■是 □否	□是 □否
林西县	■是 □否	■是 □否	1	1	□是 □否	■是 □否	□是 □否
翁牛特旗	■是 □否	■是 □否	2	2	■是 □否	■是 □否	■是 □否
喀喇沁旗	■是 □否	■是 □否	1	2	■是 □否	■是 □否	■是 □否
宁城县	■是 □否	■是 □否	3	3	■是 □否	■是 □否	□是 □否
敖汉旗	■是 □否	■是 □否	4	12	■是 □否	■是 □否	■是 □否
红山区	■是 □否	■是 □否	1	4	■是 □否	■是 □否	■是 □否
松山区	■是 □否	■是 □否	1	3	■是 □否	■是 □否	■是 □否
元宝山区	■是 □否	■是 □否	1	1	■是 □否	■是 □否	■是 □否

2．制定普查实施方案和工作制度

赤峰市第一次全国可移动文物普查是一项加强文物保护管理，推进公共文化服务体系建设的重要基础性工作。根据《国务院关于开展第一次全国可移动文物普查的通知》（国发〔2012〕54号）、《内蒙古自治区人民政府关于在全区开展第一次全国可移动文物普查的通知》（内政发〔2013〕33号）、《文物保护法》《物权法》《内蒙古自治区文物保护条例》，结合自治区文物局关于开展全区可移动文物普查工作的安排，为确保我市第一次全国可移动文物普查工作顺利进行，赤峰市各级普查办均制定普查实施方案。方案中包括普查的意义、普查的目标、普查的范围和内容、普查的工作要求、普查的技术路线、普查的组织、普查时间和实施步骤、普查的经费、普查的宣传、普查的总结等内容。各级普查办严格按照普查实施方案的要求，按照既定的时间节点，稳步推进普查各阶段的工作。

3．落实普查工作经费

赤峰市普查办根据内蒙古自治区普查办编制的《内蒙古自治区第一次全国可移动文物普查经费预算说明》，结合我市实际，进一步细化了工作任务和计划，合理确定了相关标准，编制了我市可移动文物普查经费预算，并向市政府提交了经费申请报告，此项经费主要用于普查方案制定、宣传动员、人员聘用与培训、调查、设备购置、信息采集、检查验收、总结、表彰等。

2013年，自治区文物局拨付我市工作经费20万元，2014年追加拨款20万元。这些经费主要用于部分信息采集设备的购置，编制普查工作方案，印制相关资料，各级普查办组织的培训、专家研讨会等工作。

除了自治区文物局拨付的经费之外，市本级普查经费申请落实330万元，各旗县区也都向当地政府申请了专项工作经费，共计293.5万元（表5）。

表5　赤峰市第一次全国可移动文物普查经费统计表　　　　（单位：万元）

行政区	合计	2013年	2014年	2015年	2016年
总计	623.5	113	171	187	152.5
赤峰市	330	30	100	100	100
阿鲁科尔沁旗	40	10	10	10	10
巴林左旗	12	0	2	0	10
巴林右旗	37	10	10	10	7
克什克腾旗	7.5	0	2.5	2.5	2.5
林西县	40	10	10	10	10
翁牛特旗	20	10	10	0	0
喀喇沁旗	33	10	11.5	11.5	0
宁城县	12	3	3	3	3
敖汉旗	32	10	2	20	0

行政区	合计	2013 年	2014 年	2015 年	2016 年
红山区	20	5	5	5	5
元宝山区	20	5	5	5	5
松山区	20	10	0	10	0

4. 组建普查队伍

为顺利推进普查工作，赤峰市自启动普查工作以来，采用传帮带、多技术岗位配合等方式促进我市复合型文博队伍建设。通过普查工作的开展，全面提高文物保护工作人员的科学知识、专业技能和管理水平，以普查促进博物馆专业人员的新老交替，梯队建设，软件专家、复合型文物保护管理人才的培养，为进一步建立具有现代化科学素养的博物馆专业队伍创造条件。

第一，为了加强业务指导，我们组建了赤峰市可移动文物普查工作专家库。专家库由市文物局组织的文物专家及各有关部门指定的本行业专家组成。各旗县区也都成立了可移动文物普查专家组，包括文博系统内专家和系统外专家。全市可移动文物普查专家库人员达到57人。各级专家组按照国家文物局制定的相关标准，统一负责本次可移动文物普查的专业指导、技术咨询、文物鉴定认定、质量把关、信息汇总、检查验收等专业指导工作。

第二，建立了一支200余名普查队员组成的普查队伍。经过普查培训、实地查看、数据采集、资料录入和数据整理，广大基层文物工作者的业务能力和工作水平都得到了全面的锻炼和提高。

第三，为推进普查工作进度、提升普查质量，各级普查办积极宣传，充分调动社会资源参与可移动文物普查，建立了志愿者团队。赤峰地区各级普查办，充分利用自身的优势，招募了一批历史专业的本科生、研究生共175人的志愿者团队，为普查工作输送了新鲜血液。同时，志愿者通过参与可移动文物普查工作，把学到的理论知识应用到社会实践中，专业知识得到了升华，开拓了文物视野，增强了实践能力（表6）。

表6　赤峰市第一次全国可移动文物普查总投入人员数量汇总表　　　　（单位：人）

行政区	各级普查办	收藏单位	普查专家	普查志愿者	合计
合计	128	124	57	175	484
赤峰市	10	10	17	0	37
阿鲁科尔沁旗	13	10	3	4	30
巴林左旗	13	10	7	57	87
巴林右旗	13	10	2	22	47
克什克腾旗	6	3	3	0	12
林西县	5	6	1	10	22
翁牛特旗	8	4	3	50	65

行政区	各级普查办	收藏单位	普查专家	普查志愿者	合计
喀喇沁旗	6	4	2	5	17
宁城县	22	8	5	1	36
敖汉旗	8	43	6	12	69
红山区	9	5	2	2	18
元宝山区	5	5	3	2	15
松山区	10	6	3	10	29

（二）调查、认定、采集、登录、审核，分阶段实施

1. 国有可移动文物收藏单位调查阶段

赤峰市经过各级普查办、各有关部门的共同努力，于2013年年底，共完成了1995家国有单位的摸底调查工作，此次的普查摸底调查范围包括国家机关、事业单位、国有企业及国有控股企业三大类国有单位，涉及20个行业和系统。共发放《国有单位可移动文物收藏情况调查表》1720份，回收1690份，反馈收藏有可移动文物的国有单位49家（表7），调查覆盖率为100%。经专家认定，赤峰地区的博物馆、文物管理所、文物管理局、乡镇政府、档案馆、图书馆、高等院校、宗教部门等43家国有单位收藏保管有可移动文物，其中文博系统收藏单位15家，非文博系统收藏单位28家，收藏文物总数为362974件/套。

在普查过程中，我市文物普查队员严谨细致，以高度的责任感和使命感积极投入到普查的各个环节。结合我市普查工作的实际情况，各普查办合理利用时间、制定普查路线，大大提高了工作效率。如巴林左旗普查办，普查队员共分成四个小队，其中两个小队负责林东镇内普查，两个小队负责乡镇、苏木普查，有效地保障了普查质量。

表7　赤峰市国有单位可移动文物收藏情况调查表

行政区划	辖区内国有单位数量（家）	国有单位可移动文物收藏情况调查表		
		发放（张）	回收（张）	反馈收藏有可移动文物的国有单位（家）
合计	1995	1720	1690	49
阿鲁科尔沁旗	101	101	101	4
巴林左旗	260	245	245	4
巴林右旗	123	123	123	5
克什克腾旗	142	142	142	3
林西县	120	75	75	3

续表 7

行政区划	辖区内国有单位数量（家）	国有单位可移动文物收藏情况调查表		
		发放（张）	回收（张）	反馈收藏有可移动文物的国有单位（家）
翁牛特旗	275	275	275	2
喀喇沁旗	110	108	108	2
宁城县	103	103	103	3
敖汉旗	158	158	158	12
红山区	141	141	124	4
元宝山区	125	125	112	2
松山区	337	124	124	5

我市根据《国有可移动文物普查——收藏单位名录编制规范（试行）》的有关体例要求，已对本地区国有单位名单进行编制（表8）。

表 8　赤峰市国有文物收藏单位名录

单位编码	单位名称	上级主管机构	藏品数量（件/套）	单位地址
15040021800001	赤峰市博物馆	赤峰市文化新闻出版广电局	83223	内蒙古自治区赤峰市新城区富河街 10 号
15040021800002	赤峰市图书馆	赤峰市文化新闻出版广电局	11	内蒙古自治区赤峰市新城区富河街 10 号
15040221500001	红山区档案局	红山区人民政府	20	内蒙古自治区赤峰市红山区桥北大街 1 号
15040221800002	红山区文物局	红山区文化体育局	92	内蒙古自治区赤峰市红山区桥北大街 1 号
15040221800003	红山区图书馆	红山区文化体育局	586	内蒙古自治区赤峰市红山区哈达西街 77-3 号
15040021600003	赤峰学院	内蒙古自治区教育厅	61	内蒙古自治区赤峰市红山区迎宾路 1 号
15040321800001	元宝山区文物管理所	元宝山区文化广电体育局	529	内蒙古自治区赤峰市元宝山区平庄镇银河广场文化大厦
15040411900004	松山区档案局	松山区人民政府	2	内蒙古自治区赤峰市松山区友谊大街 1 号松山区党政综合楼一楼
15040421800002	松山区文物管理所	松山区文化体育局	4382	内蒙古自治区赤峰市松山区平双路 128 号松山区交通局办公楼二楼 210 室
15040441900003	松山区大庙镇公主陵村村民委员会	松山区大庙镇人民政府	2	内蒙古自治区赤峰市松山区大庙镇公主陵村二组 3 号

续表 8

单位编码	单位名称	上级主管机构	藏品数量（件/套）	单位地址
15042111900003	阿鲁科尔沁旗民族宗教局	阿鲁科尔沁旗人民政府	22	内蒙古自治区赤峰市阿鲁科尔沁旗新区天元大街 52 号党政综合楼
15042111900004	中共阿鲁科尔沁旗委员会老干部局	中共阿鲁科尔沁旗委员会组织部	1	内蒙古自治区赤峰市阿鲁科尔沁旗天山镇天山路 157 号
15042121800001	阿鲁科尔沁旗博物馆	阿鲁科尔沁旗文化体育广播电影电视局	10658	内蒙古自治区赤峰市阿鲁科尔沁旗新城区乌力吉木伦巷 12 号
15042121900002	阿鲁科尔沁旗档案馆	阿鲁科尔沁旗人民政府	9	内蒙古自治区赤峰市阿鲁科尔沁旗新区天元大街 52 号党政综合楼
15042211900001	巴林左旗档案局	巴林左旗人民政府	54	内蒙古自治区赤峰市巴林左旗林东镇沙里街 329 号
15042241900002	巴林左旗格力布尔召教管会	巴林左旗民族事务委员会	3	内蒙古自治区赤峰市巴林左旗林东镇契丹大街西段党政综合楼 4 楼东侧
15042321800006	巴林左旗辽上京博物馆	巴林左旗文化体育广播电视局	113885	内蒙古自治区赤峰市巴林左旗林东镇契丹大街中段辽上京博物馆
15042311900002	巴林右旗档案局	巴林右旗人民政府	55	内蒙古自治区赤峰市巴林右旗大板镇大板街 40 号
15042321800001	巴林右旗博物馆	巴林右旗文化广电体育局	81746	内蒙古自治区赤峰市巴林右旗大板镇索博日嘎街 68 号（旗政府广场西侧）
15042341800004	巴林右旗民俗博物馆	巴林右旗文化广电体育局	1039	内蒙古自治区赤峰市巴林右旗大板镇大板街 44 号
15042421800001	林西县博物馆	林西县文化广电体育局	1161	内蒙古自治区赤峰市林西县林西镇松漠大街 21 号
15042511900003	克什克腾旗档案局	克什克腾旗人民政府	196	内蒙古自治区赤峰市克什克腾旗经棚镇应昌路北段党政综合楼
15042521800001	克什克腾旗博物馆	克什克腾旗文化广电体育局	18792	内蒙古自治区赤峰市克什克腾旗经棚镇应昌路北段地质和历史博物馆综合楼
15042541900002	克什克腾旗经棚庆宁寺	克什克腾旗民族事务委员会	18	内蒙古自治区赤峰市克什克腾旗经棚镇东小井街北端
15042611900002	翁牛特旗档案局	翁牛特旗人民政府	95	内蒙古自治区赤峰市翁牛特旗党政综合楼 739 号
15042621800001	翁牛特旗博物馆	翁牛特旗文化广电体育局	6455	内蒙古自治区赤峰市翁牛特旗乌丹镇清泉路桥南路西行政商务办公区 1 号楼
15042821800001	喀喇沁旗王府博物馆	喀喇沁旗文化体育广播电影电视局	562	内蒙古自治区赤峰市喀喇沁旗王爷府镇王府大街 68 号

续表 8

单位编码	单位名称	上级主管机构	藏品数量（件/套）	单位地址
15042821800002	喀喇沁旗文物管理局	喀喇沁旗文化体育广播电影电视局	1323	内蒙古自治区赤峰市喀喇沁旗锦山大街138–11号
15042921800003	宁城县图书馆	宁城县文化体育广播电视局	2	内蒙古自治区赤峰市宁城县天义镇长青街（原农机局）
15042911900002	宁城县档案局	宁城县人民政府	3	内蒙古自治区赤峰市宁城县天义镇新城区哈河大街中段
15042921800001	宁城县辽中京博物馆	宁城县文化体育广播电视局	7762	内蒙古自治区赤峰市宁城县天义镇南城村
15043011900002	敖汉旗四道湾镇人民政府	敖汉旗人民政府	1	内蒙古自治区赤峰市敖汉旗四道湾子镇河沿大街1号
15043011900003	敖汉旗四家子镇人民政府	敖汉旗人民政府	3	内蒙古自治区赤峰市敖汉旗四家子镇河西街1号
15043011900004	敖汉旗贝子府镇人民政府	敖汉旗人民政府	5	内蒙古自治区赤峰市敖汉旗贝子府镇中街1号
15043011900005	敖汉旗兴隆洼镇人民政府	敖汉旗人民政府	63	内蒙古自治区赤峰市敖汉旗兴隆洼镇宝国吐街1号
15043011900006	敖汉旗丰收乡人民政府	敖汉旗人民政府	4	内蒙古自治区赤峰市敖汉旗丰收乡兴和街1号
15043011900007	敖汉旗金厂沟梁镇人民政府	敖汉旗人民政府	11	内蒙古自治区赤峰市敖汉旗金厂沟梁镇金川街1号
15043011900008	敖汉旗下洼镇人民政府	敖汉旗人民政府	4	内蒙古自治区赤峰市敖汉旗下洼镇诚信大街1号
15043011900009	敖汉旗新惠镇人民政府	敖汉旗人民政府	4	内蒙古自治区赤峰市敖汉旗新惠镇新中街1号
15043011900010	敖汉旗民族宗教事务局	敖汉旗人民政府	5	内蒙古自治区赤峰市敖汉旗新惠镇新民路1号党政综合楼
15043011900011	敖汉旗木头营子乡人民政府	敖汉旗人民政府	1	内蒙古自治区赤峰市敖汉旗木头营子乡玉府大街1号
15043011900012	敖汉旗敖润苏莫蒙古族中心学校	敖汉旗教育局	4	内蒙古自治区赤峰市敖汉旗敖润苏莫苏木敖润苏莫大街1号
15043021800001	敖汉旗博物馆	敖汉旗文化体育广播电视局	30120	内蒙古自治区赤峰市敖汉旗新惠镇人民政府新惠路63号

2．国有可移动文物认定工作阶段

赤峰市开展可移动文物普查工作以来，得到了社会各界的关注，在对全市国有收藏单位调查的基础上，市普查办组织专家完成了国有收藏单位可移动文物初步鉴定工作。经认定，赤峰地区的文博系统单位、乡镇政府、档案馆、图书馆、高等院校、宗教部门等43家国有单位收藏保管有可移动文物，其中文博系统外单位收藏可移动文物主要为考古出土品、古籍文献、历史档案、宗教用品和历史时期的生产生活用具等类别。市普查办按照工作要求，组织普查专家小组根据各旗县区普查办提供的《鉴定藏品清单》，对上报的2000余件／套藏品进行了等级、真伪、名称、时代、材质、内涵等初步鉴定，并提出了具体的意见和建议。最终鉴定为文物1663件／套，其中初步鉴定为一级文物19件／套、二级文物50件／套、三级文物378件／套。

通过初步鉴定还新发现一批珍贵可移动文物，如翁牛特旗档案馆13册中华人民共和国成立前档案，阿鲁科尔沁旗档案馆的4件清代五彩圣旨，克什克腾旗庆宁寺收藏的手书经卷等。

3．国有可移动文物信息采集登录阶段

赤峰市摸底调查阶段反馈有文物的收藏单位共49家，注册率为100%。已经注册并登录文物信息的收藏单位43家，其中元宝山区档案局、元宝山发电有限责任公司、赤峰市国土资源管理局松山区分局、赤峰市巴林左旗林东清真寺、巴林右旗巴林石博物馆、巴林右旗荟福寺6家单位的藏品经各级普查办专家实地认定，不属于此次可移动文物普查范围，所以未向国家数据平台上报信息（表9）。

经各级普查办对上报信息的复核，各单位隶属关系、单位性质、单位类型、行业、系统等信息真实准确。

表9　赤峰市收藏单位登录情况　　　　　　　　　　（单位：家）

行政区	摸底调查阶段反馈收藏有文物的国有单位数量	已登录文物的收藏单位数量	已注册账号但未登录文物的收藏单位数量
合计	49	43	6
阿鲁科尔沁旗	4	4	0
巴林左旗	4	3	1
巴林右旗	5	3	2
克什克腾旗	3	3	0
林西县	1	1	0
翁牛特旗	2	2	0
喀喇沁旗	2	2	0
宁城县	3	3	0
敖汉旗	12	12	0
红山区	4	4	0
元宝山区	3	1	2
松山区	6	5	1

赤峰市自开展普查工作以来，各地区各收藏单位高度重视，认真负责，截止到2016年8月31日，共完成了362974件/套数据的采集和登录，全部完成数据登录工作，数据报送进度为100%（表10）。

表10 赤峰市文物信息登录情况

行政区	是否完成文物信息登录工作	完成比例	未完成的工作进度安排
赤峰市	■是 □否	100%	无
阿鲁科尔沁旗	■是 □否	100%	无
巴林左旗	■是 □否	100%	无
巴林右旗	■是 □否	100%	无
克什克腾旗	■是 □否	100%	无
林西县	■是 □否	100%	无
翁牛特旗	■是 □否	100%	无
喀喇沁旗	■是 □否	100%	无
宁城县	■是 □否	100%	无
敖汉旗	■是 □否	100%	无
红山区	■是 □否	100%	无
元宝山区	■是 □否	100%	无
松山区	■是 □否	100%	无

在普查工作方法方面，赤峰市采取流水作业的工作模式和"定岗、定责、定时、定量"的工作方法。综合考虑博物馆日常工作与普查信息采集工作，合理搭配骨干力量与一般参与人员，人员分工明确，同时开展普查工作。普查小组设立文物影像采集、信息填写、信息核对、数据录入、数据审核五种岗位，提出岗位的工作职责，每个小组中有2名人员对文物进行重量和尺寸的测量以及完残程度的核对等工作；1名人员对文物的其他信息按照各项标准进行核对和填写，包括核对来源、入藏时间，规范文物名称等要素项；以上各信息填写完毕后交由另一名人员进行系统录入。每组设立兼职审核员一名，由普查小组组长担任，负责核对审查录入软件的信息，保证录入信息的准确。要求无特殊情况，每天采集文物信息不少于50件/套。至少保证普查人员在每个工作日按照要求进行普查，保障基本进度。通过阶段性工作的探索，形成以分组筛选法，排出普查顺序，确定起始路径；以先简后繁、先易后难为原则，各岗并进，流水作业工作模式，在实际操作中显现良好实效。

赤峰各级普查办，根据各地实际情况，充分考虑到非文博系统专业人员缺乏等因素，派出文博系统内的骨干力量，帮助非文博系统收藏单位，完成文物信息采集和登录。

4. 国有可移动文物信息审核阶段

赤峰市可移动文物普查数据审核工作严格根据国家和自治区的审核要求，进行数据审核和质量控制。市普查办组织了六个组的专家进行集中审核，采取离线审核的方式，按照审核要求细则，对数据进行逐一检查，确保零差错，为赤峰市全部数据顺利通过自治区和国家级审核奠定了基础。

2016年7月20日，通过市级普查办数据审核；

2016年7月30日，通过自治区级普查办数据审核；

2016年9月20日，通过国家级普查办数据审核。

赤峰市普查数据审核工作，采用市、旗县区级普查办联合审核模式，为全面完成赤峰市可移动文物普查打下了坚实的基础。赤峰市已登录普查平台的文物藏品数据36万余件/套，市普查办立足现实，精心谋划，根据藏品总量和行政区域分布，把全市12个旗县区分成2个数据审核片区，按照"分区划片、集中审核、逐一解决"的思路加快推进数据审核。同时，专门下发《关于加快推进全市第一次全国可移动文物普查数据审核工作的通知》，进一步明确工作职责和数据审核实施方案等内容，为数据审核提供制度保障。赤峰市各级文博单位服从全局，积极选派专家骨干投入全市审核；聘请、抽调的专家组成员克服舟车劳累，战高温、斗酷暑，"五加二、白加黑"工作连轴转，集中审核、逐条审看、挑错修改；各旗县区普查办服务大局，创造条件提供后勤保障，营造出各旗县区互帮互助、团结协作的良好氛围，形成全市一盘棋的普查工作态势，并锻造出一支经验丰富、技术全面、乐于奉献、能打硬仗的普查骨干队伍。依照"逐条审核、保质争优"的原则，赤峰市普查办在征求自治区普查办意见和借鉴兄弟盟市经验基础上，研究制定"离线数据、两级联审、实地开展"的工作模式，既化解了逐级审核的普查技术难点，又实地解决了基层审核的诸多问题，有效实现数据质量和审核效率的"双提高"。

（三）宣传动员

此次可移动文物普查是我国当前最大的可移动文物保护工程。各级普查机构高度重视普查宣传工作，充分运用报纸、广播、电视、网络等传播手段和宣传方式，切实加大普查宣传力度，提高普查社会影响力。同时，积极引导社会各方面力量参与文物普查，提高文物普查社会参与程度。

赤峰市各级普查机构充分利用国际博物馆日、文化遗产日等节庆活动，进行社会公众的宣传和信息发布。从最初的舆论准备、机构筹建、工作部署，到人员培训、开始调查、专家指导，再到登记统计、录入数据、总结验收等环节，各类媒体多管齐下，全面深入报道可移动文物普查工作。同时，市普查办还通过建设普查网络平台开辟了一个全新的宣传阵地和工作交流平台。赤峰市第一次全国可移动文物普查工作网站于2014年3月正式开通。该网站是赤峰市第一次全国可移动文物普查领导小组办公室利用互联网开展全市可移动文物普查工作的一次探索尝试和工作创新，也是深入开展文物普查工作的重要组成部分。网站设有普查资讯、普查通知、普查机构、普查简报、旗县区动态、文博之窗及文件资料等13个栏目，宣传报道可移动文物普查工作的重要新闻和公开信息，使全市各级可移动文物普查工作成果得到集中展示。

2016年是普查工作的收官之年，市普查办利用"5·18国际博物馆日"开展了一系列的宣传活动，宣传活动项目主要包括赤峰市第一次全国可移动文物普查成果展、赤峰地区博物馆推介、公益文物鉴定等活动，活动历时8天，直接参与宣传活动的博物馆达到12家，创历史新高。普查成果展以图文并茂的形式，通过200余幅图片，以普查工作的时间、阶段性工作任务为脉络，以普查筹备、普查业务骨干培训、普查宣传、国有文物收藏单位调查、文物认定、新发现文物、信息采集登录、信息审核、领导视察等为内容，生动形象地梳理和总结了赤峰自开展普查工作以来取得的成绩。

同时，为了加强各旗县区普查单位之间的沟通，使大家全面了解全市普查工作的进展情况，我们编制了《赤峰市第一次全国可移动文物普查工作简报》。该简报发送至上级机关及所有成员单位，各旗县区文体局、文物局、博物馆，总共编发15期（表11）。

表11　赤峰市普查宣传工作统计表

行政区	组建地市级宣传机构（个）	制定地市级宣传方案（个）	宣传方式									
			电视（次）	互联网（次）	报刊（次）	海报（份）	册页（份）	广播	悬挂条幅	简报	信息	橱窗
合计	13	13	77	93	88	5724	78016	1	14	15	2	4
赤峰市直属	1	1	48	64	54	3217	64708			14		
阿鲁科尔沁旗	1	1										
巴林左旗	1	1	5	5	9	1000	1000					
巴林右旗	1	1	4	9	5	1000						
克什克腾旗	1	1	7	7	7	7	10000					
林西	1	1	3	2			1000					
翁牛特旗	1	1	1		3			1				
喀喇沁旗	1	1	1	1	2	0	108		2			
宁城县	1	1	2		5	500	1000					
敖汉旗	1	1	2	5	3	0	0					4
红山区	1	1										
元宝山区	1	1	4				200					
松山区	1	1								12	1	2

（四）质量控制

1. 开展培训工作

作为全区的文物大市，普查面临的问题突出表现在一是普查文物数量巨大，时间紧、任务重；二是一般文物信息整理基础工作比较薄弱；三是软件使用、信息采集专业要求高，人手缺乏。针对此种情况，我市从 2013 年 5 月开始，采用梯队培训、骨干带头、重点馆示范，有序推进可移动文物普查培训工作，相继完成了可移动文物普查三个阶段的人员培训。

第一阶段，自治区级和市级培训工作，结合我市实际，制定了市级培训计划，采取梯队培训，培养骨干带动队伍。普查技能方面，由骨干人员培训普查工作小组全体成员，针对普查范围、内容、标准及普查软件的应用开展详细的培训，理论培训与实地操作培训结合，达到参与此项工作的每个人员掌握技能的目的。这种边培训边开展工作的形式，在时间紧要求高的普查工作中非常有效，在实际工作中建立起了一支普查骨干队伍。市级培训可移动文物普查骨干 170 人次；各旗县区也组织了业务培训，培训人员 236 人次。赤峰市博物馆率先开展了普查的相关工作，并配合市普查办为全市各国有博物馆和文物收藏单位进行普查工作的技术指导。

第二阶段，赤峰市普查办根据普查的实际需要，为确保数据审核质量，提高数据审核效率，开展了多次培训工作。如 2016 年 5 月 30 日，市普查办举办了赤峰市第一次全国可移动文物普查离线数据审核培训班。培训班邀请国家普查办徐鹏老师，就数据审核要求、普查数据网上审核常见问题进行了为期一天的详细讲解。全市各地区相关单位业务骨干和专家共 40 余人参加了培训，为我市普查数据审核工作的顺利完成奠定了坚实的基础。同时，为顺利推进重点工作，保障普查质量，2016 年 6 月 28 日，内蒙古自治区东部区可移动文物普查数据审核与管理培训班在赤峰举办，培训班邀请国家普查办徐鹏、赵菁两位老师，就普查总结报告编制、普查数据审核标准及要求、普查数据审核经验交流等内容进行了为期两天的学习培训。全区各地区相关单位业务骨干和专家共 90 余人参加了培训，其中赤峰市选派学员 30 余人。

第三阶段，在启动藏品账目整理工作过程中，安排两名新、老藏品账目管理人员，在工作中传帮带。保管部的管理人员与技术人员，配合参与全区集中培训和全市普查骨干的培训，通过培训授课，传授经验（表 12）。

表 12　赤峰市普查培训统计表

行政区	合计		2013 年		2014 年		2015 年		2016 年	
	次数（次）	人数（人）	次数（次）	人数（人）	次数（次）	人数（人）	次数（次）	人数（人）	次数（次）	人数（人）
合计	99	1017	21	422	23	225	29	201	26	169
赤峰市直属	5	275	1	100	1	52	1	45	2	78
阿鲁科尔沁旗	11	69	3	20	3	17	3	17	2	15
巴林左旗	9	155	2	60	2	40	2	40	3	15

行政区	合计		2013 年		2014 年		2015 年		2016 年	
	次数（次）	人数（人）	次数（次）	人数（人）	次数（次）	人数（人）	次数（次）	人数（人）	次数（次）	人数（人）
巴林右旗	8	40	2	10	2	10	2	10	2	10
克什克腾旗	7	15			1	2	5	11	1	2
林西县	4	54	1	16	1	16	1	16	1	6
翁牛特旗	6	138	1	53	1	53	3	26	1	6
喀喇沁旗	13	25	3	5	4	8	3	6	3	6
宁城县	13	53	3	19	3	12	3	11	4	11
敖汉旗	7	12	1	1	1	1	2	4	3	6
红山区	4	36	1	9	1	9	1	9	1	9
元宝山区	8	10	2	4	2	2	2	2	2	2
松山区	4	135	1	125	1	3	1	4	1	3

2. 开展专项督查

赤峰市自开展普查工作以来，各个环节都十分注重普查质量的控制，市普查办自 2013 年开始，成立可移动文物普查督查小组，每年开展 2 次全市可移动文物普查专项督查，对我市 12 个旗县区可移动文物普查各阶段任务完成情况进行实地督查，主要对组织机构、人员配备、方案编制、经费落实、设备购置、人员培训、工作进度等情况进行跟踪检查，对工作中发现的问题、难点及时进行了纠正和解决。为切实做好督查工作，市普查办制定了督查工作执行方案，安排好每次的督查日程及工作措施，与旗县区普查办项目部做好对接。

（五）普查工作总结情况

赤峰市各级普查办都加强了本辖区的普查档案建设管理工作，对做好第一次全国可移动文物普查工作过程中形成的具有保存价值的各类文件材料、音像、载体等整理归档，确保普查档案的完整、真实和规范。同时指定了专门的档案管理人员，做好文物档案的管理工作，防止档案遗失和失泄密事件的发生。

针对大量一般文物档案信息不全的问题，我市各国有文物收藏单位都采取了相应措施。在进行信息采集工作中启动藏品原始账目整理工作，并根据普查工作信息采集的顺序建立新的档案账目，在具体实施中合理利用已有的数据与资源，采用高效的工作模式，突破难点。首先做到合理归类，利用已完成的馆藏信息数据库管理系统建设成果，结合藏品管理中的分类原理和实际工作经验，将目标普查藏品划分为已有数据待转换部分（主要为三级以上珍贵藏品）、已认定的一般文物、未认定藏品三个部分。其次完善各收藏单位的总账与分类账，藏品账目管理与文物普查同步进行，实现藏品动态化管理。针对普查发现部分馆藏文物来源、入藏时间等信息不明确的问题，启用藏品老账，以器物或藏品卡片上的原始号为线索查找，基本查明了相关原始信息，使普查的信息录入更为准确。

三、普查工作成果

经过各级政府、普查办及各有关部门三年多时间的共同努力，我市全面完成了第一次全国可移动文物普查工作，摸清了全市可移动文物家底，基本实现普查目标。

据第一次全国可移动文物普查数据显示，赤峰市各国有收藏单位共收藏可移动文物362974件/套，其中文博系统收藏文物361725件/套，非文博系统收藏文物1249件/套。

（一）掌握了赤峰市国有可移动文物资源情况及价值

1. 摸清数量及分布

赤峰地区共有43家国有单位收藏保管有可移动文物，其中文物系统收藏单位15家，涉及单位有博物馆、文物管理所、文物局，非文物系统收藏单位28家，全市共收藏文物总数为362974件/套。文物系统文物361490件/套，非文物系统文物1227件/套，化石标本257件/套。其中一级文物662件/套、二级文物1544件/套、三级文物2640件/套、未定级文物146134件/套、一般文物211994件/套。

表13　按行政区划统计赤峰市可移动文物数量　　　　（单位：件/套）

行政区划	文物系统文物数量（件/套）	非文物系统文物数量（件/套）	化石标本数量（件/套）	文物数量总计（件/套）
赤峰市	83158	11	65	83234
阿鲁科尔沁旗	10638	32	20	10690
巴林左旗	113885	57	0	113942
巴林右旗	82779	55	6	82840
克什克腾旗	18733	196	77	19006
林西县	1124	0	37	1161
翁牛特旗	6447	95	8	6550
喀喇沁旗	1881	0	4	1885
宁城县	7762	5	0	7767
敖汉旗	30081	105	39	30225
红山区	92	667	0	759
松山区	4382	4	0	4386
元宝山区	528	0	1	529
合计	361490	1227	257	362974

2. 掌握保存状况

根据《第一次全国可移动文物普查工作手册》中完残程度及保存状态描述的要求，对文物及其附件的完整、损伤、残缺、污染或成套文物失群等情况进行判断，在我市统计的362974件/套文物中，被判断完整的为10100件/套、基本完整为336543件/套、残缺为15261件/套、严重残缺（包括缺失部件）为1070件/套。比例分别为2.8%、92.7%、4.2%、0.3%。

此外，随着国家在文物技术保护方面的资金投入越来越大，以可移动文物普查为契机，从2013年开始，由赤峰市文物局牵头，与国内文物保护权威机构合作，围绕着各国有博物馆的各类珍贵文物开展文物技术保护研究工作，目前，已开展了赤峰地区馆藏"辽代壁画"和"纸质文物"文物保护修复项目，这些文物保护修复课题促使着博物馆文物保护研究工作走向更高水平的同时也为我市博物馆事业培养更多的青年业务骨干。

3. 掌握使用管理情况（表14、15）

表14　赤峰市普查成果开发利用情况统计表

行政区	是否有单位公开藏品资源	已公开藏品资源的单位数量（家）	是否举办普查主题展览（含网络展览）	展览数量
合计		6		21
赤峰市直属	□是 ■否	0	■是 □否	12
阿鲁科尔沁旗	□是 ■否	0	□是 ■否	0
巴林左旗	□是 ■否	0	■是 □否	3
巴林右旗	□是 ■否	0	□是 ■否	0
翁牛特旗	■是 □否	1	□是 ■否	0
克什克腾旗	■是 □否	1	■是 □否	2
喀喇沁旗	□是 ■否	0	□是 ■否	0
宁城县	■是 □否	3	■是 □否	1
敖汉旗	■是 □否	1	■是 □否	3
红山区	□是 ■否	0	□是 ■否	0
松山区	□是 ■否	0	□是 ■否	0

表15　赤峰市可移动文物藏品资源公开情况统计表

已公开藏品资源的单位名称	公开藏品数量（件/套）	公开方式
克什克腾旗博物馆	18792	文物普查汇报材料
翁牛特旗博物馆	620	展厅展览
宁城县辽中京博物馆	1500	陈列展出
宁城县图书馆	2	查阅
宁城县档案局	3	查阅
敖汉旗博物馆	3000	展览、网络

（二）健全文物保护体系

1．完善文物档案

赤峰各级普查办和收藏单位对所藏文物均已建立起了纸质和电子文物档案，基本实现了我市馆藏文物资源信息化和数字化（表16）。

表16　赤峰市文物认定及建档情况统计表

行政区划	文博系统单位					非文博系统单位				
	收藏单位数量（家）	新发现、新认定藏品数量（件/套）	新建/重建藏品账目及档案的单位数量（家）	新建/重建藏品账目及档案的文物数量（件/套）	完成藏品账目及档案信息化的单位数量（家）	收藏单位数量（家）	新发现、新认定藏品数量（件/套）	新建/重建藏品账目及档案的单位数量（家）	新建/重建藏品账目及档案的文物数量（件/套）	完成藏品账目及档案信息化的单位数量（家）
合计	15	28119	9	54686	15	28	1206	27	1165	28
赤峰市直属	1	0	0	0	1	1	11	1	11	1
阿鲁科尔沁旗	1	0	0	0	1	3	32	3	32	3
巴林左旗	1	64	0	0	1	2	57	2	57	2
巴林右旗	2	151	2	4311	2	1	1	1	55	1
克什克腾旗	1	100	1	18792	1	2	213	2	213	2
林西县	1	0	0	0	1					
翁牛特旗	1	98			1	1	95			1
喀喇沁旗	2	0	2	1884	2	0	0	0	0	0
宁城县	1	9	1	9	1	2	5	2	5	2
敖汉旗	1	25217	1	25217	1	11	121	11	121	11
红山区	1	0	1	92	1	3	667	3	667	3
元宝山区	1	0	0	0	1	0	0	0	0	0
松山区	1	2480	1	4381	1	2	4	2	4	2

2．完善制度和规范

在赤峰市可移动文物普查办公室的部署下，各国有博物馆和文物收藏单位相继制定了可移动文物普查工作期间的文物安全预案和保障制度，强化文物安全。普查工作是一次大规模的文物集中整理，参与的人员、整理的文物都是密集型的，极易产生安全隐患，因此在普查中要时刻把安全放在首位，及时排除安全操作隐患，总结规律，制定科学完善的《可移动文物普查藏品安全操作规程》。

（三）有效发挥文物在赤峰市经济社会发展中的重要作用

此次普查在摸清文物家底的同时，也让普查中发现的重点文物得以及时展现在世人眼前，通过可移动文物数据库的使用，积极推动普查成果的转化利用，将这些数字化成果充分挖掘、有效利用，使之最大限度地服务科研、惠及百姓。

赤峰市各级普查机构充分利用国际博物馆日、节庆活动积极举办可移动文物普查成果展等系列活动，通过这些展览活动及时向社会发布普查成果，使全市各级可移动文物普查工作成果得到集中展示，惠及公众。目前，全市共举办各项展览活动12次，展览活动形式丰富多彩，有专题图片展、普查成果展、文物发现展、公益鉴定活动、博物馆推广活动，参与公众达9万余人次（表17）。

表17　赤峰市普查成果展览统计表

展览名称	展览形式	展出地点	展出藏品量（件/套）	参观人次
2014年"5·18国际博物馆日"暨赤峰市第一次全国可移动文物普查成果展	图片展	红山区美术馆广场	0	3000
2015年"5·18国际博物馆日"暨赤峰市第一次全国可移动文物普查成果展	图片展	赤峰市文博大厦广场	0	2800
2016年"5·18国际博物馆日"暨赤峰市第一次全国可移动文物普查成果展	图片展	红山区美术馆	0	7600
巴林左旗第一次全国可移动文物普查成果展	图片、文字	巴林左旗辽上京博物馆	1000	30000
世界博物馆日可移动文物展	图片、文字	巴林左旗辽上京博物馆	1000	2000
文化遗产日可移动文物展	图片、文字	巴林左旗辽上京博物馆	1000	2000
巴林发展史展	文物陈列	巴林右旗民俗博物馆	100	5000
男儿三艺展	文物陈列	巴林右旗民俗博物馆	90	6000
巴林民俗展	文物陈列	巴林右旗民俗博物馆	80	8000
文物普查成果展	临展	克什克腾旗博物馆	30余	10000
宁城县第一次全国可移动文物普查成果展	联合展出	宁城县辽中京博物馆	9	45000
敖汉旗可移动文物图片展	图片展	敖汉旗博物院	20	4000

四、建议

（一）尽快公布可移动文物普查成果，依法予以有效保护。

（二）加强对现有文物普查成果和数据的保存、研究、利用、展示和宣传，建立健全可移动文物数据管理利用办法，为文物保护管理和学术研究提供数据支撑。

（三）落实和加大对可移动文物保护经费的投入，建立文物经费审核机制，实现专款专用。

（四）建议自治区文物鉴定工作将文物系统外收藏单位纳入鉴定范围。

（五）强化基础文博队伍的建设，培养一批专业的骨干力量。

执笔：郭　勇　贾　娜　许鹏飞

锡林郭勒盟第一次全国可移动文物普查工作报告

锡林郭勒盟第一次全国可移动文物普查领导小组办公室

前　言

　　第一次全国可移动文物普查是自中华人民共和国成立以来，第一次集中在文化遗产领域开展的全国性大调查。是一项为了科学保护和利用文化遗产的基础工作。第一次全国可移动文物普查由国务院统一领导，对我国可移动文物进行全面调查登记，并建立全国可移动文物信息登录平台和数据库，从而实现全国文物信息资源的整合利用和动态管理。

　　2012年，印发《国务院关于开展第一次全国可移动文物普查的通知》（国发〔2012〕54号）及《关于落实国务院通知精神认真做好第一次全国可移动文物普查的通知》（文物普查发〔2012〕号）后，2013年5月2日，自治区普查领导小组印发《内蒙古自治区第一次全国可移动文物普查实施方案》的通知，着手开展第一次全区可移动文物普查工作。2013年11月，锡林郭勒盟行署印发《锡林郭勒盟行政公署办公厅关于印发〈锡林郭勒盟第一次全国可移动文物普查工作方案〉的通知》（锡署办发〔2013〕127号）锡林郭勒盟行署成立第一次全国可移动文物普查领导小组，由盟级分管领导挂帅，发改委、财政、民政、国土、交通、水利、林业、民委、统计、部队等部门的领导为成员，负责普查工作的组织和领导，协调解决问题，制定公布实施方案，13个旗县市（区）人民政府按照自治区和锡林郭勒盟的统一要求，也成立了相应的普查领导小组及工作机构，开展普查工作。

　　2013年7月27日，锡林郭勒盟文物工作人员参加了自治区文物局举办的第一次全国可移动文物普查人员培训班，随后配发了普查员证。2014年1月，锡林郭勒盟普查办在锡林浩特市开展普查培训，邀请自治区第一次全国可移动文物普查项目组成员、专家授课，对全盟70余名普查队员进行了培训，为开展普查工作奠定了必要的人力基础。

　　通过3年来的普查工作，摸清了全盟可移动文物的家底，而且切实提高了文物工作者在文物定名、断代、描述等方面的专业水平。这些留存下来的各类型文物，不仅反映了我盟延绵不断的历史，也体现着我盟特色的民族文化底蕴，为弘扬优秀传统民族文化，推动新时期全盟经济建设、社会建设、文化事业的发展奠定了基础。

一、普查数据

（一）收藏有可移动文物的国有单位情况

经第一次全国可移动文物普查，锡林郭勒盟行政区域内国有可移动文物收藏单位共计38家，藏有可移动文物的单位共36家（表1），保管人员69人，库房面积5277.40平方米。

按单位性质分：国家机关6家，事业单位28家，其他类型2家（图1）。

表1 锡林郭勒盟国有文物收藏单位名录

序号	单位编码	单位名称	上级主管机构	藏品数量（件/套）	单位地址
1	15250221800001	锡林郭勒盟文物保护管理站	锡林郭勒盟文化体育新闻出版广播电视电影局	821	锡林郭勒盟文化园
2	15250221800002	锡林郭勒盟博物馆	锡林郭勒盟文化体育新闻出版广播电视电影局	630	锡林郭勒盟文化园
3	15250221800003	锡林郭勒盟图书馆	锡林郭勒盟文化体育新闻出版广播电视电影局	119	锡林郭勒盟图书馆
4	15250221900004	锡林郭勒盟档案局	锡林郭勒盟行政公署	9	锡林郭勒盟档案局
5	15250221800005	锡林浩特市文物保护管理所	锡林浩特市文化体育新闻出版广播电影电视局	168	锡林浩特市贝子庙广场
6	15250221900006	锡林浩特市双拥办	锡林浩特市政府	7	锡林浩特市双拥办
7	15250221800007	锡林浩特市贝子庙管理委员会	锡林浩特市政府	3	锡林浩特市贝子庙广场
8	15250121800001	二连浩特市伊林驿站遗址博物馆	二连浩特市国土资源局	183	二连浩特市盐池正北方向1千米处
9		二连浩特市文物保护管理所	二连浩特市政府	0	二连浩特市建设路东南环路北宣传文化中心3楼
10	15250111900002	二连浩特市国土资源局	内蒙古自治区国土资源厅	303	二连浩特市盐池正北方向1千米处
11	15250121900004	二连浩特市档案史志局	锡林郭勒盟档案局	10	二连浩特市行政服务2号楼203室
12	15252241900001	阿巴嘎旗汉贝庙	阿巴嘎旗民族宗教事务局	20	阿巴嘎旗别力古台镇汗贝东街
13	15252221900002	阿巴嘎旗档案局	中共阿巴嘎旗委员会	10	阿巴嘎旗别力古台镇哈日阿都街汗策格路党政综合办公楼一楼
14	15252241900003	阿巴嘎旗杨都庙	阿巴嘎旗民族宗教事务局	9	阿巴嘎旗洪格尔高勒镇所在地
15	15252221800004	阿巴嘎旗博物馆	阿巴嘎旗文体广电局	555	阿巴嘎旗别力古台镇哈日阿都街汗策格路博物馆综合办公楼一楼

续表 1

序号	单位编码	单位名称	上级主管机构	藏品数量（件／套）	单位地址
16	15252321800001	苏尼特左旗博物馆	苏尼特左旗文化体育广播电影电视局	306	苏尼特左旗满都拉图镇满达拉街
17	15252321800001	苏尼特左旗文物保护管理所	苏尼特左旗文化体育广播电影电视局	0	苏尼特左旗满都拉图镇满达拉街
18	15252421800002	苏尼特右旗文物保护管理所	苏尼特右旗文化体育广电旅游局	141	苏尼特右旗赛汉塔拉镇赛罕大街文化中心大楼
19	15252421900001	苏尼特右旗档案史志局	苏尼特右旗旗委办公室	22	苏尼特右旗赛汉塔拉镇新区
20	15252521800001	东乌珠穆沁旗文物保护管理所	东乌旗文体广电旅游局	316	乌里雅斯太镇道劳德西路2号
21	15252521800002	东乌珠穆沁旗博物馆	东乌旗文体广电旅游局	173	乌里雅斯太镇道劳德西路2号
22	15252521800003	乌拉盖博物馆	乌拉盖管理区文体局	33	乌拉盖管理区党政大楼2104室
23	15252621800001	西乌珠穆沁旗文物保护管理所	西乌旗文化体育广播电影电视局	35	巴拉嘎尔高勒镇文体大厦六楼
24	15252621800002	西乌珠穆沁旗博物馆	西乌珠穆沁旗文化体育广电旅游局	270	西乌旗巴拉嘎尔高勒镇罕乌拉街文体大厦一楼
25	15252721800002	太仆寺旗文物保护管理所	太仆寺旗文体广电局	35	太仆寺旗文化大厦四楼
26	15252721800001	太仆寺旗图书馆	太仆寺旗文体广电局	6	太仆寺旗文体广电局
27	15252711900002	太仆寺旗幸福乡	太仆寺旗人民政府	1	太仆寺旗幸福乡政府
28	15252711900003	太仆寺旗档案局	锡林郭勒盟档案局	78	太仆寺旗档案局
29	15252711900004	太仆寺旗千斤沟镇人民政府	太仆寺旗人民政府	1	千斤沟镇人民政府
30	15252821800001	镶黄旗蒙古马文化博物馆	镶黄旗文化体育广播电影电视旅游局	47	镶黄旗新宝拉格镇文体大楼一楼
31	15252821800002	镶黄旗文物保护管理所	镶黄旗文化体育广播电影电视旅游局	16	镶黄旗新宝拉格镇文体大楼一楼
32	15252811900007	镶黄旗档案局	锡林郭勒盟档案局	41	镶黄旗档案局
33	15252921800001	正镶白旗博物馆	正镶白旗文化广播电视电影局	205	正镶白旗明安图镇朝克温都开发区
34	15252921800006	正镶白旗文物保护管理所	正镶白旗文化广播电视电影局	143	正镶白旗明安图镇朝克温都开发区

续表 1

序号	单位编码	单位名称	上级主管机构	藏品数量（件 / 套）	单位地址
35	15252921900002	正镶白旗档案局	锡林郭勒盟档案局	102	正镶白旗明安图镇朝克温都开发区
36	15253011900001	正蓝旗民族宗教事务局	正蓝旗人民政府	2	正蓝旗党政大楼六楼
37	15253021800003	正蓝旗元上都遗址文物事业管理局	正蓝旗文化体育广播电视局	763	正蓝旗上都镇文化中心东楼三楼
38	15253121800001	多伦县文物局	多伦县人民政府	3204	多伦县东 2 环财政综合大楼六楼东

按单位类型分：博物馆、纪念馆10家，图书馆2家，档案馆6家，其他类型18家（图2）。

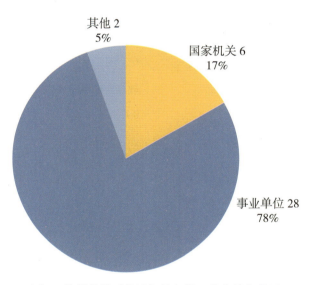

图 1　按单位性质统计锡林郭勒盟收藏单位数量

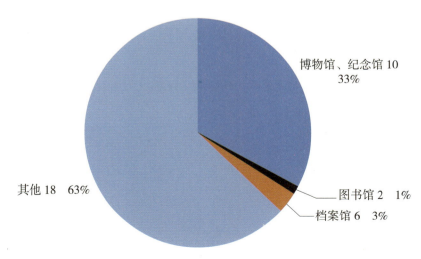

图 2　按单位类型统计锡林郭勒盟收藏单位数量

按隶属关系分：自治区属单位1家，盟市属单位8家，旗县区属单位23家，乡镇街道属单位2家，其他单位2家（图3）。

按20个行业分：文化文物、体育和娱乐业21家，公共管理和社会组织15家。

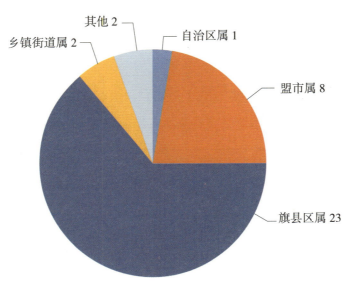

图3　按隶属关系统计锡林郭勒盟收藏单位数量

（二）国有可移动文物数量及分布

锡林郭勒盟第一次全国可移动文物普查，采集文物标本资料共计8787件/套（表2），拍摄17624余张照片。

按隶属关系分：自治区属收藏单位303件/套，盟市2139件/套，旗县区6307件/套，街道各层级收藏文物2件/套，其他36件/套。

按单位类型分：博物馆和纪念馆收藏文物2421件/套，图书馆收藏文物7件/套，美术馆收藏文物125件/套，档案馆收藏文物261件/套，其他单位收藏5973件/套。

按单位性质分：国家机关收藏文物418件/套，事业单位收藏文物8340件/套，国有企业收藏文物0件/套，其他性质单位收藏文物29件/套。

表2　按行政区划统计锡林郭勒盟可移动文物数量

旗县	可移动文物数量（件/套）	数量占比（%）
合计	8787	100.00
锡林浩特市	1757	20.00
阿巴嘎旗	594	6.76
苏尼特左旗	306	3.48
苏尼特右旗	163	1.86

旗县	可移动文物数量（件／套）	数量占比（%）
二连浩特市	496	5.64
镶黄旗	104	1.18
正镶白旗	450	5.12
多伦县	3204	36.46
正蓝旗	765	8.71
东乌珠穆沁旗	489	5.56
西乌珠穆沁旗	305	3.47
太仆寺旗	121	1.38
乌拉盖	33	0.38

按 20 个行业分：文化文物、体育和娱乐业收藏文物 7703 件／套，公共管理和社会组织收藏文物 1084 件／套（表 3）。

表3　按收藏单位所属行业统计锡林郭勒盟可移动文物数量

收藏单位所属行业	可移动文物数量（件／套）	数量占比（%）
合计	8787	100.00
农、林、牧、渔业	0	0.00
采矿业、制造业	0	0.00
住宿餐饮业	0	0.00
金融业	0	0.00
水利、环境和公共设施管理业	0	0.00
居民服务和其他服务业	0	0.00
教育	0	0.00
卫生、社会保障和社会福利业	0	0.00
文化文物、体育和娱乐业	7703	87.66
公共管理和社会组织	1084	12.34

按文物类别分：文物古籍类有玉石器、宝石 132 件／套，陶器 162 件／套，瓷器 385 件／套，铜器 523 件／套，金银器 161 件／套，铁器、其他金属器 253 件／套，漆器 10 件／套，雕塑、造像 115 件／套，石器、石刻、砖瓦 1109 件／套，书法、绘画 26 件／套，文具 20 件／套，甲骨 1 件／套，玺印符牌 33 件／套，钱币 3895 件／套，牙骨角器 23 件／套，竹木雕 122 件／套，家具 43 件／套，珐琅器 17 件／套，织绣 35 件／套，古籍图书 160 件／套，武器 151 件／套，邮品 1 件／套，文件、宣传品 34 件／

套，档案文书234件/套，名人遗物8件/套，玻璃器13件/套，乐器、法器153件/套，皮革52件/套，音像制品1件/套，票据10件/套，交通、运输工具30件/套，度量衡器42件/套，标本、化石3件/套，其他109件/套；标本化石类有古生物化石615件/套，现生动物和现生植物106件/套（表4）。

表4　按文物类别统计锡林郭勒盟文物古籍类文物数量

文物古籍类别	文物古籍数量（件/套）	数量占比（%）
合计	8787	100.00
玉石器、宝石	132	1.50
陶器	162	1.84
瓷器	385	4.38
铜器	523	5.95
金银器	161	1.83
铁器、其他金属器	253	2.88
漆器	10	0.11
雕塑、造像	115	1.31
石器、石刻、砖瓦	1109	12.62
书法、绘画	26	0.30
文具	20	0.23
甲骨	1	0.01
玺印符牌	33	0.38
钱币	3895	44.33
牙骨角器	23	0.26
竹木雕	122	1.39
家具	43	0.49
珐琅器	17	0.19
织绣	35	0.40
古籍图书	160	1.82
武器	151	1.72
邮品	1	0.01
文件、宣传品	34	0.39
档案文书	234	2.66
名人遗物	8	0.09

文物古籍类别	文物古籍数量（件/套）	数量占比（%）
玻璃器	13	0.15
乐器、法器	153	1.74
皮革	52	0.59
音像制品	1	0.01
票据	10	0.11
交通、运输工具	30	0.34
度量衡器	42	0.48
标本、化石	724	8.24
其他	109	1.24

按年代分：文物古籍类有旧石器时代23件/套，新石器时代717件/套，周38件/套，秦1件/套，汉81件/套，南北朝114件/套，隋2件/套，唐872件/套，五代十国1件/套，宋2714件/套，辽215件/套，金27件/套，元822件/套，明33件/套，清1464件/套，民国778件/套，中华人民共和国885件/套（表5）。

表5　按中国历史学年代统计锡林郭勒盟文物古籍类文物数量

所属年代	可移动文物数量（件/套）	数量占比（%）
合计	8727	100.00
旧石器时代	23	0.26
新石器时代	717	8.16
夏	0	0.00
商	0	0.00
周	38	0.43
秦	1	0.01
汉	81	0.92
三国	0	0.00
西晋	0	0.00
东晋十六国	0	0.00
南北朝	114	1.30
隋	2	0.02
唐	872	9.92
五代十国	1	0.01

续表 5

所属年代	可移动文物数量（件/套）	数量占比（%）
宋	2714	30.89
辽	215	2.45
西夏	0	0.00
金	27	0.31
元	822	9.35
明	33	0.38
清	1464	16.66
民国	778	8.85
中华人民共和国	885	10.07

按来源分：文物古籍类有征集购买 5287 件/套，接受捐赠 237 件/套，依法交换 1 件/套，拨交 912 件/套，移交 61 件/套，旧藏 612 件/套，发掘 512 件/套，采集 383 件/套，拣选 28 件/套；标本化石类有征集购买 24 件/套，接受捐赠 3 件/套，移交 96 件/套，旧藏 3 件/套，采集 628 件/套。

二、普查工作组织实施

2013 年，内蒙古自治区人民政府转发了《内蒙古自治区人民政府关于在全区开展第一次全国可移动文物普查的通知》（内政发〔2013〕33 号），同时对全区开展文物普查工作的组织实施、普查的范围和内容、时间安排、普查经费等做出了明确的规定。自治区文物局制定并印发了工作方案，文物普查工作分三个阶段进行。2012 年 12 月至 2013 年 10 月为第一阶段准备工作，主要任务是成立机构，落实经费及培训宣传。2013 年 6 月至 2015 年 12 月为第二阶段普查实施，主要任务是开展文物保管情况摸底调查，将有文物的单位列入普查范围，进行文物测量、拍摄、信息数据资料采集和登记并网上报送。2016 年 6 月至 12 月为第三阶段验收汇总，主要任务是盟级、自治区级审核数据，编写报告结项评估及出版成果。

（一）属地管理、分级负责

1. 设立普查领导小组，成立普查机构

为加强全盟第一次全国可移动文物普查工作的组织领导，2013 年 11 月，锡林郭勒盟行署成立第一次全国可移动文物普查领导小组，由盟级分管领导挂帅，吸收发改委、财政、民政、国土、交通、水利、林业、民委、统计、部队等部门的领导为成员，负责普查工作的组织和领导，协调解决问题。领导小组办公室设在盟文体新广局，各旗县市（区）文体局局长为成员，负责普查工作的日常组织和具体协调。13 个旗县市（区）人民政府按照自治区和锡林郭勒盟的统一要求，也成立了相应的普查领导小组及工作机构，部分地区还将苏木乡镇长、嘎查长列入领导小组名单，负责本地区普查工作的实施和对文物普查工作进行监督。普查机构和办事机构的成立，确保第一次全国可移动文物普查保质保量地按时完成。

锡林郭勒盟第一次全国可移动文物普查工作机构由领导小组、办公室、普查队组成。

锡林郭勒盟文体局根据工作需要，成立了第一次全国可移动文物普查项目部，设在盟文物站，负责对各旗县市（区）文物普查工作进行督查指导，并对普查力量薄弱的地区协助进行普查，共同完成普查任务。

2. 制定普查实施方案和工作制度

2012年4月18日，国务院召开了全国可移动文物普查电视电话会议，进行动员部署，刘延东副总理在会上做了重要讲话。盟普查领导小组深入领会讲话精神和普查意义。按照全国统一领导、部门分工协作、地方分级负责、各方共同参与的组织原则，结合锡林郭勒盟实际，盟普查办研究制定了《锡林郭勒盟第一次全国可移动文物普查工作方案》（锡普查办〔2013〕12号），方案中强调了普查的意义和目的，明确了普查的主要内容和范围，制定了普查的时间和办法，落实了普查经费，确定了普查的宣传报道，成立了普查的组织机构，并报盟行署批转各旗县市（区）执行。按照全盟的工作方案要求，各旗县市（区）也都制定了本辖区内的文物普查工作方案和工作计划。

3. 其他行业系统组织协调工作

普查工作开展以来，文化行政主管部门加强了本辖区内普查工作的协调，各乡镇文化站密切配合，帮助解决普查工作中的实际困难。文物部门发挥了主导作用，主动取得各部门的支持配合。各有关部门认真履行各自的职责，相互密切配合，形成了工作合力。民政、交通、水利、商务、林业、宗教、解放军等部门向本系统部署了普查工作，借助文物部门的专业力量，摸清本系统文物家底，促进了文物普查工作。财政和发改部门落实了普查经费和物质保障，从2013年起普查工作经费列入当地财政预算。

4. 落实普查经费情况

此次可移动文物普查工作时间持续长，工作量大，需要充分的后勤保障。根据《实施方案》要求，文物普查经费由盟和旗县级以上地方各级人民政府分别承担，各级政府将配套经费列入相应年度的财政预算。各级普查领导小组办公室积极落实普查经费，加强对普查经费的使用和管理，遵循科学预算、专款专用的原则，抓紧购置普查所需设备，保障普查工作顺利开展。财力支持，保障了各项工作的有序有效开展。从2013年至2016年，我盟本着普查办设备齐全及工作顺利开展的原则，全盟累计到位普查经费162余万元。主要用于设备采购、会议培训、督查（表6）。

表6　锡林郭勒盟第一次全国可移动文物普查经费统计表　　（单位：万元）

行政区划	2013年	2014年	2015年	2016年	合计
总计	35.82	75.6	28.1	22.8	162.32
锡林郭勒盟	8	20	9	10	47
阿巴嘎旗	0	5	0	0	5

续表 6

行政区划	2013 年	2014 年	2015 年	2016 年	合计
多伦县	0	3	0	5	8
东乌旗	12	2	2	1.5	17.5
二连浩特市	2	0	0	0	2
镶黄旗	1.52	0	1	0	2.52
苏尼特右旗	0	10	10	3	23
苏尼特左旗	0	10	3	0	13
正镶白旗	0	1	0	0	1
乌拉盖	0.7	6.3	2.1	0.3	9.4
西乌旗	11	0	0	3	14
锡林浩特市	0	10	0	0	10
太仆寺旗	0	3	1	0	4
正蓝旗	0.6	5.3	0	0	5.9

5. 组建普查队伍

为确保文物普查工作的顺利开展，按照自治区的工作要求，2013年11月以来，我盟13个旗县市（区）都相继设立了普查工作领导小组办公室，组建文物专业人员普查队深入各单位调查文物收藏情况。

2013年7月，我盟文物工作人员参加了自治区文物局在呼和浩特举办的第一次全国可移动文物普查人员培训班。2014年1月5—7日，锡林郭勒盟可移动文物普查骨干培训班在锡林浩特市举办。邀请自治区普查办李丽雅老师对普查实施方案、可移动文物普查数据库平台建立和信息登录演示、普查实施内容及操作流程、相机的使用及文物影像数据采集、普查文物信息指标体系设计、信息采集软件及信息登录平台建立等进行了详细的解读。来自全盟13个旗县市（区）的文化、文物局，盟直部分文物收藏单位以及锡林郭勒盟普查领导小组成员单位、盟直文博单位共70余人参加了培训。内蒙古博物院文物保护研究信息中心专家在培训班上授课。同时对第二阶段工作做出部署，全盟普查工作全面启动。从普查开始到提交数据阶段共参加自治区培训5次，主要有数据采集培训、数据审核培训、摄影培训等，此外盟项目部（文物站）组织各旗县业务人员对录入采集和数据质量等内容进行了集中培训。

（二）调查、认定、采集、登录、审核，分阶段实施

1. 国有可移动文物收藏单位调查阶段

2013年8—12月为我盟第一次全国可移动文物普查收藏单位文物统计调查阶段，调查表的发放、回收、记录工作按照要求进行。后期修改后的电子数据包及调查表资料由项目部存档，由专人管理，保证各单位采集的数据能及时查找修改。

（1）调查表发放数量和发放范围

2013年，我盟总计发放调查表2064张，发放范围主要为国有单位，保证图书、档案等重点行业系统不遗漏。

（2）调查表回收数量

通过普查调查人员的共同努力，调查表回收2049张，回收率达到99.3%。

（3）调查表回收率不足100%的主要原因

未能全部回收的主要原因是单位合并及个别单位取消。

2．国有可移动文物认定工作阶段

在认定工作中，盟普查办按照自治区普查办下发的《关于做好全区第一次全国可移动文物普查文物认定工作的通知》（内普办发〔2014〕6号）文件要求，于2014年10月8日及时制定了《锡林郭勒盟关于做好全区第一次全国可移动文物普查文物认定工作的通知》。在严格遵循认定标准的前提下开展文物认定工作，经认定有4家单位，涉及藏品948件/套。

3．一普数据采集录入阶段的工作情况

从2013年11月开始，盟普查办采购普查设备，着手进行数据采集，各普查办测量、录入、摄影人员都已到位。2014年，我盟开始进行全盟一普数据的采集录入，由盟文物站、博物馆进行前期预采集录入，熟悉采集和录入的步骤及需要注意的问题之后，召集各旗县市区业务人员进行现场教学培训，对采集、测量、拍摄和录入进行现场培训，取得了很好的效果。2014年5月，项目部（文物站）对各旗县市区进行了督查和进度检查，及时纠正个别旗县在采集录入方面存在的错误，敦促个别旗县经费及设备到位。2014年8月，我盟按照自治区要求顺利完成录入上传30%的任务，加快了录入的进度。2015年2月，自治区一普办来我盟检查工作，对我盟的一普工作给予了积极评价。2015年是全盟一普的关键一年，自治区要求数据录入上传完成80%，在任务紧、工作重的情况下我盟业务人员按时完成了任务要求。2016年4月，我盟已全部完成采集录入任务。

4．国有可移动文物信息审核阶段

2016年4月21日，由内蒙古自治区文物局博物馆处副处长索秀芬带队，一行7人组成的专家组赴我盟开始对一普录入的信息进行检查指导。根据自治区一普检查组的检查结果及相关要求，鉴于目前存在的问题，锡林郭勒盟普查办及一普项目部（文物站）5月23日至26日举办锡林郭勒盟一普数据审核培训班。参加培训的人员为各旗县市区普查办主要负责录入的人员，进行集中整改，为期3天。内容为离线数据的改正，照片拍摄的修正，对出现的问题检查、补充。2016年7月，我盟普查人员赴自治区审核数据，在自治区专家组的帮助下及时修改了我盟数据中存在的问题，主要有文物定名及照片位置不适当。经过修改数据已全部提交至国普办等待抽检。

（三）宣传动员

锡林郭勒盟普查领导小组对第一次全国可移动文物普查工作开展了阶段性的集中宣传和长期

宣传活动。自2013年开始到2016年，全盟一普报纸宣传13次、电视39次和互联网23次，标语30幅，短信10000条，微信平台宣传9次，及时报道了普查工作的进展情况以及取得的成绩，广泛深入的宣传开展文物普查的重要意义。结合"文化遗产日"发放文物普查宣传单2.3万余份，张贴宣传画500余张。根据《锡林郭勒盟第一次全国可移动文物普查宣传方案》的要求，我盟结合国际博物馆日，出动宣传车、发放宣传单等形式深入展开了第一次全国可移动文物普查宣传活动，利用广播、电视等新闻媒体广泛宣传第一次全国可移动文物普查的重要意义，使广大牧民、居民提高对本次可移动文物普查工作重要性的认识，积极配合开展相关工作。全盟各旗县市（区）也开展形式多样的宣传。2016年6月11日第十一个文化遗产日，锡林郭勒盟在盟博物馆主会场举办文化遗产日主题宣传活动。举办了锡林郭勒盟地区"第一次全国可移动文物普查成果展"，放置宣传展架，悬挂条幅，发放宣传册，博物馆讲解员结合展板内容进行讲解并现场与观众交流互动，效果明显。我盟还遴选部分图片参加了自治区文物局在内蒙古博物院举办的"内蒙古自治区第一次全国可移动文物普查成果展览"，收到了良好的效果。

（四）质量控制

锡林郭勒盟在此次普查中不断充实专业人才，使得普查的质量和效率有了保证。经统计，我盟13个旗县市区新增加参与普查的文博专业人员共计8人，分布于各旗县市区普查办，承担采集、录入、审核等各项普查任务。有效地保证了普查信息采集的质量。在录入标准及拍摄质量方面，锡林郭勒盟普查办及时咨询自治区普查办，在此基础上盟内还建立交流群及时沟通相关录入要求，把握总体录入质量。盟项目部（文物站）在普查的各个阶段及时下旗县督导、帮助各旗县纠正相关错误，上传下达各项工作标准，保证了数据质量，推进了一普工作进度。

（五）普查工作总结情况

1. 普查工作报告编制情况

锡林郭勒盟辖区内普查机构共计14个，编写普查工作报告14份。各普查办全面总结介绍了普查各时期的工作情况，是此次一普工作的经验总结。

2. 收藏单位名录编制情况

锡林郭勒盟普查办按照要求将辖区内的国有收藏单位编制了名录，收藏单位共计38家（表1）。名录编制完成后将会陆续公布，便于宣传统计。

三、普查工作成果

（一）掌握可移动文物资源情况及价值

1. 摸清数量及分布

2013年1月起，全盟共调查登记藏有文物的收藏单位44家，文博系统外单位21家，文博系统单位23家。采集文物标本资料共计8787件/套，拍摄17624余张照片，大小共计108GB。其中资料87件，文物8700件/套，总计8787件/套。

2．掌握保存状况

第一次全国可移动文物普查工作在开展的过程中，通过录入拍摄等程序，使我盟对现存文物的保存状况有了进一步的认识，促进后续定制囊匣、增添库房设备、充实文物采集设备、人员对文物取放的正规操作等工作。及时发现文物保存过程中存在的问题，在不同环境下保存的文物，采取不同的保护措施，完善库房管理及加强馆藏文物保护等方面，都起到了实际的作用。

（二）健全文物保护体系

1．完善文物档案

此次普查使我盟各级博物馆、文管所梳理建立了较为完善的藏品档案及电子查询系统，在调用文物信息、策展、保护方面都起到积极的作用。各博物馆、文物所通过此次普查更进一步完善了藏品档案信息，部分单位建立了一普藏品档案，切实加强了全盟文物藏品档案工作的管理。全盟8787件/套藏品数据已集中至盟普查办项目部统一管理，目前正准备申请资金修复部分珍贵文物。2016年4月21日，自治区专家对我盟一普数据进行检查，同时对我盟符合定级标准的文物进行了鉴定定级。经鉴定一级文物8件/套，二级文物29件/套，三级文物118件/套，共计155件/套新定级文物。截至目前已建立文物藏品电子及纸质档案，完善了我盟文物藏品档案管理工作。

2．完善制度和规范

国家普查办印发了《普查藏品登录操作手册》，加强了普查过程中操作的规范性，保证了普查的质量，在定名、断代、描述等方面都提供了典型的例子，规范了文物定名和藏品信息采集。在实际认定、录入、采集的过程中，制定相关规范不仅提高了文物工作人员自身在认定、保管、取放中的实际工作能力，也完善了各博物馆、文物所文物库房及文物采集录入制度建设，进一步推动了全盟文物工作规范化、科学化。

（三）有效发挥文物在本行政区域经济社会发展中的重要作用

1．挖掘文化底蕴增强博物馆的宣传教育内涵

通过第一次全国可移动文物普查工作，全盟各文博单位文物工作者对文物内涵有了新的认识，在交流的过程中，不断发现文物新的历史文化价值，提高了不同类别文物的鉴定水平，对文物本体、纹饰、造型、名称等基本要素的认识进一步加强，为博物馆一线工作人员在讲解的过程中，发挥文物应有的文化价值起到了积极作用。普查工作不仅为收藏单位的文物档案梳理和完善奠定了基础，也使得我盟文物专业人员加深了对文物的属性及藏品在实际展示效果中的认识。这些积累和认识对于今后全盟更好的举办展览、保护文物、挖掘民族传统文化都提供了不可多得的实践经验。

2. 为文物管理、交流、陈展奠定基础，让文物活起来

第一次全国可移动文物普查工作，是国情国力调查的重要组成部分，通过统一组织，由专业部门和人员采用现代信息手段集中调查统计的方式，对可移动文物进行调查、认定、登记，采集、录入信息，掌握可移动文物现状等基本信息，为科学制定保护政策和规划提供依据。通过进行网上平台搜索查询方便了文物管理利用。通过此次文物普查，发现了新的文物、认定了一批上等级文物，全盟各地区交流了文物工作经验，在活动中各旗县联合举办相关文物宣传活动促进了文物工作的联系发展，为文物活起来打下了坚实的基础。

执笔：呼　和　宝　妹

乌兰察布市第一次全国可移动文物普查工作报告

乌兰察布市第一次全国可移动文物普查领导小组办公室

前　言

（一）普查工作部署

为认真贯彻执行《国务院关于开展第一次全国可移动文物普查的通知》（国发〔2012〕54号）、国家文物局《关于落实国务院通知精神认真做好第一次全国可移动文物普查的通知》（文物普查发〔2012〕14号），按照《内蒙古自治区人民政府关于开展第一次全国可移动文物普查的通知》（内政发〔2013〕33号）的统一要求，我市于2013年5月启动了乌兰察布市第一次全国可移动文物普查工作，普查分三个阶段进行。第一阶段普查预算和方案编制、工作计划制定等工作，于2013年5月底完成；第二阶段从2013年6月开始至2015年12月结束，主要任务是以县域为基本单元，实地开展文物调查、认定、信息采集和数据登录；第三阶段从2016年1月开始至12月结束，主要任务是开展普查数据和资料的整理、汇总，数据库建设和总结等工作。

经过全体可移动文物普查工作人员的共同努力，历时两年七个月，覆盖行程两万余千米，于2015年12月20日圆满地完成了我市第一次全国可移动文物普查的认定、信息采集、汇总及上报等工作。

（二）资源总体情况、特点

根据第三次全国文物普查的统计数据，乌兰察布区域内共有不可移动文物遗址点1333处。2007年4月至2011年12月，在第三次全国文物普查工作中，乌兰察布市调查登记不可移动文物点3071处，包括古遗址2477处、古墓葬246处、古建筑53处、石窟寺及石刻54处、近现代重要史迹及代表性建筑240处、其他1处。其中，新发现1750处，复查1321处；另外，登记消失不可移动文物点94处。目前，乌兰察布市有国家重点文物保护单位7处，自治区级文物保护单位32处，旗县市区级文物保护单位271处。

在乌兰察布市文物考古事业发展过程中，发现了大量古城址、村落遗址、墓葬群等，并出土了大量遗物。这些丰富而珍贵的文化遗存，构成了草原文明的主体，展现出草原文化发展的完整脉络。乌兰察布市现存可移动文物数量60604件/套。其中一级文物30件/套、二级文物125件/

套、三级文物150件/套。藏品以历史文物为主，兼有革命文物、民族民俗文物和近现代艺术品等，其中，特点较为突出的有以下几类：王墓山下类型、庙子沟文化、老虎山文化等新石器时代中晚期遗址中出土的对中华文明诞生及中华远古文化发展历程产生过重要影响的代表性遗物；众狄、诸胡、匈奴、鲜卑、突厥、契丹、女真、蒙古（特别是察哈尔蒙古）历代北方部族遗物；能够充分反映中国北方边疆经营史和古代北方各民族关系史，以及与历代长城营造密切相关的边塞文物等。价值较高、具有唯一性的珍贵文物有虎衔鹰金饰牌（西汉早期），牛头、鹿头形步摇冠（北朝），"大员"铜壶及熊足铜案（北朝），白瓷瓜棱提梁壶（辽代），蟾蜍形砚滴（元代），乌兰察布盟长印（清代）等等。

（三）普查主要成绩、意义

开展第一次全国可移动文物普查，是确保国家文物安全、加强文化遗产保护、保障人民群众基本文化权益、健全文物保护体系的重要举措。通过普查，能够全面掌握我市现存国有可移动文物的数量分布、保存状况、保管权属和使用管理等情况，准确掌握和科学评估我市文物资源情况和价值。可移动文物普查工作的开展，对建立文物登录备案机制，健全文物保护体系，加大保护力度，扩大保护范围，保障文物安全，进一步促进文物资源整合利用，丰富公共文化服务内容有重要作用；对于全面提升我市文物保护和管理水平，实现文物的标准化、动态化、科学化管理，有效挖掘我市文化底蕴、整合文化资源、引导文化产业发展有着十分重要的意义。

通过此次可移动文物普查工作，我市第一次全国可移动文物普查办公室编制了本地区国有可移动文物收藏单位名录。共摸清了乌兰察布市收藏有可移动文物的国有单位23家（平台显示为25家）；共有可移动文物60604件/套（平台显示为61159件/套）。此报告数据以上报数据（文物60604件/套、收藏单位23家）为准。

一、普查数据

（一）收藏有可移动文物的国有单位情况

经第一次全国可移动文物普查，乌兰察布市行政区域内国有可移动文物收藏单位23家，保管人员40人，库房总面积2197平方米。

按隶属关系：乌兰察布市盟市属收藏单位1家、区县属收藏单位22家。

按单位性质：乌兰察布市收藏有可移动文物的事业单位共23家。

按单位类型：博物馆3家、纪念馆1家、图书馆1家、档案馆2家、其他16家（表1）。

表1　乌兰察布市国有文物收藏单位统计表

序号	乌兰察布市收藏单位名称	隶属关系	单位性质	单位类型
1	乌兰察布市博物馆	盟市属收藏单位	事业单位	博物馆
2	集宁区文物管理所	区县属收藏单位	事业单位	其他

序号	乌兰察布市收藏单位名称	隶属关系	单位性质	单位类型
3	集宁战役纪念馆	区县属收藏单位	事业单位	纪念馆
4	卓资县文物管理所	区县属收藏单位	事业单位	其他
5	化德县文物管理所	区县属收藏单位	事业单位	其他
6	商都县档案局	区县属收藏单位	事业单位	档案馆
7	商都县文物管理所	区县属收藏单位	事业单位	其他
8	商都县图书馆	区县属收藏单位	事业单位	图书馆
9	兴和县文化广播电视局	区县属收藏单位	事业单位	其他
10	凉城县文化局	区县属收藏单位	事业单位	其他
11	凉城县永兴镇人民政府	区县属收藏单位	事业单位	其他
12	凉城县天城乡人民政府	区县属收藏单位	事业单位	其他
13	察哈尔右翼前旗黄茂营乡	区县属收藏单位	事业单位	其他
14	察哈尔右翼前旗第六小学	区县属收藏单位	事业单位	其他
15	察哈尔右翼前旗文物管理所	区县属收藏单位	事业单位	其他
16	察哈尔右翼中旗博物馆	区县属收藏单位	事业单位	博物馆
17	察哈尔右翼后旗民族宗教事务局	区县属收藏单位	事业单位	其他
18	察哈尔右翼后旗民政局	区县属收藏单位	事业单位	其他
19	察哈尔右翼后旗文物管理所	区县属收藏单位	事业单位	其他
20	察哈尔右翼后旗档案局	区县属收藏单位	事业单位	档案馆
21	四子王旗博物馆	区县属收藏单位	事业单位	博物馆
22	四子王旗文物管理所	区县属收藏单位	事业单位	其他
23	丰镇市文物管理所	区县属收藏单位	事业单位	其他

（二）国有可移动文物数量及分布

经第一次全国可移动文物普查，本行政区域内国有可移动文物收藏量为60604件/套。

按单位隶属关系：盟市属收藏单位收藏可移动文物37058件/套、区县属收藏单位收藏可移动文物23546件/套。

按单位性质：事业单位收藏可移动文物60604件/套。

按单位类型：博物馆、纪念馆收藏可移动文物38014件/套，图书馆收藏可移动文物1件/套，档案馆收藏可移动文物39件/套，其他单位收藏可移动文物22550件/套（表2）。

表2　乌兰察布市国有文物收藏单位可移动文物数量统计表

收藏单位名称	隶属关系	单位性质	单位类型	数量（件／套）
乌兰察布市博物馆	盟市属收藏单位	事业单位	博物馆	37058
集宁区文物管理所	区县属收藏单位	事业单位	其他	366
集宁战役纪念馆	区县属收藏单位	事业单位	纪念馆	240
卓资县文物管理所	区县属收藏单位	事业单位	其他	2861
化德县文物管理所	区县属收藏单位	事业单位	其他	445
商都县档案局	区县属收藏单位	事业单位	档案馆	1
商都县文物管理所	区县属收藏单位	事业单位	其他	15466
商都县图书馆	区县属收藏单位	事业单位	图书馆	1
兴和县文化广播电视局	区县属收藏单位	事业单位	其他	569
凉城县文化局	区县属收藏单位	事业单位	其他	1386
凉城县永兴镇人民政府	区县属收藏单位	事业单位	其他	2
凉城县天城乡人民政府	区县属收藏单位	事业单位	其他	2
察哈尔右翼前旗黄茂营乡	区县属收藏单位	事业单位	其他	1
察哈尔右翼前旗第六小学	区县属收藏单位	事业单位	其他	4
察哈尔右翼前旗文物管理所	区县属收藏单位	事业单位	其他	1046
察哈尔右翼中旗博物馆	区县属收藏单位	事业单位	博物馆	382
察哈尔右翼后旗民族宗教事务局	区县属收藏单位	事业单位	其他	7
察哈尔右翼后旗民政局	区县属收藏单位	事业单位	其他	8
察哈尔右翼后旗文物管理所	区县属收藏单位	事业单位	其他	238
察哈尔右翼后旗档案局	区县属收藏单位	事业单位	档案馆	38
四子王旗博物馆	区县属收藏单位	事业单位	博物馆	334
四子王旗文物管理所	区县属收藏单位	事业单位	其他	43
丰镇市文物管理所	区县属收藏单位	事业单位	其他	106
总　计				60604

按行业分布：文化系统60301件／套、教育系统4件／套、民政系统248件／套、政府系统5件／套、档案系统39件／套、民族宗教事务局7件／套（图1）。

按来源：征集购买51523件／套、接收捐赠329件／套、依法交换18件／套、拨交3683件／套、移交1244件／套、旧藏43件／套、发掘3526件／套、采集169件／套、其他69件／套，所占比例分别为85.20%、0.50%、0.03%、6.00%、2.00%、0.07%、5.80%、0.30%、0.10%（图2）。

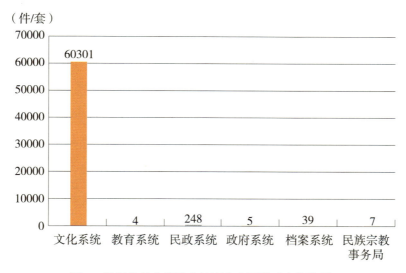

图1　按行业分布统计乌兰察布市可移动文物数量

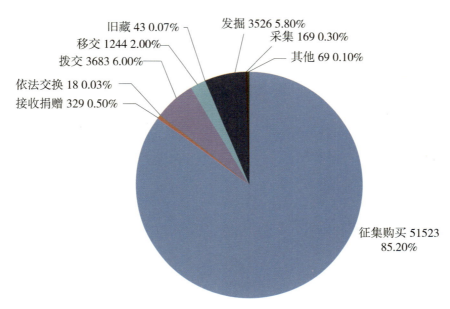

图2　按藏品来源统计乌兰察布市可移动文物数量

按类别：从文物的类别看共有34种（表3）。

表3　按文物类别统计乌兰察布市可移动文物数量

类别	数量（件/套）	类别	数量（件/套）	类别	数量（件/套）
钱币	53831	陶器	1191	瓷器	1037
玉石器、宝石	332	铜器	1057	金银器	130
铁器、其他金属类	209	雕塑、造像	82	石器、石刻、砖瓦	910
文具	21	甲骨	2	玺印符牌	68
化石	67	牙骨角器	176	竹木雕	46

类别	数量（件/套）	类别	数量（件/套）	类别	数量（件/套）
织绣	77	武器	139	文件、宣传品	345
档案文书	39	名人遗物	27	玻璃器	130
乐器、法器	31	票据	14	度量衡器	21
标本、化石	81	其他	106	家具	44
古籍图书	367	珐琅器	1	交通运输工具	4
邮品	2				

按级别：经普查，一级文物30件/套，所占比例为0.05%；二级文物125件/套，所占比例为0.22%；三级文物150件/套，所占比例为0.28%；一般文物5544件/套，所占比例为9.15%；未定级文物54750件/套，所占比例为90.30%（图3）。

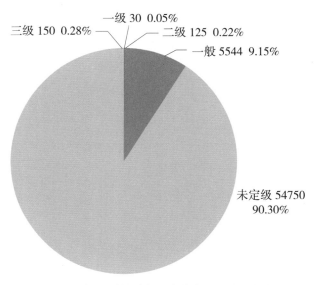

图3　按文物级别统计乌兰察布市可移动文物数量

根据完残程度划分，其中完整为40418件/套，所占比例为66.7%；基本完整14602件/套，所占比例为24.1%；残缺5284件/套，所占比例为8.7%；严重残缺300件/套，所占比例为0.5%（表4）。

表4　按完残程度统计乌兰察布市可移动文物数量

完残程度	完整	基本完整	残缺	严重残缺
数量（件/套）	40418	14602	5284	300
数量占比（%）	66.7	24.1	8.7	0.5

从入藏时间来看，1949年10月1日前51件/套、1949年10月1日—1965年为1件/套、1966—1976年为1件/套、1977—2000年为56213件/套、2001年至今共4338件/套，比例分别为0.09%、0.00%、0.00%、92.74%、7.17%（表5）。

表5　按入藏时间统计乌兰察布市可移动文物数量

时间	1949年10月1日前	1949年10月1日—1965年	1966—1976年	1977—2000年	2001年至今
数量（件/套）	51	1	1	56213	4338
数量占比（%）	0.09	0.00	0.00	92.74	7.17

二、普查工作组织实施

（一）属地管理、分级负责

1. 设立普查领导小组，成立普查机构

为加强我市文化遗产保护管理，按时推进全市开展第一次全国可移动文物普查工作，2013年5月11日，乌兰察布市政府下发了《关于在全市开展第一次全国可移动文物普查的通知》（乌政发〔2013〕55号）。就此次普查的目的意义、范围内容、具体时间安排、组织实施、经费保障、资料填报和管理、普查宣传做了明确要求。同时成立了由市政府副市长任组长，政府办公厅副主任、市文化局（当时是文化局）局长分别任副组长，发改委、教育局、民政局、财政局等10个单位的负责人及市文化局分管副局长、文物科科长、博物馆馆长为成员的乌兰察布市第一次全国可移动文物普查领导小组。

为合理安排指导我市的第一次全国可移动文物普查工作，加强对普查工作的管理、指导，2013年6月5日，由乌兰察布市文化局分管文博工作的哈斯巴特尔副局长任办公室主任，文物科科长、博物馆馆长任副主任，各旗县市区文化局局长、市文化局文物科工作人员和博物馆业务人员为成员的全市第一次全国可移动文物普查领导小组办公室成立，具体负责可移动文物普查日常工作的组织与协调。领导小组办公室设在市文化局。

为及时有序推进我市的第一次全国可移动文物普查工作，圆满完成文物认定、信息采集、汇总、上报工作，2013年6月19日，由市博物馆馆长任项目部主任，市文化局文物科牛瑞峰、市博物馆副研究馆员李恩瑞为副主任，各旗县市区文管所所长和博物馆业务人员为成员的全市第一次全国可移动文物普查领导小组办公室项目办、专家组成立，办公场所设立在市博物馆，负责普查的具体工作及业务指导。

除此之外，我市11个旗县市区分别成立了第一次全国可移动文物普查工作领导小组，乌兰察布市博物馆也成立了第一次全国可移动文物普查工作小组，组建了普查队伍。

本次普查中，全市各级普查办、收藏单位、普查专家、普查志愿者共188人参与了此次普查工作。

因为本次普查的范围较广，工作量大，涉及乌兰察布市境内各级国家机关、事业单位、国有企业和国有控股企业、部队等国有单位所收藏、保管的可移动文物，包括普查前已经认定和在普查中新认定的文物，做好各成员单位及各旗县市区、苏木（乡镇）、嘎查（村）的协调配合十分重要。所以全市第一次全国可移动文物普查领导小组成员包括了市发改委、教育局、民政局、财政局、档案局等10个单位的负责人；23个收藏单位建立普查工作机制，建立普查工作机制的行业系统6个。同时，联合转发了国家文物局和民政部《关于积极做好民政系统第一次全国可移动文物普查工作的通知》、国家文物局和档案局《关于积极做好档案系统第一次全国可移动文物普查工作的通知》、自治区文化厅和教育厅《关于积极做好教育系统第一次全国可移动文物普查工作的通知》、自治区文化厅和国有资产监督管理委员会《关于积极做好国资系统第一次全国可移动文物普查工作的通知》，充分调动我市各行业系统在全市第一次全国可移动文物普查工作中的积极性，在具体普查和实施过程中，各部门协调配合，有序推进，确保可移动文物普查工作保质保量完成。

另外，2014年5月初，为了加强普查工作专业技术力量，加快普查进度，对市博物馆参与普查工作的技术人员进行了调整，增补了若干人员，分为藏品数据库录入组、普查数据录入组、文物摄影组、资料组、专家组等5个组，并指定了各组负责人，明确了具体责任与分工。

2. 制定普查实施方案和工作制度

为确保普查工作科学、规范、有序、高效开展，根据自治区第一次全国可移动文物普查领导小组《内蒙古自治区第一次全国可移动文物普查实施方案》，结合我市实际，市普查领导小组制定了《乌兰察布市第一次全国可移动文物普查实施方案》，就本次普查工作的目的和意义、范围和内容、技术路线、时间和实施步骤、组织机构、经费保障、资料填报和数据管理、普查宣传以及普查总结等九个方面做出了具体的规定和说明。《实施方案》制定出台后立即下发至各旗县市区人民政府、乌兰察布市军分区及市直有关单位。各旗县市区人民政府按照《实施方案》的要求，分别制定了本行政区域的普查方案和工作计划，并按照国务院和自治区统一的标准和规范进行了组织实施。

3. 落实普查工作经费

普查启动以来，自治区连续每年拨付我市可移动文物普查专项经费15万元，共计60万元，我们及时分配到市普查办项目部及各旗县市区普查办。市本级财政每年安排专项经费50万元，用于可移动文物普查。2014年在原有经费基础上，乌兰察布市政府又从文化事业培训经费中抽出一部分专门用于全市普查培训工作。

各旗县市区本级财政安排普查专项经费保障不平衡，集宁区4.1万元、丰镇市6万元、察哈尔右翼前旗7万元、察哈尔右翼中旗20万元、察哈尔右翼后旗6万元、卓资县12万元、兴和县5万元、商都县16万元、化德县10万元。凉城县和四子王旗本级财政没有安排普查专项经费。

4. 组建普查队伍

从2013年至2015年，我市60多名可移动文物普查工作人员分三批次参加了自治区第一次全国可移动文物普查培训班，系统学习了国家关于第一次全国可移动文物普查工作相关政策和可移动文物普查数据采集、录入、上报，相机的使用以及文物影像数据采集。

2013年11月，市普查领导小组举办了全市可移动文物普查骨干培训班。对来自全市11个旗县市区的文广局、文管所，部分文物收藏单位以及乌兰察布市普查领导小组成员单位、市直属文博单位的90余人就普查标准规范、工作流程、信息采集软件以及信息登录平台等进行了培训。

2014年8月，对全市11个旗县市区60多名可移动文物普查项目负责人和录入人员进行了普查系统和馆藏文物系统录入、数据上传、规范文物拍照等业务培训。

2015年7月，可移动文物普查项目办对各个旗县市区的可移动文物普查信息的采集录入和上传修改工作进行技术性督导。

为确保我市第一次全国可移动文物普查工作如期完成，经我市第一次全国可移动文物普查领导小组办公室研究决定，对我市可移动文物普查工作进行技术指导，对部分可移动文物普查工作开展缓慢的地区进行业务支持，2015年11月17日，乌兰察布市文广新局安排市可移动文物普查办、项目办组建6个专家组分别去11个旗县市区督导和审核可移动文物认定、数据采集和录入工作。

2015年12月12—15日，乌兰察布市第一次全国可移动文物普查办、项目办针对各个旗县市区文物保管单位的数据采集、录入、定名、照片拍摄及数据上传等方面存在的问题，举办了"乌兰察布市第一次全国可移动文物普查数据集中辅导、审核培训班"，特邀内蒙古自治区第一次全国可移动文物普查专家组成员，现任兴安盟博物馆副馆长尹建光老师等对我市文物普查工作人员进行了技术指导，加快了我市的可移动文物普查工作进展速度。

2016年7月，乌兰察布市第一次全国可移动文物普查数据集中审核上报培训班在市博物馆召开，各旗县市区普查办负责人、数据录入人员近30余人参加了培训。

（二）调查、认定、采集、登录、审核，分阶段实施

1. 国有可移动文物收藏单位调查阶段

第一次全国可移动文物普查工作开展以来，全市11个旗县市区可移动文物普查项目办对各自属地范围内的国家机关、事业单位、国有企业及国有控股企业、人民解放军及武警部队四大类2883家国有单位进行了可移动文物摸底调查，共发放《国有单位文物收藏情况调查登记表》2883份，回收率为100%。反馈收藏有可移动文物的国有单位23家。

集宁区文物管理所对其属地范围内的315家国家机关、事业单位、国有企业及国有控股企业、人民解放军及武警部队四大类国有单位进行了走访调查，对集宁区所有的可移动文物保护单位进行了普查。对乌兰察布市属190家和集宁区属125家国有单位藏有文物情况进行彻底的摸底调查，发放《国有单位文物收藏情况调查登记表》并按规定填写，调查表回收率为100%。反馈收藏有可移动文物的国有单位3家。

丰镇市在调查摸底阶段分了3个工作小组，总行程340余千米，调查企业、事业、行政单位235家，发放《国有单位文物收藏情况调查登记表》235份，回收235份，回收率100%。反馈收藏有可移动文物的国有单位1家。

　　察哈尔右翼前旗共发放《国有单位文物收藏情况调查登记表》1100份，普查覆盖率95%，回收率达100%。反馈收藏有可移动文物的国有单位3家。调查覆盖率不足100%的主要原因是有些单位不具有法人资格或无组织机构代码。

　　察哈尔右翼中旗普查办分3个小组对全旗142家国有单位进行为期一个月的调查摸底，发放调查表221份，回收221份，经反馈，有文物收藏的国有单位只有察右中旗博物馆和档案局，后经鉴定档案局相关文献不在普查范围内。

　　察哈尔右翼后旗普查队员深入编办、质监局、工商局及各有关单位，通过走访、摸底、查阅档案等方式，对全旗173家具有法人资格、组织机构代码的机关事业单位及国有企业进行了调查。摸清机关单位60家、事业单位94家、国有企业和国有控股企业19家。普查队员发放《国有单位文物收藏情况调查登记表》173份，回收173份，反馈收藏有可移动文物的国有单位4家。并对重点行业及各乡镇苏木多次上门协助调查，重点调查了相关单位的档案室、图书资料室、荣誉室等。

　　四子王旗博物馆分成两组对全旗122家行政、企业、事业单位进行调查并发放《国有单位文物收藏情况调查登记表》122份，回收122份，回收率100%。反馈收藏有可移动文物的国有单位2家。

　　卓资县深入各有关单位走访、摸底、查阅档案等方式，对全县150家国有单位进行了调查。发放《国有单位文物收藏情况调查登记表》150份，回收150份，反馈收藏有可移动文物的国有单位1家。

　　凉城县对全县具有法人资格、组织机构代码的机关事业单位及国有企业进行了摸底调查，发放《国有单位文物收藏情况调查登记表》245份，回收245份，回收率100%。反馈收藏有可移动文物的国有单位3家。

　　兴和县可移动文物普查办工作人员走访360余千米，对全县行政、事业单位以及国企进行了摸底调查，所下发的46份调查表回收率为100%。反馈收藏有可移动文物的国有单位1家。

　　商都县对全县各大单位进行了摸底大调查，走访调查了164家单位，发放普查表格164份，回收164份，表格回收率为100%。反馈收藏有可移动文物的国有单位3家。

　　化德县对全县各大单位进行了摸底大调查，走访调查了62家单位，发放普查表格62份，回收62份，表格回收率为100%。反馈收藏有可移动文物的国有单位1家。

　　另外，集宁区文物管理所在对国有单位的文物收藏调查中发现，其辖区内的乌兰察布市图书馆收藏了大量古籍图书，他们对图书馆内收藏的6800余册图书进行了整理、排序、分析，并对整理出的366件/套古籍进行了信息采集、文物测量、认定，拍摄文物照片4000余张。

　　2. 国有单位可移动文物认定工作阶段

　　经普查，全市文博系统收藏单位14家，非文博系统收藏单位9家。新建（重建）藏品账目及档案的文物数量共计60604件/套。

　　2015年10月，自治区第一次全国可移动文物普查办公室派索秀芬、尹建光、李丽雅、玛雅等专家对我市23家文物收藏单位进行了可移动文物数据质量检查，市普查办组织项目办、专家组人员针对自治区专家组提出的修改意见，及时整改并对部分文物的年代进行了重新认定。

2016年4月，自治区第一次全国可移动文物普查办专家组对乌兰察布市卓资县文物管理所8件馆藏文物、凉城县文物管理所15件馆藏文物、乌兰察布市博物馆255件馆藏文物、兴和县文物管理所3件馆藏文物、四子王旗博物馆37件馆藏文物、察哈尔右翼后旗博物馆1件馆藏文物、商都县文物管理所5件馆藏文物、化德县文物管理所4件馆藏文物进行了文物拟定级工作。经初步认定，我市拟认定等级文物328件/套。

3. 国有单位可移动文物信息采集登录阶段

经市普查办统计，通过摸底调查共有23家文物收藏单位，注册率为100%。所有已注册单位均已登录、上报文物信息。

在第一次全国可移动文物普查工作中，乌兰察布市23家已注册的文物收藏单位如实填写了文物收藏单位的隶属关系、单位性质、单位类型、行业、系统等信息。

2016年7月，市普查项目办组织召开全市第一次全国可移动文物普查数据集中审核上报会议，全市可移动文物普查专家组的成员参加了会议。在会上，可移动文物普查专家组指出了我市23家收藏单位在部分可移动文物的定名、完残情况、照片规范等方面存在的问题，并指导可移动文物普查工作人员对不符合要求的文物信息逐一修改，确保了此次普查工作保质保量地完成。截止到2016年8月31日，我市可移动文物信息采集登录工作已全部完成，共登录上报文物60604件/套。

4. 国有单位可移动文物信息审核阶段

2016年7月25日至8月3日，按照内蒙古自治区第一次全国可移动文物普查项目办的要求，我市将登录上报的60604件/套可移动文物数据送往内蒙古博物院审核，并由内蒙古可移动文物普查专家组对数据进行审核修改。8月16日至22日，将自治区专家组审核修改后的可移动文物数据送往国家文物局信息中心进行上传，8月底完成了数据转换并等待审核。

（三）宣传动员

为了做好第一次全国可移动文物普查宣传工作，扩大普查工作影响力，提升全社会文物保护意识，争取各方面的参与支持，市普查办制定了《乌兰察布市第一次全国可移动文物普查宣传方案》，各旗县市区普查领导小组办公室也据此制定了本地区的宣传方案，并有序组织实施。

一是全市各级普查机构把普查作为本行政区域内重点文化工作进行宣传，并根据普查的不同阶段分别确立了相应的重点内容。此次普查宣传主要采取了阶段性集中宣传与长期宣传相结合的形式，覆盖报纸、杂志、广播、电视、网络、移动传媒等各类媒体。通过在报刊开设可移动文物普查专栏，发放宣传资料，张贴海报，开设网站，在公共场合播放普查信息或公益宣传短片，利用"5·18国际博物馆日""中国文化遗产日""草原文化遗产日"集中宣传，通过手机平台发布普查公益短信等多种宣传形式，扩大普查工作影响力。

二是乌兰察布市政府在《乌兰察布日报》《乌兰察布晚报》等报刊开设可移动文物普查专栏，进行信息发布、政策解读、工作讨论等等，并在全市各级政府网站，文化、民政、教育、国有资产、档案、宗教等机构负责的网站设立可移动文物普查专题，专题内容由各级可移动文物普查机构负责提供，使各级政府、社会各界及时了解普查信息。

三是市普查办把各个阶段的普查成果、重要发现、普查进展和普查动态等定期编制成《乌兰察布市第一次全国可移动文物普查工作简报》，及时印发全市各级政府机关、文化部门、可移动文物普查办和新闻媒体等。

四是我市各旗县市区在可移动文物普查工作中，结合本地区实际，使用蒙、汉两种文字印制宣传品，印制各类文物保护与文物普查宣传手册、手提袋等，并在普查宣传及普查工作中广泛发放。

五是为真正把普查工作推向深入，实现普查工作成果最大化，使全社会越来越多的人关心、支持、参与可移动文物普查和文化遗产保护事业，全市各级普查机构积极协调各级政府职能部门，借助热心文物事业的企业支持，在各类社会媒介如交通运载工具和公共场所张贴普查海报或播放公益宣传短片，其中市博物馆拍摄的公益宣传短片《可移动文物普查进行时》在第二届中国公共考古仰韶论坛中荣获考古动漫微电影类一等奖。

（四）质量控制

本次普查采取自我检查、巡回检查、专项督查、抽样调查、专家议查、定期报告等多种方式进行进度和质量管理。为了确保可移动文物普查数据的准确性，2015年7月，市可移动文物普查项目办对各个旗县市区的第一次全国可移动文物普查信息的采集录入和信息上传修改工作进行技术性督导。

2015年11月17日，乌兰察布市文化新闻出版广电局安排市可移动文物普查项目办组成6个专家组分别赴11个旗县市区督导和审核可移动文物数据采集、认定和录入工作。

2016年7月22日至25日，乌兰察布市第一次全国可移动文物普查数据集中审核上报会议在乌兰察布市博物馆召开。本次会议由市第一次全国可移动文物普查项目办组织，全市可移动文物普查专家组的成员参加了会议，市文新广局文物科科长郑荣到会指导。会议传达了国家和自治区的有关会议和文件精神，进一步规范了普查数据审核的内容、标准和重点，并对全市的普查数据进行了集中会审上报，真正做到了严之又严，精益求精。

经过自我检查、专项督查、专家议查、定期报告等多种质量管理方式，乌兰察布市第一次全国可移动文物普查工作普查数据的差错率控制在0.5%以内。

（五）普查工作总结情况

通过此次可移动文物普查，我市第一次全国可移动文物普查办公室根据摸底调查阶段反馈的23家国有文物收藏单位情况，编制了国有可移动文物收藏单位名录。11个旗县、市区都已完成第一次全国可移动文物普查报告的编写。

在第一次全国可移动文物普查工作开展期间，我市各地、各部门还开展了普查成果的展示工作，其中，市博物馆在"5·18国际博物馆日"期间举办了"乌兰察布市历史文化展"，展出精品文物35件/套；市图书馆举办了"古籍书展览"，展出古籍书籍366件/套；察哈尔右翼中旗文广局在可移动文物普查清库建档的基础上，出版了《察右中旗古代文明撷英》一书；商都县文广局举办了"商都县第一次全国可移动文物普查成果展"，展出文物10000余件/套。这些活动的举办，很好地宣传了各地可移动文物普查成果，受到广大市民的好评。

自第一次全国可移动文物普查工作开展以来，我市11个旗县市区涌现出许多优秀普查人员，各地根据情况对表现突出的可移动文物普查工作人员分别进行了表彰。待此次普查工作圆满完成后，我市第一次全国可移动文物普查工作领导小组将召开表彰大会对优秀工作人员进行表彰。

三、普查工作成果

（一）掌握可移动文物资源情况及价值

1. 摸清数量及分布

通过第一次全国可移动文物普查工作，我市23家国有文物收藏单位以清库建档为契机，摸清了本单位的馆藏文物家底，全市共有可移动文物60604件/套，分布于我市11个旗县市区。其中，乌兰察布市博物馆37058件/套、集宁区文物管理所366件/套、集宁战役纪念馆240件/套、卓资县文物管理所2861件/套、化德县文物管理所445件/套、商都县档案局1件/套、商都县文物管理所15466件/套、商都县图书馆1件/套、兴和县文化广播电视局569件/套、凉城县文化局1386件/套、凉城县永兴镇人民政府2件/套、凉城县天城乡人民政府2件/套、察哈尔右翼前旗黄茂营乡1件/套、察哈尔右翼前旗第六小学4件/套、察哈尔右翼前旗文物管理所1046件/套、察哈尔右翼中旗博物馆382件/套、察哈尔右翼后旗民族宗教事务局7件/套、察哈尔右翼后旗民政局8件/套、察哈尔右翼后旗文物管理所238件/套、察哈尔右翼后旗档案局38件/套、四子王旗博物馆334件/套、四子王旗文物管理所43件/套、丰镇市文物管理所106件/套。

2. 掌握保存状况

由于我市可移动文物种类较为丰富，按照材质分类，有金属、纸质、木质、陶瓷等类别，对保存环境的要求也相对复杂，因而我们必须要有一个适宜的保存环境，使馆藏文物得到基本、有效的保护。我们发现部分文物有残缺破损现象，针对这种情况，各旗县市区对其属地内的可移动文物进行了修复保养，大大提高了文物的完整性及美观性。其中，丰镇市文物管理所旧的文物库房内部环境阴暗、潮湿，库房墙体开裂，已不适宜文物的存放，在2015年年底，丰镇市文物管理所将其文物库房迁移至新办公场地，文物库房及办公条件都得以改善，干爽明亮、封闭严密的文物库房为文物的保护与存放提供了有力的条件。

3. 掌握使用管理情况

乌兰察布市23家文物收藏单位，除乌兰察布市博物馆、集宁战役纪念馆、四子王旗博物馆、察哈尔右翼中旗博物馆、察哈尔右翼后旗民族博物馆在展厅展出文物外，其余18家文物收藏单位都将文物存放于文物库房。

（二）健全文物保护体系

1. 完善文物档案

在我市第一次全国可移动文物普查工作开展期间，各旗县市区普查办都建立了"第一次全国可移动文物普查"专档、专柜，将可移动文物普查过程中各个环节的所有相关资料留存备份。

各旗县市区文物收藏单位对其收藏文物进行了彻底的摸底、清点及分类，按照可移动文物普查的规范要求，对每件器物进行拍照、信息采集，并逐一建卡、建档。各旗县市区注册博物馆和文物管理所为其收藏文物建立了文物档案与账目，并由专业的管理人员负责。其中，乌兰察布市博物馆以可移动文物普查工作为契机，将可移动文物与馆藏文物数据管理系统结合起来，最后实现"双系统"录入。为了使"双系统"录入工作能够顺利进行，乌兰察布市博物馆相关工作人员经过多次讨论之后制定了具体的业务操作流程。录入工作与专家指导交叉进行，做到了可移动文物与馆藏文物数据管理系统业务流程"流水线"式地高速高效运作，并实行具体责任制，将每件文物的系统录入数据与每一位普查工作人员职责一一对应，为我市第一次全国可移动文物普查工作的开展树立了良好的典型。

具体流程分为四个环节：一是采集环节，主要是对文物拍照、测量尺寸和质量及器物打号；二是录入环节，分可移动文物普查组和馆藏文物数据管理系统登录组两大组，每个组又分为三个小组，每个录入组有两名成员，分别是录入人员和指导专家；三是审核环节，由市博物馆专业技术方面的权威人员对录入的内容进行集体讨论和审核；四是验证环节，由市博物馆领导和业务专家进行录入后的信息提取验证。为了使录入工作有效进行，将每一个工作流程均责任到人，环环相扣，为后续工作的开展打下了良好的基础。

通过这次清库建档工作，我市共60604件/套文物有了自己的名片及档案，为后期对文物的规范管理及快速查找奠定了良好的基础。

乌兰察布市行政区域内新建或完善藏品账目及档案的收藏单位数量为文博系统单位14家，可移动文物数量共60301件/套；非文博系统单位9家，可移动文物数量共303件/套（表6）。

表6　乌兰察布市文物认定及建档情况统计表

行政区划	文博系统单位				非文博系统单位			
	收藏单位数量（家）	新建/重建藏品账目及档案的单位数量（家）	新建/重建藏品账目及档案的文物数量(件/套)	完成藏品账目及档案信息化的单位数量（家）	收藏单位数量（家）	新建/重建藏品账目及档案的单位数量（家）	新建/重建藏品账目及档案的文物数量(件/套)	完成藏品账目及档案信息化的单位数量（家）
地市级合计	14	14	60301	14	9	9	303	9
乌兰察布市	1	1	37058	1	0	0	0	0
集宁区	1	1	366	1	1	1	240	1

续表6

行政区划	文博系统单位				非文博系统单位			
	收藏单位数量（家）	新建/重建藏品账目及档案的单位数量（家）	新建/重建藏品账目及档案的文物数量(件/套)	完成藏品账目及档案信息化的单位数量（家）	收藏单位数量（家）	新建/重建藏品账目及档案的单位数量（家）	新建/重建藏品账目及档案的文物数量(件/套)	完成藏品账目及档案信息化的单位数量（家）
丰镇市	1	1	106	1	0	0	0	0
察右前旗	1	1	1046	1	2	2	5	2
察右中旗	1	1	382	1	0	0	0	0
察右后旗	1	1	238	1	3	3	53	3
四子王旗	2	2	377	2	0	0	0	0
卓资县	1	1	2861	1	0	0	0	0
凉城县	1	1	1386	1	2	2	4	2
兴和县	1	1	569	1	0	0	0	0
商都县	2	2	15467	2	1	1	1	1
化德县	1	1	445	1	0	0	0	0

2. 完善了制度

乌兰察布市地理位置优越，历史悠久，文化遗存丰富，在20世纪80年代前，受诸多历史原因影响及客观条件的限制，文物清查、考古发掘、文物保护利用等工作进展缓慢。80年代以后，配合基本建设的考古发掘项目陆续开展且取得重要成果，文物数量迅速增加，全市收藏单位出现了不同程度管理混乱、制度不全、账目不清、保管不利等情况。第一次全国可移动文物普查开展以来，我们深刻认识到，这不仅能够摸清我市收藏单位数量与藏品数量，更重要的是可以完善我市可移动文物调查、认定、登记、管理等制度，通过这次普查，我们完善了可移动文物调查、认定等制度，主要工作如下。

（1）可移动文物保护体系更加完善。本次普查新备案的非文博系统收藏单位的藏品以前账目不清，管理混乱，本次普查实现藏品的规范化管理，每入藏1件藏品，必须建立电子账与纸质账，以备查用。藏品借出、拨交保证物移账移，且必须有主要领导人、相关人员的签字。在可移动文物普查期间，建立全市文物保护及博物馆馆藏文物数据库、推进文物安全监测信息平台的建设，实现文化遗产保护与利用的科学、规范、可持续发展。目前，全市23家（文博系统收藏单位14家、非文博系统收藏单位9家）文物收藏单位都建立了专门的藏品管理机制。

（2）人才队伍建设进一步加强。文物普查是一项具体而复杂的工作，在文物调查、认定、管理等制度方面急需新鲜血液的加入，我们采取专家带新人的措施，分工明确，既锻炼了队伍，又加强了队伍的凝聚力与向心力。

3．明确保护需求

（1）文物保存环境差。各地大部分文物库房功能和设施简陋，缺乏防震以及必要的空气调节和控制设备，缺乏最基本的防尘、除尘设施，不能对库房内温湿度、空气质量等自然因素进行有效控制，致使文物藏品基本处于自然保存状态。而且近年城市发展和空气污染，使文物腐蚀状况有蔓延趋势。目前的库房保存环境与设施，远远达不到文物藏品的保存需求，只处于文物保管的初级阶段。

（2）文物保护修复条件简陋。我市大部分文物收藏单位现在还没有专门的文物保护修复室，缺乏文物保护修复设备和文物保护修复技术人员，使馆藏文物科技保护及研究工作无法正常开展，大量受损文物得不到及时保护。其中很多文物从考古发掘现场接收后，没有得到及时、有效的保护修复，导致部分文物表面剥落、锈蚀严重，造成了永久性的破坏。

（3）文物保护经费匮乏。受经济条件制约，文物保护工作的资金投入远不能满足事业发展的需要，特别是藏品的保存环境没有得到有效改善，文物保存条件简陋、文物保护技术手段落后，致使大量珍贵历史文化遗产没能得到全面、科学、有效地保护。调查表明，乌兰察布市的文物藏品均存在不同程度的损害，而且损害程度正在逐年加剧，有的甚至濒临毁坏的危险。

（4）文物保护修复专业人员缺乏。通过此次普查可以发现，文博人员中文物保护修复专业人员严重缺乏，没有专业文物保护修复人员，使收藏的文物无法及时开展保护修复，加之自然环境侵蚀，造成文物藏品的受损程度加重。

4．扩大保护范围

针对近年来文物概念范围的外延，我们在保证完成传统藏品普查工作的基础上，还请相关专家学者对乌兰察布地区近现代以来名人遗物及近现代史上重大历史事件的见证物进行了认定，对其背后反映的历史事件进行了详细记录。我市处于边疆地区，少数民族较多，寺庙林立，有代表性的召庙文化，针对这种情况，我们组织民俗、历史方面的专家学者深入各地，在当地文博部门人员的带领下，分批次造访，在征得少数民族同胞允许的前提下，对代表少数民族文化的可移动文物进行了文字描述、照相摄影等记录工作。

为了保护好这些"特殊"文物资源，我们制定了相对规范的保护措施；针对特别重要的文物资源，积极申报自治区和国家重点文物保护项目，争取国家在经费方面的支持，加大研究力度，丰富展示形式，开展文物保护工作。

（三）有效发挥文物在本行政区域经济社会发展中的重要作用

我市各地、各部门充分利用第一次全国可移动文物普查的成果，举办宣传展示活动。在2016年"5·18国际博物馆日"活动期间，在乌兰察布市博物馆举办了乌兰察布市历史文化展，参观人数达5000多人次，使广大市民进一步了解了可移动文物普查的意义和重要性。乌兰察布市图书馆古籍展览中展出文献资料366件/套，参观人数达800多人次；察哈尔右翼中旗文广局以第一次全国可移动文物普查为契机，出版了《察右中旗古代文明撷英》一书；商都县文新广局在水漩公园举办"商都县第一次全国可移动文物普查成果展"，展出文物10000余件/套。

四、存在问题和完善思路

我们在第一次全国可移动文物普查中做了大量的工作，普查过程中也发现了一些问题，如：基层文博专业人才十分匮乏，无法从根本上满足文物事业发展和文物保护工作的基本需求；专业人员晋升渠道不畅，严重影响培养和引进高素质的文博专业人才和懂技术懂管理的复合型人才。普查数据表明，我市大量的文物主要分布在县域里面，数量众多、文物保存环境较差、基层文博单位专业人员紧缺，导致日常的管理工作难以正常完成。鉴于以上情况，我们认为有关部门应研究制定相关政策，加强人才培养和引进，以提升文博工作管理水平，促进基层文博事业的快速发展，提高专业技术人员能力和水平。因此提出以下几点建议，希望在以后的工作中不断完善提升。

（1）要继续加强文博人员的业务能力。在这次普查工作中，部分人员专业水平偏低，不能很好地适应普查工作，虽然通过短期培训有了很大进步，但仍与专业人员相差甚远，因此在以后的工作中，要继续加强学习，不仅要锻炼工作能力，更要丰富文化内涵，这样才能把文物工作做得更加出色。

（2）要继续加大文物保护的宣传力度。充分发掘文化遗产的丰富内涵和多重价值，发挥文化遗产在经济建设中的作用，提高群众文物保护意识，自觉地参与到文物保护中来。通过各种形式开展《中华人民共和国文物保护法》《长城保护条例》等有关文物保护法律法规的宣传。加强与相关单位的沟通，在进行基本建设工程时，建设单位必须在工程调研阶段告知文物主管部门，由文物主管部门按程序要求组织具有考古发掘资质的单位在工程涉及范围内进行调查、勘探，确保各类遗存在工程施工中不受破坏。

执笔：石林梅

鄂尔多斯市第一次全国可移动文物普查工作报告

鄂尔多斯市第一次全国可移动文物普查办公室

鄂尔多斯市文物局

前　言

1．鄂尔多斯市普查工作的三个阶段

鄂尔多斯市第一次全国可移动文物普查从2012年10月开始，至2016年12月结束，总体分为三个阶段。普查的标准时点是2013年12月31日。

第一阶段：2012年10月—2013年10月。主要任务是制定普查实施方案，发布规范和标准，组织相关培训。鄂尔多斯市人民政府和各旗区人民政府成立普查领导机构，设立普查组织、文物认定、信息登录等专门职能机构和相应专家库；重点文物收藏单位、收藏相对集中的行业和国有单位成立专门工作机构；各旗区普查机构、各国有单位根据市普查领导工作小组的统一要求，制定本旗区、本单位普查实施方案，并报领导小组办公室备案；旗区级以上普查机构、国有单位编制本地区、本单位普查经费预算；组建各级普查队伍，编制普查材料，开展各级普查培训；制定普查宣传方案，开展普查宣传。

第二阶段：2013年11月—2015年12月。主要任务是以各旗区为主，开展文物调查认定，同步开展普查数据资料采集、建档、整理、报送、审核、登录工作。鄂尔多斯市各级普查机构制定本行政区域文物认定程序，开展国有单位收藏和保管文物情况摸底排查。有关单位开展文物库房整理，完善相关档案记录，按要求登记申报。鄂尔多斯市各级普查机构对各单位文物申报信息进行核查认定，将认定收藏有文物的单位列入普查范围。列入普查范围的各文物收藏单位，在普查机构的指导下，根据国家统一规范和技术标准，开展文物测量、拍摄、信息数据资料采集和登记，将文物信息通过可移动文物信息管理平台联网上报，或以纸质、离线电子数据方式将文物信息报送本旗区普查机构，由其统一录入上报。各级普查机构依权限组织专家对各单位上报的文物信息进行网上审核和现场复核，并按季度向上级普查机构报送普查进展情况报告。

第三阶段：2016年1—12月。主要任务是普查数据和资料的整理、汇总，数据库建设，公布普查成果。建立可移动文物编码系统、可移动文物收藏单位编码系统、可移动文物信息管理系统和社会服务系统；编制可移动文物普查档案和普查工作报告；公布可移动文物名录和可移动文物收藏单位名录；召开全市可移动文物普查总结会议，进行普查成果展示和普查表彰；完成项目的结项评估和审计工作。

2．鄂尔多斯市资源总体情况、特点

2016年，通过第一次全国可移动文物普查的汇总，全市各级国有收藏单位藏品共计40121件/套。其中市直文博单位收藏30898件/套藏品，占全市藏品的77.01%；市直非文博单位收藏895件/套藏品，占全市藏品的2.23%；其余各旗区共有8328件/套藏品，占全市藏品的20.76%。全市文博单位收藏38703件/套藏品，占全市藏品总数的96.47%；非文博单位收藏1418件/套藏品，占全市藏品总数的3.53%。

由此可见，全市藏品占总量的96.47%在文博单位收藏，3.53%的藏品收藏在非文博单位。并且大部分藏品集中在市直文博单位，藏品占总量的77.01%。特别需要指出的是，鄂尔多斯博物馆馆藏文物18681件/套，占全市藏品数量的46.56%，占全市比例将近一半；鄂尔多斯青铜器博物馆馆藏文物11470件/套，占全市藏品的28.59%，占全市比例将近三分之一。

3．鄂尔多斯市普查主要成绩、意义

此次普查是继第三次全国文物普查后文物系统又一次大练兵，也是鄂尔多斯市第一次国有收藏单位收藏文物的普查活动，我市在普查过程中获得了丰硕的成果，对于我市文物事业的发展具有十分重要的意义。

一是掌握了全市各国有收藏单位的文物数量，获得了第一手详细资料，摸清了全市可移动文物的家底和分布情况，为研究我市文物资源的总体情况提供了完整的、准确的、可供分析的基础数据。

二是完善了全市各国有收藏单位收藏文物的具体信息，每件文物的时代、质地、类型、来源情况、保存状况等信息，都上传至普查数据库系统中，健全了我市的文物登录备案机制，并对我市有针对性地进行文物资源保护起到了重要的作用。

三是锻炼了全市国有收藏单位的业务人员。从普查工作伊始直至结束，通过文物数据采集、拍照、数据录入、信息审核、上传数据库等各项具体工作，各收藏单位业务人员的业务水平得到了迅速提升，加之全市范围内组织的文物普查学习班、培训班等各类培训和督导及验收工作的实地指导，更是大幅提高了一线工作人员的工作能力，整体提高了全市文博系统队伍业务素质。

四是发现了国有收藏单位目前工作中的诸多问题，如藏品保存条件差、文物保存状况差、基层工作人员业务能力亟待提高、藏品分析研究不深入等深层问题，急需在今后的文物工作中予以改进，对于今后全市文物保护工作具体问题的解决起到了重要的推动作用。

五是我市将以此次普查工作为契机，进一步促进文物资源整合利用，丰富公共文化服务内容，让文物"活"起来，让文化遗产保护成果惠及群众、服务社会。

一、鄂尔多斯市普查数据

（一）鄂尔多斯市收藏可移动文物的国有单位情况

鄂尔多斯市收藏可移动文物的国有单位共36家，收藏40121件/套文物。鄂尔多斯博物馆收藏藏品18681件/套，占全市藏品的46.56%；鄂尔多斯青铜器博物馆收藏藏品11470件/套，占全市藏品的28.59%；其他单位收藏藏品9970件/套，占全市藏品的24.85%（表1、图1）。

表 1 鄂尔多斯市国有收藏单位藏品数量统计表

序号	收藏单位	藏品数量（件 / 套）	数量占比（%）
1	鄂尔多斯博物馆	18681	46.56
2	鄂尔多斯青铜器博物馆	11470	28.59
3	鄂托克旗文物保护管理所	1534	3.82
4	乌审旗博物馆	1138	2.84
5	乌审旗文物局	991	2.47
6	伊金霍洛旗文物管理所	790	1.97
7	杭锦旗文物管理所	748	1.86
8	鄂尔多斯市图书馆	707	1.76
9	鄂托克前旗文物保护管理所	617	1.54
10	东胜区文物保护管理所	458	1.14
11	鄂尔多斯革命历史博物馆	447	1.11
12	准格尔旗博物馆	444	1.11
13	达拉特旗文物管理所	427	1.06
14	鄂托克旗查布博物馆	412	1.03
15	鄂尔多斯市文物考古研究院	300	0.75
16	鄂托克旗蒙古族实验小学	235	0.59
17	鄂尔多斯广稷农耕博物馆	190	0.47
18	成吉思汗陵园管委会	188	0.47
19	鄂托克旗档案局	73	0.18
20	准格尔召	65	0.16
21	杭锦旗沙日特莫图博物馆	52	0.13
22	准格尔旗史志办	45	0.11
23	伊金霍洛旗纳林陶亥镇人民政府	27	0.07
24	达拉特旗民族宗教事务局（塔并召）	25	0.06
25	乌审旗嘎鲁图人民政府	23	0.06
26	达拉特旗档案局	7	0.02
27	达拉特旗民族宗教事务局（展旦召）	5	0.01
28	乌审旗教育局	5	0.01
29	达拉特旗民族宗教事务局（阿什泉林召）	4	0.01
30	康巴什新区文化广播电影电视局	4	0.01
31	准格尔旗民族中学	2	0.00
32	杭锦旗图书馆	2	0.00
33	乌审旗档案局	2	0.00
34	达拉特旗委办公室	1	0.00
35	达拉特旗第一中学	1	0.00
36	达拉特旗图书馆	1	0.00
	合计	40121	100

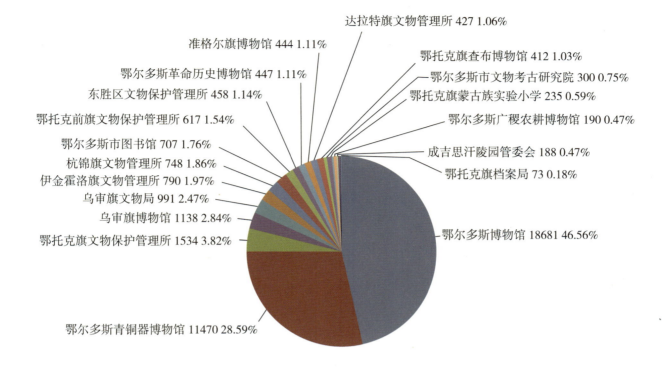

达拉特旗文物管理所 427 1.06%
准格尔旗博物馆 444 1.11%
鄂托克旗查布博物馆 412 1.03%
鄂尔多斯革命历史博物馆 447 1.11%
鄂尔多斯市文物考古研究院 300 0.75%
东胜区文物保护管理所 458 1.14%
鄂托克旗蒙古族实验小学 235 0.59%
鄂托克前旗文物保护管理所 617 1.54%
鄂尔多斯广稷农耕博物馆 190 0.47%
鄂尔多斯市图书馆 707 1.76%
成吉思汗陵园管委会 188 0.47%
杭锦旗文物管理所 748 1.86%
鄂托克旗档案局 73 0.18%
伊金霍洛旗文物管理所 790 1.97%
乌审旗文物局 991 2.47%
乌审旗博物馆 1138 2.84%
鄂托克旗文物保护管理所 1534 3.82%
鄂尔多斯博物馆 18681 46.56%
鄂尔多斯青铜器博物馆 11470 28.59%

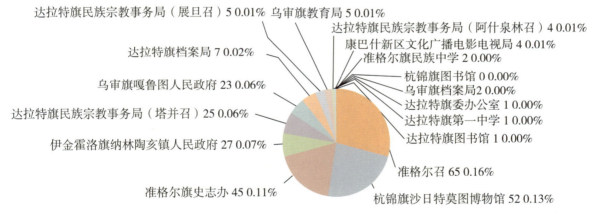

达拉特旗民族宗教事务局（展旦召）5 0.01%　乌审旗教育局 5 0.01%
达拉特旗民族宗教事务局（阿什泉林召）4 0.01%
康巴什新区文化广播电影电视局 4 0.01%
达拉特旗档案局 7 0.02%
准格尔旗民族中学 2 0.00%
杭锦旗图书馆 0 0.00%
乌审旗嘎鲁图人民政府 23 0.06%
乌审旗档案局 2 0.00%
达拉特旗民族宗教事务局（塔并召）25 0.06%
达拉特旗委办公室 1 0.00%
达拉特旗第一中学 1 0.00%
伊金霍洛旗纳林陶亥镇人民政府 27 0.07%
达拉特旗图书馆 1 0.00%
准格尔召 65 0.16%
准格尔旗史志办 45 0.11%
杭锦旗沙日特莫图博物馆 52 0.13%

图 1　鄂尔多斯市国有收藏单位文物藏品数量分布比例

经我市第一次全国可移动文物普查汇总，本行政区域内国有可移动文物收藏单位 36 家，保管人员 51 人，库房面积 9080 平方米。

按隶属关系：中央属收藏单位 0 家，省属收藏单位 0 家，盟市属收藏单位 6 家，旗区属收藏单位 26 家，乡镇街道属收藏单位 4 家，其他 0 家。

按单位性质：国家机关 12 家，事业单位 24 家，国有企业、国有控股企业 0 家，其他 0 家。

按单位类型：博物馆、纪念馆 8 家，图书馆 3 家，档案馆 3 家，其他 22 家。

按行业分布：艺术、娱乐文娱类 22 家，教育 4 家，行政和辅助 6 家，其他 4 家。

（二）鄂尔多斯市国有可移动文物数量及分布

2016年，鄂尔多斯市普查办完成了第一次全国可移动文物普查的汇总工作，全市共40121件/套藏品。其中市直文博单位收藏30898件/套藏品，占全市藏品的77.01%，市直非文博单位收藏895件/套藏品，占全市藏品的2.23%，其余各旗区共有8328件/套藏品，占全市藏品的20.76%（图2）。

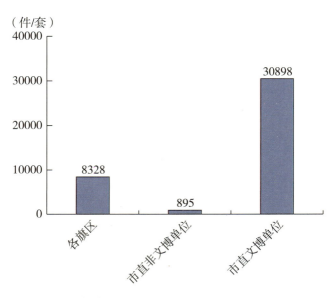

图2　按收藏单位性质统计鄂尔多斯市可移动文物数量

全市文博单位收藏38703件/套藏品，占全市藏品总数的96.47%，非文博单位收藏1418件/套藏品，占全市藏品总数的3.53%（图3）。

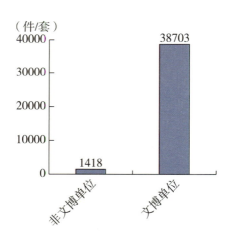

图3　按收藏单位类型统计鄂尔多斯市可移动文物数量

由此可见，其特点是：全市藏品绝大多数在文博单位收藏，占96.47%；少数藏品在非文博单位收藏，仅占3.53%。并且集中在市直文博单位，藏品占总量的77.01%。

经第一次全国可移动文物普查，我市国有可移动文物收藏总量为40121件/套。

按单位隶属关系：中央属收藏单位收藏可移动文物0件/套，省属收藏单位收藏可移动文物0

件/套，盟市属收藏单位收藏可移动文物31793件/套，旗区属收藏单位收藏可移动文物8087件/套，乡镇街道属收藏单位收藏可移动文物241件/套，其他单位收藏可移动文物0件/套。

按单位性质：国家机关收藏可移动文物1788件/套，事业单位收藏可移动文物38333件/套，国有企业、国有控股企业收藏可移动文物0件/套，其他单位收藏可移动文物0件/套。

按单位类型：博物馆、纪念馆收藏可移动文物37341件/套，图书馆收藏可移动文物710件/套，档案馆收藏可移动文物82件/套，其他单位收藏可移动文物1988件/套。

二、鄂尔多斯市普查工作组织实施

（一）属地管理、分级负责

1. 设立普查领导小组、成立普查机构

（1）鄂尔多斯市普查领导机构、普查办公室建立情况

2013年8月1日，鄂尔多斯市人民政府根据《国务院关于开展第一次全国可移动文物普查的通知》（国发〔2012〕54号）、《内蒙古自治区人民政府关于在全区开展第一次全国可移动文物普查的通知》（内政发〔2013〕33号）和《内蒙古自治区第一次全国可移动文物普查领导小组关于印发〈内蒙古自治区第一次全国可移动文物普查实施方案〉的通知》（内可移动文物普查发〔2012〕2号）要求，成立了鄂尔多斯市第一次全国可移动文物普查工作领导小组。2013年8月21日，鄂尔多斯市第一次全国可移动文物普查工作领导小组印发《关于印发鄂尔多斯市第一次全国可移动文物普查领导小组办公室人员名单的通知》（鄂普办发〔2013〕2号），确定了鄂尔多斯市第一次全国可移动文物普查领导小组办公室（以下简称市普查办）组成人员名单，并要求各旗区尽快成立相应的普查组织领导机构。普查工作领导小组负责全市普查工作的组织和领导，协调解决重大问题。市普查办公室设在市文化局，负责普查工作的日常组织和具体协调。此外，8月23日，市普查办印发《关于印发鄂尔多斯市第一次全国可移动文物普查工作领导小组办公室项目部、专家组人员名单的通知》（鄂普办发〔2013〕1号），决定成立办公室项目部和专家组，项目部设在鄂尔多斯博物馆，负责完成普查工作的组织培训、文物调查认定、普查数据资料采集、登录、建档、整理、汇总、审核、报送和数据库建设以及公布普查成果等相关工作。专家组负责完成文物认定、文物数据审核、文物定级等相关工作（表2）。

表2　鄂尔多斯市第一次全国可移动文物普查领导小组办公室专家组人员名单

姓名	职称	工作单位	主要研究方向
王志浩	研究馆员	鄂尔多斯青铜器博物馆	青铜器、民俗、革命文物
尹春雷	研究馆员	鄂尔多斯青铜器博物馆	青铜器、玉器
杨泽蒙	研究馆员	鄂尔多斯市文物考古研究院	青铜器、民族文物
窦志斌	副研究馆员	鄂尔多斯博物馆	文物考古
李　锐	副研究馆员	鄂尔多斯博物馆	青铜器、瓷器、玉器
杨　勇	研究馆员	鄂尔多斯博物馆	民族、民俗文物

姓名	职称	工作单位	主要研究方向
郭丽平	研究馆员	鄂尔多斯革命历史博物馆	民族、革命文物
那楚格	馆员	成吉思汗陵园管委会	民俗文物
白庆元	副研究馆员	乌审旗文物保护管理所	旧石器、古生物、革命文物
张旭梅	副研究馆员	鄂托克前旗文物保护管理所	民族文物
前 途	馆员	鄂托克旗文物保护管理所	青铜器、古生物
巴特尔	馆员	鄂托克旗文物保护管理所、鄂托克旗查布恐龙化石博物馆	古生物、岩画
白志荣	馆员	杭锦旗文物管理所	青铜器、古生物
王青云	馆员	达拉特旗文物管理所	民族、民俗文物

继鄂尔多斯市第一次全国可移动文物普查领导小组及办公室成立后，全市各旗区也成立了相应的普查领导小组及办公室。

领导小组和办公室的组成人员，主要是全市和各旗区文物部门行政事业单位的分管领导。因此随着分管领导的变动，领导小组和项目办公室的组成人员也要做出相应调整。

2014年11月，鄂尔多斯市文化局（新闻出版版权局）与鄂尔多斯市广播电影电视局合并，成立鄂尔多斯市文化新闻出版广电局，鄂尔多斯市第一次全国可移动文物普查领导小组办公室主任由鄂尔多斯市文化新闻出版广电局（文物局）党组书记、局长曾涵担任。

我市第一次全国可移动文物普查领导小组及其办公室，根据国务院、自治区普查领导小组发布的实施方案、标准规范及有关规定，负责组织实施本行政区的可移动文物普查工作。各旗区普查机构、收藏单位及全市各有关部门组织本部门本系统有关单位，配合市第一次全国可移动文物普查领导小组及办公室做好普查工作。

我市第一次全国可移动文物普查领导小组在普查过程中，一是实现了对全市普查工作的统一领导，确保了普查进度；二是将工作阶段划分清晰，各阶段工作任务明确；三是做好普查工作的质量督查，保证各阶段工作操作规范、保证质量，确保普查成果经得起检验。

（2）行业系统普查工作机制建立情况（含联合印发通知）

建立行业普查工作机制，加强各系统的协作，是实现普查目标的重要基础。我市及各旗区的行业系统普查工作机制建立情况主要为：普查办公室设在市、各旗区文化局（文物局），由各级普查办公室牵头成立工作组，负责普查的领导、协调、管理、组织工作；普查项目部设在市、各旗区文物保护管理所或博物馆，负责普查业务指导和汇总工作。全市各级非文博行业系统单位根据自身普查工作实际，制定科学有效的工作机制，并在各级普查办公室、项目部的指导和帮助下完成普查各项具体工作。2013年9月3日，鄂尔多斯市文化局、鄂尔多斯市教育局、鄂尔多斯市民政局、鄂尔多斯市档案局联合印发了《关于转发自治区文化厅（文物局）教育厅 民政厅 档案厅关于积极做好教育系统 民政系统 档案系统第一次全国可移动文物普查工作的通知》（鄂文发〔2013〕173号），文件下达了国家及自治区文物、教育、民政、档案系统关于普查工作的相关文件精神，强调全市各旗区文化、文物、教育、民政、档案部门要按照通知要求，积极协调配合，统筹安排，共同做好全市文化、文物、教育、民政、档案系统第一次全国可移动文物普查工作。这一文件的下发，明确了其他行业系统的任务，共同部署了普查工作，确保了我市文物、教育、民政、档案系统第一次全国可移动文物普查工作机制的建立，为推动全市非文博行业系统普查工作的顺利有序开展奠定了基础。

（3）大型收藏单位普查工作机制建立情况

我市大型收藏单位，如鄂尔多斯博物馆、鄂尔多斯青铜器博物馆等单位高度重视普查工作，建立起专人负责的普查工作机构，扎实推进各项任务。以鄂尔多斯博物馆为例，建立了以馆长总负责，分管业务副馆长及部门负责人管理协调，业务骨干共同协作的工作机制。具体工作机制为：首先，成立以馆长为主导的领导小组，重点部署、管理、组织、督促、检查普查各项具体工作；其次，抽调相关部室业务骨干成立工作小组，以普查工作各步骤分为文物搬运摆放组、文物信息采集组、文物测量组、文物摄影组、文物信息录入组、文物照片编辑组、文物信息上传与审核组七个小组进行工作；最后，各工作小组各司其职完成具体工作，并在过程中不断检查、改进工作中出现的具体问题，保证普查整体工作的准确性和完整性，直至所有数据得到自治区普查办乃至国家普查办的认可。

（4）非文博行业系统收藏单位组织协调工作

我市积极发挥普查办的联系协调机制作用，共同部署工作，相关文物部门主动为文物系统外的各单位开展现场认定、举办文物信息登录培训指导等，推动非文博行业系统收藏单位普查工作的开展，非文博行业系统收藏单位也积极组织普查工作，加强交流学习和协同合作。对不具备完成第一次全国可移动文物普查工作条件的收藏单位，我市普查办、项目部及各旗区普查办主动进行了指导和帮助，促进了全市普查工作的全面开展和完成。

（5）普查工作部署会、动员会、推进会情况

2013年8月16日，我市召开了全市第一次全国可移动文物普查电视电话会议，在会上全市第一次全国可移动文物普查工作领导小组组长、市人民政府副市长李国俭就普查工作进行了全面动员和部署，并制定出台了普查实施方案和文物调查及宣传计划等。

2013年9月，市普查办组织召开全市第一次全国可移动文物普查工作办公室会议，对全市2013年度普查工作任务进行分组分工、落实。

上述两次会议的举行，对我市普查工作进行了全面的决策和部署，有力地推动了全市普查工作的开展。

2．制定普查实施方案和工作制度

（1）鄂尔多斯市各级普查机构制订普查实施方案的情况

按照普查要求，我市第一次全国可移动文物普查工作领导小组根据全国、全区可移动文物普查实施方案，结合我市工作实际情况，于2013年8月制定了《鄂尔多斯市第一次全国可移动文物普查实施方案》（鄂普组发〔2013〕1号）和《鄂尔多斯市第一次全国可移动文物普查宣传方案》（鄂普组发〔2013〕3号），对文物普查的实施和宣传做了细致的安排和部署。根据普查方案的总体部署，市普查办还制定了《鄂尔多斯市第一次全国可移动文物普查工作时间表、任务书、责任

人一览表》（鄂普办发〔2013〕2号）等相关文件。全市各旗区各级普查机构也按时制定了普查实施方案等相关文件（具体实施方案由于篇幅有限，不再详述）。

（2）各级普查机构及大型收藏单位制定普查相关工作制度情况

为保证全市普查工作顺利推进，保质保量完成普查各项工作，我市各级普查机构及大型收藏单位制定了一系列科学规范、行之有效、落实有力的工作制度，主要分为四大类：

一是责任到人制度。对可移动文物普查工作进行细致分工，以组为单位进行具体工作，每组每位工作人员在完成具体工作时都必须进行确认签名，以确保工作责任落实到人。

二是工作计划制度。为了科学、规范、高效地开展普查工作，根据国家、自治区要求，各级普查机构及大型收藏单位制定了符合本单位实际的普查工作计划，计划中包括普查工作进度等内容，该工作制度的实施使普查进度一目了然，为全面掌握、规划普查进度和保证普查工作按期完成提供了保障。

三是信息反馈制度。各级普查机构及大型收藏单位由专人负责将每月的文物普查进展情况、相关工作经验、存在问题等向市文化新闻出版广电局文物科报送，保证了普查机构与上级部门的有效沟通。

四是档案管理制度。为保证普查工作的保密性、安全性，普查机构对纸质文物信息采集单、电子版文物照片、电子版文物信息采集表实行"一日一记录，一日一档案"的管理制度，由专人负责对纸质文物信息采集单、电子版文物照片、电子版文物信息采集表进行详细登记并分类管理。所建档案均归类存放，妥善保管。

（3）实施情况及效果

《鄂尔多斯市第一次全国可移动文物普查实施方案》是我市普查工作的纲领性文件，方案的制定明确了全市普查工作的目标、步骤、进度和预期成果等，为普查工作建立了标准和依据，有效地控制了普查的节奏，提高了普查效率，减少了普查工作中的失误，保证了我市普查工作的全面有序开展。

（4）创新和亮点

全市普查实施方案及各级普查机构、大型收藏单位中的创新和亮点，主要包括以下两点：

①工作制度创新。我市普查机构、大型收藏单位围绕普查中心任务，不断创新工作方法，根据各单位的时间情况制定相应的工作制度。例如鄂尔多斯博物馆普查小组制定责任到人制度、"一日一记录，一日一档案"的档案管理制度，强化普查工作的严谨性，切实加强普查工作的科学进行，根据网络情况，实行灵活的上下班制度等。

②工作方法专业化。此次普查专业性强，我市一些普查机构及大型收藏单位在普查过程中实现了普查工作的专业化。例如，文物命名工作由考古、文物专业人员进行，并进行检查复核。数据库管理、检查、上传和上报工作由计算机、信息、网络专业人员进行，这在一定程度上保证了普查各环节具体工作的高效实施。

比如，鄂尔多斯博物馆根据本单位实际情况制定了详细的文物采集单，将文物采集时容易出错的地方全部修改为打"√"选择，避免了文物类别、质地等容易写错或遗漏等情况。确立了文物跟单走的工作方法，文物取出的同时，将采集单跟着文物，一直到文物回到原处，采集单则送到录入模板人员手中，并且每个环节完成工作的人员都在采集单上签字核实，这样能很快找到问题的出处，解决问题的速度提高，很大程度降低了出错率。

3. 落实普查工作经费

（1）鄂尔多斯市各级经费落实和经费使用等相关文件制定情况

我市印发的《鄂尔多斯市人民政府关于切实做好我市第一次全国可移动文物普查工作的通知》（鄂府发〔2013〕38号）及《鄂尔多斯市第一次全国可移动文物普查工作领导小组办公室关于印发鄂尔多斯市第一次全国可移动文物普查工作时间表、任务书、责任人一览表的通知》（鄂普办发〔2013〕2号）文件中，均明确了我市普查经费的落实事宜。各旗区普查办也制定了相关文件。

（2）鄂尔多斯市经费汇总情况

2013—2016年，全市共落实普查经费253.18万元。其中，2013年旗区安排经费1万元；2014年自治区安排补助经费20万元，旗区安排经费118.98万元；2015年自治区安排补助经费20万元，旗区安排经费6万元；2016年自治区安排补助经费15万元，市安排经费10万元，旗区安排经费62.2万元。

（3）经费使用情况、基本绩效

普查工作经费，一是用于购买照相机、电脑、移动硬盘、称重计量器材等普查相关设备；二是用于举办普查工作培训学习、督查等工作；三是用于普查调查；四是用于新发现文物成果展示。

4. 组建普查队伍

（1）总投入人员数量

我市第一次全国可移动文物普查工作总投入人数为277人。

（2）地市、区县级别投入人数

市级单位投入人员为121人，各旗区投入人员156人。

（3）普查办工作组成员、专家组成员、收藏单位人员、志愿者人数

我市普查办工作组成员为97人，专家组成员为28人，收藏单位人员为145人，志愿者为7人。

（4）志愿者发挥作用情况

我市可移动文物普查的志愿者们以饱满的工作热情积极投入到普查一线工作中，深入我市各辖区机关、企事业单位、社区积极宣传文物普查的重大意义和相关要求，让社会各界及群众充分了解可移动文物普查的目的、意义和内容，使普查工作家喻户晓，深入人心，形成良好的舆论氛围和宣传导向。

（5）人员培训、管理及工作模式

自2013年8月我市第一次全国可移动文物普查工作开展以来，为切实推进我市第一次全国可移动文物普查工作，加强普查专业人员队伍建设，我市先后选派全市各级普查工作单位业务骨干参加国家、自治区组织的各类培训，累计6次。其中，参加国家培训1次，为2015年3月30日—4

月2日举办的2015年度全国可移动文物普查数据审核与管理培训班。

参加自治区培训5次，分别为2013年7月31日—8月3日举办的内蒙古自治区第一次全国可移动文物普查骨干培训班（第二期）、2014年12月10—13日举办的内蒙古自治区第一次全国可移动文物普查业务骨干培训班、2015年8月25—27日举办的内蒙古自治区第一次全国可移动文物普查数据审核与管理培训班、2015年12月9—12日举办的全区可移动文物普查文物影像采集骨干培训班、2016年6月19—21日举办的全区可移动文物普查数据审核与管理培训班。

与此同时，市普查办还在全市范围内举办了3次不同形式的培训班，分别为2013年12月举办的鄂尔多斯市第一次全国可移动文物普查培训班、2014年4月举办的鄂尔多斯市第一次全国可移动文物普查工作培训实践班、2015年2月举办的鄂尔多斯市第一次全国可移动文物普查文物认定命名培训班，累计培训229人次。通过参加和举办各类培训，切实推进了我市第一次全国可移动文物普查工作进度，提升了普查人员的普查水平和专业素质，提高了普查的工作效率。

我市普查人员的管理及工作模式主要是：从各级文化行政部门、文物业务部门抽调业务人员加入普查工作组，对普查人员进行培训，培训后各级普查机构及收藏单位普查人员进行各项普查工作。在普查过程中，我市普查办根据工作阶段，分批次成立督查组对各级普查机构及收藏单位的普查工作进行督查，对督查中发现的问题进行及时反馈，并对在普查过程中成绩突出的普查人员予以鼓励和表彰。通过这些具体的管理及工作模式，确保普查人员高质量、高水平的完成普查工作。

（二）调查、认定、采集、登录、审核，分阶段实施

1. 国有可移动文物收藏单位调查阶段

（1）各级普查机构印发的通知、方案、调查表、规范性文件等

按照自治区《关于内蒙古自治区第一次全国可移动文物普查实施方案》，2013年1月—2015年12月，为普查工作的第二阶段，主要任务是以县域为基础，开展文物调查认定和信息数据登录。2013年9月，市普查办印发《关于转发国家文物局〈关于发布第一次全国可移动文物普查登记表的通知〉的通知》（鄂普办发〔2013〕3号），文件内包含《国有单位文物收藏情况调查表》《国有单位文物收藏情况调查汇总表》及《可移动文物认定信息登记表》，这些文件对我市第一次全国可移动文物普查中国有单位调查的对象、内容等做出了说明，并明确了各级普查机构的普查工作责任，确保了全市国有单位文物收藏情况调查工作的有序、科学开展。全市各级普查机构也对上述文件进行了印发和实施。

（2）国有单位名录编制和汇总

按照《鄂尔多斯市第一次全国可移动文物普查实施方案》要求，2013年9月底，我市开展了国有单位摸底调查工作，为了确保可移动文物信息的完整性、真实性和准确性，全市各旗区普查办公室从旗区统计局、旗区机构编制委员会等部门收集了全市各行政、事业单位和国有企业共计2000余家。通过电话联系、上门调查等措施，对全市国有单位逐一进行分类、甄别、整理、确认。此项工作的完成为后续可移动文物认定、录入等工作开展奠定了坚实的基础。

（3）国有可移动文物收藏单位走访情况

在调查摸底过程中，我市各级普查办积极进行国有可移动文物收藏单位走访。例如，我市达拉特旗普查办用近1个月时间，通过逐个上门调查的方式，向全旗249家国家机关、事业单位、国有企业发放了《国有单位可移动文物收藏情况调查表》，调查表全部收回，调查覆盖率达到100%。随后进行了梳理、汇总；共汇总国有单位馆藏文物69件，其中旗委1件、图书馆3件、档案局6件、达旗一中1件、展旦召13件、阿什泉林召10件、塔并召35件；另外文物管理所馆藏文物418件。

（4）调查表发放及反馈情况

在全市各相关部门的大力支持下，2013年9—11月，我市进行了第一次全国可移动文物普查国有单位文物收藏情况的调查摸底工作，共计调查全市9个旗区各级行政、事业单位和国有企业2047家，收回《国有单位可移动文物收藏情况调查表》1952份，回收率达95.4%，涵盖了全市教育、文化、国资、档案以及银行等各大系统，经反馈，有文物收藏的国有单位共36家（表3）。

表3 鄂尔多斯市国有文物收藏单位名录

序号	单位名称	序号	单位名称
1	鄂尔多斯博物馆	19	准格尔旗民族中学
2	鄂尔多斯青铜器博物馆	20	准格尔旗史志办
3	鄂尔多斯革命历史博物馆	21	准格尔召
4	鄂尔多斯市文物考古研究院	22	鄂托克前旗文物保护管理所
5	鄂尔多斯市图书馆	23	鄂托克旗文物保护管理所
6	成吉思汗陵园管委会	24	鄂托克旗查布博物馆
7	东胜区文物保护管理所	25	鄂托克旗档案局
8	鄂尔多斯广稷农耕博物馆	26	鄂托克旗蒙古族实验小学
9	康巴什新区文化广播电影电视局	27	杭锦旗文物管理所
10	达拉特旗委办公室	28	杭锦旗沙日特莫图博物馆
11	达拉特旗文物管理所	29	杭锦旗图书馆
12	达拉特旗档案局	30	乌审旗文物局
13	达拉特旗第一中学	31	乌审旗博物馆
14	达拉特旗图书馆	32	乌审旗档案局
15	达拉特旗民族宗教事务局（阿什泉林召）	33	乌审旗嘎鲁图人民政府
16	达拉特旗民族宗教事务局（塔并召）	34	乌审旗教育局
17	达拉特旗民族宗教事务局（展旦召）	35	伊金霍洛旗文物管理所
18	准格尔旗博物馆	36	伊金霍洛旗纳林陶亥镇人民政府

（5）国有可移动文物收藏单位回头看情况

在调查摸底工作结束后，市普查办及时部署了全市国有单位可移动文物收藏情况调查的复查工作，要求各级普查机构开展"回头看"调查，确保不漏掉辖区任何一个国有单位，不漏掉任何一件国有单位收藏的文物。通过调查摸底工作各个环节的严格把握，详细了解了我市国有可移动文物的收藏情况，确保了我市国有单位调查工作的科学准确。

（6）调查时间、工作方式及效果

我市调查从2013年9月开始到11月结束，在调查摸底过程中，我市普查办通过政府公文平台、邮寄、上门走访等方式，向辖区内的机关、事业单位和国有企业发放调查通知和电子表格。同时市普查办对调查工作进行了及时跟踪督查，针对部分国有单位可移动文物收藏情况调查表未能全面准确反映文物的实际情况，通过电话联系和主动上门，说明此次文物普查登记工作的重要性，积极宣传文物普查的意义和国家相关文件精神，指出应该普查的文物类别等，敦促对方重新填报调查表，确保我市国有单位可移动文物收藏情况的调查工作不漏、不缺。

全市摸底调查工作通过层层把关，逐级审核，确保了普查的准确率，高效推进了我市国有单位可移动文物收藏情况调查工作。

2. 国有可移动文物认定工作阶段

（1）文物认定阶段鄂尔多斯市印发的通知、方案、规范性文件等

2014年3月，市文化局印发了《鄂尔多斯市文化局关于做好全市文物收藏单位文物认定和国有博物馆馆藏珍贵文物鉴定准备工作的通知》（鄂文发〔2014〕56号）。10月，市普查办转发了内蒙古自治区第一次全国可移动文物普查领导小组办公室《关于做好全区第一次全国可移动文物普查文物认定工作的通知》（鄂普办发〔2014〕5号），文件要求各级普查机构按照程序认真组织开展本辖区内的文物认定、鉴定工作，要做好各国有博物馆馆藏珍贵文物鉴定定级前期准备工作，同时也要做好除博物馆外其他文物收藏单位的可移动文物认定工作。

（2）文物认定工作组织实施情况

在文件下达后，相关收藏单位对需要认定的藏品进行了详细登记并统计，我市组织专家组分批分次对各收藏单位进行文物认定工作。

（3）文物认定工作次数及开展情况

在2013年10—12月，我市普查办组织专家组分别对36家国有收藏单位的藏品进行了认定。

（4）非文博系统收藏单位现场认定工作情况

为严格把控普查质量，我市普查办组织文物认定专家组，依据可移动文物认定范围标准，专门对非文博系统241家国有单位上报的2500多件/套文物或物品进行甄别，共认定可移动文物1418件/套。

（5）新发现、新认定藏品数量，文博系统内新发现、新认定藏品数量，非文博系统新发现、新认定藏品数量

我市文物认定工作阶段新发现、新认定藏品数量823件/套，文博系统内新发现、新认定藏品72件/套，非文博系统新发现、新认定藏品751件/套。

（6）新发现、新认定藏品地市分布统计及藏品类型统计

我市新发现、新认定藏品主要分布在市本级、东胜区、达拉特旗、乌审旗、鄂托克旗的国有文物收藏单位中。

（7）结合认定开展的其他工作

2015年10月，市普查办下发《关于开展全市可移动文物鉴定工作的通知》（鄂普办发〔2015〕2号），2015年11月初—12月初，市普查办组织开展了全市范围内国有文博单位收藏可移动文物鉴定工作。为完成文物鉴定工作，特组成文物鉴定专家组，组成人员从全市第一次全国可移动文物普查工作领导小组办公室专家组中抽调，分两组赴旗区对全市国有文博单位未鉴定的可移动文物进行鉴定工作，此项工作的开展为迎接我市第一次全国可移动文物普查考核验收奠定了坚实基础。

（8）重点非文博系统收藏单位认定工作情况

我市各级普查办对非文博系统内的国有收藏单位及时开展文物认定工作，例如鄂托克前旗普查办先后对旗图书馆、档案局、林业局等20家上报有疑似文物的国有单位进行了上门认定。经认定，得出国有收藏文物单位为1家，确定鄂托克前旗林业局等19个部门所报物品不属于文物，已申请删除鄂托克前旗林业局等19个部门收藏有可移动文物的记录。对重点非文博系统收藏单位的认定工作确保了全市普查工作的顺利进行。

3．国有可移动文物信息采集、登录阶段

（1）采集、登录阶段鄂尔多斯市印发的通知、方案、规范性文件等

采集、登录阶段我市普查办印发《鄂尔多斯市第一次全国可移动文物普查工作领导小组办公室关于切实落实推进全市第一次全国可移动文物普查阶段工作任务的通知》（鄂普办发〔2014〕2号）、《鄂尔多斯市第一次全国可移动文物普查工作领导小组办公室关于推进全市第一次全国可移动文物普查2014年重点工作及开展专项督查工作的通知》（鄂普办发〔2014〕3号），确保全市采集、登录工作进度。

（2）采集、登录工作组织情况

我市采集、登录工作由市普查办组织各普查机构、收藏单位自行完成，登录工作主要由各级普查办组织文物管理业务人员、专业文物工作人员、摄影专业人员、计算机网络专业人员等共同完成，市普查办派专人负责督查、指导和帮助。

（3）采集、登录阶段对非文博系统单位的帮扶和组织工作

在采集、登录阶段，我市普查办对非文博系统单位进行了积极的帮扶工作，对非文博单位员工进行培训，理论培训结合实际操作，手把手教会了普查工作。登录阶段由于平台切换，多数单位无法进入新平台，市普查办项目部工作人员用现场配置、电话技术支持、远程协助等方式，对各单位的登录工作展开帮扶，使全市文物普查的各单位由旧平台顺利切换到新平台。新旧平台切换后，新平台的录入工作并不顺利，出现了数据格式不同无法录入等情况，在项目部工作人员的支持下，一一解决，录入工作顺利完成。

鄂尔多斯市图书馆是一家非文博事业单位，收藏古籍图书707件/套，与其他单位一样参加了为期半个月的培训实践班，普查工作得以顺利开展，遇到平台切换的问题，同样需要技术支持，如安装插件，配置浏览器等。录入工作开始后也遇到许多诸如导入模板失败、导入照片失败等问题，市普查办项目部工作人员对导入失败的原因逐一分析解决。离线数据审核阶段，项目部也对图书馆的离线数据导入和数据导入中的问题进行了重点帮扶。

2016年8月初，我市项目部派专业人员对成吉思汗陵园管委会进行一对一帮扶工作。由于该单位存在普查困难比较多，外派的工作人员第一时间对其采集、登录阶段存在的问题进行了分析统计，发现如照片发暗看不清、数据不全、命名不规范、年代错误、类别错误等问题，在发现问题后，项目办工作人员组织成吉思汗陵园管委会工作人员对展厅文物进行了重新拍照、编辑照片、导入照片，同时对缺项的文物信息进行了数据补充采集和填写，并进行审核。我市普查办对非文博系统单位的帮扶工作，保证了全市普查工作的进度和质量，对普查工作的完成起到了极为关键的作用。

（4）采集、登录工作方式

①博物馆工作方式

以鄂尔多斯博物馆为例。按照信息采集数据要求，首先对需登录的文物进行信息采集和拍摄。文物的名称、尺寸、重量、类别、入藏年代等信息都登记在该馆制作的纸质普查登记表中，接着将文物信息录入到EXCEL电子表格模板中，在对文物信息数据检查对照无误后上传到国家文物普查平台。拍摄的全景照、正视图、俯视图、侧视图、底部图、局部图等均充分反映文物本体的特征，然后将这些照片按规则编号导入到文物普查信息平台中。

②搬迁博物馆工作方式

以搬迁新馆的鄂尔多斯青铜器博物馆为例。该馆工作方式通常为文物库房内一人进行文物摄影，一人测量文物尺寸、重量等基本信息，一人用纸笔记录。完成库房工作后，在电脑上对照片编号命名并归档，然后分别录入采集到的文物信息和照片，最后上传至文物普查信息平台。

③考古院工作方式

以鄂尔多斯市文物考古研究院为例。该院文物普查工作中，采取以一件文物为一个最小登记单位，制定统一标准的流水线式工作方法，专人专项负责，保证了文物测量、命名、拍照、登录、审核等一系列工作流程的有序准确完成。

④非文博系统工作单位工作方式

以鄂尔多斯市图书馆为例。该馆首先对需登录的蒙古文古籍和部分汉文古籍进行了测量和拍照。按照采集要求对这些古籍文献进行了名称（尽量采用原古籍资料上的名字）、尺寸、重量、类别等信息的录入，并在电脑上对照片进行编号命名，最后再将文物信息和照片上传至离线平台。

（5）采集、登录推进方式

我市各级普查机构、收藏单位在既不耽误普查工作又不耽误本单位常规性工作的情况下，挤时间加班加点工作，上班时间采集信息，避开上班时间网络平台拥挤、卡慢的弊端，利用早起、午休、晚上、周末时间加班，逐条逐项对所有文物数据进行信息登录、照片上传和校对检查，在自治区普查办的指导和配合下按时完成了采集、登录工作。

4.国有可移动文物信息审核阶段

（1）审核阶段鄂尔多斯市印发的通知、方案、规范性文件等

在国有可移动文物信息的审核阶段，市普查办印发《鄂尔多斯市第一次全国可移动文物普查工作领导小组办公室关于做好2016年第一次全国可移动文物普查工作的通知》（鄂普办发〔2016〕

3号）、《鄂尔多斯市第一次全国可移动文物普查工作领导小组办公室关于开展2016年度全市第一次全国可移动文物普查工作专项督查的通知》（鄂普办发〔2016〕4号），安排我市普查审核阶段工作事宜。

（2）审核工作部署、时间安排、组织实施情况

2015年6月开始，鄂尔多斯市辖区内的36个国有收藏单位陆续完成信息采集和登录工作，首先由各单位组织审核人员自审，审核完成后提交本单位所在的普查办，由普查办组织专家审核，旗区普查办和市直单位审核完成后提交市普查办，市普查办组织专家做市级审核。市级普查办审核完成后提交自治区普查办。

市普查办项目部于2016年1—8月开始对我市国有文物收藏单位的登录信息进行审核。鄂尔多斯市普查办按照计划组织实施审核，按时完成了审核任务。

（3）审核工作流程、阶段、次数、审核数量

审核流程：首先由各单位组织审核人员自审，审核完成后提交本单位所在的普查办，由普查办组织专家审核，旗区普查办和市直单位审核完成后提交市普查办，市普查办组织专家做市级审核。市级普查办审核完成后提交自治区普查办。

审核阶段：

第一阶段，2016年年初，各单位陆续开展审核工作。由审核员自己审核，修改发现的问题，再审核无误后提交，即完成单位审核工作。

第二阶段，所属旗区的文物收藏单位将审核完成的数据提交旗区普查办，由旗区普查办组织专家审核；市直单位审核完成后直接提交市普查办审核。2016年6月22—30日，项目部完成鄂尔多斯博物馆的离线软件安装和离线数据导入工作，开始核对和审核离线数据，帮助全市其他普查单位安装离线软件和离线数据导入。

第三阶段，旗区普查办和市直单位审核完成后提交市普查办，由市普查办组织专家审核。2016年7月26日—8月6日，项目部派工作人员赴各旗区普查办和各普查单位针对普查数据进行初审，并指导和帮助修改存在的问题。8月6—10日，市普查办专家组对全市可移动文物普查数据进行市级审核，并全部完成。

第四阶段，市普查办审核完成后，2016年8月10—15日提交自治区普查办，市级普查办审核工作完成。

第五阶段，2016年8月17日—9月4日，市普查办项目部工作人员到国家文物局配合自治区普查办和国家文物局做数据上报、转换和审核工作。

审核次数：

第一次，2015年6月开始，各文物收藏单位自行组织审核。

第二次，2016年1月开始，各旗区普查办审核完成后提交市普查办。

第三次，2016年7月26日—8月6日，市普查办及项目部组织工作人员对各个单位的普查数据进行初审。

第四次，2016年8月6—10日，市普查办组织专家对各单位普查数据进行终审。

审核数量：40121件/套。

（4）非文博系统收藏单位审核工作情况

对于非文博系统收藏单位的审核工作，市普查办对技术上的要求，如数据、照片质量及数量与文博单位的要求都是一致的。业务方面，组织各非文博单位本专业的业务专家和市普查办专家共同审核的办法，确保审核工作保质保量完成。

（5）数据审核现场复核工作情况

市级审核工作是对每个单位的藏品逐一审核，提出存在的问题后，现场指导工作人员整改，审核时发现存在的普遍性问题有：命名不符合规范、文物质地选择有误、文物类别选择有误、文物数量记法不统一、照片不符合要求等。

初审反映出的问题经过指导整改后，各单位工作人员完成了数据整改，使得市普查办专家组终审工作比较顺利。

（6）终审工作成效

经过各级审核后，鄂尔多斯市可移动文物普查数据顺利通过自治区普查办的审核。

（三）宣传动员

1. 宣传方案、宣传方法和宣传手段

2013年8月，我市普查工作领导小组印发了《关于印发〈鄂尔多斯市第一次全国可移动文物普查宣传方案〉的通知》（鄂普组发〔2013〕3号），文件对普查工作的宣传意义、宣传目标、宣传内容、宣传实施、宣传组织等均做了详细的说明和要求。全市各级普查办、项目部利用网络、QQ、手机短信、微信、宣传海报、宣传单、知识竞赛等形式开展了丰富的宣传活动，并利用公共场所宣传区、电子屏等积极宣传可移动文物普查相关内容、口号等。同时，相关普查单位，如鄂尔多斯博物馆还在其网站上设立了可移动文物普查工作专题板块，宣传文物普查进展、成果。

截至2016年10月，我市完成工作简报共计11期，深度报道3篇，专访2篇。

2. 重大节庆宣传情况

我市以世界博物馆日、中国文化遗产日、草原文化遗产日等节日为契机，组织开展普查相关内容宣传，通过现场讲解、发放宣传单等方式，普及推广文物法律法规，宣传普查知识，不断增强公众对文物普查意义和重要性的认识。

3. 重点地区宣传情况

我市文物资源丰富，各旗区均分布着不同类型、各具特色的可移动文物，因此各旗区都积极开展多种形式的普查宣传工作。如鄂托克前旗根据普查整体进度安排，充分发挥当地窗口宣传媒体的职能作用，在电视台宣传2个多月，利用广场电子大屏以及街道社区等公共场所电子屏等平台滚动播出可移动文物普查宣传口号、普查范围、重点内容和意义等累计近180天/次。达拉特旗在报刊《达拉特快讯》开辟可移动文物普查工作专栏。东胜区在2014—2016年文化旅游节期间，组织开展了"亲近历史"文化遗产展示进校园、进社区活动，对可移动文物普查工作进行全面宣传。伊金霍洛旗在2016年元宵节、"5·18"国际博物馆日和文化遗产日，举办了伊金霍洛旗第一次全国可移动文物普查成果展览，展览主要以展板、图片、幻灯片的形式对伊金霍洛旗第一次可移动文物普查成果、普查工作现场照、普查工作进展情况及珍贵文物图片等进行了展示。据统计，参观展览观众达一万余人次，共发放宣传资料3200余份，送出印有文物保护宣传语的环保袋、盒抽等宣传品1200余份及知识问答奖品200多份。

4．普查宣传动员工作成效及社会公众对普查的认知与反响

经过一系列宣传，营造了全社会关注第一次全国可移动文物普查工作的良好氛围，促使广大民众了解文物、关注文物，更好地了解和参与普查工作，提高了社会对可移动文物普查和文物保护的参与意识和保护意识，收到了良好的社会反响。

（四）质量控制

1．各级普查机构印发的相关通知、方案、制度等

我市普查办按照相关要求在普查过程中印发了质量控制的相关通知。在普查组织、国有单位文物收藏情况调查、文物认定、信息采集登录报送、数据整合、汇总等每一个阶段都严格按照质量控制标准进行，保证普查成效，做好普查进度管理和质量控制的全过程管理。

2．普查员、专家、志愿者及普查单位录入员等人员培训

我市普查办组织全市普查员参加了国家、自治区、市级组织的共9次普查培训，培训人数达480人次。其中2013年2次，分别为2013年7月31日—8月3日举办的内蒙古自治区第一次全国可移动文物普查骨干培训班（第二期），2013年12月举办的鄂尔多斯市第一次全国可移动文物普查培训班，共培训120人；2014年2次，分别为2014年12月10—13日举办的内蒙古自治区第一次全国可移动文物普查业务骨干培训班，2014年4月举办的鄂尔多斯市第一次全国可移动文物普查工作培训实践班，共257人；2015年4次，分别为2015年3月30日—4月2日举办的2015年度全国可移动文物普查数据审核与管理培训班，2015年8月25—27日举办的内蒙古自治区第一次全国可移动文物普查数据审核与管理培训班，2015年12月9—12日举办的全区可移动文物普查文物影像采集骨干培训班，2015年2月举办的鄂尔多斯市第一次全国可移动文物普查文物认定命名培训班，共89人；2016年1次，为2016年6月19—21日举办的全区可移动文物普查数据审核与管理培训班，共14人。

3．培训重点内容

我市培训重点内容包括普查信息数据的采集、登录工作流程，网络平台的使用，普查数据审核与管理，普查文物认定命名，普查文物影像采集，普查工作实际操作等内容。

4．督查

在普查工作各个阶段，我市根据普查工作实际，不断加强对各旗区普查单位的督导工作，注重普查的覆盖率、到达率与完成率，力求普查尽可能减少遗漏、减少遗憾。我市普查办于2014年8月，2015年5月、11月，2016年7—8月先后4次对各旗区普查的文物认定、定级、数据登录、审核等工作进行实地督查。督查方式为实地督查，督查对象为全市各级普查机构及收藏单位。督导组针对各普查单位各阶段存在的主要问题，进行了及时地解决和反馈，对实地无法解决的问

题，督促各普查单位限期完成。督查工作的进行进一步推动了全市可移动文物普查进度，切实解决了各旗区在普查中遇到的问题和困难，确保了全市普查工作按时按质完成。

5.验收

2016年9月，我市普查办印发了《鄂尔多斯市第一次全国可移动文物普查工作领导小组办公室关于转发〈国家文物局做好第一次全国可移动文物普查验收工作的通知〉的通知》（鄂普办发〔2016〕7号），要求各旗区普查机构及收藏单位按照国家文物局和自治区相关文件要求负责组织开展本辖区内验收工作，填写《第一次全国可移动文物普查验收表》，根据普查工作情况，形成验收报告，并于规定时间将验收材料上报市普查办（市文物局）。在收到各旗区普查机构、收藏单位验收报告后，结合我市普查工作实际，完成本市普查验收报告，并按时上报自治区普查办。

6.安全管理等情况

普查进度管理和质量控制是第一次全国可移动文物普查的重要工作内容，是加强普查组织，保证普查质量，确保普查成效的重要机制。我市普查办承担起相应责任，做好普查进度管理和质量控制工作，各级普查机构及收藏单位制定了人员安全及文物安全的相关工作制度，加强普查安全措施，确保人员安全、文物安全，保障文物认定及信息采集、登录、上报等各阶段均无人员及文物安全事故发生。

在普查数据管理方面，各级普查机构均建立相关工作制度，加强了普查档案和数据管理，加大了普查数据的维护和更新，切实保障了普查数据安全。

三、普查工作成果

通过第一次全国可移动文物普查，我市掌握了全市文物家底，基本实现普查目标。

（一）掌握本行政区域内可移动文物资源情况及价值

1.摸清数量及分布情况

经鄂尔多斯市第一次全国可移动文物普查工作，掌握到全市可移动文物共计40121件/套，全市可移动文物主要分布在市直文博单位、各旗区文博单位和市图书馆等，藏品比较集中。

2.掌握保存状况

（1）利用普查成果，综合分析

鄂尔多斯市第一次全国可移动文物普查工作完成后，掌握了各单位的藏品数量和保存现状，100%的藏品有专用库房来保存，78%的藏品可以分类保存，条件较好的文物收藏单位为鄂尔多斯博物馆、鄂尔多斯青铜器博物馆、鄂尔多斯市图书馆。所有藏品的保存条件亟待改善，例如：按藏品质地分类入库，恒温恒湿、光照情况控制和去除有害气体等。

（2）普查中我市文物收藏单位可移动文物保护条件、保存环境改善情况

我市可移动文物保护条件、保存环境改善主要以收藏环境较好的鄂尔多斯博物馆及新搬迁的鄂尔多斯青铜器博物馆为例。

①鄂尔多斯博物馆可移动文物保护条件、保存环境改善情况

鄂尔多斯博物馆库房总面积约6000平方米，共14间库房，其中2间为珍贵文物库房，其余12间为一般文物库房。一般文物库房中，3间库房存放文物以书、唐卡、纺织品、化石、有机质文物为主，另外9间库房存放文物类型较多，为综合类文物库房。库房文物保护条件及保存环境主要有：

a.每间库房内均安装有安保储藏设备，分别是多功能文物柜、多功能字画柜、集中型安保古董收藏设备、集中型文物挂画展示设备、古钱币安保设备、重型古董放置设备等。

b.在书画储藏柜内放置防虫蛀、防霉的樟脑球等，并定期进行更换。

c.防火保护措施。库房内外不得存放易燃、易爆及有碍文物安全的物品；每个库房门口都配备2个灭火器以便库房防火，配备有消火栓、灭火器、喷淋、消防应急照明、安防应急照明等。

d.防盗保护措施。库房内安装有如红外摄像头实时监控的整套安全监测装置，利用电脑报警技术自动控制库房安全。

e.防摔保护措施。文物上架的时候从上到下进行摆放，同一层面的文物从里至外进行摆放，文物在能看到的情况下，以不动为宜，减少移挪文物的情况。

鄂尔多斯博物馆展厅总面积约12000平方米，包括4个常规展厅、2个临展展厅、1个互动厅。展厅保护条件及保存环境主要有：

a.每个展厅内都安装有全覆盖红外摄像头监控设备，并安装有夜间安防门禁系统、安防报警器，双方对讲系统，安防应急照明等设备。

b.每个展厅内都有消火栓、灭火器、喷淋系统，安装有消防报警器，展厅门口安装防火卷帘门和消防电梯及应急照明灯。

c.除了以上两个防护措施外，还在负一层的马门溪龙展台顶上安装有高压水炮系统。

鄂尔多斯博物馆针对馆内文物保存环境，对文物库房区域和部分展厅特别引进了一套比较完善的文物保存环境监测监控系统，目前招标工作已经完成，现在正在系统安装的准备工作阶段。这其中包括建设监测站点软件平台、布设无线传感实时监测系统、对库房内文物所处陈列柜微环境和库房小环境使用主动的方式进行调控，为114件一级文物配置32个环境友好型无酸纸囊匣，配备应用"被动采样—仪器分析"技术定期对环境污染物进行监测分析并优化环境质量。此文物保存环境监测站的建立，将实现对库房、展厅的重点文物保存区域内温湿度、光照度、紫外线辐射强度、二氧化碳浓度、二氧化硫、粉尘和VOC（总挥发性有机化合物含量）等文物馆藏环境质量相关指标的24小时不间断实时监测和示范性环境调控。

另外通过环境数据分析和应用研究，建立可移动文物预防性保护管理和协调工作机制，通过这个机制可以及时、有效地对博物馆可移动文物保存环境质量调控进行指导。该技术可形成有效的藏品保护管理、协调、检查分析、处理、预案等一系列风险预控机制，努力达到"稳定、洁净"的文物保存环境状态，全面提升鄂尔多斯博物馆文物预防性保护水平。

②鄂尔多斯青铜器博物馆可移动文物保护条件、保存环境改善情况

鄂尔多斯青铜器博物馆馆藏文物绝大部分为金属器，包括青铜器、金银器、其他金属器等，因此器物多数有不同程度的锈蚀，部分器物锈蚀情况严重，急需保护修复。

迁入新馆以后，青铜器博物馆文物保存条件有了极大的改善，但仍存在湿度大的问题，目前经过放置干燥剂和打开必要的通风设施，库房湿度已经得到控制，达到了文物存放的湿度要求。但从长远来看，还需继续向上级单位申请经费，购买必要的恒温恒湿设备，为文物创造更好的保存条件。

3．掌握使用管理情况

（1）利用普查成果，综合分析

经过此次普查工作，我市对可移动文物的具体情况有了全面掌握，对于我市的文物工作研究和应用都有很大帮助。研究方面，对各个文物类别、质地、年代等的掌握有助于更全面系统的研究工作，把研究工作细化也成为可能。应用方面主要以展览、教育、研究等为主，完全可以根据普查数据更全面系统的做出方案。

（2）全市可移动文物使用管理情况

我市可移动文物使用情况主要为两方面：一是保存在各级普查机构及收藏单位的文物库房中，起到收藏、研究的作用；二是用于各类展览，包括市直、各旗区博物馆举办的各类常规展及临时展览。

（3）不同类型收藏单位可移动文物使用管理情况

我市36家国有收藏单位中，按收藏单位类型分为8家博物馆、3家图书馆、3家档案局、22家其他单位。其中8家博物馆可移动文物使用情况主要分为两种情况：一是保存在其文物库房中，起到收藏、研究的作用；二是用于各类常规展及临时展览的展示。

例如，鄂尔多斯博物馆，现有馆藏文物18681件/套，馆藏文物主要用于以下四个方面：

①收藏。多数馆藏文物收藏在文物库房中。

②基本展览。主要用于《农耕、游牧·交融、碰撞——鄂尔多斯通史展》《鄂尔多斯蒙古族历史文化展》《鄂尔多斯古生物展》《百年光影·见证鄂尔多斯——城市记忆珍藏展》四个基本展览，共计展出文物2000余件/套。

③外展。自办交流展览《八百年不熄的神灯——祭祀成吉思汗的鄂尔多斯蒙古族历史文化》，展出文物187件/套。

④借展。外借内蒙古博物院14件/套文物，用于《金色中国——中国古代金银器大展》和《内蒙古可移动文物成果展》进行展示；另外与内蒙古博物院、鄂尔多斯青铜器博物馆联合打造的《丹青遗韵 妙手生花——北方草原古代壁画艺术精品展》专题展览，展出文物65件/套。

（4）不同行业收藏单位可移动文物使用管理情况

不同行业收藏单位以鄂尔多斯图书馆为例，其可移动文物使用管理情况主要为：

①该馆对馆藏古籍进行了调查、认定和登记，掌握了可移动文物的保存现状等基本信息，并在古籍收藏的室内安装了恒温恒湿设备，有效地保护了古籍文物，该馆馆藏古籍主要用于收藏、研究。

②该馆将一些具有代表性或时代性的古籍，如：圣旨、蒙古文古籍等对外进行展览，供广大市民参观。

（5）总结分析掌握文物资源数量、分布及价值对鄂尔多斯市文物工作的意义鄂尔多斯市通过本次普查,全面掌握了全市范围内可移动文物的规模、类型、保存状态、保护环境、保管和使用情况,并进行了完整统计和具体分析,一是体现在藏品层面,即对藏品的基本信息进行了完整登记和掌握,如编号、名称、级别、年代、保存状态等。二是体现在收藏单位层面,对我市全部藏品状况全面掌握,如总体规模、类型和保管情况的分布统计等。三是体现在政府层面,对全市的可移动文物保护管理情况总体掌握,包括全部收藏单位和藏品信息以及其地理、类型和行业分布情况等。

掌握我市文物资源数量、分布及价值,对我市的文物工作产生了重大的意义。第一,为我市文物资源的总体情况提供了可供分析、完整和准确的基础数据,全面摸清我市可移动文物家底,为我市建立了统一的可移动文物信息资源库和平台,建立起覆盖全市的信息管理体系,文物登记备案和安全监管得到有效加强。第二,全面加强了全市文物基础工作,建立起藏品管理的标准体系。第三,加强文物资源整合利用,实现了统一管理。完成可移动文物数据的采集汇总,我市文物资源的总体面貌从此得以根本廓清,文物保护政策制定的科学性和宏观管理水平将大大提升。最后,此次普查为可移动文物管理模式转变的实现提供了基础,促进了文物工作由粗放型管理向精细化管理发展的转变。

(二)健全文物保护体系

1. 完善文物档案

(1)鄂尔多斯市新建/重建藏品账目及档案的收藏单位数量及工作情况

我市文博系统新建/重建藏品账目及档案的单位9家,新建/重建藏品账目及档案的文物2834件/套。非文博系统新建/重建藏品账目及档案的单位13家,新建/重建藏品账目及档案的文物1059件/套。

(2)完成藏品账目及档案信息化的收藏单位数量

我市文博系统完成藏品账目及档案信息化的单位数量为15家,非文博系统单位完成藏品账目及档案信息化的单位数量为14家。

(3)系统内主要大型收藏单位完成清库建档工作和账目核对工作情况

我市主要大型收藏单位均积极完成清库建档工作和账目核对工作。如鄂尔多斯博物馆于2013年10月18日—11月14日,进入普查工作前期文物调查摸底阶段,该馆藏品部进行了近一个月的清库和账目核对工作,主要是将所有的馆藏文物数量与文物原始账目进行逐件核对,确保账目与文物无一遗漏,为下一步普查工作提供了保障。

(4)普查中解决的相关问题

我市在此次普查中,一是在藏品层面,解决了对藏品的基本信息、情况掌握不完全的问题,如藏品照片、尺寸、保存状态等,进一步完善了藏品资料;二是在单位层面,解决了各单位所有藏品状况掌握不全面的问题,如总体规模、类型和保管情况的分布统计等,并发现了从前工作中的一些历史遗留问题;三是在政府层面,解决了我市区域内的可移动文物保护管理情况总体掌握不全面的问题,包括全部收藏单位和藏品信息以及其地理、类型和行业分布情况等。

（5）对鄂尔多斯市文物保护管理等基础工作的推动作用

通过普查，我市全面掌握了文物的个体信息和总体情况，对文物进行了分门别类的保存和管理。普查工作使得我市文物保护管理实现了藏品精细化管理的基本步骤，文物基础情况明晰，将有效提高藏品管理水平和工作效率，相应的文物保护政策制定、修复方案编制、安全和防护措施实施、藏品日常保管以及展示利用、库房建设、经费使用管理等方面将更加精确和科学合理。同时，此次普查工作也让我市各级文化文物机构职能更加清晰，工作目标更加明确，管理效能更加提升。

2．完善制度和规范

（1）完善鄂尔多斯市可移动文物调查、认定、登记、管理及利用制度

通过普查工作，参考国家和自治区标准，我市对本辖区内的可移动文物调查、认定、登记、管理及利用制度均进行了完善。

（2）建立专门的藏品管理机制单位情况

我市建立了专门的藏品管理机制单位，主要是鄂尔多斯博物馆、鄂尔多斯青铜器博物馆、鄂尔多斯革命历史博物馆、鄂尔多斯市图书馆等单位，其中鄂尔多斯市图书馆为非文博系统收藏单位。

（3）普查中解决的相关问题

掌握了我市收藏单位藏品管理机制的整体情况，对部分非文博收藏单位的收藏管理制度欠缺问题进行了改善，进一步完善了我市的文物管理制度。

（4）对鄂尔多斯市文物保护管理等基础工作的推动作用

普查中发现我市部分文物收藏单位文物库房条件不符合文物保存条件等相关问题，有关部门给予了重视，对本市文物保护管理等基础工作起了推动作用。例如，鄂尔多斯博物馆在普查过程中，发现馆藏文物没有实现保管层面的数字化管理，正在对此项工作进行筹划，目前已经确定了藏品规范化、科学化、数字化的发展计划。同时，在藏品保存方面缺乏完备的保护条件，现正在进行安装恒温恒湿监控设备的相关准备工作。

3．明确保护需求

（1）明确鄂尔多斯市文物总体保护需求

通过普查，明确了我市文物总体保护需求。保存环境方面，我市可移动文物收藏单位均存在文物库房不符合文物保存条件的问题，这就需要有关部门拨款修建或改造符合文物保存标准的文物库房，为文物保存与保护提供必要条件。同时，实施文物预防性保护工程，为文物库房和文物配备具有环境监测功能的设施、设备，完善博物馆、文物收藏单位的文物监测和调控设施，对珍贵文物配备柜架囊匣等。

在保管人员方面，我市文博专业人员缺乏，急需引进有文博专业知识的人员，进一步扩大专业文物保管人员队伍，加强文物保管人员专业技能培训，并为保管人员提供相应的健康保护措施。

在运用先进的保护技术方面，我市部分收藏单位由于资金、人才的缺乏，先进的保护技术不能运用到文物保护工作中，致使文物保存状况得不到有效改善，从文物保护的长远利益出发急需引用先进的文物保护技术以加强对本市文物的管理保护。

（2）明确不同类型文物保护需求

不同类型的文物有不同的保护需求。针对我市文物保存现状，珍贵文物因为价值较高需单

独存放，因此急需购置盛放文物的囊匣和带保险的专门文物柜。不同类别的文物所需环境条件不同，要分类别单独存放、单独管理，所以要增设库房面积以达到分类保存、分类管理的目的。不同年代和不同完残程度的文物也有不同的保存管理要求，年代久远的文物和残缺文物保存状况较差，很多需要修复，这就要增加修复经费和引进先进技术，培训专业修复人员，以便对文物进行及时、高标准的修复和养护，还原文物真实的本来面目。

（3）明确各类收藏单位保护需求

通过普查，明确了我市各类收藏单位的保护需求。从不同级别收藏单位保护需求来说，市级收藏单位大都具备了条件较好的文物库房、展柜、设施、设备等，但存在以下几类需求。一是库房文物保存环境需求，不同的文物对于保存环境有着不同的需求，例如，古生物化石保存环境不宜太过干燥，青铜器保存环境不宜潮湿，皮质文物要注意防止生虫等，但市级各类收藏单位均缺乏专业的库房，保存环境单一，无法满足各种类型的文物保存需求，因此急需安装恒温恒湿等专业化设备。二是文物库房、展柜中的细节保护需求，例如，文物库房、展柜中的灯光应采用对文物没有伤害的光源等。三是人员科学管理需求，由于文物保管对专业性要求极强，因此需要多举办有针对性的培训，尤其是库房科学分类管理等方面的培训，以提高文物保管人员的专业性。四是库房的数字化管理需求，市级收藏单位文物管理数量大、分类细，因此需要一套科学的数字化管理体系，以保证文物管理的智能化、科学化。五是对先进的保护技术方面的需求，市级各收藏单位急需将先进的保护技术运用到文物保护工作中去，以完善文物的保护管理。

对旗区级收藏单位来说，最需实现的保护需求主要是两类：一是改善文物保存环境，大部分旗县收藏单位都没有专业的文物库房，不具备文物保管条件，急需新建或改造符合文物保存条件的文物库房；二是提高保管人员素质，旗区级收藏单位专业人员尤其缺乏，急需引进有文博专业知识的人员到文保队伍中来。

从不同类型收藏单位保护需求来说，我市博物馆、各旗区文管所需求主要有：一是满足各类不同文物保存需求的保护环境，包括库房及展柜；二是需要建立科学的数字化文物管理体系；三是需要引进和培训专业保管人员；四是对先进的保护技术方面的需求。

市图书馆的需求：一是部分古籍损腐严重，急需修复，珍贵的文献古籍具有不可再生性，因为保存时间长，过去在个人收藏家手里保存条件差等，这些古籍都有不同程度的自然氧化、破损、虫蛀等现象，其中多部古籍文献破坏情况比较严重；二是古籍保护修复人才紧缺，古籍整理和保护的专业人员极度缺乏，尤其是破损古籍修复人员，造成了古籍修复工作无法进行。其他收藏单位最迫切的保护需求是建立文物库房及配备专业的文物保管人员。

（4）今后保护工作的重点

①需要新建或改造符合文物保存条件的文物库房，购置专门的文物存放设备，为文物的保存与保护提供必要条件。

②加强我市文博专业人才的引进和培训工作。

③加大对文物保护工作经费的投入力度，积极引进先进的文物保护技术，使先进的文物保护技术运用到全市的文物保护工作中。

④加强对可移动文物的安全管理、新技术管理及专业管理。

4．扩大保护范围

（1）普查中新备案的收藏单位数量

在此次普查中，我市新备案的收藏单位有4家。

（2）普查中非文博系统收藏单位实现藏品规范化管理

普查中非文博系统收藏单位实现藏品规范化管理。以鄂尔多斯市图书馆为例，一是对馆藏古籍进行了调查、认定和登记，掌握了可移动文物的保存现状等基本信息，为科学制定保护政策和规划提供了依据；二是建立了文物登录备案机制，健全文物保护体系，加大了保护力度，扩大了保护范围，保障了文物安全。

（3）下一步保护措施及规划

①根据全市文物保管工作的实际情况，在做好文物库房日常管理工作的基础上，加强全市文物档案管理制度化建设，重新修订文物保护管理流程，按照质地、器形、保存现状、级别等文物基本属性制定不同的保护措施，确保我市文物保护工作切实有力的进行。

②努力推动我市大型收藏单位文物预防性保护工程的落地实施，实现文物库房、部分珍品展柜恒温恒湿实时监控，同时对病害文物建立档案数据库，适时完成重害文物病理分析及修复工作。

③在全市范围内推进藏品管理规范化、科学化、数字化制度建设。

④以文物保护项目为载体，以互动合作为契机，采取双向委托培训、驻地学习、现场实践操作等方式提升我市文物保护人才培养力度和科技创新能力。

（三）有效发挥文物在鄂尔多斯市经济社会发展中的重要作用

1．普查成果利用计划

我市普查成果展览《鄂尔多斯市第一次全国可移动文物普查工作成果展》（暂名）正在积极筹备中。

2．普查成果出版物

我市拟出版《鄂尔多斯市第一次全国可移动文物普查工作报告》《鄂尔多斯市第一次全国可移动文物普查文物精品图录》（暂名），目前正在筹备和资料全面收集阶段。

同时，我市还将建立鄂尔多斯市第一次全国可移动文物普查数据库，鄂尔多斯博物馆已经购置大容量双保险存储设备，目前此项工作正在实施。

四、建议

（一）对鄂尔多斯市可移动文物管理工作的建议

1．改善文物保存环境

基层博物馆、文管所文物库房藏品保存条件急需改善管理，需进行规范化、科学化、数字化改造，以满足现代化藏品管理的需求。

2．加大文物保护投入

文物本体的健康是文物保护的前提。建议上级文物部门适当给基层文物部门拨付文物征集和养护经费，让带"病"文物去除病魔，继续发挥其应有的作用。

（二）对鄂尔多斯市可移动文物利用的建议

1．建立展示平台，让文物"活"起来

要让文物"活"起来，让文物说话，发挥文物在见证历史、以史鉴今、启迪后人方面的作用，展示是前提。鄂尔多斯市历史文化积淀厚重，文物资源丰富，这些文物是我市历史文化发展的见证，但在一定程度上缺少展示的平台和空间，建议多举办能够展示凝聚着我市历史文化精髓的文物展、图片展，让这些库房里的文物"活"起来，让更多的民众更了解我市历史文化。

2．加强对文化产品的开发力度

此次文物普查拓展了我市文物资源，建议进一步加强文物文化产品的开发力度，丰富公共文化服务内容，让文化遗产保护成果惠及人民群众。

（三）对鄂尔多斯市基层行业人才培养工作的建议

1．加强基层文物、文博专业人才的引进力度

我市文博专业人员缺乏，急需引进有文博专业知识的人员，进一步扩大文博专业人才队伍。

2．加大对文博系统基层人员的专业培训

基层文博系统工作人员，非本专业者居多，而其参加专业培训学习机会较少，人员专业素质亟待提高，需多举办有针对性的业务培训，提高人员的自身素质和专业水平，并制定人才培养计划，切实培养出一批业务精深的文博行业人才队伍。

习近平总书记指出："一个国家、一个民族的强盛，总是以文化兴盛为支撑的，中华民族伟大复兴需要以中华文化发展繁荣为条件。""文物承载灿烂文明，传承历史文化，维系民族精神，是老祖宗留给我们的宝贵遗产，是加强社会主义精神文明建设的深厚滋养。保护文物功在当代、利在千秋。"中华优秀文化是我们民族永不褪色的名片、永不贬值的硬通货。这就要求我们系统梳理传统文物资源，让文物走向大众，充分"活"起来。

鄂尔多斯地区人类历史悠久，文化底蕴深厚，文物资源丰富，留下了丰富多彩而又独具特色的遗迹和遗物。一处处经典的古代遗址、一件件精美的文物器具仿佛在述说鄂尔多斯曾经的灿烂和辉煌。历代文物见证了鄂尔多斯发展的历史脉络和精彩瞬间，是祖先留给鄂尔多斯不可再生的历史印记和宝贵财富。在经济、社会飞速发展的今天，我们只有保护好、研究好、展示好、利用好鄂尔多斯历代不可移动文物，才能使之得以保存直至永久，充分发挥其历史价值、教育价值和社会价值。

执笔：甄自明 白林云 奥东慧

图表制作：白林云

巴彦淖尔市第一次全国可移动文物普查工作报告

巴彦淖尔市第一次全国可移动文物普查领导小组办公室

巴彦淖尔市文物局

前　言

　　巴彦淖尔是一个文化底蕴十分丰厚的地区，这里虽然地处祖国北疆，远离中原大地，却有着悠久的历史和灿烂的古代文明。各种不同时代、不同类别、不同形态、不同民族的物质文化遗产遍布于6万多平方千米的巴彦淖尔大地。其中种类丰富、数量庞大、价值突出、特色鲜明的可移动文物是人类在不同历史时期文明与进步的物质见证，是人类非凡创造力和民族精神的形象载体，再现了阴山河套地区古代民族不断发展、不断创造的力量源泉，是值得巴彦淖尔人民骄傲的民族之魂。开展全市可移动文物普查，有利于准确掌握和科学评价我市文物资源情况和价值，建立文物登录备案机制，健全文物保护体系，加大保护力度，扩大保护范围，保障文物安全；有利于进一步促进文物资源整合利用，丰富公共文化服务内容，有效发挥文物在经济和社会发展总体布局中的积极作用。通过本次可移动文物普查，可全面掌握我市现存国有可移动文物的数量分布、保存状况、保管权属和使用管理等情况；总体评价可移动文物保护现状，为科学制定保护政策和规划提供依据；建立、完善可移动文物认定体系；建立、完善可移动文物档案和可移动文物名录；建立、完善基于现代信息技术的可移动文物信息管理平台，为文物的标准化、动态化管理创造基础条件；建立可移动文物信息的知识产权保护制度，实现文物信息资源的整合与合理利用。

　　巴彦淖尔市第一次全国可移动文物普查从2012年10月开始，2016年12月结束。普查的标准时点是2013年12月31日。

　　巴彦淖尔市第一次全国可移动文物普查工作分三个阶段进行。第一阶段为2012年10—12月，制定了普查实施方案，发布了规范标准，组织了培训；第二阶段为2013年1月—2015年12月，以县域为基础，开展了文物调查认定和信息数据登录；第三阶段为2016年1—12月，进行普查数据、资料的整理、汇总，数据库建设并公布普查成果。

　　通过5年来的普查工作，摸清了巴彦淖尔市可移动文物的家底，切实提高了文物工作者在文物定名、断代、描述等方面的专业水平。这些留存下来的各类型文物，不仅反映了我市延绵不断的历史，也体现着我市特色民族文化底蕴，对于弘扬优秀传统民族文化，推动新时期全市经济建设、社会建设及文化事业的发展奠定了基础。

截至2016年12月31日，巴彦淖尔市已基本完成第一次全国可移动文物普查工作，25家国有文物收藏单位共上报文物数据10254条，并已通过国家审核。

一、巴彦淖尔市普查工作情况

（一）巴彦淖尔市收藏有可移动文物的国有单位情况

巴彦淖尔市共有国有可移动文物收藏单位25家，保管人员47人，库房面积2977平方米。

按隶属关系分析，其中有中央属单位0家；省属单位1家；盟市属单位4家；县区属单位19家；乡镇街道属单位1家；其他单位0家（图1、2）。

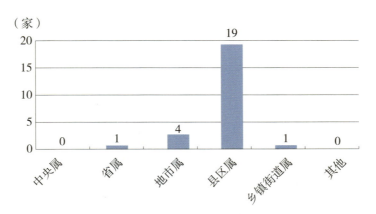

图1 按单位隶属关系统计巴彦淖尔市收藏单位数量

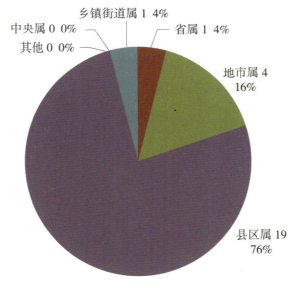

图2 按单位隶属关系统计巴彦淖尔市收藏单位数量

按单位性质分析，其中有国家机关3家；事业单位18家；国有企业1家；人民解放军、武警部队0家；其他类型3家（图3、4）。

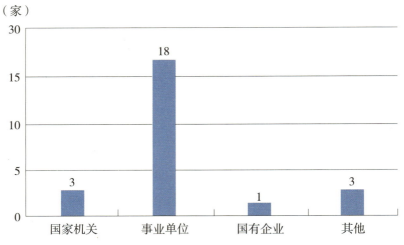

图3　按单位性质统计巴彦淖尔市收藏单位数量

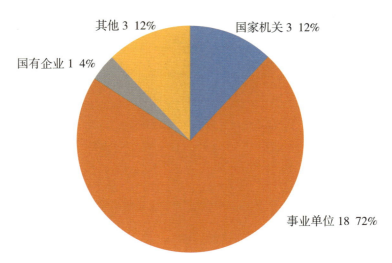

图4　按单位性质统计巴彦淖尔市收藏单位数量

按单位类型分析，其中有博物馆、纪念馆8家；图书馆2家；美术馆0家；档案馆2家；其他类型13家（图5、6）。

按20个行业分，其中水利、环境和公共设施管理2家；文化文物、体育和娱乐业11家；农、林、牧、渔业1家；公共管理和社会组织9家；教育2家（图7、8）。

（二）巴彦淖尔市国有可移动文物数量及分布

本行政区域国有可移动文物总数10254件/套，其中省属161件/套，盟市属6976件/套，县区属2712件/套，乡镇街道属收藏文物405件/套。

博物馆和纪念馆收藏文物4856件/套，图书馆收藏文物598件/套，美术馆收藏文物0件/套，档案馆收藏文物95件/套，其他单位收藏文物4705件/套。

国家机关收藏文物128件/套，事业单位收藏文物9384件/套，国有企业收藏文物325件/套，其他性质单位收藏文物417件/套。

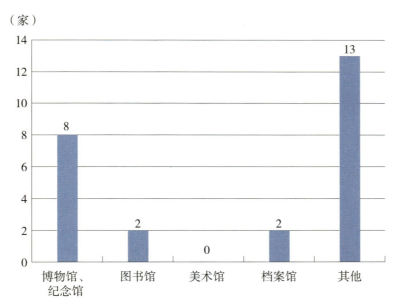

图 5 按单位类型统计巴彦淖尔市收藏单位数量

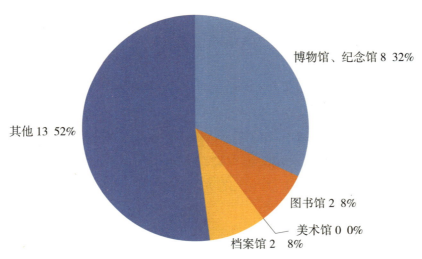

图 6 按单位类型统计巴彦淖尔市收藏单位数量

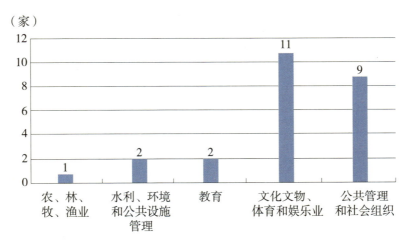

图 7 按所属行业统计巴彦淖尔市收藏单位数量

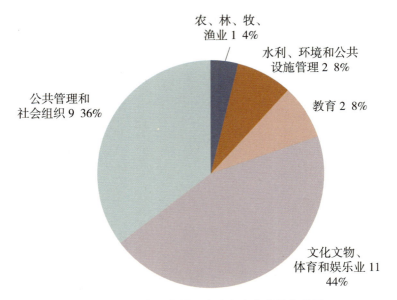

图 8　按所属行业统计巴彦淖尔市收藏单位数量

20个行业中，农、林、牧、渔业收藏文物325件/套，水利、环境和公共设施管理业收藏文物756件/套，教育收藏文物65件/套，文化文物、体育和娱乐业收藏文物7918件/套，公共管理和社会组织收藏文物1190件/套。

截至2016年12月31日，巴彦淖尔市普查办所辖下级收藏单位共上报文物10254件/套，100%完成。其中上报文物古籍类10013件/套，标本化石类文物241件/套。上报文物中一级文物有5件/套，占所有上报文物的0.05%；二级文物有42件/套，占所有上报文物的0.42%；三级文物有112件/套，占所有上报文物的1.12%；一般文物有5277件/套，占所有上报文物的52.70%；未定级文物有4577件/套，占所有上报文物的45.71%（图9—12）。

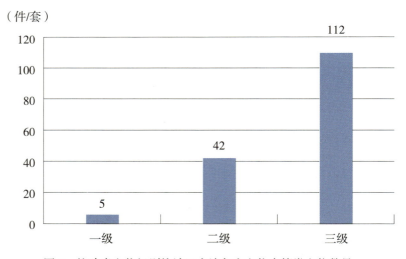

图 9　按珍贵文物级别统计巴彦淖尔市文物古籍类文物数量

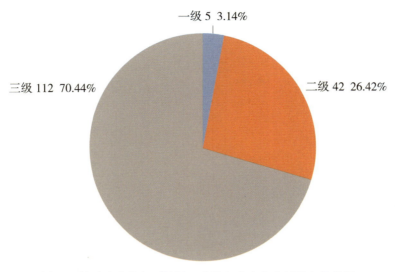

图 10 按珍贵文物级别统计巴彦淖尔市文物古籍类文物数量

（件/套）

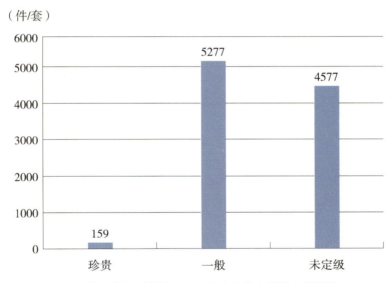

图 11 按文物级别统计巴彦淖尔市文物古籍类文物数量

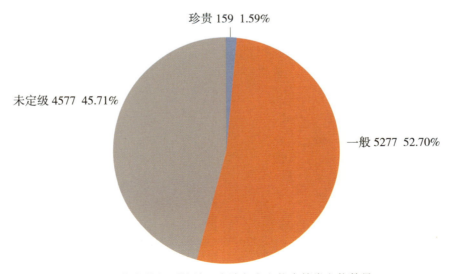

图 12 按文物级别统计巴彦淖尔市文物古籍类文物数量

上报241件/套标本化石类文物中，珍贵文物有9件/套，占上报标本化石类文物的3.73%；一般文物有21件/套，占上报标本化石类文物的8.72%；其他文物有211件/套，占上报标本化石类文物的87.55%（图13、14）。

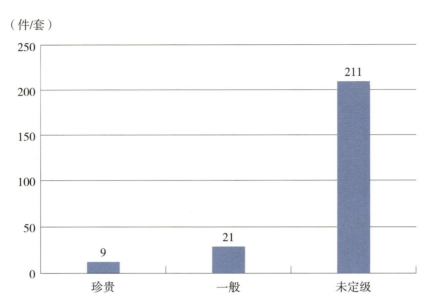

图13　按文物级别统计巴彦淖尔市标本化石类文物数量

按文物类别及级别分，文物古籍类中：玉石器、宝石56件/套，陶器1477件/套，瓷器445件/套，铜器1152件/套，金银器77件/套，铁器、其他金属器373件/套，漆器3件/套，雕塑、造像206件/套，石器、石刻、砖瓦1038件/套，书法、绘画27件/套，文具37件/套，甲骨0件/套，玺印符牌82件/套，钱币2214件/套，牙骨角器41件/套，竹木雕166件/套，家具59件/套，珐琅器0件/套，织绣117件/套，古籍图书662件/套，碑帖拓本0件/套，武器624件/套，邮品5件/套，文件、宣传品529件/套，档案文书117件/套，名人遗物18件/套，玻璃器19件/套，乐器、法器88件/

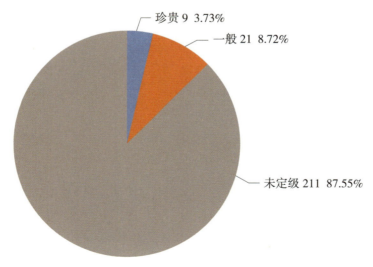

图14　按文物级别统计巴彦淖尔市标本化石类文物数量

套，皮革37件/套，音像制品13件/套，票据15件/套，交通、运输工具10件/套，度量衡器93件/套，标本、化石21件/套，其他192件/套（图15、16）。

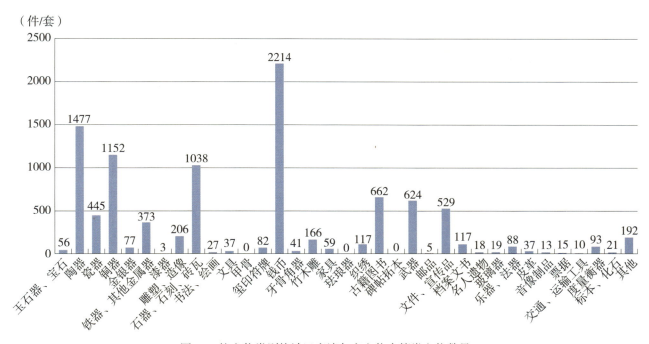

图15　按文物类别统计巴彦淖尔市文物古籍类文物数量

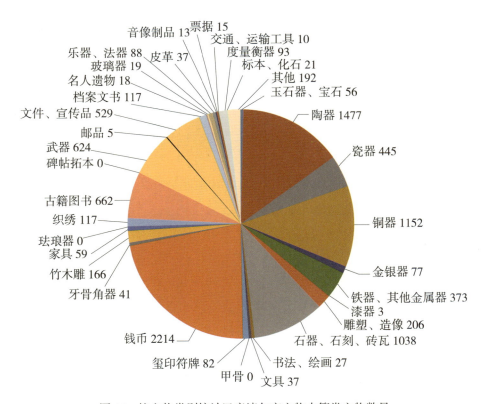

图16　按文物类别统计巴彦淖尔市文物古籍类文物数量

　　标本化石类中：古生物化石132件/套，古人类化石0件/套，现生动物和现生植物0件/套，岩石和矿物109件/套（图17、18）。

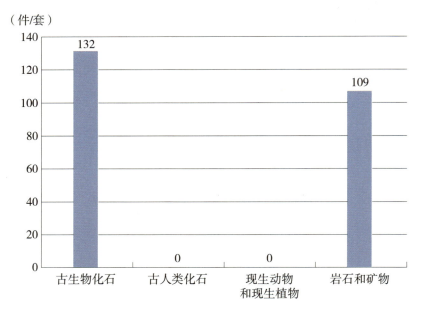

图 17　按文物类别统计巴彦淖尔市标本化石类文物数量

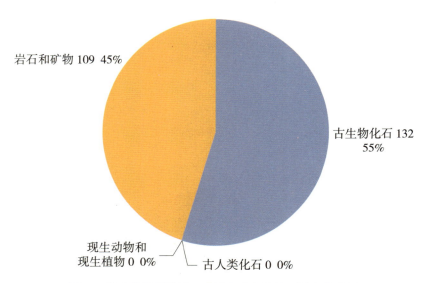

图 18　按文物类别统计巴彦淖尔市标本化石类文物数量

　　按年代分，文物古籍类中显生宙7件/套，旧石器时代200件/套，新石器时代480件/套，夏8件/套，商13件/套，周283件/套，秦7件/套，汉3819件/套，东晋十六国5件/套，南北朝126件/套，隋7件/套，唐104件/套，五代十国4件/套，宋155件/套，辽44件/套，西夏82件/套，金37件/套，元379件/套，明168件/套，清1836件/套，民国982件/套，中华人民共和国889件/套，公历纪年241件/套，其他113件/套，年代不详24件/套（表1）。

表1　按年代及级别统计巴彦淖尔市文物古籍类文物数量　　　　（单位：件/套）

年代＼文物级别	一级	二级	三级	一般	未定级	合计
显生宙	0	0	0	7	0	7
旧石器时代	0	0	0	0	200	200
新石器时代	1	2	2	358	117	480
夏	0	0	0	1	7	8
商	0	0	0	1	12	13
周	0	1	0	12	270	283
秦	0	0	0	4	3	7
汉	2	32	98	3187	500	3819
东晋十六国	0	0	0	0	5	5
南北朝	0	0	0	24	102	126
隋	0	0	0	3	4	7
唐	0	1	0	18	85	104
五代十国	0	0	0	0	4	4
宋	0	0	0	96	19	155
辽	0	0	0	19	25	44
西夏	0	0	0	56	26	82
金	0	0	0	2	35	37
元	0	0	0	223	156	379
明	2	0	1	51	114	168
清	0	5	3	815	1013	1836
民国	0	0	3	251	728	982
中华人民共和国	0	0	0	119	770	889
公历纪年	0	0	0	16	225	241
其他	0	1	5	12	95	113
年代不详	0	0	0	2	22	24
总计	5	42	112	5277	4577	10013

　　按来源分：文物古籍类征集购买4173件/套，接受捐赠844件/套，依法交换4件/套，拨交1件/套，移交346件/套，旧藏1110件/套，发掘2444件/套，采集1003件/套，拣选1件/套，其他87件/套；标本化石类征集购买29件/套，接受捐赠112件/套，依法交换0件/套，拨交0件/套，移交57件/套，旧藏0件/套，发掘8件/套，采集35件/套，拣选0件/套，其他0件/套（图19、20）。

　　按完残程度分，文物古籍类中，完整5089件/套，基本完整3892件/套，残缺952件/套，严重残缺（含缺失部件）71件/套（图21、22）。

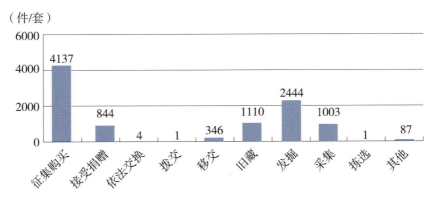

图19　按藏品来源统计巴彦淖尔市文物古籍类文物数量

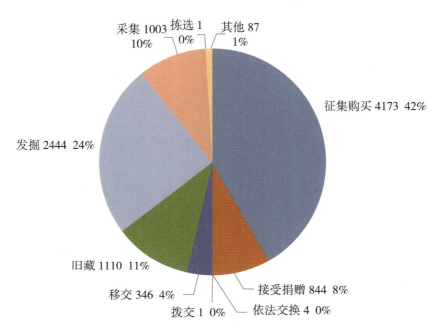

图20　按藏品来源统计巴彦淖尔市文物古籍类文物数量

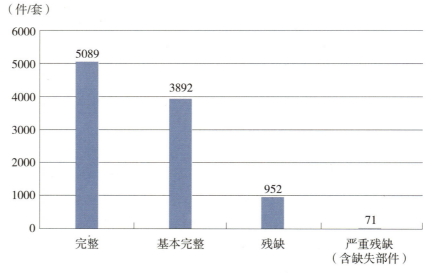

图21　按完残程度统计巴彦淖尔市文物古籍类文物数量

按入藏时间分，文物古籍类中，1949年10月1日前收藏20件/套，1949年10月1日—1965年收藏681件/套，1966—1976年收藏0件/套，1977—2000年收藏3455件/套，2001年至今收藏5857件/套（图23、24）；标本化石类中，1949年10月1日前收藏0件/套，1949年10月1日—1965年收藏0件/套，1966—1976年收藏0件/套，1977—2000年收藏34件/套，2001年至今收藏207件/套。

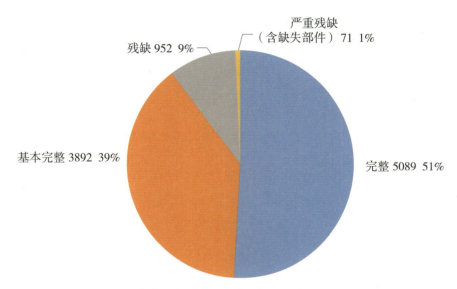

图22　按完残程度统计巴彦淖尔市文物古籍类文物数量

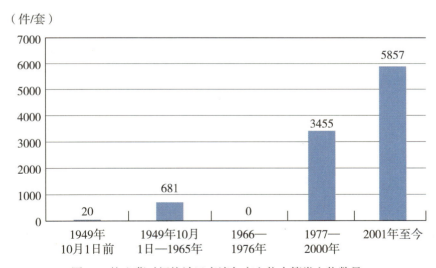

图23　按入藏时间统计巴彦淖尔市文物古籍类文物数量

二、巴彦淖尔市普查工作的组织实施

（一）分级负责本行政区域普查的组织、协调工作

为确保普查工作顺利进行，2012年12月，巴彦淖尔市成立了巴彦淖尔市第一次全国可移动文物普查领导小组，负责全市普查工作的组织和领导。领导小组组长由巴彦淖尔市人民政府副市长李理

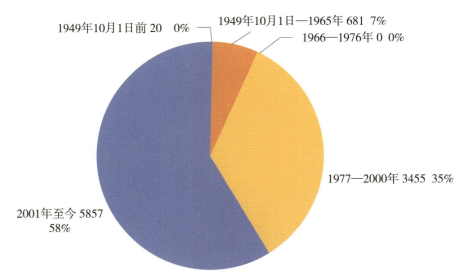

图 24　按入藏时间统计巴彦淖尔市文物古籍类文物数量

担任；副组长由巴彦淖尔市人民政府副秘书长苏亚拉图、巴彦淖尔市文化广电局局长王瑞担任。领导小组成员单位包括巴彦淖尔市发展改革委、教育局、民政局、财政局、国土资源局、文化广电局、人民银行巴彦淖尔市支行、统计局、民委、档案局、科协。在可移动文物普查领导小组的领导下，各成员单位和有关部门各司其职、通力协作、密切配合，共同做好普查工作。还与政府签订了责任书、与各收藏单位签订责任书，制定了《巴彦淖尔市第一次全国可移动文物普查工作时间表、任务书、责任人一览表》，明确分工，责任到人。巴彦淖尔市文化新闻出版广电局、巴彦淖尔市档案局、巴彦淖尔市教育局联合印发了《关于积极做好档案系统第一次全国可移动文物普查工作的通知》《关于积极做好教育系统第一次全国可移动文物普查工作的通知》，建立了行业机制3个，建立重点文物收藏单位工作机制1个，指导、支持行业主管部门开展调查2次，开展工作推动会3次。普查领导小组及普查办公室的工作模式是建立微信群及电话联络簿，通过电话及微信进行工作部署及工作进展情况的督促。

1. 设立普查领导小组，成立普查机构

为确保普查工作顺利进行，2012年12月，巴彦淖尔市成立了巴彦淖尔市第一次全国可移动文物普查领导小组，负责全市普查工作的组织和领导。为确保普查工作及时全面的开展，巴彦淖尔市普查领导小组设办公室，负责普查工作的日常组织和具体协调，办公室设在巴彦淖尔市文化新闻出版广电局，主任由巴彦淖尔市文化新闻出版广电局副局长金丽凤担任。办公室下设项目部、专家组。下设普查工作办公室7个，每个旗县设立一个普查办公室。

2. 制定普查实施方案和制度

巴彦淖尔市共制定普查实施方案8个，市级1个、旗县级7个，各级普查办与各大型国有文物收藏单位建立了普查联动机制，工作运转情况良好。圆满完成普查任务。

3. 落实普查工作经费

依据《国务院关于开展第一次全国可移动文物普查的通知》（国发〔2012〕54号）、国家文物局普查办《第一次全国可移动文物普查实施方案》（文物普查发〔2013〕6号）以及《内蒙古自治区第一次全国可移动文物普查实施方案》（内可移动文物普查发〔2013〕2号），特别是2013年4月18日召开的第一次全国可移动文物普查电视电话会议精神，巴彦淖尔市政府于2013年制定的《关于在全市开展第一次全国可移动文物普查的通知》（巴政发〔2013〕50号）等文件通知的要求，巴彦淖尔市普查办编写了《巴彦淖尔市第一次全国可移动文物普查工作计划及经费预算》报告，并向巴彦淖尔市政府提交了《关于申请全市第一次全国可移动文物普查经费报告》。市本级财政落实文物普查经费0万元，旗县财政累计落实文物普查经费15万元，自治区下拨文物普查经费75万元，总计90万元（表2）。

表2　巴彦淖尔市第一次全国可移动文物普查经费统计表　　（单位：万元）

行政区	合计	2013年	2014年	2015年	2016年
巴彦淖尔市合计	90	10	30	20	30
自治区拨付	75	10	30	5	30
巴彦淖尔市本级财政	0	0	0	0	0
区县级财政	15	0	0	15	0

4. 组建普查队伍

巴彦淖尔市普查办组建了以内蒙古河套文化博物院、巴彦淖尔市考古研究所及各旗县文物保护管理所、博物馆专业技术人员为主的普查队伍。2013年4月，举办了巴彦淖尔市第一次全国可移动文物普查培训班，其中普查机构人员5人、收藏单位人员51人、专家4人参加了培训。2014年12月，巴彦淖尔市普查办配合自治区文化厅、文物局在巴彦淖尔市成功举办了内蒙古自治区西部区第一次全国可移动文物普查骨干培训班，本地区共有普查机构人员5人、收藏单位人员51人、专家4人参加了培训，为下一步普查工作顺利开展打下了坚实的基础（表3）。

表3　巴彦淖尔市普查培训统计表　　（单位：人）

行政区	各级普查办	收藏单位	普查专家	普查志愿者	合计
巴彦淖尔市合计	111	87	4		202
巴彦淖尔市普查办	17	27	3		47
各旗县区普查办	94	60	1		155

（二）调查、认定、采集、登录、审核，分阶段实施普查

1. 国有可移动文物收藏单位调查阶段

2013年1—3月，巴彦淖尔市普查办公室派工作人员进入全市902家国有单位进行深入细致的排查摸底工作，还要求有文物的单位开展文物清库工作，完善相关的档案记录，并按要求登记申报。随后，普查办对发出的表格进行了回收，回收表格902份，回收率为100%。巴彦淖尔市普

查办对全市国有单位回收的902份文物申报信息进行认真细致的考核，经认定有文物的单位为33家，被列入登记范围。后经专家现场认定，最终确定为25家（表4）。

表4   巴彦淖尔市国有单位可移动文物收藏情况调查表

行政区划			辖区内国有单位数量（家）	国有单位可移动文物收藏情况调查表		
				发放（张）	回收（张）	反馈收藏有可移动文物的国有单位（家）
合计			902	902	902	25
巴彦淖尔市总体情况	市直属单位总体情况		135	135	135	5
	区县所辖单位总体情况	临河区	86	86	86	0
		杭后	104	104	104	4
		后旗	75	75	75	1
		前旗	127	127	127	7
		中旗	106	106	106	3
		五原	136	136	136	1
		磴口	133	133	133	4

2．国有可移动文物认定工作阶段

巴彦淖尔市普查办公室及时转发和下发了自治区《关于做好全区第一次全国可移动文物普查认定工作的通知》，要求各普查办及国有文物收藏单位认真领会并贯彻通知精神，按照相关要求和标准完成本行政区域内的文物认定工作。此外，巴彦淖尔市普查办组建了由2名文博研究员和2名文博副研究员组成的专家队伍，对全市33家反馈有文物的国有收藏单位进行了现场认定，对于文博系统内所有2012年12月底前上账的不可移动文物默认为此次普查范围，对于行业外的其他22家国有收藏单位，采取了现场认定的方式，共进行了22次认定，最后认定的国有收藏单位为25家，排除了8家。这8家不在普查范围的原因是：（1）巴彦淖尔市党校，经过再次实地核实，当初提供的书籍不属于此次普查范围；（2）巴彦淖尔市档案局当初提供的纸质档案，不属于此次普查范围；（3）巴彦淖尔市地质公园管理局，馆内古生物化石除部分是复制品外，其余均为中国社科院临时借展展品，不属于巴彦淖尔市地质公园管理局；（4）巴彦淖尔市统计局，提供的藏品经核实为现代仿品，不属于此次普查范围；（5）巴彦淖尔市移动公司，当初提供的藏品为20世纪70年代后生产，不属于此次普查范围；（6）磴口县第一完全中学，当初提供的藏品经核实为现代仿品，不属于此次普查范围；（7）杭锦后旗档案局，当初提供的藏品均为纸质档案，不属于此次普查范围；（8）临河区档案局当初提供的藏品均为纸质档案，不属于此次普查范围。以上信息均已填报文物收藏单位删除申请单并报自治区普查办。25家国有文物收藏单位共认定文物数量10254件/套，具体情况如表5。

表5　巴彦淖尔市国有文物收藏单位藏品报送情况统计表

序号	单位编码	收藏单位名称	已报送文物数（件／套）	预估文物总量（件／套）	文物报送进度
1	15080021600009	巴彦淖尔市一职	50	50	100%
2	15082621800003	杭锦后旗文化馆	12	12	100%
3	15082621800001	杭锦后旗文物管理所	1	1	100%
4	15082621600003	杭锦后旗奋斗中学	15	15	100%
5	15082611900004	杭锦后旗文化广播电影电视局	49	49	100%
6	15082511800001	乌拉特后旗博物馆	633	633	100%
7	15082421900001	乌拉特中旗档案管理局	5	5	100%
8	15082421800002	乌拉特中旗文物管理所	18	18	100%
9	15082421800001	乌拉特中旗博物馆	211	211	100%
10	15082321900006	乌拉特前旗气象局	8	8	100%
11	15082321900001	乌拉特前旗档案局	90	90	100%
12	15082321800007	乌拉特前旗图书馆	7	7	100%
13	15082321800003	乌拉特前旗博物馆（文物管理所）	559	559	100%
14	15082321800002	乌拉特前旗公田村博物馆	405	405	100%
15	15082310100005	乌拉特前旗明安镇政府	50	50	100%
16	15082310100004	乌拉特前旗小佘太镇人民政府	29	29	100%
17	15082241900002	磴口县三盛公天主教堂	5	5	100%
18	15082230100004	磴口县乌兰布和农场	325	325	100%
19	15082221800005	磴口县文物管理所	353	353	100%
20	15082221400001	磴口县黄河工程管理局	161	161	100%
21	15082121800001	五原县博物馆	292	292	100%
22	15080021800010	巴彦淖尔市图书馆	591	591	100%
23	15080021800007	黄河水利文化博物馆	595	595	100%
24	15080021800006	巴彦淖尔市文物站	3629	3629	100%
25	15080021800002	内蒙古河套文化博物院	2161	2161	100%

　　此外，2016年1月，自治区文物鉴定专家组来巴彦淖尔市进行新发现文物等级鉴定工作，共筛选拟报等级文物128件／套。

　　3. 国有可移动文物收藏单位数据采集阶段

　　从2013年7月开始，在巴彦淖尔市普查办的带领下，各国有文物收藏单位开始文物数据的采集登录工作。对于一些无专业技术人员或专业技术力量薄弱，或者不能正常开展文物数据采集工作的文物收藏单位，普查办派出专业技术人员深入现场进行技术指导。如乌拉特前旗公田村博物馆、临河一职校史馆缺乏专业的技术人员，一普工作迟迟不能启动，市普查办派前旗文管所和市考古所的专业技术人员亲临现场指导工作，保证了全市文物数据采集工作在规定时间内完成。2013年12月上报文物671件/套，完成率为12%；2014年12月上报文物185件/套，完成率为33%；2015年12月25日，巴彦淖尔市已上报文物2640件/套，完成率为47.18%；2016年12月31日上报文物数据10254件/套，完成率为100%。

4. 国有可移动文物信息审核阶段

在自治区普查办的领导下，在巴彦淖尔市普查办的指导和全市一普工作人员的辛勤工作下，截至2016年3月17日，巴彦淖尔市25家有文物的国有单位100%完成文物数据的采集工作，共上报文物数据10254件/套。在文物数据采集上报初期，由于自治区普查办对文物上传平台的时间要求较紧，导致上传文物数据在质量方面存在较多问题，主要表现在文物的类别、时代划分、近现代文物的命名等，对审核工作造成极大困扰，加之巴彦淖尔市审核专家只有4人，无法对错误数据一一修改。鉴于以上情况，为使普查工作更加规范，促进审核工作的正常开展，市普查办没有走常规性的专家网上审核流程（专家网上审核数据，发现问题再反馈回各国有文物单位，各国有文物单位再在网上修改），而是开展了旗县（区）普查办间互查互评暨专家实地审核工作。即由4名市普查办专家带领6名旗县区普查办负责数据录入、审核的人员组成工作小组在2016年4月11—16日对巴彦淖尔市7个旗县区普查办的数据进行了实地检查，通过专家组对审核流程的讲解、实地审核提出的修改意见、各基层普查办骨干异地观摩以及部分资料与实物比对等工作方法，使各级普查办的业务骨干在短期内业务水平有了明显提升，在数据修改中遇到的疑难问题得到了解决。同时市普查办也将这次检查结果记录备案，作为今后总结表彰的重要依据。通过这次活动加深了旗县文体局对一普工作的认识程度，促进了各级普查办间的业务互动，有力地推动了巴彦淖尔市第一次可移动文物普查工作的有序开展。在这一活动结束后，各国有文物收藏单位的普查人员按照在活动中专家提出的指导意见，对本单位有问题的文物数据逐一进行了修改，在4月30日前全部修改完毕，从2016年5月9日开始，巴彦淖尔市专家网上审核工作全面启动，4位专家开始对已提交巴彦淖尔市普查办的文物数据进行认真细致的审核。由于我市普查办的4位专家都是双肩挑工作人员，他们既是普查办专家，同时又担任一定的行政领导职务，日常工作任务特别繁重，文物数据审核只能利用晚上的时间来进行。如胡延春局长，他在担任巴彦淖尔市文物局副局长的同时还担任河套文化博物院院长、市考古研究所所长；赵占魁馆长，他在担任我市河套文化博物院副院长的同时，兼任蒙元博物馆筹备处主任；王浩所长，他担任磴口文管所副所长的同时兼任磴口粮仓博物馆馆长。这些专家白天基本没有时间进行网上数据的审核工作，为了完成审核任务，不拖自治区一普工作的后腿，他们几乎都是日日挑灯夜战，戴着老花镜奋斗在电脑屏幕前，默默无闻地工作着。在他们的辛勤工作下，截至2016年6月24日自治区召开可移动文物普查数据审核与管理培训班时，我市的数据审核工作已基本完成。在此次培训会议后，巴彦淖尔市普查办决定，文物数据不分配回各国有单位进行离线审核，直接分配给市普查办的4位专家进行审核，避免时间的浪费，保证文物数据的质量。4位专家毫无怨言的继续战斗在电脑屏幕前，对各单位数据逐条审核。为确保将数据差错率控制为零，市普查办又组织各位专家将审核后数据交换互审，这样每一条文物数据至少被审核6遍，保证了每一条文物数据的质量。2016年7月16日，巴彦淖尔市文物数据市级专家审核工作全面完成，数据被报送到自治区普查办等待下一步审核。2016年7月17日，自治区普查办组织专家对巴彦淖尔市报送的10254条文物数据进行了认真细致的审核，同时提出了修改意见，我市的工作人员现场进行了修改，经过专家们一天的辛劳，巴彦淖尔市所有文物数据通过了自治区专家组的审核，审核结论为合格，是首个通过自治区审核的盟市。目前文物数据已报国家普查办并通过审核。

（三）普查宣传动员

巴彦淖尔市普查办把普查作为本行政区域内重点文化建设工作进行宣传，根据普查的不同阶段分别确定相应的重点内容。第一阶段，重点宣传开展普查的目标意义、对象范围、内容方法、程序步骤等。第二阶段，集中宣传与普查有关的法律法规、普查标准规范、普查工作进展、普查先进事迹。第三阶段，追踪宣传普查数据处理进展情况，发布普查成果，报道文物事业在增强文化软实力、构建和谐社会、推动社会经济发展方面的积极作用。

开展可移动文物普查，将有利于掌握和科学评价我市文物资源情况和价值，健全文物登录备案机制和文物保护体系，有效发挥文物在我市经济社会发展总体布局中的积极作用。由于我市国有可移动文物保存情况复杂，普查任务重、难度大，需要广泛动员全社会的力量，依靠人民群众的经验和智慧，探索一套有效的文物普查、保护、利用模式。认真做好可移动文物普查社会宣传、跟踪宣传工作，大力营造文物普查的良好氛围，是确保普查工作圆满、顺利、如期完成的基础保障。因此，巴彦淖尔市普查办制定了《巴彦淖尔市第一次全国可移动文物普查宣传方案》，全市可移动文物普查宣传工作在各级政府的领导和支持下，具体由各级文化、文物部门负责组织协调开展起来。首先，各地区普查办作为本地区的宣传领导机构，成立了以文物保护管理所及博物馆为主的培训普查宣传队伍，并进行了培训；其次，各地普查领导小组办公室制定本地区宣传方案，并组织实施。充分调动本地媒体和相关机构、其他系统和行业、公众的力量，形成文物普查宣传网络。

巴彦淖尔市普查宣传主要采取阶段性集中宣传与长期宣传相结合的方式，覆盖了报纸、广播、电视、网络、移动传媒等各类媒体。

1. 鼓励普查人员在报刊上积极投稿，及时向社会公众公布普查工作进展动态。

2. 利用网站，开展可移动文物普查宣传。普查队员利用巴彦淖尔市文化新闻出版广电局的网站及河套文化博物院公众微信平台进行可移动文物普查的宣传。

3. 利用各博物馆展厅的LED屏播放普查信息或公益宣传短片。

4. 利用国际古迹遗址日、博物馆日、文化遗产日开展集中宣传主题活动。每年的国际古迹遗址日、博物馆日及文化遗产日，我市所有的博物馆、文管所都会开展一普的宣传工作，宣传的主要形式就是散发宣传品、摆放展板。2016年的世界博物馆日和文化遗产日，我市不仅各旗县博物馆以摆放展板、发放宣传品的形式宣传我们的一普工作，同时，河套文化博物院还举办了新发现文物精品展，并邀请本市的中学生进入博物馆参观，人数达到1万多人。除此之外，我们还将一普的宣传工作与"六五普法"工作中的"六进"工作相结合，走进社区宣传我们的一普工作。我们还进入了河套大学校区，用展板的形式宣传我们的一普工作，普及文物普查、文物保护和法律法规知识，将文物保护理念送进千家万户。

市可移动文物普查领导小组办公室把各个阶段的普查成果、重要发现、普查进展和普查动态等定期编制成可移动文物普查工作简报，共7期，及时印制发放到全市各级政府机关、文化部门、文物普查队（组）员和新闻媒体，公布普查进展情况，让社会公众全面了解普查工作、支持普查工作。

5. 印制各类文物保护与文物普查宣传手册2600份，并在普查中广泛发放。

（四）质量控制

1. 培训及督查

为保证顺利完成一普工作任务，巴彦淖尔市普查办在积极选派专业技术人员参加自治区举办的各种培训班外，2014年3月还派出专业技术人员到一普工作启动较早的包头市博物馆进行学习。为提高基层文博队伍的技术力量，2013年4月举办了巴彦淖尔市第一次全国可移动文物普查培训班，培训人员60人，2014年12月，巴彦淖尔市普查办配合自治区文化厅、文物局成功举办了内蒙古自治区西部区第一次全国可移动文物普查骨干培训班，培训人员60人，两次培训的主要内容有文物数据采集标准，包括命名、数量、质量等。同时还派相关的专业技术人员参加了自治区举办的各期一普培训班，为保证我市普查工作顺利开展打下了坚实的基础（表6）。

表6　巴彦淖尔市普查培训统计表

行政区划	年度	培训次数（次）	培训人数（人）	培训内容
省级	2013年	1	9	一普启动
	2014年	1	60	文物数据采集标准及登录
	2015年	1	9	一普数据采集标准
	2016年	1	9	专家数据审核流程及普查报告编写
地市级	2013年			
	2014年	1	60	一普数据采集标准
	2015年			
	2016年	1	10	本级普查办文物数据存在的问题及如何修改

续表6

行政区划	年度	培训次数（次）	培训人数（人）	培训内容
区县级	2013 年			
	2014 年			
	2015 年			
	2016 年			
共计：6次，157人				

2．建立一普微信群，对一普工作随时督导和指导

我市普查办一直紧密关注文物数据的质量，方法是建立巴彦淖尔市文物普查微信群，在普查中遇到疑难问题，及时与自治区普查办联系沟通，并将反馈意见发在群里，做到了随时要求，随时修改。

3．督查

在建立微信工作群的同时，为提高旗县文物数据质量，巴彦淖尔市普查办派巴彦淖尔市考古研究所工作人员到各旗县文物收藏单位，指导文物数据的收集登录工作。为了进一步提高文物数据的质量，巴彦淖尔市开展了旗县（区）普查办间互查互评暨专家实地审核工作。即4名市普查办专家带领6名旗县区普查办负责数据录入、审核的人员组成工作小组在2016年4月11—16日对巴彦淖尔市7个旗县区普查办的数据进行了实地检查，通过专家组对审核流程的讲解、实地审核提出的修改意见、各基层普查办骨干异地观摩以及部分资料与实物比对等工作方法，各级普查办在数据修改中遇到的疑难问题得到了解决。

4．专家承包文物数据，保证文物数据质量

从2016年4月开始，4位专家以承包的方式将文物数据进行分配审核，要求各位专家对自己承包的国有收藏单位的文物数据进行跟进督导检查。发现问题，及时纠正。并在数据全部上报平台后，以离线的方式进行审核和互审。

5．加强可移动文物普查制度建设

可移动文物普查是继第三次全国不可移动文物普查之后，在文化遗产领域开展的国情国力调查，是确保国家历史文化安全、保障人民群众基本文化权益的重要措施，是健全国家文物保护体系的重要基础工作。靠制度规范普查工作，靠制度凝聚人心，靠制度激发社会力量参与普查的积极性，成为巴彦淖尔市各级普查办的共识，并初步建立起比较完善的制度体系。

（1）在可移动文物调查、认定、登记方面，我市普查办及时转发自治区普查办《关于做好全区第一次全国可移动文物普查认定工作的通知》，并要求各国有文物收藏单位认真学习和领会相关要求，做好本单位的文物认定工作。

（2）在普查工作的管理方面，我们主要做了以下工作：

①制定并完善普查领导小组工作制度

"火车跑得快、全凭车头带。"领导小组建设是制度建设的关键环节。首先是成立了巴彦淖尔市第一次全国可移动文物普查领导小组，制定《巴彦淖尔市第一次全国可移动文物普查领导小组工作制度》，定期通报普查情况，研究解决普查中存在的困难和问题。

②制定并完善组织管理制度

按照普查组以及普查领导小组各成员单位的工作职责，制定《巴彦淖尔市第一次全国可移动文物普查信息报送制度》，有效规范了组织建设工作。

③建立和完善普查工作议事机制

加强巴彦淖尔市第一次全国可移动文物普查的宣传力度，使全市各国有单位全部知晓，参与普查，制定《巴彦淖尔市第一次全国可移动文物普查奖励办法》，广泛征求各单位对开展普查的意见和建议。

④建立普查组工作制度

按照精干、高效原则，建立了《巴彦淖尔市第一次全国可移动文物普查组工作制度》，既做到了各尽其职、协调配合，又做到了分工不分家，制定完善了《巴彦淖尔市第一次全国可移动文物普查财务管理制度》，提高普查设备的管理和维护，确保普查设备有效利用。

⑤人员安全、文物安全、数据安全管理

为保证文物的安全，我们制定了《文物普查安全管理制度》，为保证文物数据安全，我们与参与普查的每一位队员签订了保密协议。

事实证明，以上措施实施之后的效果还是很好的，截至2016年12月底，巴彦淖尔市第一次全国可移动文物普查工作已接近尾声，未发生一件因操作不当而致使文物损毁的事件。在文物数据方面，2016年7月16日，巴彦淖尔市文物数据市级专家审核工作全面完成。2016年7月17日，自治区普查办组织专家对巴彦淖尔市报送的10254条文物数据进行了认真细致的审核，同时提出了修改意见，我市的工作人员现场进行了修改，经过专家们一天的辛劳，巴彦淖尔市所有文物数据通过了自治区专家组的审核，审核结论为合格。

2016年9月29日，我市通过仔细认真的自查，按照自治区相关标准，完成并上报了巴彦淖尔市第一次全国可移动文物普查验收报告。

（五）普查工作总结情况

1. 编制普查档案

巴彦淖尔市8个普查办全部建立了普查档案，目前在进一步完善中。

2. 普查专题研究

在普查工作中开展拟定的课题有巴彦淖尔市新石器时代文物情况统计、巴彦淖尔市革命文物情况统计、巴彦淖尔市民族文物情况统计等。课题研究尚未正式开展。

3.普查表彰情况

巴彦淖尔市第一次全国可移动文物普查工作自2012年12月正式启动以来，全市各级普查办和全体普查队员克服困难，任劳任怨，较好地完成了可移动文物普查阶段性工作。全市国有单位文物收藏情况调查和认定工作全面完成，文物鉴定、定级工作顺利完成，数据登录工作进展顺利，数据审核工作进展顺利。为激励先进，树立典型，促进全市普查工作再上新台阶，市普查办将对我市在第一次全国可移动文物普查工作中做出突出成绩的3个先进单位和9名优秀个人进行表彰。2017年9月，我市共有4个集体、10名个人被自治区第一次全国可移动文物普查领导小组、文物局、文化局、人力资源社会保障局及公务员局授予"内蒙古自治区第一次全国可移动文物普查先进集体和先进个人"荣誉称号。

三、普查工作成果

（一）基本实现了普查目标，掌握了巴彦淖尔市境内的可移动文物数量及分布情况。对于下一步发挥文物的价值（让文物活起来）打下坚实的基础

1. 巴彦淖尔市收藏有文物的国有收藏单位共25家，共收藏文物10254件/套，其中国家机关及事业单位收藏占93%，其他性质的仅占7%；文化文物部门占82%，其他占18%。从中可以看出，巴彦淖尔市可移动文物资源绝大多数掌握在国家机关、事业单位中的文化文物部门，同时他们对巴彦淖尔市文物事业的发展承担着重要的社会责任。通过普查，掌握了巴彦淖尔市可移动文物的保存环境及保存状况，为下一步搞好保护打下了坚实的基础。

2. 通过第一次全国可移动文物普查，我们对巴彦淖尔市各国有文物收藏单位文物保护情况有了清晰的认识，对于文物的保存现状有了了解，如展厅的环境、文物库房的环境等等，对于下一步对文物进行保护的迫切性有了重要的认识。有的文物收藏单位文物库房矮小，文物无序摆放在架上甚至是地面上，在温湿度方面无任何相关的保护措施，完全是自然的状态；绝大多数展厅里的文物在温湿度保护措施方面也几乎为零，长期下去对金银器等受温湿度影响较大的文物的损害几乎是致命的，氧化、锈蚀的现象极为普遍。针对上述情况，我们想通过制定《可移动文物预防性方案》，并报自治区、国家文物局审批后，通过制作囊匣及改变文物微环境的方式，尽可能地对文物进行保护。

3. 通过普查发现，82%的文物掌握在文物文化部门中，而这部分文物与观众见面的比例大约不到5%，利用率非常低，而其他行业的文物几乎闲置，没有利用起来。例如：巴彦淖尔市考古研究所拥有的文物数量约3596件/套，占巴彦淖尔市文物数量的35%，而这些文物在各博物馆展出数量仅有约400件/套，占总数的11%，89%的文物紧锁在库房中，未得到很好的利用。

通过这次普查，在掌握文物分布数量及类别的基础上，可以实现文物交流，丰富各博物馆的文物品种及数量，使一些文物系统外的文物也得以利用。

（二）健全文物保护体系

1. 完善文物档案

巴彦淖尔市25家国有文物收藏单位中，有14家是非文博系统收藏单位，对于文物建档工作重视不够，有的单位甚至连一个简易的藏品登记账都没有，有的即使有文物账本，也是非常不规范。鉴于这种情况，巴彦淖尔市普查办给每个国有收藏单位分配了新的藏品登记总账及分类账，并派专业技术

人员对藏品登记方面做了培训。文物建档工作将在文物普查结束后按照国家相关标准进行。11家文博系统收藏单位建档工作也参差不齐，这一情况将在一普数据通过国家审核后马上进行，不断完善。

2. 完善制度和规范

可移动文物普查是继第三次全国不可移动文物普查之后，在文化遗产领域开展的国情国力调查，是确保国家历史文化安全、保障人民群众基本文化权益的重要措施，是健全国家文物保护体系的重要基础工作。靠制度规范普查工作，靠制度凝聚人心，靠制度激发社会力量参与普查的积极性，成为巴彦淖尔市各级普查办的共识，并初步建立起比较完善的制度体系。

（1）在可移动文物调查、认定、登记方面，我市普查办及时转发自治区普查办《关于做好全区第一次全国可移动文物普查认定工作的通知》，并要求各国有文物收藏单位认真学习和领会相关要求，做好本单位的文物认定工作。

（2）在加强藏品管理方面，我们帮助所有的收藏单位制定了安全保卫部值班制度、防恐防暴应急预案、消防安全事故应急预案、消防安全管理制度、治安安全管理制度、夜间查岗制度、藏品库房管理制度、陈列室消防安全规定、文物库房消防安全规定、修复室防火安全规定等制度与规范。

通过这些制度的制定和执行，收藏单位对人员安全、文物安全和文物数据安全有了详细的标准和规范，同时提高收藏单位的文物安全意识。各项制度的建立和完善，对于文物的长期安全提供了有力的制度保障。

3. 明确保护需求

通过普查，我们对巴彦淖尔市文物保护总体需求有了明确的认识。不同级别、不同类型、不同行业的文物收藏单位有着共同的问题及需求。

在保护环境方面，巴彦淖尔市绝大多数文物保护环境差，文物库房面积狭小，在温湿度方面无任何保护措施。急需扩大文物库房面积，改善库房文物保护环境。

在库房保管人员方面，人员配备数量少，一个单位只有1—2人，有的单位只是兼职，无固定的库房保管人员；大多数库房保管人员专业技术素质低，仅仅起到看护文物的作用，对于文物研究工作几乎为零。急需增加并提高库房保管人员的数量和质量。

在文物保护技术方面，所能采取的措施几乎为零。绝大多数仅能做到定期通风。急需加强设备的投入。

在文物本体的保护方面，对于等级文物而言，需要囊匣的保护，对于易受温湿度影响的金属质地文物而言，要做到文物微环境的调整，并定期对其进行检测。这就需要特殊的文物展柜及相关的检测设备；对于受损严重的文物，要进行及时的修复，这就需要相关的技术人员及修复设备。

（三）有效发挥文物在巴彦淖尔市经济社会发展中的作用

1. 公布巴彦淖尔市普查成果，提供公共文化服务

2016年"5·18国际博物馆日"及世界文化遗产日当天，在我市博物院一楼，开办了第一次全国可移动文物普查新发现文物展，共展出文物32件/套，参观人数两天达到5千多人次，截至2016年8月25日，参观人数已达到1万多人。我们还利用网站，开展可移动文物普查宣传。普查

队员利用巴彦淖尔市文化新闻出版广电局的网站及河套文化博物院公众微信平台进行可移动文物普查的宣传及可移动文物普查新发现成果展示，点击人数破万。收到很好的社会效益和宣传效益。通过展览，大大提高了我市市民的自豪感和荣誉感。并编辑了《巴彦淖尔市新发现文物图录》提供给内蒙古自治区普查办。

2.普查成果利用计划

（1）编辑出版《巴彦淖尔市馆藏精品文物图集》。

（2）利用普查资料，开展课题研究。

拟定课题有巴彦淖尔市新石器时代文物情况统计、巴彦淖尔市革命文物情况统计、巴彦淖尔市民族文物情况统计等。

（3）利用普查资料，开展可移动文物宣传展，并进行巡展。

四、普查的工作方法

（一）巴彦淖尔市普查工作模式

1. 调查及文物认定工作模式

采取专家集中审核认定的方式。文博系统内所有2012年年底前上账的文物均在此次普查范围之内，其他国有文物收藏单位采取专家集中现场认定的方式。

2. 博物馆调查工作模式

我市普查办派出工作人员，包单位入户进行调查摸底表格的发放和回收。

3. 登录工作模式

市普查办总体督促，旗县普查办负责技术指导，各国有文物收藏单位派专业人员进行数据的采集及登录。

4. 数据审核工作模式

首先，我市普查办4位专家登录平台，进行数据初步审核；第二步，市普查办组织专家进入各国有文物收藏单位进行实地审核和现场复核，专家提出审核意见，各国有收藏单位进行修改；第三步，4位专家再次在平台进行网上审核；第四步，4位专家在离线数据上审核自己承包的国有文物收藏单位数据后，再次互换数据进行互查。

5. 督查工作模式

市普查办在网上随时关注各普查办工作进展，必要时以打电话的形式进行督查，并进行了3次实地督查。

6. 宣传工作模式

巴彦淖尔市普查宣传主要采取阶段性集中宣传与长期宣传相结合的方式，覆盖了报纸、广播、电视、网络、移动传媒等各类媒体。利用各博物馆展厅的LED屏播放普查信息。利用国际古迹遗址日、博物馆日、文化遗产日开展集中宣传主题活动。利用网站，开展可移动文物普查宣传。普查队员利用巴彦淖尔市文化新闻出版局的网站及河套文化博物院公众微信平台进行可移动文物的宣传。

7．培训工作模式

举办培训班和实战培训相结合。2013年4月，巴彦淖尔市普查办举办了巴彦淖尔市第一次全国可移动文物普查培训班，2014年12月，巴彦淖尔市普查办配合自治区文化厅、文物局成功举办了内蒙古自治区西部区第一次全国可移动文物普查骨干培训班，普查机构人员5人、收藏单位人员51人、专家4人参加了这两次培训，为下一步普查工作顺利开展打下了坚实的基础。

除了常规的专业培训外，由于有的国有文物收藏单位技术力量薄弱，无法开展普查工作。例如黄河水利博物馆，现有工作人员缺乏相关的专业知识，无法开展普查工作，水利馆就派出两名工作人员，到包头博物馆实地观摩学习。磴口县乌兰布和农场由于同样的原因，普查工作无法启动，普查办派专业技术人员进入单位，实地进行培训。

（二）解决普查工作中重点和难点的方法

市普查办对于各旗县普查办之间，各旗县普查办与辖区内各国有文物收藏单位之间有协作义务，即在各旗县普查办及各国有文物收藏单位有技术上、工作上的困难时，市普查办及各旗县普查办有义务对之进行帮助。因此，我市普查办与教育系统、档案系统联合发文，建立了工作协作机制，与各国有文物收藏单位制作了联系电话簿，指定专门人员负责一普的协调工作。

巴彦淖尔市属于经济不发达地区，虽然这几年各旗县博物馆建设工作有了一定的进展，但文物库房工作条件依然很艰苦，有的甚至没有供暖，普查人员只得穿着大棉衣开着电暖气工作。多数库房矮小压抑，空气浑浊，对于普查工作人员的健康非常不利。即使在这种艰苦的环境中，我们的普查人员依然坚持完成了普查。普查办及时与各部门沟通，对普查人员工作环境尽可能给予改善，如购置暖风机、棉大衣，调整入库工作时间等。

（三）普查工作创新

在文物数据采集上报初期，由于自治区普查办对文物上传平台的时间要求较紧，导致上传文物数据在质量方面存在较多问题，主要表现在文物的类别、时代划分、近现代文物的命名等方面，对审核工作造成极大困扰，加之巴彦淖尔市审核专家只有四人，无法对错误数据一一修改。鉴于以上情况，为使普查工作更加规范，促进审核工作的正常开展，市普查办没有走常规性的专家网上审核流程（专家网上审核数据，发现问题再反馈回各国有文物单位，各国有文物单位再在网上修改），而是先开展了旗县（区）普查办间互查互评暨专家实地审核工作。即由4名市普查办专家带领6名旗县区普查办负责数据录入、审核的人员组成工作小组在2016年4月11—16日对巴彦淖尔市7个旗县区普查办的数据进行了实地检查，通过专家组对审核流程的讲解、实地审核提出的修改意见、各基层普查办骨干异地观摩以及部分资料与实物比对等工作方法，使各级普查办业务骨干文物普查的业务水平在短期内有了明显提升，在数据修改中遇到的疑难问题得到了解决。通过这次活动提升了旗县文体局对一普工作的认识，促进了各级普查办间的业务互动，有力地推动了巴彦淖尔市第一次全国可移动文物普查工作的有序开展。在这一活动结束后，各国有文物收藏单位的普查人员按照专家提出的指导意见，对本单位有问题的文物数据逐一进行了修改，在4月30日前全部修改完毕，从2016年5月9日开始，巴彦淖尔市专家网上审核工作全面启动，4位专家开始对已提交至巴彦淖尔市普查办的文物数据进行认真细致的审核。

五、巴彦淖尔市今后可移动文物保护工作的重点、措施及规划

1. 加强文物保护制度大建设和完善，保护文物的安全。

2. 改善文物的保存环境，利用囊匣、调整文物微环境，加强文物检测等技术和手段保护文物不受损害。

3. 增加文物库房保管人员数量，提高专业技术素质。

4. 增强地区内博物馆之间的业务联系，使文物活起来。

六、建议

1. 对本行政区域可移动文物调查、认定、登录、管理、利用工作机制建设建议

不断的建立和完善可移动文物调查、认定、登录、管理、利用工作机制，使之实现动态化和常态化。

2. 对本行政区域可移动文物普查成果深化建议

建议编辑出版本市可移动文物图册。

建议编辑印刷本市可移动文物宣传图册。

建议举办本市可移动文物宣传展，并进行巡展。

3. 对本行政区域可移动文物保护工作的建议

建议制作囊匣，对可移动文物进行保护。

建议建立健全可移动文物出入库登记制度。

4. 对本行政区域文物事业与经济社会协调发展的建议

巴彦淖尔市属于经济欠发达地区，本级财政对于一普工作的经济支持几乎为零，但我们依然希望市政府能够重视本市的文物保护工作，在地方财政困难的情况下，尽可能的拿出一部分经费用于本地区的文物保护事业。

5. 对本行政区域基层行业人才培养的建议

巴彦淖尔市文博队伍人数少，技术力量薄弱，急需补充人才队伍。

建议本级政府在进行人员队伍编制调整时，能适当扩大文博系统人员编制数或增加文博系统政府购买岗位数。

建议文博单位多举办相关的专业技术培训班，或为专业技术人员提供有利条件，到自治区或相关的文博单位进行进修。

建议本级人事部门给予适当的优惠条件，从外选聘文博系列高级专业技术人员。

执笔：王雅琦

乌海市第一次全国可移动文物普查工作报告

乌海市第一次全国可移动文物普查领导小组办公室

乌海市文物局

前　言

我国可移动文物种类丰富、数量庞大，是中华民族历史文化和民族精神的实物见证。为提高我国文化遗产保护管理水平，建设社会主义文化强国，根据《国家"十二五"时期文化改革发展规划纲要》，国务院决定从2012年开始开展第一次全国可移动文物普查。这是一个旨在全面掌握和科学评价我国文物资源情况和价值，建立文物登录备案机制，健全文物保护体系，加大保护力度，扩大保护范围，保障文物安全的国家项目。

第一次全国可移动文物普查从2012年10月开始，2016年12月结束，普查的标准时点是2013年12月31日。普查分为工作准备、普查实施和验收汇总三个阶段。本次普查的任务范围是我国境内（不包括港澳台地区）各级国家机关、事业单位、国有企业和国有控股企业、中国人民解放军和武警部队等各类国有单位法人所收藏保管的可移动文物，包括普查前已经认定和在普查中新认定的国有可移动文物。

乌海市地处黄河中游，东、北与鄂尔多斯市交界，南与宁夏石嘴山市隔河相望，西接阿拉善。是华北与西北的结合部，同时也是"宁蒙陕甘"经济区的结合部和沿黄经济带的中心区域之一，总面积1754平方千米。

在第三次全国文物普查中，乌海市共调查登录不可移动文物点41处。被公布为国保单位1处，为桌子山岩画群；区保单位6处，分别是秦汉长城及其附属设施、明长城及其附属设施、新地遗址及周边墓群、海勃湾遗址、巴音陶亥、渡口扬水站、满巴拉僧庙；市保单位5处，分别是巴音陶亥墓群、三坝墓群、东风墓群、三道坎墓群、马宝店佛塔。

根据《国务院关于开展第一次全国可移动文物普查的通知》《内蒙古自治区人民政府关于在全区开展第一次全国可移动文物普查的通知》文件精神，乌海市于2013年6月14日成立了乌海市第一次全国可移动文物普查领导小组，制定普查方案、普查工作时间表、任务书。确定乌海市可移动文物普查的时间为2013年5月至2016年12月。普查分为工作准备、普查实施、验收汇总三个阶段进行。领导小组下设文物普查办公室，主要负责接下来几年的普查工作。至2013年11月我市三区也分别成立了可移动文物普查领导小组及办公室。并于2016年7月15日通过市级普查办数据审核，2016年8月5日通过自治区级普查办数据审核。

通过开展文物普查全面掌握了乌海市现存国有可移动文物的数量分布、保存状况、保管权属和使用管理等情况；建立、完善可移动文物认定体系；建立、完善可移动文物档案和可移动文物名录；建立可移动文物信息的知识产权保护制度，为科学制定保护政策和规划提供依据，实现文物信息资源的整合与合理利用；丰富公共文化服务内容，有效发挥文物在城市经济和社会发展总体布局中的积极作用。

一、普查数据

（一）收藏有可移动文物的国有单位情况

经第一次全国可移动文物普查，本行政区域内国有可移动文物收藏单位4家（表1），保管人员8人，库房面积290平方米。

表1　乌海市国有文物收藏单位名录

序号	单位编码	单位名称	上级主管机构	藏品数量（件／套）	单位地址
1	15030021800001	乌海市博物馆	乌海市文化局	5143	内蒙古乌海市海勃湾区学府街科技馆二楼
2	15030021800002	乌海市图书馆	乌海市文化局	247	内蒙古乌海市海勃湾区滨河大道与学府街交叉口
3	15030221800001	乌海市海勃湾区博物馆	乌海市海勃湾区文化旅游局	2480	内蒙古乌海市海勃湾区海北大街以北双拥街以南神华墨玉广场内
4	15030351800002	乌海市海南区拉僧庙镇满巴拉僧庙旅游景区	海南区民宗局	9	内蒙古乌海市海南区拉僧庙镇图海山上

按隶属关系：地市属收藏单位2家、区县属收藏单位1家、乡镇街道属收藏单位1家。

按单位性质：事业单位3家，其他1家。

按单位类型：博物馆、纪念馆2家，图书馆1家，其他1家。

按行业分布：文化文物、体育和娱乐业4家（表2）。

表2　乌海市国有文物收藏单位统计表

序号	收藏单位名称	隶属关系	单位性质	单位类型	行业类型	保管人员数量（人）	库房面积（平方米）
1	乌海市博物馆	地市	事业单位	博物馆	文化文物、体育和娱乐业	2	40

续表 2

序号	收藏单位名称	隶属关系	单位性质	单位类型	行业类型	保管人员数量（人）	库房面积（平方米）
2	乌海市图书馆	地市	事业单位	图书馆	文化文物、体育和娱乐业	2	100
3	乌海市海勃湾区博物馆	区县	事业单位	博物馆	文化文物、体育和娱乐业	3	100
4	乌海市海南区拉僧庙镇满巴拉僧庙旅游景区	乡镇	其他	其他	文化文物、体育和娱乐业	1	50
合计						8	290

（二）国有可移动文物数量及分布

经第一次全国可移动文物普查，本行政区域国有可移动文物收藏量为7879件/套。

按单位隶属关系：地市属收藏单位收藏可移动文物5390件/套、区县属收藏单位收藏可移动文物2480件/套、乡镇街道属收藏单位收藏可移动文物9件/套。

按单位性质：事业单位收藏可移动文物7870件/套、其他单位收藏可移动文物9件/套。

按单位类型：博物馆、纪念馆收藏可移动文物7623件/套，图书馆收藏可移动文物247件/套，其他单位收藏可移动文物9件/套。

按行业分布：文化文物、体育和娱乐业单位收藏可移动文物7879件/套（表3）。

表3　乌海市可移动文物数量统计表　　　　　　（单位：件/套）

类别		乌海市博物馆	乌海市图书馆	乌海市海勃湾区博物馆	乌海市海南区拉僧庙镇满巴拉僧庙旅游景区	合计
隶属关系	地市属	5143	247			5390
	区县属			2480		2480
	乡镇街道属				9	9
单位性质	事业单位	5143	247	2480		7870
	其他				9	9
单位类型	博物馆	5143		2480		7623
	图书馆		247			247
	其他				9	9
行业类型	文化文物、体育和娱乐业	5143	247	2480	9	7879

按来源：征集购买7246件/套、接受捐赠102件/套、旧藏145件/套、发掘201件/套、采集185件/套。比例分别为92.0%、1.3%、1.8%、2.6%、2.3%（表4，图1）。

表4　按藏品来源统计乌海市可移动文物数量　　　　　　　　　（单位：件/套）

序号	来源类别	乌海市博物馆	乌海市图书馆	乌海市海勃湾区博物馆	乌海市海南区拉僧庙镇满巴拉僧庙旅游景区	合计
1	征集购买	4584	247	2415		7246
2	接受捐赠	36		65	1	102
3	旧藏	137			8	145
4	发掘	201				201
5	采集	185				185
合计		5143	247	2480	9	7879

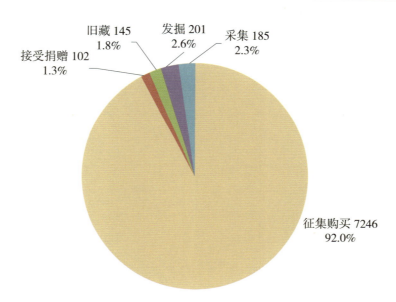

图1　按藏品来源统计乌海市可移动文物数量

按类别：玉石器、宝石1件/套，陶器194件/套，瓷器50件/套，铜器210件/套，金银器3件/套，铁器、其他金属64件/套，雕塑、造像39件/套，石器、石刻、砖瓦71件/套，书法、绘画122件/套，文具2件/套，玺印符牌7件/套，钱币4257件/套，牙骨角器2件/套，竹木雕221件/套，家具749件/套，织绣13件/套，古籍图书251件/套，碑帖拓本39件/套，武器32件/套，邮品5件/套，文件、宣传品46件/套，档案文书1292件/套，玻璃器1件/套，乐器法器18件/套，皮革3件/套，音像制品1件/套，票据4件/套，交通、运输工具4件/套，度量衡器17件/套，标本化石105件/套，其他56件/套。

表5 按文物类别统计乌海市可移动文物数量 （单位：件/套）

序号	类别	可移动文物数量（件/套）	数量占比（%）
1	玉石器、宝石	1	0.0
2	陶器	194	2.5
3	瓷器	50	0.6
4	铜器	210	2.7
5	金银器	3	0.0
6	铁器、其他金属	64	0.8
7	雕塑、造像	39	0.5
8	石器、石刻、砖瓦	71	0.9
9	书法、绘画	122	1.5
10	文具	2	0.0
11	玺印符牌	7	0.1
12	钱币	4257	54.0
13	牙骨角器	2	0.0
14	竹木雕	221	2.8
15	家具	749	9.5
16	织绣	13	0.2
17	古籍图书	251	3.2
18	碑帖拓本	39	0.5
19	武器	32	0.4
20	邮品	5	0.1
21	文件、宣传品	46	0.6
22	档案文书	1292	16.4
23	玻璃器	1	0.0
24	乐器法器	18	0.2
25	皮革	3	0.0
26	音像制品	1	0.0
27	票据	4	0.1
28	交通、运输工具	4	0.1
29	度量衡器	17	0.2
30	标本化石	105	1.3
31	其他	56	0.7
	合计	7879	100.0

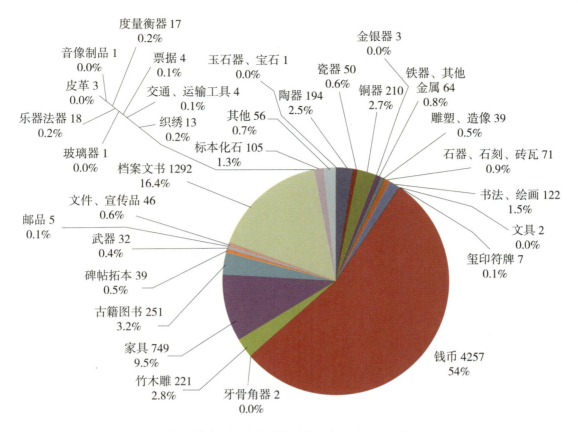

度量衡器 17 0.2%
音像制品 1 0.0%
票据 4 0.1%
玉石器、宝石 1 0.0%
金银器 3 0.0%
皮革 3 0.0%
交通、运输工具 4 0.1%
铁器、其他 金属 64 0.8%
乐器法器 18 0.2%
织绣 13 0.2%
陶器 194 2.5%
瓷器 50 0.6%
铜器 210 2.7%
雕塑、造像 39 0.5%
玻璃器 1 0.0%
其他 56 0.7%
石器、石刻、砖瓦 71 0.9%
标本化石 105 1.3%
档案文书 1292 16.4%
书法、绘画 122 1.5%
文件、宣传品 46 0.6%
文具 2 0.0%
邮品 5 0.1%
玺印符牌 7 0.1%
武器 32 0.4%
碑帖拓本 39 0.5%
古籍图书 251 3.2%
家具 749 9.5%
竹木雕 221 2.8%
牙骨角器 2 0.0%
钱币 4257 54%

图 2　按主要文物类别统计乌海市可移动文物数量

按级别：二级 8 件 / 套、三级 24 件 / 套、一般 7361 件 / 套、未定级 486 件 / 套。比例分别为 0.1%、0.3%、93.4%、6.2%（表 6、7，图 3）。

表6　按文物级别统计乌海市可移动文物数量　（单位：件 / 套）

序号	级别	乌海市博物馆	乌海市图书馆	乌海市海勃湾区博物馆	乌海市海南区拉僧庙镇满巴拉僧庙旅游景区	合计
1	二级	8				8
2	三级	24				24
3	一般	5058		2303		7361
4	未定级	53	247	177	9	486
	小计	5143	247	2480	9	7879

表7　按珍贵文物级别统计乌海市可移动文物数量　（单位：件 / 套）

名称	级别	可移动文物普查前数量	第一次全国可移动文物普查新认定数量	合计
乌海市博物馆	二级	8	0	8
	三级	24	0	24
小计	二 / 三级	32	0	32

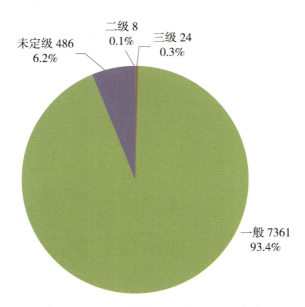

图3　按文物级别统计乌海市可移动文物数量

按完残程度：完整为6086件/套、基本完整为1112件/套、残缺为421件/套、严重残缺（包括缺失部件）为155件/套，标本化石为105件/套，比例分别为77.2%、14.1%、5.3%、2.0%、1.3%（表8，图4）（由于标本化石类文物无完残程度指标项，故单独列出）。

表8　按完残程度统计乌海市可移动文物数量　　　　　　　　（单位：件/套）

序号	完残程度	乌海市博物馆	乌海市图书馆	乌海市海勃湾区博物馆	乌海市海南区拉僧庙镇满巴拉僧庙旅游景区	合计
1	完整	4496	2	1582	6	6086
2	基本完整	281	149	682		1112
3	残缺	218	86	114	3	421
4	严重残缺（包括缺失部件）	56	10	89		155
5	标本化石	92		13		105
	小计	5143	247	2480	9	7879

注：标本化石类文物无完残程度指标项，故单独列出。

按入藏时间：1949年10月1日前入藏7件/套，1949年10月1日—1965年入藏1件/套，1977—2000年入藏1942件/套，2001年至今入藏5929件/套，比例分别为0.1%、0.0%、24.6%、75.3%（表9，图5）。

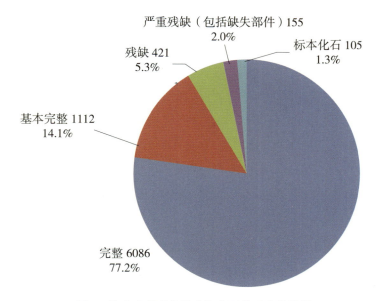

图 4 按完残程度统计乌海市可移动文物数量

注：标本化石类文物无完残程度指标项，故单独列出。

表 9 按入藏时间统计乌海市可移动文物数量　　　　　　（单位：件/套）

序号	入藏时间	乌海市博物馆	乌海市图书馆	乌海市海勃湾区博物馆	乌海市海南区拉僧庙镇满巴拉僧庙旅游景区	合计
1	1949 年 10 月 1 日前				7	7
2	1949 年 10 月 1 日—1965 年				1	1
3	1966—1976 年					0
4	1977—2000 年	1695	247			1942
5	2001 年至今	3448		2480	1	5929
	小计	5143	247	2480	9	7879

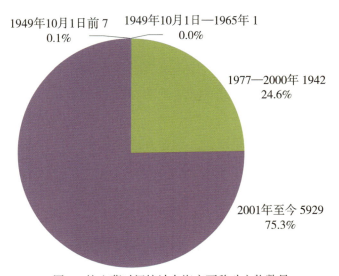

图 5 按入藏时间统计乌海市可移动文物数量

二、普查工作组织实施

（一）属地管理、分级负责

1. 设立普查领导小组，成立普查机构

根据《国务院关于开展第一次全国可移动文物普查的通知》《内蒙古自治区人民政府关于在全区开展第一次全国可移动文物普查的通知》文件精神，乌海市于2013年6月14日成立了乌海市第一次全国可移动文物普查领导小组，以分管副市长为组长、相关部门负责人为主体成员，具体组织、协调可移动文物普查工作。领导小组下设文物普查办公室，普查项目部办公室设在乌海市博物馆，组建文物普查工作队。

2013年7月19日，乌海市召开第一次全国可移动文物普查工作会议，市人民政府组织三区政府、市文化局、市财政局、市发改委及可移动文物普查成员单位听取了工作部署。乌海市人民政府副市长冀晓青出席此次会议并发表了重要讲话。

会议研究并部署了第一次全国可移动文物普查工作在我市的具体实施方案。明确了我市第一次全国可移动文物普查的范围、内容、时间与实施步骤等事项。会议提出普查工作要按照市人民政府的统一部署，设立相应的普查领导小组及办公室，组织实施本行政区域可移动文物普查工作，在普查过程中严格遵守有关规定，严肃工作纪律，确保普查工作中的文物安全与人员安全等相关要求。此次会议对于我市做好第一次全国可移动文物普查工作具有重要意义。

2014年4月1日，乌海市第一次全国可移动文物普查领导小组办公室召开可移动文物普查前期调查摸底工作总结会议。市普查办、三区普查办、乌海市博物馆主要负责人参会对前一阶段的工作进行认真梳理，总结经验，按照普查程序和要求，对国有单位文物收藏情况调查工作进行全面检查、审核，查漏补缺，确保调查范围全覆盖。三区普查办负责同志汇报了本区域普查工作的进展情况，以及在普查工作中遇到的困难和问题，研究部署了2014年普查工作的内容。此次会议的召开，有利于各普查办工作人员进一步了解全市普查工作所面临的形势，有利于认识和解决共性问题，增强普查工作的紧迫感和责任感，更有利于加快推进全市可移动文物普查工作。

为总结汇报2014年普查工作，安排部署2015年普查任务，乌海市普查办于2015年5月22日召开了乌海市可移动文物普查工作推进会。乌海市普查办、三区普查办、乌海市博物馆、海勃湾区博物馆主要负责人参加了此次会议。这次会议对2014年普查工作情况、普查工作中存在的问题进行了总结，同时部署了2015年全市普查工作任务，普查工作中必须要严把质量关，保证我市普查数据的科学性和准确性，圆满完成2015年各项普查重点工作。

2. 制定普查实施方案和工作制度

2013年6月17日，乌海市政府公布《乌海市人民政府办公厅关于印发乌海市开展第一次全国可移动文物普查工作实施方案的通知》（乌海政办发〔2013〕25号）文件，7月19日乌海市文物普查办公布了《乌海市第一次全国可移动文物普查领导小组办公室关于印发〈乌海市第一次全国可移动文物普查工作时间表、任务书、责任人一览表〉的通知》（乌文发〔2013〕71号）、《乌海市第一次全国可移动文物普查领导小组关于印发〈乌海市第一次全国可移动文物普查技术路线与部门职责方案〉的通知》（乌文发〔2013〕73号）、《乌海市第一次全国可移动文物普查领导小组办公室关于印发〈乌海市第一次全国可移动文物普查宣传方案〉的通知》（乌文发〔2013〕74号）、《乌海市第一次全国可移动文物普查领导小组办公室关于印发〈乌海市第一次全国可移动文物普查经费保障管理制度〉的通知》（乌文发〔2013〕75号）、《乌海市第一次全国可移动文物普查领导小组办公室关于印发〈乌海市第一次全国可移动文物普查培训工作方案〉的通知》（乌文发〔2013〕76号）等文件，这一系列文件的公布印发为乌海市第一次全国可移动文物普查工作的开展建立起了一套完善的制度方案。

3. 落实普查工作经费

按照《国务院关于开展第一次全国可移动文物普查的通知》第五条规定，中央财政和省级财政根据普查工作的需要，对地方财政予以适当补助。乌海市普查办根据内蒙古自治区普查办编制的《内蒙古自治区第一次全国可移动文物普查经费预算说明》，结合我市实际，进一步细化了工作任务和计划，合理确定了经费标准，编制了我市可移动文物普查经费预算，制定了《乌海市第一次全国可移动文物普查经费保障制度》，保障普查经费专款专用。

乌海市可移动文物普查工作启动以来，我市为了支持文物普查工作，在经费上给予了充分保障。2013年至2015年，市级财政每年拨付可移动文物普查经费30万元，自治区每年补助15万元。2016年没有拨付普查经费。四年来乌海市财政共拨付可移动文物普查经费90万元，自治区补助45万元，共计135万元。

这些经费主要用于我市普查宣传动员、采集设备的购置、编制普查试点工作方案、印制相关资料等，各级普查人员聘用与培训、信息采集、检查验收、专家研讨会、总结等全过程。

普查专项经费实行"统一领导、分级管理、分级负担"的原则。实行动态管理，普查专项经费必须按照规定用途，专款专用，不得挤占和挪用，不得用于基本建设，不得抵冲行政、事业经费，确保全部用于文物普查工作。对于违规使用普查专项经费的单位，按照《财政违法行为处罚条例》追究责任。年终决算后，资金使用单位应将普查专项经费使用情况及说明报各级财政、文物主管部门审核并批准。

4. 组建普查队伍

按照国务院《第一次全国可移动文物普查实施方案》精神，各国有单位要按照统一要求和本级普查机构的部署，建立专门的普查工作队伍，执行统一的标准规范，做好文物调查认定、信息采集登录及其他相关工作。普查工作人员是普查任务的直接承担者，其素质高低直接影响到普查数据质量，关系到整个普查工作的成败。因此，组建一支数量充足、人员稳定、专业能力过硬、责任心强的普查队伍，是本次普查工作能否顺利实施的关键。为实现普查队伍建设的专业化和正规化，市普查办经考核后为普查员颁发普查员证书，并建立普查员档案，对相关信息进行登记。

考虑到实际操作中，一些非文博系统的国有单位和区县文博单位缺乏具有文物背景知识的相关人员，普查工作存有一定难度，乌海市市级普查办及三区普查办抽调熟悉辖区内各单位情况、具有一定文博专业知识、严谨细致、责任心强的人员成立普查工作组，开展各国有文物收藏单位情况调查，完成不同阶段普查工作的具体任务。同时以乌海市博物馆专业人员为核心组建了一支市级普查工作组。实地指导力量薄弱的国有单位进行调查和文物认定，以及相关资料信息的采集、汇总、整理、审核、登录、建档等工作。

为了保证普查水平，挑选我市具有文博专业知识背景或文博系统单位任职经历，具有中级职称以上专业技术资格，熟悉本地文物资源情况的人员，组建了乌海市可移动文物普查工作专家组。统一负责本次可移动文物普查的专业指导、技术咨询、文物认定鉴定、质量把关、市级普查验收等专业指导工作。

在此次可移动文物普查工作中，全市共成立6个普查工作组（1个市级普查工作组、3个区级普查工作组、2个博物馆普查工作组）。全市共有47名普查工作者参与了普查工作，其中地市级26人、区县级21人。普查工作组成员12人，专家组7人，收藏单位人员19人，志愿者9人（表10）。

表10 乌海市普查人员统计表 （单位：人）

序号	机构单位类别	普查工作组	普查工作组成员	收藏单位普查人员	专家组人员	志愿者	合计
1	乌海市普查办	1	5			3	8
2	海勃湾区普查办	1	3			1	4
3	海南区普查办	1	2			1	3
4	乌达区普查办	1	2			1	3
5	乌海市博物馆	1		3	10	2	15
6	乌海市图书馆			2	1		3
7	乌海市海勃湾区博物馆	1		2	7	1	10
8	乌海市海南区拉僧庙镇满巴拉僧庙旅游景区				1		1
	小计	6	12	7	19	9	47

收藏单位普查工作人员经过普查培训、数据采集、资料录入和数据整理，广大基层文物工作者的业务能力和工作水平都得到了全面的锻炼和提高。普查工作中，一些懂专业、有专长的大学生也充实到了文物普查机构和一线业务单位，为普查工作输送了新鲜血液。

为切实推进我市第一次全国可移动文物普查工作，加强普查专业人员队伍建设，乌海市普查办于2013年7月30日—8月3日选派7人前往呼和浩特市参加了自治区组织的第一次全国可移动文物普查第二期骨干培训班。主要培训内容有普查实施方案解读，《馆藏文物登录标准》解读，普查实施内容、操作流程，文物影像数据采集，信息采集与登记表填写等内容。

2014年12月10—13日我市各博物馆抽选6名精干文物普查员前往巴彦淖尔市临河区参加了全区可移动文物普查骨干培训班（西部区）。集中培训学习文物信息登录系统，包括在线填报及审核流程、离线填报、单位及用户管理、信息管理操作等内容，就普查工作中的重点难点问题一起讨论解决。

2015年12月9—12日，内蒙古自治区可移动文物普查文物影像采集第一期骨干培训班在呼和浩特市举办，我市文物收藏单位的3名摄影骨干参加了此次培训。此次培训特邀请故宫博物院、陕西历史博物馆以及内蒙古博物院文物摄影专家就文物摄影规范、摄影器材、摄影操作等方面知识进行授课，采取理论学习、操作实践相结合的方式，着重对学员强调了文物普查摄影规范及设备要求、影像采集注意事项和文物微距摄影的技术操作要领。

2016年6月19—21日，内蒙古自治区第一次全国可移动文物普查办公室在包头举办全区第一次全国可移动文物普查数据审核与管理第一期培训班。我市普查办3名数据审核员、市普查办专家参加了此次培训。国家文物局第一次全国可移动文物普查办公室的老师受邀进行授课。主要讲授了普查进度管理和质量控制要求、普查数据安全与数据管理利用、普查数据审核工作要求与流程等内容。又结合普查数据网上审核常见问题及普查总结报告编制进行了详细讲解。这次培训针对性强，不仅解决了以往工作中遇到的难题，而且学到了切实可行的解决办法，理清了工作思路，为下一步数据审核工作的全面、顺利展开起到积极作用。

为建立一支业务精干的普查队伍，同时向我市范围内的各国有企事业单位宣传第一次全国可移动文物普查工作，乌海市文物普查办于10月22日向全市各区人民政府、政府各部门、企事业单位、三区文化局、博物馆印发了《乌海市第一次全国可移动文物普查领导小组办公室关于举办全市第一期可移动文物普查骨干培训班的通知》（乌普办发〔2013〕5号）文件，于10月30日印发《乌海市第一次全国可移动文物普查领导小组办公室关于举办全市第一期可移动文物普查骨干培训工作方案》（乌普办发〔2013〕6号）文件。开始筹备文物普查骨干培训班。

2013年11月4日，乌海市可移动文物普查办举办乌海市第一次全国可移动文物普查骨干培训班，来自全市各机关、国有企事业单位及博物馆60余人参加了培训。内蒙古博物院文物保护研究信息中心李少兵和李丽雅两位专家、乌海市博物馆有关专家在培训班上授课。乌海市文化局副局长、乌海市第一次全国可移动文物普查领导小组副组长、办公室主任刘利军在此次培训班上讲话。强调全市各单位要认识开展第一次全国可移动文物普查的重要意义，在普查工作中要认真实干，勤奋工作，确保乌海市第一次全国可移动文物普查工作任务圆满完成。此次培训为学员详细讲解了《第一次全国可移动文物普查实施方案》，对普查的意义、目标、范围和内容、技术路线、组织、时间与实施步骤，对普查信息采集软件的使用、可移动文物普查文物登录规范以及文物摄影等技术问题进行了讲解。通过培训，学员们基本掌握了可移动文物普查工作的相关理论基础知识，收到了良好的培训效果，为即将开展的乌海市第一次全国可移动文物普查工作奠定了坚实的基础（表11）。

表11　乌海市普查培训统计表

年份	2013年	2014年	2015年	2016年	合计
次数	1	1	1	1	4
人数/人次	60	37	25	30	152

（二）调查、认定、采集、登录、审核，分阶段实施

1. 国有可移动文物收藏单位调查阶段

根据《乌海市开展第一次全国可移动文物普查工作实施方案》要求，2013年10月开始进入普查第二阶段，主要开展国有文物收藏单位情况摸底调查。通过举办培训班与大力宣传，在社会上营造支持文物普查的良好氛围。2013年8月27日印发《关于转发自治区文化局（文物局）〈关于转发文化部、国家文物局《关于积极做好文化系统第一次全国可移动文物普查工作的通知》的通知〉的通知》（乌普办发〔2013〕3号）文件，2013年9月10日印发《关于转发〈刘新乐副主席在自治区第一次全国可移动文物普查电视电话会议上讲话的通知〉的通知》（乌普办发〔2013〕4号）文件，2014年3月26日印发《乌海市第一次全国可移动文物普查领导小组办公室关于召开可移动文物普查前期调查摸底工作总结会议的通知》（乌普办发〔2014〕1号）文件。

在举办乌海市第一次全国可移动文物普查骨干培训班期间，市普查办向各国有单位发放《乌海市普查办致各级机关、国有企事业单位的一封信》《乌海市第一次全国可移动文物普查工作手册》《国有单位文物收藏情况调查登记表》700余份，并将电子版文件放到乌海市博物馆网站上，供各国有收藏单位下载填报。经过多方收集，整理出全市各机关、国有企事业单位名录，共计有437家单位。

乌海市采取属地管理的原则，乌海市普查办负责调查市级国有企事业单位文物收藏情况，三区普查办负责调查三区国有企事业单位文物收藏情况。全市三区于2013年12月开始正式发放、回收登记表，文物普查员实行分头包干负责制，分组对全市普查工作分别指导、督促、跟进。市普查办每周召开一次普查情况汇报会，了解三区调查进度。普查办通过初审、分审、合审及终审四道程序对各地报送的《国有单位文物收藏情况汇总表》进行严格审核、把关。对于不积极的单位，普查员加班加点电话联系并多次深入单位，耐心细致地宣传文物保护的法律法规知识和第一次全国可移动文物普查的重要意义，认真解答可移动文物普查的范围、时间界限等相关要求，解说此次文物普查不改变权属现状的政策，并帮助相关单位填报登记表。

至2014年1月最终回收《国有单位文物收藏情况调查登记表》428份，回收率为97.9%。调查中反馈收藏有文物的国有单位共有5个，其中博物馆、纪念馆3个，图书馆1个，其他机关事业单位1个（其中乌海煤炭博物馆与乌海蒙古族家居博物馆于2014年年初合并为海勃湾区博物馆，收藏有文物的国有单位变为4个，其中博物馆、纪念馆2个，图书馆1个，其他机关事业单位1个）。通过这次调查工作掌握了我市国有可移动文物分布和收藏情况，为下一阶段文物收藏单位开展文物信息采集和登录等工作打下坚实基础。

2014年4月1日，乌海市第一次全国可移动文物普查领导小组办公室召开可移动文物普查前期调查摸底"回头看"工作会议。市普查办、三区普查办、乌海市博物馆主要负责人对前一阶段的工作进行认真梳理，总结经验，按照普查程序和要求，对国有单位文物收藏情况调查工作进行全面检查、审核，查漏补缺，确保调查范围全覆盖。通过开展"回头看"活动，对第一阶段的工作进行补充完善，确保调查数据真实、准确、完整。要求各级普查机构认真做好调查数据的统

计、分析、资料整理工作，全面掌握国有可移动文物数量、分布、保管保护情况。乌海市博物馆与海勃湾区博物馆尽快进行清库、完善相关档案记录工作，及时启动馆藏文物信息采集、登录、审核、网络报送工作。

2. 国有可移动文物认定工作阶段

根据《乌海市第一次全国可移动文物普查实施方案》的安排，乌海市国有单位文物收藏情况调查和复核工作基本完成，文物信息采集登录工作即将展开。文博系统外国有单位的文物急需进行认定鉴别，确定是否符合第一次全国可移动文物普查的登录条件。

乌海市普查办依据自治区下发的《关于做好全区第一次全国可移动文物普查文物认定工作的通知》（内普办发〔2014〕6号）文件组织全市三区内反馈收藏有文物的国有单位，填写《可移动文物信息认定登记表》，以书面和电子版两种形式报请市级普查办进行初步认定。

2015年4月8—10日，乌海市普查办组织以武俊生为首的专家组对乌海市图书馆、满巴拉僧庙旅游景区及乌海市海勃湾区博物馆新入藏总计456件/套可移动文物进行现场核查、筛选和初步认定。普查认定工作进展顺利，经过讨论，初步确认文物413件/套，其中乌海市图书馆247件/套、满巴拉僧庙旅游景区9件/套、乌海市海勃湾区博物馆157件/套，这些符合普查条件的藏品将填写初步认定意见，纳入此次普查范围。乌海市普查办进行汇总后，申请自治区普查办专家组进行复核。

2016年1月19—20日，内蒙古自治区文物局博物馆处副处长索秀芬率领自治区普查办项目部专家组一行七人赴乌海市开展可移动文物普查数据审核、文物复核定级工作。专家组成员对乌海市博物馆、海勃湾区博物馆等国有文博单位进行文物复核鉴定，共复核鉴定文物413件/套，认定国家二级文物18件/套、三级文物85件/套。解决了馆藏文物中年代不清、功能不详、材质不明等长期存在的难题，为下一步文物普查数据采集工作的顺利开展起了积极的铺垫作用。

专家组成员还对乌海市第一次全国可移动文物普查数据进行抽样核查，针对普查数据各指标项的完整性与准确性进行了详细检查，市普查办工作人员认真记录专家组审核反馈的修改意见，就普查工作中存在的问题与专家进行了探讨和交流，取得了良好的效果。各国有文物收藏单位抓紧做好文物信息采集和全国可移动文物信息平台数据报送，确保按期完成我市的可移动文物普查工作。

3. 国有可移动文物信息采集登录阶段

博物馆作为专门的文物收藏机构，馆藏文物数量庞大、种类繁多，虽可以根据藏品总账或藏品分类账大致摸清馆藏藏品的名称、数量、类别等基本信息，却难免因年代久远、人员更替、对藏品认识加深等原因有遗漏、谬误之处。且除藏品外，博物馆通常还搜集有相当数量的非藏品，如资料、参考品等，这些也都包括在普查范围内。因此，博物馆内可移动文物普查的工作量仍然巨大。如何快速高效的完成文物信息采集登录工作是我们面临的现实问题。

自可移动文物普查进入第二阶段以来，乌海市博物馆与海勃湾区博物馆的普查工作组就开始进行文物数据采集试点工作，在文物信息采集登录工作过程中逐渐摸索出适合本馆实际情况，适合不同种类文物的工作流程。发挥普查组员的不同特点和长处，结合整理工作所需要的各项步骤确定各自应该承担的工作。并可适当进行轮换，保证每个组员都能熟练地掌握工作的各个环节，以防因突发情况造成工作流程中断。保障各步骤之间衔接流畅，提高普查工作效率。

经调查，乌海市辖区内国有文物收藏单位有乌海市博物馆、海勃湾区博物馆、乌海市图书馆、海南区满巴拉僧庙旅游景区这四家单位。文博系统内单位乌海市博物馆与海勃湾区博物馆均独立完成收藏文物的普查登记工作。乌海市博物馆馆藏文物数据申报5143件/套，其中珍贵文物32件/套，报送进度100%。海勃湾区博物馆申报藏品2480件/套（2487件），其中珍贵文物1件，报送进度100%。

从2015年10月份开始，市普查办项目部选派精干普查队员对文博系统外文物收藏单位开展文物普查工作。

2015年10月10日—12月10日，市普查办普查员前往乌海市图书馆进行文物信息采集，主要针对1949年以前的馆藏古籍图书进行普查。由于市图书馆旧馆正在改造中，临馆没有古籍库，更没有电子档案。早期藏书现在均暂存于纸箱中，所以普查时需要逐箱筛选，查找1949年以前的线装书和民国印本，更要甄别中华人民共和国成立后的重印本、影印本。加上线装古籍大部分是雕版印刷，多数是繁体字或异体字，工作难度很大。在登记录入、查阅资料时多有不便，时常需要到网上就有关资料进行比对，再加上我市古籍方面专业人才少、技术力量薄弱等因素，造成古籍普查效率不高，进度缓慢。最终普查员在乌海市图书馆采集登录古籍图书247套（1077册），报送进度100%。

由于乌海市海南区没有文博机构与文博专业人员，导致普查工作进展缓慢，市普查办多次开会协商，最终确定由市普查办项目部普查员前往满巴拉僧庙开展信息采集工作，这些藏品多数为满巴拉僧庙破坏前遗留下的寺庙宗教用品。在信息采集过程中，因文物年代久远且历经"破四旧"的磨难，部分文物原始信息缺失严重，普查员通过满巴拉僧庙常住僧侣的描述，以及文物认定得出的结论，对部分文物进行信息采集工作，共采集登录9件/套（10件）藏品，报送进度100%，顺利完成这里的普查工作。

截至2016年5月底，全市已采集上报文物藏品总数7879件/套，报送进度100%。其中海勃湾区采集上报文物藏品数7870件/套；海南区采集上报文物藏品数9件/套；乌达区没有国有文物收藏单位。普查数据采集工作全面完成，已取得阶段性成果。

4. 国有可移动文物信息审核阶段

2016年是可移动文物普查工作的收官之年，可移动文物普查数据集中审核是可移动文物普查收官工作的关键技术环节。市普查办高度重视数据审核工作，乌海市普查办按照内蒙古自治区文物局转发的《国家文物局关于发布〈第一次全国可移动文物普查数据审核工作管理办法〉的通知》文件，组建了乌海市普查办专家审核组，组员由乌海市博物馆馆长武俊生（文博副研究员）、吴蕾（文博馆员）、郝玉龙（文博馆员）三人组成，对全市文物普查数据进行审核。海勃湾区普查办也成立了专家审核组负责海勃湾区的数据审核工作。

根据市普查办的安排，自7月1日起，全市所有国有文物收藏单位开始汇总离线数据。7月5日，海勃湾区博物馆数据报送海勃湾区普查办专家审核组开始集中审核，拉僧庙镇满巴拉僧庙旅游景区数据报送至乌海市博物馆专家组代为审核。区级普查办作为审核工作的第一关，对各单位申报的文物数量与实际数仔细核对，确保准确无误。对登录的必填项查漏补缺，保证初核数据信息的真实、完整、准确。各收藏单位按照区普查办专家组反馈的审核意见对数据进行修改核对后，报送至市普查办。

2016年7月12—15日，乌海市文物普查办专家审核组对全市4家文物收藏单位采集登录的7879件/套藏品开展市级审核工作。专家组通过离线审核的方式，对文物的名称、类别、级别、年代、质地、外形尺寸、质量、完残程度、保存状态、包含数量、来源方式、入藏时间、藏品编号、收藏单位名称等14项基本指标项和11类附录信息进行审核，审核内容涵盖了可移动文物的基本信息、客观信息、保存管理状况。

从审核结果看，大部分数据都符合国家发布的普查数据质量评定标准，但也存在一些常见的问题，主要表现在以下几个方面：一是上传照片不符合登录规范，如有的照片上传数量不够且默认的不是正视图；二是命名不规范；三是文物分类划分不准确，比如成吉思汗艺术挂毯应该是绘画，而不是织绣等。全体审核人员和专家加班加点及时高效地完成了市级终审工作，使我市普查登录数据的差错率控制在0.5%之内。

2016年8月5日，内蒙古自治区普查办组织专家对乌海市第一次全国可移动文物普查数据进行审核，经过专家们的辛劳工作，我市采集登录上报的7879件/套普查数据全部通过自治区审核验收。审核过程中，自治区普查办对乌海市普查办及我市各文物收藏单位的普查工作给予充分肯定。也对数据审核中存在的一些有待修正或进一步规范的问题提出了修改意见。为国家审核和工作报告编写打下了良好基础。

（三）宣传动员

乌海市普查办根据《国务院关于开展第一次全国可移动文物普查工作的通知》（国发〔2012〕54号）精神制定了《乌海市第一次全国可移动文物普查宣传方案》，根据普查的不同阶段分别确定相应的重点内容。第一阶段，重点宣传开展普查的目标意义、对象范围、内容方法、程序步骤，可移动文物知识等；第二阶段，集中宣传与普查有关的法律法规、普查标准规范、普查工作进展、普查先进事迹、普查重要发现等；第三阶段，追踪宣传普查数据处理进展情况，宣传普查成果，报道文物事业在增强文化软实力、构建和谐社会、推动社会经济发展方面的积极作用。普查宣传采取阶段性的集中宣传与长期宣传相结合，覆盖报纸、广播、电视、网络、移动传媒等各类媒体。

全市各级普查领导小组共向各级政府和相关部门报送普查简报8期，开展5次政策解读和普查动态的相关采访报道，在《乌海日报》《乌海晚报》进行了10次普查进展以及普查事迹的报道。通过在市博物馆网站、报刊开设可移动文物普查专栏，借助乌海市博物馆微信平台发布普查公益短信等多种形式宣传，扩大普查工作影响力。

每年以博物馆日、文化遗产日、草原文化遗产日为依托，在4—9月开展"可移动文物普查宣传季"，通过普查工作人员制作的"乌海市第一次全国可移动文物普查"户外展板，向群众解答可移动文物普查的目的、意义并展示乌海市文物普查成果。发放《乌海市可移动文物普查宣传手册》《乌海市可移动文物普查宣传画册》等文物宣传资料。市民可以了解到乌海市历史发展沿革和乌海市各博物馆可移动文物的详情、收藏须知、普查成果展示等内容。

可移动文物形象记载着中华民族发展的进程，它们不但是认识历史的证据，也是增强民族凝聚力、促进民族文化可持续发展的基础。通过宣传，使文物普查家喻户晓，深入人心，得到全社会的共同关注和参与；将文物保护理念送进千家万户，提升全社会文物保护意识；营造良好普查氛围，争取到全社会各方面对普查工作的支持。

（四）质量控制

为了切实做好乌海市可移动文物普查质量控制，市普查办制定下列措施。一是严格要求。市普查办要求各区高度重视，认真负责。按照国家文物局《第一次全国可移动文物普查数据审核工作管理办法》的具体要求，统一标准，确保每条藏品录入信息的真实、完整和规范。二是积极试点。市普查办在乌海市博物馆与海勃湾区博物馆开展文物普查工作，在文物信息采集登录工作过程中逐渐摸索出适合本地区实际情况的文物普查工作流程。三是严格审核。市、区两级普查办采取在线审核和离线审核相结合的方式，重点对文物的命名、断代、尺寸重量等数据进行认真审核，对文物照片质量不高的要求重新拍摄。四是加强指导。对工作基础较为薄弱的单位加强业务指导，要求提升和完善基础工作。将审核中发现的错误及时通知收藏单位进行复核和修改，努力将差错率降到最低。

开展文物普查工作的这几年中，乌海市普查办共组织4次普查培训，共有152人次参与了普查培训。第一阶段主要对普查的意义、目标、时间与实施步骤进行了普及，对文物登录规范以及文物摄影等技术问题进行了详解。第二阶段集中学习了文物在线填报及审核流程、离线填报、单位及用户管理、信息管理操作等内容，就普查工作中的重点难点问题一起讨论解决。第三阶段主要讲授了普查进度管理和质量控制要求、普查数据审核工作要求与流程、普查数据安全与数据管理利用、普查总结报告编制等内容。

经过普查培训，普查员的业务能力和工作水平都得到了全面提高，提高了普查质量。同时市普查办建立全市普查质量考核管理机制，加强实地督导和质量跟踪，严控普查差错率。

（五）普查工作总结情况

乌海市普查办按照《乌海市开展第一次全国可移动文物普查工作实施方案》中的要求，建立可移动文物普查档案规范。各国有文物收藏单位在文物普查工作中形成的原始数据和资料及时整理归档。文物信息采集结束后，由区文物普查办对全市所有原始资料进行归纳、整理、建档。最终由市普查办对档案进行备份、保存、管理。实行纸质文本和电子文本双套制的存储模式，做到普查数据整理有序、管理科学、有效利用，从而方便日后工作中的查阅与调用，发挥出应有的作用。基本实现乌海市第一次全国可移动文物普查档案的信息化管理，增加普查档案管理的科技含量。

乌海市普查办在工作准备阶段整理市普查办制定的本地区标准、规范、实施方案，成立普查机构等普查档案2卷/盒；在普查实施阶段整理普查开展过程中文物调查认定和信息数据登录进度等普查档案7卷/盒；在普查验收汇总阶段整理普查数据、资料，普查成果档案2卷/盒，合计11卷/盒。海勃湾区整理文物普查档案2卷/盒；海南区整理文物普查档案1卷/盒；乌达区整理文物普查档案1卷/盒。

三、普查工作成果

（一）掌握可移动文物资源情况及价值

1. 摸清数量及分布

通过这次可移动文物普查，全面掌握我市现存国有可移动文物的数量及分布情况。乌海市共有4家文物收藏单位，分别是乌海市博物馆、乌海市图书馆、海勃湾区博物馆、满巴拉僧庙旅游景区。其中乌海市博物馆登录文物藏品5143件/套；海勃湾区博物馆登录文物藏品2480件/套；乌海市图书馆登录古籍图书247件/套；满巴拉僧庙旅游景区登录文物藏品9件/套。

2. 掌握保存状况

文物保存场所要安防、消防设施齐全，环境安静整洁。以便于普查文物提取、鉴选、鉴定、测量、拍摄、收件、归箱及资料整理记录、登录等步骤，为了给文物普查提供合适的工作环境，乌海市博物馆根据实际情况，改造1间临时库房，先后购买8个立式文物柜等存放设备，部分改善了文物保存环境。海勃湾区博物馆在这次文物普查中改造了2个文物库房，通过招标采购订制了密集式文物架，用于存放木质家具，改善了以前家具叠放的不安全状况，馆藏文物的科学保护在硬件上实现历史性跨越改善，更为藏品管理、业务研究工作的开展提供了便利。

（二）健全文物保护体系

1. 完善文物档案

长期以来乌海市博物馆由于技术等多方面因素制约，馆内文物只有简单目录，缺乏符合现代馆藏文物管理要求的档案，为文物普查及科研工作带来不便。2013年，乌海市启动第一次全国可移动文物普查工作，乌海市博物馆采集了馆藏文物名称、类别、级别、年代、质地、外形尺寸、质量、完残程度、保存状态等14项基本指标，完善可移动文物信息管理，目前已为馆藏的32件/套珍贵文物建立档案。全市未定级与一般文物建档工作将在文物普查工作结束之后逐步开展。

2. 完善制度和规范

文物普查与登录是一个长期开展的系统工作，将在多个层面对国家的文化遗产保护与利用带来深远影响。乌海市普查办在文物普查工作中有了很好的实践基础，正在博物馆藏品管理机制的基础上摸索建立乌海市文物长期调查、认定、登记、管理制度化体系，以明确登录程序、内容和流程，划定专门职能。健全文物认定和登录机制，使文物普查登录成为一个经常性工作，建立分级管理制度，实现文物信息的动态管理。从而真正全面掌握、统计分析和评价乌海市文物资源情况及价值，建立乌海市可移动文物的登录备案机制，为国家文物保护管理和公众服务提供坚强有力的支撑。

（三）有效发挥文物在本行政区域经济社会发展中的重要作用

文物不仅是历史的纪念碑，也是人类知识进步的载体，是一种重要的旅游资源，博物馆开发具有一定收藏、欣赏和实用价值的文创产品，对于消费者而言，将文创产品带回家，不仅得到了情感上的满足，还丰富了博物馆经验，满足了人们的精神文化需求。对于博物馆而言，在获得经济利益的同时还提升了社会影响力，真正做到了文化资源的有效传递，还可以促进乌海文创产业的发展，推动城市文化项目的建设，完善乌海市旅游业态，为乌海旅游城市的建设和城市经济转型发挥重要作用。

执笔：武俊生　郝玉龙

阿拉善盟第一次全国可移动文物普查工作报告

阿拉善盟第一次全国可移动文物普查领导小组办公室

阿拉善盟文物局

前　言

阿拉善盟地处祖国北部边疆，内蒙古自治区最西部，辖阿拉善左旗、阿拉善右旗、额济纳旗3个旗，30个苏木镇。面积27万平方千米，沙漠、戈壁和绿洲各占三分之一。历史悠久，文化底蕴深厚，先后有匈奴、鲜卑、突厥、党项、契丹、蒙古等众多北方游牧民族在这里生息繁衍，他们在与中原文化不断冲突和融合过程中创造了精彩纷呈、独具特色的草原文明。从旧石器时代延续至清代，丰富的文物古迹见证了草原文明的源远流长，也见证了中华文明多元融合的伟大历史进程。

全盟普查发现不可移动文物1260处，其中，古遗址939处、古墓葬145处、古建筑27处、石窟寺及石刻106处、近现代重要史迹及代表性建筑43处。

阿拉善地区的文物遗址分布在几个线性带内：贺兰山（黄河）西部沿线分布带、雅布赖山两侧沿线分布带、北山（龙首山、合黎山）北侧分布带、额济纳河流域分布带。腾格里、巴丹吉林和乌兰布和三大沙漠以及贺兰山、雅布赖山、北山等主要山脉的分布格局，在一定意义上决定了这些带状区域成为阿拉善历史上重要的人文活动区域，从而形成了阿拉善文物遗址分布的基本特征。

一、阿拉善盟普查工作部署

2013年7月16日，接到国务院《关于开展第一次全国可移动文物普查工作的通知》，阿拉善盟委高度重视，在第一时间制定了《阿拉善盟第一次全国可移动文物普查实施方案》，确定了普查工作思路、普查方法和普查范围等内容，同时成立阿拉善盟第一次全国可移动文物普查领导小组，布置普查任务并集中开展普查工作。并于2013年7月16日召开阿拉善盟第一次全国可移动文物普查动员大会，部署普查工作。

普查的标准时点是2013年12月31日。第一阶段，2013年11月30日前完成普查预算和方案编制，工作计划制定，组织相关培训，学习规范和标准等；第二阶段，从2014年1月1日开始至2015年12月结束，主要任务是以县城为单元，实地开展文物调查、认定、信息采集和数据登录；

第三阶段，从2016年1月开始至12月结束，主要任务是开展普查数据和资料的整理、汇总，数据库建设和总结等工作。

二、阿拉善盟普查数据

（一）阿拉善盟文物收藏单位情况

经第一次全国可移动文物普查，阿拉善盟国有收藏单位20家，保管人员33人，库房面积1300平方米。其中阿拉善博物馆库房面积750平方米，保管人员4人；阿拉善王府博物馆库房面积400平方米，保管员2名；阿拉善右旗博物馆库房面积50平方米，保管员6名；额济纳旗博物馆库房面积90平方米，保管员5名。

按隶属关系：中央属单位0家；省属单位0家；地市属单位1家；县区属单位9家；乡镇街道属单位1家；其他单位9家（表1）。

按单位性质：国家机关3家；事业单位8家；国有企业0家；人民解放军、武警部队1家；其他类型8家（见表1）。

按单位类型：博物馆、纪念馆4家；图书馆0家；美术馆0家；档案馆2家；其他类型14家（见表1）。

表1　阿拉善盟国有文物收藏单位统计表

单位性质	数量（家）	单位类型	数量（家）	隶属关系	数量（家）
国家机关	3	博物馆、纪念馆	4	中央属	0
事业单位	8	图书馆	0	省属	0
国有企业	0	美术馆	0	地市属	1
人民解放军、武警部队	1	档案馆	2	县区属	9
其他	8	其他类型	14	乡镇街道	1
				其他	9
合计	20		20		20

（二）阿拉善盟国有可移动文物数量及分布

经第一次全国可移动文物普查，阿拉善盟行政区域内国有可移动文物收藏量为42718件/套。通过此次普查，我盟首次摸清了国有可移动文物家底，掌握了文博系统和各级党政机关、国有企事业单位可移动文物的数量和分布情况，以及文物的本体特征、基本数据等。

按单位隶属关系：阿拉善盟申报普查可移动文物42718件/套，其中阿拉善博物馆32238件/套，阿拉善左旗566件/套，阿拉善右旗4736件/套，额济纳旗5178件/套（表2，图1、2）。

表2 按单位隶属关系统计阿拉善盟可移动文物数量

	数量（件／套）	占比（％）
阿拉善博物馆	32238	75.47
阿拉善左旗	566	1.32
阿拉善右旗	4736	11.09
额济纳旗	5178	12.12

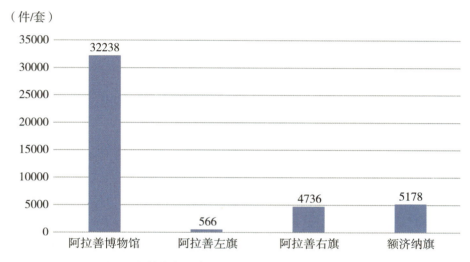

图1 按单位隶属关系统计阿拉善盟可移动文物数量

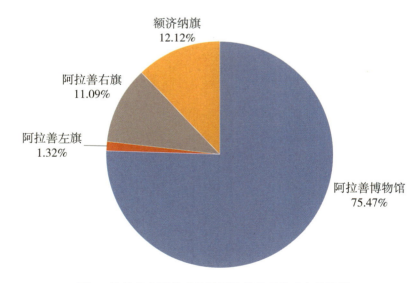

图2 按单位隶属关系统计阿拉善盟可移动文物数量

按单位性质：国家机关收藏可移动文物0件／套，事业单位收藏可移动文物42047件／套，其他单位671件／套（表3，图3、4）。

表3 按单位性质统计阿拉善盟可移动文物数量

	数量（件/套）	占比（%）
国家机关	0	0
事业单位	42047	98.43
其他单位	671	1.57

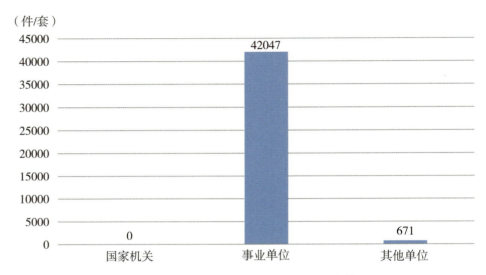

图3 按单位性质统计阿拉善盟可移动文物数量

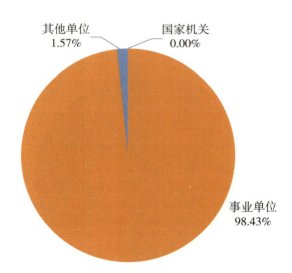

图4 按单位性质统计阿拉善盟可移动文物数量

按单位类型：博物馆、纪念馆42022件/套，档案馆5件/套，其他691件/套（表4，图5、6）。

表4 按单位类型统计阿拉善盟可移动文物数量

	数量（件／套）	占比（%）
博物馆、纪念馆	42022	98.37
档案馆	5	0.01
其他	691	1.62

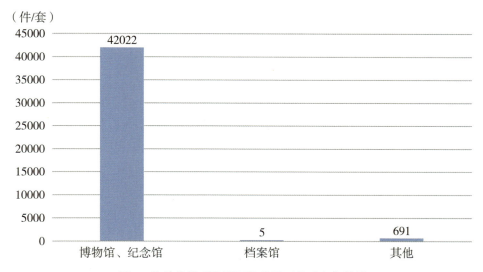

图5 按单位类型统计阿拉善盟可移动文物数量

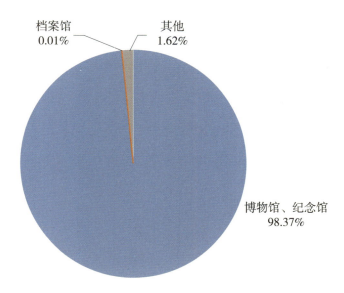

图6 按单位类型统计阿拉善盟可移动文物数量

按行业：文化文物、体育和娱乐业42067件／套，农、林、牧、渔业600件／套，公共管理和社会组织51件／套（表5，图7、8）。

表5　按行业统计阿拉善盟可移动文物数量

行业	数量（件／套）	占比（%）
文化文物、体育和娱乐业	42067	98.48
农、林、牧、渔业	600	1.40
公共管理和社会组织	51	0.12

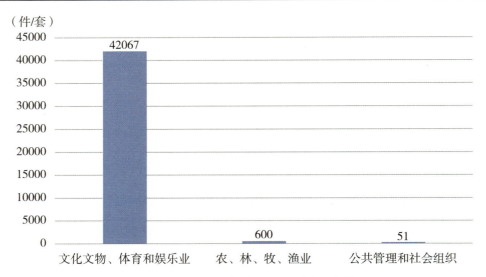

图7　按所属行业统计阿拉善盟可移动文物数量

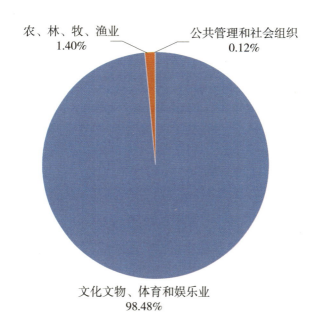

图8　按所属行业统计阿拉善盟可移动文物数量

　　按来源：征集购买14531件／套，占34.02%；接受捐赠3377件／套，占7.90%；依法交换0件／套，占0.00%；拨交2件／套，占0.00%；移交1106件／套，占2.60%；旧藏1166件／套，占2.73%；发掘16423件／套，占38.45%；采集6095件／套，占14.27%；拣选0件／套，占0.00%；其他13件／套，占0.03%（表6，图9、10）。

表6　按藏品来源统计阿拉善盟可移动文物数量

来源	数量（件 / 套）	占比（%）
征集购买	14531	34.02
接受捐赠	3377	7.90
依法交换	0	0.00
拨交	2	0.00
移交	1106	2.60
旧藏	1166	2.73
发掘	16423	38.45
采集	6095	14.27
拣选	0	0.00
其他	13	0.03

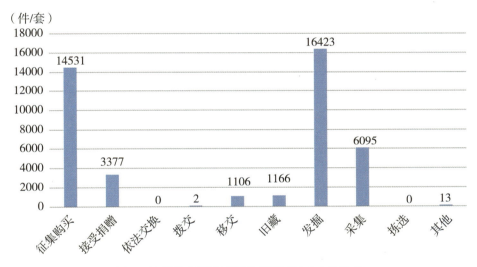

图9　按藏品来源统计阿拉善盟可移动文物数量

　　按类别：阿拉善盟上传文物总数为42718件/套，其中陶器1572件/套，瓷器493件/套，石器、石刻、砖瓦5999件/套，铜器2171件/套，雕塑造像643件/套，铁器、其他金属器519件/套，金银器127件/套，玉石器、宝石138件/套，牙骨角器161件/套，竹木雕168件/套，织绣458件/套，玺印符牌43件/套，武器5095件/套，文具26件/套，文件、宣传品7件/套，书法、绘画23件/套，钱币22756件/套，化石49件/套，漆器16件/套，皮革118件/套，名人遗物9件/套，乐器、法器100件/套，交通、运输工具10件/套，家具462件/套，古籍图书40件/套，珐琅器38件/套，度量衡器37件/套，档案文书370件/套，玻璃器43件/套，碑帖拓本1件/套，票据600件/套，其他426件/套（表7，图11、12）。

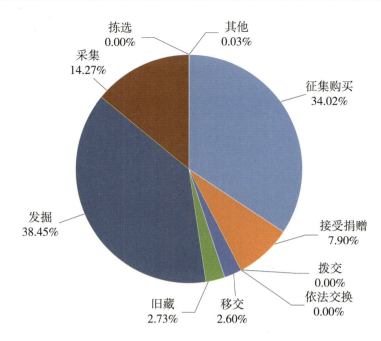

图 10　按藏品来源统计阿拉善盟可移动文物数量

表 7　按文物类别统计阿拉善盟可移动文物数量

类别	数量（件/套）	占比（%）
陶器	1572	3.68
瓷器	493	1.15
石器、石刻、砖瓦	5999	14.04
铜器	2171	5.08
雕塑造像	643	1.51
铁器、其他金属器	519	1.21
金银器	127	0.30
玉石器、宝石	138	0.32
牙骨角器	161	0.38
竹木雕	168	0.39
织绣	458	1.07
玺印符牌	43	0.10
武器	5095	11.93
文具	26	0.06
文件、宣传品	7	0.02
书法、绘画	23	0.05

续表 7

类别	数量（件 / 套）	占比（%）
钱币	22756	53.27
化石	49	0.11
漆器	16	0.04
皮革	118	0.28
名人遗物	9	0.02
乐器、法器	100	0.23
交通、运输工具	10	0.02
家具	462	1.08
古籍图书	40	0.09
珐琅器	38	0.09
度量衡器	37	0.09
档案文书	370	0.87
玻璃器	43	0.10
碑帖拓本	1	0.00
票据	600	1.41
其他	426	1.00

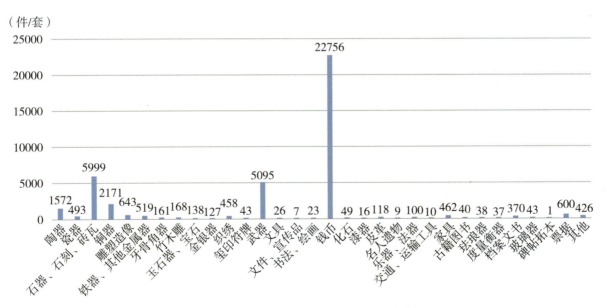

图 11　按文物类别统计阿拉善盟可移动文物数量

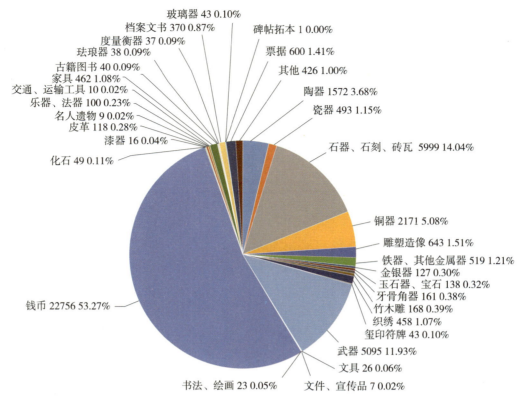

图12　按文物类别统计阿拉善盟可移动文物数量

按级别：全盟珍贵文物共计240件/套，一级15件/套、二级125件/套、三级100件/套（表8，图13）。

表8　按文物级别统计阿拉善盟可移动文物数量

文物级别	数量（件/套）
一级	15
二级	125
三级	100

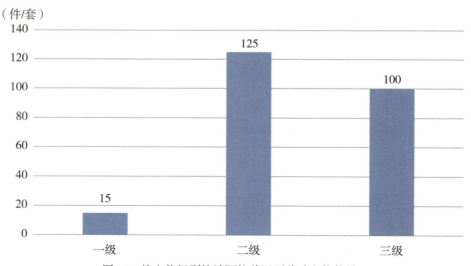

图13　按文物级别统计阿拉善盟可移动文物数量

按完残程度：完整为11170件/套，占26.15%；基本完整为29043件/套，占67.99 %；残缺为2425件/套，占5.67%；严重残缺（包括缺失部件）为80件/套，占0.19%（表9，图14、15）。

表9　按完残程度统计阿拉善盟可移动文物数量

完残程度	数量（件/套）	占比（%）
完整	11170	26.15
基本完整	29043	67.99
残缺	2425	5.67
严重残缺（包括缺失部件）	80	0.19

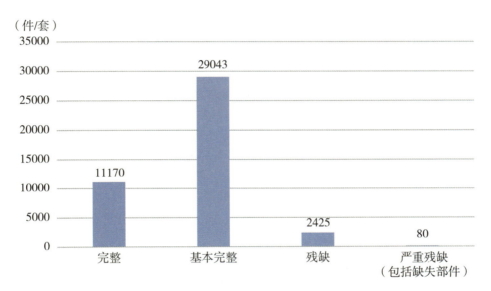

图14　按完残程度统计阿拉善盟可移动文物数量

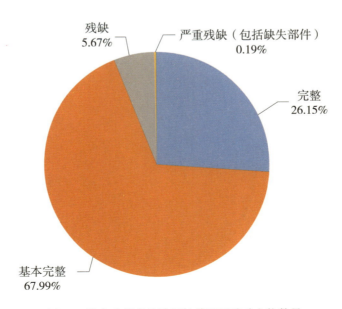

图15　按完残程度统计阿拉善盟可移动文物数量

　　按入藏时间：1949年10月1日前56件/套，占0.13%；1949年10月1日—1965年3件/套，占0.01%；1966—1976年171件/套，占0.40%；1977—2000年6794件/套，占15.90%；2001年至今35694件/套，占83.56%（表10，图16、17）。

表10　按入藏时间统计阿拉善盟可移动文物数量

入藏时间	数量（件/套）	占比（%）
1949年10月1日前	56	0.13
1949年10月1日—1965年	3	0.01
1966—1976年	171	0.40
1977—2000年	6794	15.90
2001年至今	35694	83.56

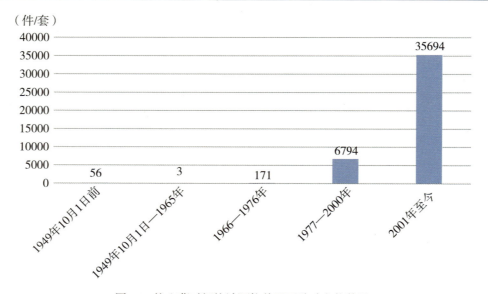

图16　按入藏时间统计阿拉善盟可移动文物数量

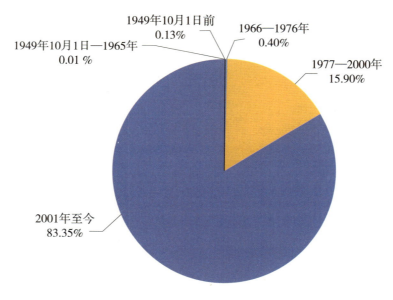

图17　按入藏时间统计阿拉善盟可移动文物数量

　　按年代划分：新石器时代5789件/套，占13.55%；商117件/套，占0.27%；周20件/套，占0.05%；秦1件/套，占比小于0.01%；汉6739件/套，占15.77%；西晋6件/套，占0.01%；东晋十六国2件/套，占比小于0.01%；南北朝6件/套，占0.01%；隋2件/套，占比小于0.01%；唐2642件/套，占6.18%；五代十国45件/套，占0.11%；宋18640件/套，占43.64%；西夏687件/套，占1.61%；金81件/套，占0.19%；元2828件/套，占6.62%；明18件/套，占0.04%；清1962件/套，占4.59%；民国1509件/套，占3.53%；中华人民共和国1575件/套，占3.69%（表11，图18、19）。另有化石49件/套，占0.11%。

表11　按年代统计阿拉善盟可移动文物数量

年代	数量（件/套）	占比（%）
新石器时代	5789	13.55
商	117	0.27
周	20	0.05
秦	1	0.00
汉	6739	15.77
西晋	6	0.01
东晋十六国	2	0.00
南北朝	6	0.01
隋	2	0.00
唐	2642	6.18
五代十国	45	0.11
宋	18640	43.64
西夏	687	1.61
金	81	0.19
元	2828	6.62
明	18	0.04
清	1962	4.59
民国	1509	3.53
中华人民共和国	1575	3.69

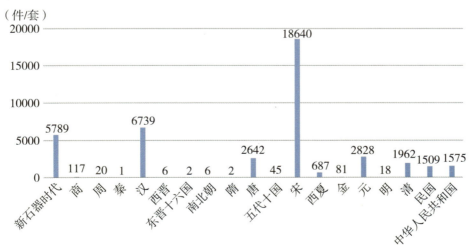

图18　按年代统计阿拉善盟可移动文物数量

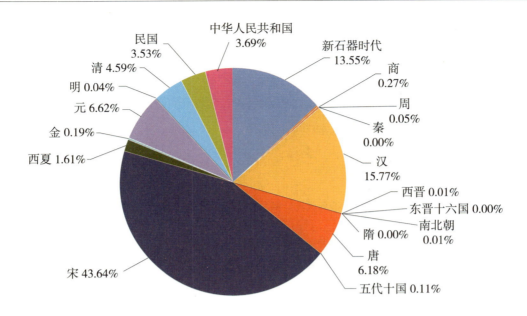

图 19   按年代统计阿拉善盟可移动文物数量

三、阿拉善盟普查工作组织实施

（一）普查组织机构

2013 年 7 月 16 日，接到国务院《关于开展第一次全国可移动文物普查工作的通知》后，我盟快速反应、积极筹划、安排部署，在第一时间制定了《阿拉善盟第一次全国可移动文物普查实施方案》，确定了普查工作思路、普查方法和普查范围等内容，同时成立阿拉善盟第一次全国可移动文物普查小组，成立了普查领导小组办公室和项目部，负责阿拉善盟普查工作的组织和领导。领导小组组长由阿拉善盟副盟长赵红艳担任，副组长由阿拉善盟行署副秘书长孙建军、阿拉善盟文化新闻出版广电局局长包金担任。领导小组成员单位包括盟长助理、盟人行、盟发改委、盟行署、盟民事局、盟民政局、盟财政局、盟国土局、盟统计局、盟档案局、盟科协、盟文广局、盟教体局，在可移动文物普查领导小组的领导下，各成员单位和有关部门各司其职、通力协作、密切配合，共同做好普查工作。还与政府签订了责任书、与各收藏单位签订责任书，制定了《阿拉善盟第一次全国可移动文物普查工作时间表、任务书、责任人一览表》，明确分工，责任到人。普查领导小组及普查办公室的工作模式是建立微信群及电话联络簿，通过电话和微信进行工作部署及工作进展情况的督促。

2013 年 5 月，阿拉善博物馆就可移动文物普查工作进行了人员安排和工作部署。按照统一领导、分工协作、分级负责、共同参与的原则，确定普查的组织方式，成立第一次全国可移动文物普查小组具体展开普查工作。

三旗（阿拉善左旗、阿拉善右旗、额济纳旗）人民政府分别公布了《第一次全国可移动文物普查实施方案》，成立普查领导小组，下发通知，具体由阿拉善左旗文物所、阿拉善右旗博物馆、额济纳旗博物馆开展普查工作。

（二）制定普查实施方案和工作制度

2013年8月24日，阿拉善盟普查领导小组制定普查方案，建立健全普查组织机构，明确普查范围、内容，制定普查实施步骤及人员分工和纪律。

1. 明确普查工作制度

阿拉善盟普查办制定了《普查队长责任制度》《普查登记录入人员工作制度》《文物普查摄影人员工作制度》《文物普查资料的整理、分类、归档及室内处理工作制度》《文物库房管理制度》《馆藏文物管理制度》《文物档案管理制度》等各项相关规章制度。

2. 工作例会制度

阿拉善盟普查办公室与三旗普查办建立了重点行业、部门（单位）可移动文物普查工作机制，就文物普查调查、认定、登录、管理、利用等工作形成了各司其职、协调推进、信息沟通等机制。每周一召开文物普查例会，了解普查工作的进展情况，解决普查工作中所遇到的问题，统筹安排下一步工作，积极稳进的推动普查工作顺利进行。

3. 宣传报道制度

盟普查办制定了《阿拉善盟第一次全国可移动文物普查宣传方案》。各级普查单位采用多种手段大力开展普查宣传活动，借助每年一次的国际博物馆日、文化遗产日宣传活动，制作宣传展板和标语，发放宣传单，利用电视、报纸和网络媒体宣传第一次全国可移动文物普查工作，扩大普查工作影响力，提升全社会文物保护意识，争取各方面的参与支持。

（三）落实普查工作经费

2013年至2016年，阿拉善盟第一次全国可移动文物普查经费落实到位161万元，部分使用和下拨三旗普查办。

2013年度经费为47万元，主要包括普查前期会议、培训、宣传和设备采购费用。

2014年阿拉善博物馆用于第一次全国可移动文物普查专项经费394874元，其中2013年至2014年盟财政局落实第一次全国可移动文物普查经费10万元，馆内自行垫付294874元，主要用于文物普查设备购置、库房用品购买，人员培训馆内垫付2000元整。

阿拉善左旗财政2013年拨付5万元专项资金，用于购置"一普"设备及器材，2014年安排5万元普查经费。阿拉善右旗普查办共落实普查经费24万元，用于购买普查所需设备。额济纳旗普查办共到位普查经费5万元（表12）。

为了能够快捷有效的向国家文物局平台上传数据，阿拉善博物馆及三旗普查单位分别加设100兆的光纤网络，专线专用。

表12 阿拉善盟第一次全国可移动文物普查经费统计表 （单位：万元）

	2013年	2014年	2015年	2016年	合计
总计					161
阿拉善盟本级		57	25		82

	2013 年	2014 年	2015 年	2016 年	合计
阿拉善博物馆	40				40
阿拉善左旗	5	5			10
阿拉善右旗	15	5	4		24
额济纳旗	5				5

（四）组建普查队伍

阿拉善盟本级普查办工作人员、国有单位普查工作人员、普查专家和普查志愿者主要由阿拉善盟文物局和阿拉善博物馆工作人员、文化志愿者组成。全盟参与此次一普工作的人员共103人，盟级领导小组办公室30人、文物普查领导小组办公室项目部26人、专家组13人、普查组34人，负责普查具体业务工作。

（五）人员培训、管理及工作模式

1. 人员培训

阿拉善盟普查办组织普查队员积极参加国务院、自治区、盟级相关学习培训。培训方式有会议学习、专题培训、观摩学习等。

2013年4月18日，阿拉善盟盟委组织全盟及三旗两区文化系统工作人员在各旗区参加国务院召开的第一次全国可移动文物普查电视电话会议。

2013年7月，阿拉善盟文物局、阿拉善左旗文物管理所、阿拉善右旗博物馆、额济纳旗博物馆各派1人，阿拉善博物馆派出3人参加了内蒙古自治区全区可移动文物普查骨干培训班。

2013年，阿拉善盟文物局举办第一次全国可移动文物培训班，全盟各普查单位派3名工作人员参加，此次受训课程涉及普查规范解读、普查软件使用、文物摄影实操、数据审核与管理等内容。

2014年12月11—13日，阿拉善盟文物局1名、阿拉善博物馆5名、三旗普查单位各2名普查员参加内蒙古自治区全国可移动文物普查骨干（西部区）业务培训。除了两次参加自治区普查办办的培训班外，阿拉善博物馆分别于2014年2月28日和2014年12月31日在阿拉善盟博物馆组织举办了两期文物普查培训。

2015年8月15—17日，从各级普查单位选派人员参加2015年度西部区普查办主任会议和数据采集与登录培训班。

2016年6月18—21日，从各级普查单位选派人员参加2016年度西部区普查办主任会议和数据审核与管理培训班。

2. 普查的工作模式

普查对象严格按照第一次全国可移动文物普查有关规定，依法开展调查，如实填报普查表，任何单位和个人不得虚报、瞒报、拒报、迟报，不得伪造和篡改普查数据。加大对普查工作中违法违纪行为的查处力度，坚决杜绝人为干扰普查工作，确保普查工作顺利进行和普查数据质量。普查所取得的单位和个人资料严格限定于普查使用，不得作为任何单位对普查对象实施处罚的依据。阿拉善盟普查办对在普查中知悉的国家秘密和普查对象的商业秘密，要严格履行保密义务。

四、调查、认定、采集、登录、审核

（一）国有可移动文物收藏单位调查阶段

1. 通知、调查表印发及回收情况

根据自治区和盟行署的统一部署，按照盟行署办公厅《关于开展第一次全国可移动文物普查国有单位文物收藏情况调查的通知》要求，阿拉善盟普查办及时向盟级单位以及三旗转发《阿拉善盟行政公署办公厅关于开展第一次全国可移动文物普查国有单位文物收藏情况调查的通知》，要求各部门落实通知。

阿拉善盟普查办和阿拉善博物馆调查表发放数量为152份，发放范围为盟级国有单位。回收率达100%。

阿拉善左旗普查办共向160家国有单位发放了《国有单位文物收藏情况调查登记表》160份。回收率达100%。

阿拉善右旗普查办共向108家国有单位发放了《国有单位文物收藏情况调查登记表》108份。回收率达100%。

额济纳旗普查办共向147家国有单位发放了《国有单位文物收藏情况调查登记表》147份。因28家单位无公章、无组织机构代码等原因无法填写表格外，共回收调查表格119份。

2. 摸底调查阶段反馈有文物的收藏单位注册情况

阿拉善盟反馈有文物的收藏单位20家，2013年12月已完成注册、登录，注册及登录率均达100%。向自治区普查办上报了《国有单位文物收藏情况调查汇总表》，完成了这20家国有单位的可移动文物数据平台登记注册工作。

3. 国有可移动文物收藏单位"回头看"情况

阿拉善盟普查办根据《关于开展全区第一次全国可移动文物普查"回头看"工作的通知》，对《国有单位文物收藏情况调查汇总表》进行了复查核对，进一步确认有文物收藏的国有单位及收藏数量等情况，确保各项数据准确无误。

（二）国有可移动文物认定阶段

自第一次全国可移动文物普查工作启动以来，我盟高度重视，把"一普"工作列入全年重点工作，积极组织开展"一普"各项工作。2014年年初，各级普查单位所购买的普查设备全部到位，阿拉善博物馆、阿拉善左旗文物所、阿拉善右旗博物馆、额济纳旗博物馆四家单位从加强基础工作入手，开始对各收藏单位文物进行清库，文物档案补充完善等工作。完成了各级博物馆、文物所库房和各个收藏单位的文物清理工作。

截至2015年5月，我盟非文博系统国有单位文物认定工作已初步完成。

经摸底调查，我盟盟级非文博系统国有单位文物收藏情况：档案史志局收藏纸质档案8331卷88459件、非纸质实物档案6件，收藏管理的文物为清银质旧土尔扈特扎萨克四方大印；图书馆收藏古籍41种401卷；粮食局收藏文物600件/套，均为粮票，其中全国通用粮票100张、内蒙古自治区地方粮票500张；民宗局上报寺庙收藏14件/套，经认定也均为文物。

（三）普查文物信息采集、登录

经过第一阶段的准备，阿拉善盟普查办所辖的阿拉善博物馆和三旗普查单位于2014年7月开始，陆续进入文物基本信息采集、登录阶段。为按时保质完成普查任务，严格按照可移动文物普查的标准规范要求，进行藏品信息采集、拍照、测量、建档、录入工作，经审核后上传至第一次全国可移动文物普查平台。

通过文物普查，提升了文物保管部门的工作能力。可移动文物普查涉及面广，新知识多，只有不断加强业务能力学习，才能适应文物普查工作的要求。普查员们在工作中深刻领会到了业务知识和整体团队协作精神的重要性。

（四）国有可移动文物信息审核阶段

1. 阿拉善盟普查办完成盟级审核

2015年7月，内蒙古自治区普查办下发《关于做好第一次全国可移动文物普查信息登录审核工作的通知》，我盟各级普查单位分别加大检查审核力度，对填报信息逐项进行初步审查。

2015年9月1日起，严格按照《关于做好第一次全国可移动文物普查进度管理和质量控制的通知》要求，对上传至国家文物局平台数据进行查遗、补漏、纠错的自审。于2016年年初，将全部数据上报至阿拉善盟普查办。

2016年是第一次全国可移动文物普查工作的收官之年，按照自治区普查办的统一部署，我盟普查工作紧张有序进行。6月10日，盟普查办开展盟级文物数据审核工作，为确保工作按时高效地完成，分别从三旗抽调了专业人员，全盟由8名专家组成了3个专家组开展审核工作，对阿拉善盟上报至国家平台的数据进行在线审核。在线审核由于受到网速和平台登录量的影响，进展缓慢，效率不高，极大地影响了审核速度。

截至2016年7月3日，阿拉善盟普查办已完成全盟42718件/套文物的信息采集和登录工作，藏品数据信息的采集、登录、审核上报工作已全面完成。

2. 自治区审核结果

阿拉善盟上报至自治区普查办的数据，由塔拉、于宝东、丁勇、张彤、郑承燕、张文芳等8位专家逐一审核，他们对我盟上报的数据信息中发现的问题提出了具体的修改意见。我盟网报人员及时修改问题，将审核中出现的个别藏品命名不准确及图片缺失现象，及时修改、补充完善。阿拉善盟普查办成为全区首家数据报送单位，得到了自治区的表扬。

五、宣传动员

（一）宣传部署情况

2013年7月12日，为做好可移动文物普查宣传工作，阿拉善盟普查办印发《关于印发〈阿拉善盟第一次全国可移动文物普查宣传方案〉的通知》。三旗普查办分别制定《第一次全国可移动文物普查宣传方案》，明确普查各阶段重点宣传内容、时间安排等。

普查宣传采取阶段性的集中宣传与长期宣传相结合的方式，覆盖报纸、杂志、广播、电视、网络、移动传媒等各类媒体。通过举办新闻通气会，在报刊开设可移动文物普查专栏，发放宣传页和海报，开设网站，在公共场合播放普查信息或公益宣传短片，利用国际古迹遗址日、博物馆日、文化遗产日集中宣传，举办可移动文物普查摄影大赛和有奖征文，通过手机平台发布普查公益短信等多种宣传形式，扩大普查工作影响力。

（二）宣传的具体情况

2014年年初，多次组织人员走进巴彦浩特镇的各个社区开展文物知识宣讲活动。宣讲内容以《文物保护法》为依托，指派专人进行现场讲解。选取大量生动的现实案例，深入浅出的向社区居民阐明保护文物是每个公民应尽的义务。

2013年年底至2014年5月，阿拉善左旗普查办向各国有行政、企事业单位及宗教寺庙发放《国务院关于开展第一次全国可移动文物普查的通知》和《关于发布第一次全国可移动文物普查实施方案的通知》500余份。

阿拉善右旗普查办通过各类社会媒介，采用多种手段大力开展普查宣传活动。在实现了普查成果公布宣传的同时，编写普查简报使上级部门和社会公众及时了解普查进展情况，收到良好效果。

额济纳旗普查办围绕第一次全国可移动文物普查工作的目的和意义、范围和内容、时间安排、普查成果等相关内容，采用制作宣传展板、发放宣传资料和网络、微信等媒介宣传等形式，进行广泛的宣传。2014年5月，旗普查办制作可移动文物保护宣传片，在旗电视台循环播出。2015年，借助"中国额济纳"平台宣传普查知识和成果2次。2016年5月，制作发放《额济纳文物信息报》（2016年第1期）2000份。同时利用每年国际博物馆日、文化遗产日上街现场宣传6次。

截至2016年8月，阿拉善博物馆向阿拉善盟普查办上报普查信息23条，并在阿拉善博物馆微信公众平台上发布。阿拉善左旗普查办发布19期普查工作简报，阿拉善右旗普查办发布13期简报，额济纳旗普查办发布17期普查工作简报。

六、质量控制

（一）实施全流程质量控制

阿拉善盟各级普查办严格遵循普查标准，严格落实自治区普查办《关于做好第一次全国可移动文物普查进度管理和质量控制的通知》精神，按照《第一次全国可移动文物普查数据审核与质量评定》标准以及"属地管理、分级负责、统一标准、分类填报、规范登记、严格把关"的原则，在普查组织、国有单位文物收藏情况调查、文物认定、信息采集登录报送、数据整合、汇总等环节，将普查进度管理和质量控制贯穿普查工作全部过程。如实申报藏品数量、填报藏品信息。

信息采集登录阶段严把文物信息采集、录入平台环节工作质量关；数据审核阶段狠抓查漏补缺、补充完善工作。自2016年1月至7月初，完成离线软件中审核补缺工作。2016年7月15日，阿拉善盟普查办成功将普查数据提交至内蒙古自治区普查办审核，并按照自治区普查办提出的五条审核意见再次对登录信息进行补充和完善。

1. 认真落实上级督查要求

我盟自第一次全国可移动文物普查工作开展以来，遇到了很多文物专业方面及技术操作方面的问题，各普查单位曾多次向自治区普查办的老师请教相关问题。自治区督查组对我盟上传到平台上的文物数据进行了检查指导，对我盟可移动文物普查阶段遇到的疑难问题予以解答纠正。

2. 注重培训学习，提升业务能力

普查期间，多次组织员工参加信息采集、审核等内容的普查专项培训。通过走出去学习培训交流、内部集中培训等形式强化普查人员的文普知识学习与业务培训。

3. 文物数据的安全工作

阿拉善盟各级普查单位分级建立管理员账号、审核员账号、旗级普查办账号、盟级普查办账号、盟级审核员账号，各文物收藏单位分别独立建立登录账号，每个账号均设立不同密码，确保文物数据的安全。

（二）认真开展质量控制自查活动

自2015年8月29日开始，我盟各级普查单位对上传到国家文物局平台上的数据开始自查审核，对发现的问题严格按照《关于发布〈第一次全国可移动文物普查数据审核工作管理办法〉的通知》要求进行修改，努力使之达到国家规范，确保平台数据质量，将普查错误率控制在0.5%以内。

1. 人员培训情况

2013年7月，共派出10名业务骨干人员参加内蒙古自治区全区可移动文物普查骨干培训班。12月，阿拉善盟文物局举办第一次全国可移动文物普查培训班，全盟各普查单位共23人参加。

2014年，全盟普查单位选派13人参加自治区举办的全国可移动文物普查骨干西部区业务培训。

2015年3月，额济纳旗普查办组织4名普查队员赴阿拉善博物馆学习民族文物相关知识，及时解决普查中遇到的问题，确保信息采集质量。8月25—27日，阿拉善盟各普查办选派11名人员（其中阿拉善盟文物局、阿拉善博物馆、阿拉善左旗、阿拉善右旗各2名，额济纳旗3名）参加2015年度西部区普查办主任会议和数据采集与登录培训班。

2016年6月18—21日阿拉善盟各普查办选派9名人员参加2016年度西部区普查办主任会议和

数据审核与管理培训班，主要针对离线数据审核和总结报告的编制工作进行详细的讲解。

2．完成初步验收工作

按照国家文物局验收工作要求，阿拉善盟各级普查单位填写《阿拉善盟第一次全国可移动文物普查验收表》，开展了自查验收。阿拉善盟第一次全国可移动文物普查验收结论为合格。

（三）普查工作总结情况

1．国有可移动文物收藏单位名录编制情况

阿拉善盟普查办已编制辖区内藏有文物的国有收藏单位名录，共20家。

2．普查工作报告编制情况

按照普查报告编制要求，现已组织普查工作人员完成《阿拉善盟第一次全国可移动文物普查工作报告》。目前编制完成辖区内20家国有文物收藏单位的《阿拉善盟可移动文物收藏单位名录》和《阿拉善盟可移动文物名录》。

3．藏品管理建档等情况

按照自治区、盟普查办的统一部署，阿拉善盟各普查单位在完成了有关单位文物清库工作后，于2014年上半年进入文物库房及相关单位对各单位文物进行数据资料采集，同时进行信息数据登记、建档工作，现已建立全盟42718件/套文物数据库电子档案，为未来的文物资源信息化、文物定级、文物保护修复、普查相关课题研究等工作奠定了良好的基础。

4．文物定级情况

2015年11月10—13日，内蒙古自治区文化厅博物馆处索秀芬副处长一行七人组成督导工作组，对我盟可移动文物普查工作进行了督查指导。督导工作组对我盟三家博物馆拟报三级以上的馆藏文物进行了初步遴选工作。经自治区专家组鉴定后，阿拉善博物馆上报符合定级标准的文物有12件；阿拉善右旗博物馆符合定级标准的有5件文物，其中3件岩画被确定为国家二级文物，2件岩画被确定为国家三级文物；额济纳旗博物馆符合定级标准的有10件文物，其中一级文物4件，二级文物3件，三级文物3件。

七、收藏单位藏品资源公开情况

2016年"5·18国际博物馆日"来临之际，阿拉善盟各文物普查单位利用各类宣传机会向社会宣传、公布我盟第一次全国可移动文物普查成果。

为全面总结第一次全国可移动文物普查工作取得的成果，促进普查成果的应用和推广，阿拉善博物馆、阿拉善右旗博物馆、额济纳旗博物馆于2016年"5·18国际博物馆日"期间举办本馆普查成果展。既达到了普查成果的公布宣传目的，也促进了全社会对文物保护的重视。

除了加强地方展览宣传外，我盟还积极组织参与全区成果展。2016年"5·18国际博物馆日"期间，内蒙古博物院举办了我区第一次全国可移动文物普查成果展。内蒙古博物院从我盟普查办上报的可移动文物中精选出28件参加成果展览。下一步准备出版《阿拉善盟第一次全国可移动文物普查报告》和《阿拉善盟精品文物图录》。

八、阿拉善盟可移动文物保护存在问题

我盟目前收藏文物最多的单位是阿拉善博物馆，以阿拉善博物馆为例谈阿拉善盟可移动文物保护存在问题。

（1）文物保存环境

文物库房具有防盗、防震、防火设施以及必要的空气调节和控制设备，但是不能对库房内温湿度、空气质量等自然因素进行有效控制，致使文物藏品基本处于自然保存状态。

（2）文物保存橱柜及囊匣

文物库房现有的文物橱柜是2009年建立新馆时购置的，金属器库房和石器库房配备防震架，珍贵文物库房配有电子密码锁，橱柜具有防震防盗功能，陶瓷器库房、木器标本库房均配备文物囊匣和防尘防震橱柜。

（3）文物保护经费匮乏

受经济条件制约，阿拉善博物馆文物保护工作的财力投入远远不能满足事业发展的需要，特别是藏品的保存环境有待于进一步改善，从而使馆藏文物能够得到更好地保护。

（4）保护修复专业人员缺乏

阿拉善博物馆保护修复的专业人员严重缺乏，收藏的藏品无法及时开展相关工作，造成文物价值受损。

三旗博物馆也存在着上述问题，文物保存环境有待解决。

九、建议

1. 建立可移动文物调查、认定、登录、管理、利用工作机制

由于我盟各普查单位人员比较少，尤其是阿拉善博物馆，藏品数量大、人手不足、专业技术力量薄弱，考虑到第一次全国可移动文物普查专业性及文物安全需要等情况，在今后的普查工作中，是否可以尝试探索文物普查与综合类重点院校文物考古、管理相关专家、人才的合作，甚至为人才引进先行做好对外联系交流的基础性接触工作。同时在文物认定工作中，加强文物系统单位、博物院之间的交流学习，尝试扩大阿拉善盟旗区文博战线人员的文物视野，提升管理、认定能力和水平。

2. 深化可移动文物普查成果宣传与利用

为实现摸清底数、动态管理、提供社会服务的普查目的，公开部分重要藏品，利用博物馆平台进行展示，在观看藏品时，查看藏品的名称、尺寸、材质、年代等介绍资料，与社会共享普查成果，让公众从中受益。如果利用网络媒介宣传，需处理好数字化的文物图片版权问题。同时，若延伸创意产品，怎样与产品制造商合作、怎样授权、流程如何，需要文物部门研究对策和方法，以达到文物版权保护与成果深化宣传利用不相冲突的目的。

3. 加强可移动文物保护工作

一是加大经费投入，促进文物保护基础工作；二是进一步培养专业人才，加强队伍建设；三

是创新工作方法，提高文物保护水平。经济水平发展到一定程度，要求社会管理水平协调发展，文物管理隶属于社会管理，这也要求我们着力提高文物保护利用水平，充分发挥文物资源在经济社会发展中的作用，创建职责明确、运作高效的文物保护管理体制，健全运转协调、配合有力的多部门协作机制，积极引导群众性文物保护组织建设，努力构建"国家保护为主、动员全社会共同参与"的文物保护新体系。

4. 促进文物保护事业与经济社会协调发展

一是运用文物普查成果，注意在区域发展进程中保护文物；二是合理利用、充分发挥文物资源在经济社会发展中的作用。合理利用文物资源，加大投入培育地方文化产业，充分展现深厚的文化底蕴。在文化旅游开发中，要更好地利用这些特色文化内涵，通过政府规划，按照产业发展思路，打造利用可移动文物文化标志的创意文化产品，促进地区文化旅游产业升级。

执笔：陈东旭

第二章　收藏单位名录

内蒙古自治区国有收藏单位珍贵文物统计表

（共357家文物收藏单位，1506421件/套藏品）（单位：件/套）

单位编码	单位名称	主管机构	藏品数量	单位地址
15000221800002	内蒙古博物院	内蒙古自治区文化厅	178315	内蒙古自治区呼和浩特市新城区新华东街27号
15010021600006	呼和浩特市第一中学	呼和浩特市教育局	8588	内蒙古自治区呼和浩特市回民区西环河街33号
15010021600007	呼和浩特市第二中学	呼和浩特市教育局	2647	内蒙古自治区呼和浩特市新城区呼伦贝尔南路1号
15010021600008	呼和浩特市回民中学	呼和浩特市教育局	2591	内蒙古自治区呼和浩特市回民区通道南路21号
15010021600009	呼和浩特土默特学校	呼和浩特市教育局	1	内蒙古呼和浩特市玉泉区文庙街1号
15010021800001	内蒙古自治区将军衙署博物院	呼和浩特市文化新闻出版广电局	115933	内蒙古自治区呼和浩特市新华大街31号
15010021800002	呼和浩特市文物事业管理处	呼和浩特市文化新闻出版广电局	2223	内蒙古自治区呼和浩特市玉泉区大东园街御景苑综合楼
15010021800003	呼和浩特博物馆	呼和浩特市文化新闻出版广电局	24938	内蒙古自治区呼和浩特市新华大街44号
15010021800004	呼和浩特市档案局	呼和浩特市人民政府	709	内蒙古自治区呼和浩特市金桥开发区世纪五路
15010021800005	呼和浩特市图书馆	呼和浩特市文化新闻出版广电局	7999	内蒙古自治区呼和浩特市回民区公园东路14号
15010221800001	呼和浩特市新城区档案局	呼和浩特市新城区人民政府	5	内蒙古自治区呼和浩特市新城区成吉思汗大街29号
15010221800004	呼和浩特市新城区图书馆	呼和浩特市新城区文化体育广播电影电视局	178	内蒙古自治区呼和浩特市新城区艺术厅北街星火巷20号
15010221800005	内蒙古自治区美术馆	内蒙古自治区文学艺术界联合会	246	内蒙古自治区呼和浩特市新华大街43号
15010311800005	乌兰夫纪念馆	中国共产党呼和浩特市委员会宣传部	515	内蒙古自治区呼和浩特市新华西街26号

单位编码	单位名称	主管机构	藏品数量	单位地址
15010321700008	内蒙古医学院图书馆	内蒙古医学院	764	内蒙古自治区呼和浩特市回民区新华大街 5 号
15010321800007	呼和浩特民族美术馆	呼和浩特市文化新闻出版广电局	5	内蒙古自治区呼和浩特市回民区公园东路 108 号
15010341900001	呼和浩特市回民区攸攸板镇西龙王庙村委员会	呼和浩特市回民区攸攸板镇政府	8	内蒙古自治区呼和浩特市回民区巴彦淖尔南路
15010341900002	呼和浩特市佛教协会乌素图召管理组	呼和浩特市佛教协会	15	内蒙古自治区呼和浩特市回民区西乌素图村乌素图召
15010341900003	呼和浩特市清真北寺	呼和浩特市伊斯兰教协会	2	内蒙古自治区呼和浩特市回民区通道南街 13 号
15010341900004	呼和浩特市天主教爱国会	呼和浩特市民族宗教管理局	8	内蒙古自治区呼和浩特市回民区通道南路 27 号
15010351900006	清真大寺	呼和浩特市民族宗教管理局	8	内蒙古自治区呼和浩特市回民区通道街 26 号
15010351900007	呼和浩特市回民区攸攸板镇坝口子村委员会	呼和浩特市回民区攸攸板镇政府	2	内蒙古自治区呼和浩特市坝口子村生态路
15010441900001	呼和浩特市佛教协会大召管理委员会	呼和浩特市佛教协会	53	内蒙古自治区呼和浩特市玉泉区长和廊街道办事处大召社区大召前街
15010441900003	呼和浩特市玉泉区观音寺	呼和浩特市佛教协会	4	内蒙古自治区呼和浩特市玉泉区长和廊街道办事处南柴火市居委会泉源巷
15010441900004	呼和浩特市佛教协会席力图召管理委员会	呼和浩特市佛教协会	14	内蒙古自治区呼和浩特市玉泉区大南街街道办事处大南街社区石头巷
15010521300008	内蒙古社会科学院图书馆	内蒙古社会科学院	17346	内蒙古呼和浩特市大学东街 129 号
15010521600002	呼和浩特市赛罕区巴彦镇中心校（名言小学）	呼和浩特市赛罕区教育局	4	内蒙古自治区呼和浩特市赛罕区巴彦镇腾家营村
15010521600004	内蒙古大学图书馆	内蒙古大学	47347	内蒙古自治区呼和浩特市赛罕区大学西路 235 号
15010521600010	中国共产党内蒙古自治区委员会党校（内蒙古自治区行政学院）	中国共产党内蒙古自治区委员会	1191	内蒙古自治区呼和浩特市赛罕区滨河南路东段
15010521800001	呼和浩特市赛罕区档案局	呼和浩特市赛罕区人民政府	455	内蒙古自治区呼和浩特市赛罕区金桥开发区世纪五路
15010521800003	内蒙古自治区文物考古研究所	内蒙古大学	21785	内蒙古自治区呼和浩特市赛罕区展览馆南巷 1 号

续表

单位编码	单位名称	主管机构	藏品数量	单位地址
15010521800005	内蒙古大学民族博物馆	内蒙古大学	1019	内蒙古自治区呼和浩特市赛罕区大学西路235号
15010521800006	内蒙古师范大学博物馆	内蒙古师范大学	457	内蒙古自治区呼和浩特市和林县盛乐经济园区内蒙古师范大学盛乐校区
15010521800007	呼和浩特市赛罕区文物管理办公室	呼和浩特市赛罕区文化体育和广播电影电视局	5	内蒙古自治区呼和浩特市赛罕区金桥开发区赛罕大厦205室
15010521800008	内蒙古图书馆	内蒙古自治区文化厅	110491	内蒙古呼和浩特市赛罕区乌兰察布西街34号
15012121800001	呼和浩特市土左旗文物馆	呼和浩特市土默特左旗文化体育和广播电影电视局	421	内蒙古自治区呼和浩特市土左旗察素齐镇人民路南路
15012141900002	呼和浩特市土默特左旗喇嘛洞召	呼和浩特市土默特左旗民族宗教事务局	1	内蒙古自治区呼和浩特市土默特左旗毕克旗喇嘛洞沟喇嘛洞召
15012221800002	呼和浩特市托克托县图书馆	呼和浩特市托克托县文化体育局	112	内蒙古自治区呼和浩特市托克托县双河镇东胜大街
15012221800003	呼和浩特市托克托县博物馆	呼和浩特市托克托县文化体育局	3663	内蒙古自治区呼和浩特市托克托县东胜街
15012321800002	呼和浩特市和林格尔盛乐博物馆	和林格尔县文化体育广播电视局	514	内蒙古自治区呼和浩特市和林格尔县盛乐经济园区209国道路西
15012321800003	呼和浩特市和林格尔县文物保护管理所	和林格尔县文化体育广播电视局	313	内蒙古自治区呼和浩特市和林格尔县城关镇新华街北1号
15012421600002	清水河县教育史馆	呼和浩特市清水河县教育局	25	内蒙古自治区呼和浩特市清水河县城关镇永安街
15012421800001	呼和浩特市清水河县文物管理所	呼和浩特市清水河县文化体育广播电影电视局	227	内蒙古自治区呼和浩特市清水河县城关镇永安街
15012521800001	呼和浩特市武川县文物保护管理所	呼和浩特市武川县文化体育和广播电影电视局	211	内蒙古自治区呼和浩特市武川县可镇青山路宣传文化中心
15020221500004	包头市东河区革命烈士陵园	包头市民政局	3	内蒙古自治区包头市东河区东门外刘宝窑子河转龙藏
15020221800001	包头市东河区文物管理所	包头市东河区文化体育广播电影电视旅游局	266	内蒙古自治区包头市东河区乔家金街12号
15020221800002	包头市东河区福徵寺	包头市东河区民族宗教事务局	7	内蒙古自治区包头市东河区东门大街东召拐子街12号

续表

单位编码	单位名称	主管机构	藏品数量	单位地址
15020221800003	包头市东河区妙法寺	包头市东河区民族宗教事务局	6	内蒙古自治区包头市东河区吕祖庙街 30 号
15020311800001	内蒙古包头博物馆	包头市文化广播电影电视局	113243	内蒙古自治区包头市阿尔丁大街 25 号
15020321800002	包头市文物管理处	包头市文化广播电影电视局	21347	内蒙古自治区包头市阿尔丁北大街 8 号
15020321800005	包头美术馆	包头市文化广播电影电视局	565	内蒙古自治区包头市阿尔丁大街 25 号
15020330300004	包头钢铁（集团）有限责任公司	内蒙古自治区人民政府资产监督管理委员会	59	内蒙古自治区包头市昆区河西工业区
15020341800003	包头市昆都仑召庙管会	包头市昆都仑区民族宗教事务局	835	内蒙古自治区包头市九原区阿嘎如泰苏木卜尔汉图
15020421600001	包头师范学院	内蒙古自治区教育厅	3247	内蒙古自治区包头市青山区科学路 3 号
15020431000002	包头青山宾馆	包头市国有资产管理委员会	14	内蒙古自治区包头市青山区迎宾路 1 号
15020521800001	包头市石拐区文物管理所	包头市石拐区文化体育广播电影电视局	90	内蒙古自治区包头市石拐区喜桂图新区金政大厦 B 座 402 室
15020521800003	包头市五当召文物管理所	包头市民族事务委员会	10107	内蒙古自治区包头市石拐区东北吉忽伦图苏木五当沟内
15020621800004	包头市白云区文物管理所	包头市白云区文化体育广播电影电视旅游局	43	内蒙古自治区包头市白云区稀土路
15020721800001	包头市九原区梅力更召	包头市九原区民族宗教事务局	10	内蒙古自治区包头市九原区阿嘎如泰苏木梅力更嘎查东北
15020721800002	包头市九原区文物管理所	包头市九原区文化体育广播电影电视旅游局	119	内蒙古自治区包头市九原区沙河街道广场街
15022121800001	包头市土右旗文物管理所（美岱召）	包头市土右旗文化体育广播电影电视局	4761	内蒙古自治区包头市土右旗美岱召镇美岱召村和平街
15022121800003	包头市土右旗敕勒川博物馆	包头市土右旗文化体育广播电影电视局	6057	内蒙古自治区包头市土右旗工业路
15022221800001	包头市固阳县文物管理所	包头市固阳县文化体育广播电影电视局	809	内蒙古自治区包头市固阳县金山镇阿拉塔北街
15022320100006	包头市达茂旗档案局	包头市达茂旗人民政府	7	内蒙古自治区包头市达茂旗百镇团结大街
15022320100007	包头市达茂旗广福寺庙管理委员会	包头市达茂旗民族宗教事务局	57	内蒙古自治区包头市达茂旗百镇广福大街

续表

单位编码	单位名称	主管机构	藏品数量	单位地址
15022321800001	包头市达茂旗文物管理所	包头市达茂旗文化体育广播电影电视局	25	内蒙古包头市达茂联合旗百灵庙镇水塔街居委会
15022321800002	包头市达茂旗博物馆	包头市达茂旗文化体育广播电影电视局	926	内蒙古自治区包头市达茂旗百灵庙镇广福大街
15030021800001	乌海博物馆	乌海市文化新闻出版广电局	5686	内蒙古自治区乌海市海勃湾区学府街 11 号
15030021800002	乌海市图书馆	乌海市文化新闻出版广电局	1115	内蒙古自治区乌海市海勃湾区学府街 13 号
15030221800001	乌海市海勃湾区博物馆	乌海市海勃湾区文化旅游局	2490	内蒙古自治区乌海市海勃湾区海北大街神华墨玉广场 1 号
15030351800002	乌海市海南区拉僧庙镇满巴拉僧庙旅游景区	海南区民族宗教事务局	10	内蒙古自治区乌海市海南区拉僧庙镇海拉路 17 号
15040021600003	赤峰学院	内蒙古自治区教育厅	62	内蒙古自治区赤峰市红山区迎宾路 1 号
15040021800001	赤峰市博物馆	赤峰市文化新闻出版广播电影电视局	93328	内蒙古自治区赤峰市新城区富河街 10 号
15040021800002	赤峰市图书馆	赤峰市文化新闻出版广播电影电视局	207	内蒙古自治区赤峰市新城区富河街 10 号
15040221500001	红山区档案局	红山区人民政府	20	内蒙古自治区赤峰市红山区桥北大街 1 号
15040221800002	红山区文物局	红山区文化体育局	472	内蒙古自治区赤峰市红山区桥北大街 1 号
15040221800003	红山区图书馆	红山区文化体育局	4766	内蒙古自治区赤峰市红山区哈达西街 77-3 号
15040321800001	元宝山区文物管理所	元宝山区文化广电体育局	631	内蒙古自治区赤峰市元宝山区平庄镇银河广场文化大厦
15040411900004	赤峰市松山区档案局	松山区人民政府	6	内蒙古自治区赤峰市松山区友谊大街 1 号松山区党政综合楼一楼
15040421800002	赤峰市松山区文物管理所	赤峰市松山区文化体育局	4934	内蒙古自治区赤峰市松山区平双路 128 号松山区交通局办公楼二楼 210 室
15040441900003	赤峰市松山区大庙镇公主陵村村民委员会	赤峰市松山区大庙镇人民政府	2	内蒙古自治区赤峰市松山区大庙镇公主陵村二组 3 号
15042111900003	阿鲁科尔沁旗民族宗教局	阿鲁科尔沁旗人民政府	245	内蒙古自治区赤峰市阿鲁科尔沁旗新区天元大街 52 号党政综合楼
15042111900004	中国共产党阿鲁科尔沁旗委员会老干部局	中国共产党阿鲁科尔沁旗委员会组织部	1	内蒙古自治区赤峰市阿鲁科尔沁旗天山镇天山路 157 号

续表

单位编码	单位名称	主管机构	藏品数量	单位地址
15042121800001	阿鲁科尔沁旗博物馆	阿鲁科尔沁旗文化体育广播电影电视局	11301	内蒙古自治区赤峰市阿鲁科尔沁旗新城区乌力吉木伦巷 12 号
15042121900002	阿鲁科尔沁旗档案馆	阿鲁科尔沁旗人民政府	9	内蒙古自治区赤峰市阿鲁科尔沁旗新区天元大街 52 号党政综合楼
15042211900001	巴林左旗档案局	巴林左旗人民政府	614	内蒙古自治区赤峰市巴林左旗林东镇沙里街 329 号
15042241900002	巴林左旗格力布尔召教管会	巴林左旗民族事务委员会	3	内蒙古自治区赤峰市巴林左旗林东镇契丹大街西段党政综合楼四楼东侧
15042311900002	巴林右旗档案局	巴林右旗人民政府	425	内蒙古自治区赤峰市巴林右旗大板镇大板街 40 号
15042321800001	巴林右旗博物馆	巴林右旗文化广电体育局	84540	内蒙古自治区赤峰市巴林右旗大板镇索博日嘎街 68 号（旗政府广场西侧）
15042321800006	巴林左旗辽上京博物馆	巴林左旗文化体育广播电视局	116086	内蒙古自治区赤峰市巴林左旗林东镇契丹大街中段
15042341800004	巴林右旗民俗博物馆	巴林右旗文化广电体育局	2464	内蒙古自治区赤峰市巴林右旗大板镇大板街 44 号
15042421800001	林西县博物馆	林西县文化广电体育局	1195	内蒙古自治区赤峰市林西县林西镇松漠大街 21 号
15042511900003	克什克腾旗档案局	克什克腾旗人民政府	196	内蒙古自治区赤峰市克什克腾旗经棚镇应昌路北段党政综合楼
15042521800001	克什克腾旗博物馆	克什克腾旗文化广电体育局	19962	内蒙古自治区赤峰市克什克腾旗经棚镇应昌路北段地质和历史博物馆综合楼
15042541900002	克什克腾旗经棚庆宁寺	克什克腾旗民族事务委员会	29	内蒙古自治区赤峰市克什克腾旗经棚镇东小井街北段
15042611900002	翁牛特旗档案局	翁牛特旗人民政府	95	内蒙古自治区赤峰市翁牛特旗党政综合楼 739 号
15042621800001	翁牛特旗博物馆	翁牛特旗文化广电体育局	6746	内蒙古自治区赤峰市翁牛特旗乌丹镇清泉路桥南路西行政商务办公区 1 号楼
15042821800001	喀喇沁旗王府博物馆	喀喇沁旗文化体育广播电影电视局	631	内蒙古自治区赤峰市喀喇沁旗王爷府镇王府大街 68 号
15042821800002	喀喇沁旗文物管理局	喀喇沁旗文化体育广播电影电视局	1920	内蒙古自治区赤峰市喀喇沁旗锦山大街 138-11
15042911900002	宁城县档案局	宁城县人民政府	7	内蒙古自治区赤峰市宁城县天义镇新城区哈河大街中段

单位编码	单位名称	主管机构	藏品数量	单位地址
15042921800001	宁城县辽中京博物馆	宁城县文化体育广播电视局	10369	内蒙古自治区赤峰市宁城县天义镇南城村
15042921800003	宁城县图书馆	宁城县文化体育广播电视局	36	内蒙古自治区赤峰市宁城县天义镇长青街（原农机局）
15043011900002	敖汉旗四道湾镇人民政府	敖汉旗人民政府	1	内蒙古自治区赤峰市敖汉旗四道湾子镇河沿大街1号
15043011900003	敖汉旗四家子镇人民政府	敖汉旗人民政府	7	内蒙古自治区赤峰市敖汉旗四家子镇河西街1号
15043011900004	敖汉旗贝子府镇人民政府	敖汉旗人民政府	5	内蒙古自治区赤峰市敖汉旗贝子府镇中街1号
15043011900005	敖汉旗兴隆洼镇人民政府	敖汉旗人民政府	64	内蒙古自治区赤峰市敖汉旗兴隆洼镇宝国吐街1号
15043011900006	敖汉旗丰收乡人民政府	敖汉旗人民政府	4	内蒙古自治区赤峰市敖汉旗丰收乡兴和街1号
15043011900007	敖汉旗金厂沟梁镇人民政府	敖汉旗人民政府	11	内蒙古自治区赤峰市敖汉旗金厂沟梁镇金川街1号
15043011900008	敖汉旗下洼镇人民政府	敖汉旗人民政府	4	内蒙古自治区赤峰市敖汉旗下洼镇诚信大街1号
15043011900009	敖汉旗新惠镇人民政府	敖汉旗人民政府	4	内蒙古自治区赤峰市敖汉旗新惠镇新中街1号
15043011900010	敖汉旗民族宗教事务局	敖汉旗人民政府	5	内蒙古自治区赤峰市敖汉旗新惠镇新民路1号党政综合楼
15043011900011	敖汉旗木头营子乡人民政府	敖汉旗人民政府	1	内蒙古自治区赤峰市敖汉旗木头营子乡玉府大街1号
15043011900012	敖汉旗敖润苏莫蒙古族中心学校	敖汉旗教育局	4	内蒙古自治区赤峰市敖汉旗敖润苏莫苏木敖润苏莫大街1号
15043021800001	敖汉旗博物馆	敖汉旗文化体育广播电视局	31661	内蒙古自治区赤峰市敖汉旗新惠镇人民政府新惠路63号
15050021600005	内蒙古民族大学	内蒙古自治区教育厅	520	内蒙古自治区通辽市科尔沁区西拉木伦大街西996号
15050021700004	通辽市医院	通辽市卫生局	8	内蒙古自治区通辽市科尔沁区科尔沁大街668号
15050021800001	通辽市博物馆	通辽市文化新闻出版广电局	55180	内蒙古自治区通辽市霍林河大街体育广场北侧

续表

单位编码	单位名称	主管机构	藏品数量	单位地址
15050021800003	通辽市图书馆	通辽市文化新闻出版广电局	1	内蒙古自治区通辽市霍林河大街24-1号
15050021900002	通辽市档案局	通辽市人民政府	15	内蒙古自治区通辽市新城区行政中心东配楼二楼202室
15050041700006	通辽市蒙药厂	通辽市医药管理局	75	内蒙古自治区通辽市科尔沁区通郑公路18号
15050211700004	科尔沁区施介街道办事处	通辽市科尔沁区人民政府	2	内蒙古自治区通辽市科尔沁区平安路南段施介街道办事处一楼102室
15050211700005	通辽市钱家店镇人民政府	通辽市科尔沁区人民政府	4	内蒙古自治区通辽市科尔沁区钱家店镇303国道与中心路交汇处东150米路北
15050211800003	科尔沁区图书馆	通辽市科尔沁区文化局	3	内蒙古自治区通辽市科尔沁区明仁大街115号
15050211900001	科尔沁区档案局	通辽市科尔沁区人民政府	1	内蒙古自治区通辽市科尔沁区向阳商业街与和平路交汇东160米路南环保局楼
15050221600002	通辽市明仁小学	通辽市科尔沁区教育局	1	内蒙古自治区通辽市科尔沁区向阳大街与和平路交叉口西
15050241900006	莫力庙苏木集宁寺	通辽市科尔沁区民族宗教局	3	内蒙古自治区通辽市科尔沁区莫力庙苏木莫力庙嘎查303国道路北
15050241900007	莫力庙苏木史前石器博物馆	通辽市科尔沁区文化局	2	内蒙古自治区通辽市科尔沁区莫力庙苏木蒙嘎力街与金桔路交汇处西侧
15052111900002	科尔沁左翼中旗档案局	科尔沁左翼中旗人民政府	125	内蒙古自治区通辽市科尔沁左翼中旗保康镇科尔沁大街与团结路交汇处西侧路北
15052121800001	科尔沁左翼中旗文物管理所	科尔沁左翼中旗文化广播电影电视局	858	内蒙古自治区通辽市科尔沁左翼中旗保康镇科尔沁大街中段文化中心楼一楼
15052211800001	科尔沁左翼后旗文物管理所	科尔沁左翼后旗文化局	13434	内蒙古自治区通辽市科尔沁左翼后旗甘旗卡镇玛拉沁街中段文化局五楼
15052211900002	科尔沁左翼后旗吉尔嘎朗镇人民政府	科尔沁左翼后旗人民政府	2	内蒙古自治区通辽市科尔沁左翼后旗305省道55千米处

单位编码	单位名称	主管机构	藏品数量	单位地址
15052211900003	科尔沁左翼后旗常胜镇人民政府	科尔沁左翼后旗人民政府	2	内蒙古自治区通辽市科尔沁左翼后旗甘旗卡一金宝屯南线 40 千米处
15052211900004	科尔沁左翼后旗阿古拉镇人民政府	科尔沁左翼后旗人民政府	4	内蒙古自治区通辽市科尔沁左翼后旗东北 60 千米
15052211900005	科尔沁左翼后旗档案局	科尔沁左翼后旗人民政府	178	内蒙古自治区通辽市科尔沁左翼后旗甘旗卡镇博王大街路东
15052311800003	开鲁县档案局	开鲁县人民政府	51	内蒙古自治区通辽市开鲁县开鲁镇辽河大街 1 号开鲁县人民政府大楼一楼
15052311800004	开鲁县民族宗教事务局	开鲁县人民政府	33	内蒙古自治区通辽市开鲁县开鲁镇辽河大街 1 号开鲁县人民政府大楼六楼
15052311900007	开鲁县妇女联合会	开鲁县人民政府	2	内蒙古自治区通辽市开鲁县开鲁镇辽河大街 1 号开鲁县人民政府大楼六楼
15052320100005	开鲁县家畜改良工作站	开鲁县农牧局	2	内蒙古自治区通辽市开鲁县开鲁镇民族路南段开鲁县农牧局大楼三楼
15052320100006	开鲁县永安灌区管理处	开鲁县水务局	2	内蒙古自治区通辽市开鲁县吉日嘎郎吐镇永丰村西南
15052321800001	开鲁县文物管理所	开鲁县文化广播电影电视局	1088	内蒙古自治区通辽市开鲁县开鲁镇和平街白塔公园内
15052321800002	开鲁县图书馆	开鲁县文化广播电影电视局	101	内蒙古自治区通辽市开鲁县新开大街中段
15052421700002	库伦旗医院	库伦旗卫生局	2	内蒙古自治区通辽市库伦旗中心街中段
15052421800001	库伦旗宗教博物馆	库伦旗文化广播电影电视局	7925	内蒙古自治区通辽市库伦旗兴源路南 200 米
15052421800003	库伦旗旅游局	库伦旗人民政府	10	内蒙古自治区通辽市库伦旗政府综合办公楼一楼
15052511900003	青龙山镇人民政府	奈曼旗人民政府	2	内蒙古自治区通辽市奈曼旗 458 县道
15052521800001	奈曼旗王府博物馆	奈曼旗文化广播电影电视局	6195	内蒙古自治区通辽市奈曼旗大沁他拉镇王府街西段
15052541700005	吉祥寺	奈曼旗民族宗教事务局	4	内蒙古自治区通辽市奈曼旗大沁他拉镇大沁他拉路中段

续表

单位编码	单位名称	主管机构	藏品数量	单位地址
15052611900003	扎鲁特旗档案局	扎鲁特旗人民政府	6	内蒙古自治区通辽市扎鲁特旗鲁北镇乌力吉木仁路南段
15052621500002	扎鲁特旗民族宗教事务局	扎鲁特旗人民政府	16	内蒙古自治区通辽市扎鲁特旗鲁北镇泰山大街西段
15052621800001	扎鲁特旗文物管理所	扎鲁特旗文化广播电影电视局	6015	内蒙古自治区通辽市扎鲁特旗鲁北镇泰山大街中段
15058130200002	内蒙古霍林河露天煤业股份有限公司	蒙东能源内蒙古霍林河露天煤业股份有限公司	5	内蒙古自治区通辽市霍林郭勒市 385 乡道西 50 米
15058130900003	霍林郭勒市宾馆	蒙东能源内蒙古霍林河露天煤业股份有限公司	9	内蒙古自治区通辽市霍林郭勒市哲里木大街中段
15058131900001	中电投蒙东能源集团有限责任公司宾馆	蒙东能源内蒙古霍林河露天煤业股份有限公司	2	内蒙古自治区通辽市霍林郭勒市滨河路南段
15060021800001	鄂尔多斯市图书馆	鄂尔多斯市文化新闻出版广电局（鄂尔多斯市文物局）	770	内蒙古自治区鄂尔多斯市康巴什区文化西路南 7 号
15060121800001	鄂尔多斯博物馆	鄂尔多斯市文化新闻出版广电局（鄂尔多斯市文物局）	28233	内蒙古自治区鄂尔多斯市康巴什区文化西路南 5 号
15060121800002	鄂尔多斯市文物考古研究院	鄂尔多斯市文化新闻出版广电局（鄂尔多斯市文物局）	302	内蒙古自治区鄂尔多斯市康巴什区文化西路南 5 号 710 室
15060121800004	鄂尔多斯市康巴什新区文化广播电影电视局	鄂尔多斯市康巴什新区管理委员会	4	内蒙古自治区鄂尔多斯市康巴什区鄂尔多斯东街行 10 号
15060221800001	鄂尔多斯青铜器博物馆	鄂尔多斯市文化新闻出版广电局（鄂尔多斯市文物局）	13144	内蒙古自治区鄂尔多斯市东胜区兴胜路 2 号
15060221800002	鄂尔多斯革命历史博物馆	鄂尔多斯市文化新闻出版广电局（鄂尔多斯市文物局）	1114	内蒙古自治区鄂尔多斯市东胜区达拉特北路 4 号
15060221800003	鄂尔多斯市东胜区文物保护管理所	鄂尔多斯市东胜区文化局	467	内蒙古自治区鄂尔多斯市东胜区鄂托克西街南越山路
15060221800004	鄂尔多斯广稷农耕博物馆	东胜区泊江海子镇人民政府	192	内蒙古自治区鄂尔多斯市东胜区泊江海子镇海畔村
15062111900006	中国共产党达拉特旗委员会办公室	中国共产党达拉特旗委员会	1	内蒙古自治区鄂尔多斯市达拉特旗树林召镇锡尼街 72 号
15062121600007	达拉特旗第一中学	达拉特旗教育局	1	内蒙古自治区鄂尔多斯市达拉特旗树林召镇锡尼街 83 号

单位编码	单位名称	主管机构	藏品数量	单位地址
15062121800001	达拉特旗图书馆	达拉特旗文化体育广播电影电视局	1	内蒙古自治区鄂尔多斯市达拉特旗树林召镇广场东路文化科技楼四楼
15062121800002	达拉特旗档案局	达拉特旗人民政府	7	内蒙古自治区鄂尔多斯市达拉特旗树林召镇树林召大街
15062121800008	达拉特旗文物管理所	达拉特旗文化体育广播电影电视局	1085	内蒙古自治区鄂尔多斯市达拉特旗树林召镇广场东路文化科技楼三楼
15062121900003	展旦召	达拉特旗民族宗教事务局	7	内蒙古自治区鄂尔多斯市达拉特旗展旦召苏木展旦召嘎查四社
15062121900004	阿什泉林召	达拉特旗民族宗教事务局	4	内蒙古自治区鄂尔多斯市达拉特旗中和西镇万太兴村纳林沟社
15062121900005	塔并召	达拉特旗民族宗教事务局	37	内蒙古自治区鄂尔多斯市达拉特旗展旦召苏木塔并召村
15062221600006	准格尔旗民族中学	准格尔旗教育体育局	53	内蒙古自治区鄂尔多斯市准格尔旗薛家湾镇金川路
15062221800001	准格尔旗博物馆	准格尔旗文化广播电影电视局	534	内蒙古自治区鄂尔多斯市准格尔旗大路新区纬4路11号
15062221800002	准格尔旗史志编纂委员会办公室	准格尔旗人民政府	2	内蒙古自治区鄂尔多斯市准格尔旗大路新区经2路1号
15062251800006	准格尔召（宝堂寺）寺庙管理委员会	准格尔旗民族事务局	71	内蒙古自治区鄂尔多斯市准格尔旗准格尔召镇准格尔召村
15062321800012	鄂托克前旗文物管理所	鄂托克前旗文化旅游广电局	670	内蒙古自治区鄂尔多斯市鄂托克前旗敖勒召其镇上海庙南路文化产业园区H区H2
15062411900002	鄂托克旗档案局	鄂托克旗人民政府	78	内蒙古自治区鄂尔多斯市鄂托克旗乌兰镇西鄂尔多斯路南
15062421600008	鄂托克旗蒙古族实验小学	鄂托克旗教育局	242	内蒙古自治区鄂尔多斯市鄂托克旗乌兰镇布日都路
15062421800001	鄂托克旗文物保护管理所	鄂托克旗文化广播电影电视局	3154	内蒙古自治区鄂尔多斯市鄂托克旗乌兰镇苏里格街文化艺术中心五楼

续表

单位编码	单位名称	主管机构	藏品数量	单位地址
15062421800009	鄂托克旗查布恐龙博物馆	鄂托克旗文化广播电影电视局	463	内蒙古自治区鄂尔多斯市鄂托克旗阿尔巴斯苏木政府所在地
15062521800001	杭锦旗文物管理所	杭锦旗文化体育广播电影电视局	950	内蒙古自治区鄂尔多斯市杭锦旗锡尼镇阿斯尔大街南
15062521800002	杭锦旗图书馆	杭锦旗文化体育广播电影电视局	300	内蒙古自治区鄂尔多斯市杭锦旗锡尼镇阿斯尔大街南
15062521800003	沙日特莫图博物馆	杭锦旗文化体育广播电影电视局	755	内蒙古自治区鄂尔多斯市杭锦旗伊和乌素苏木巴音乌素嘎查西北 15 千米处
15062611900003	鄂尔多斯市乌审旗嘎鲁图镇人民政府	乌审旗人民政府	33	内蒙古自治区鄂尔多斯市乌审旗嘎鲁图镇七马路人民政府新办公楼
15062621600002	鄂尔多斯市乌审旗教育局	乌审旗人民政府	5	内蒙古自治区鄂尔多斯市乌审旗嘎鲁图镇人民路
15062621800001	鄂尔多斯市乌审旗文物局	乌审旗文化广播电影电视局	3000	内蒙古自治区鄂尔多斯市乌审旗嘎鲁图镇锡尼路文化宫 315 室
15062621800005	鄂尔多斯市乌审旗博物馆	乌审旗文化广播电影电视局	1263	内蒙古自治区鄂尔多斯市乌审旗嘎鲁图镇锡尼路文化宫 504 室
15062621900004	鄂尔多斯市乌审旗档案局	乌审旗人民政府	2	内蒙古自治区鄂尔多斯市乌审旗达布擦克路
15062711900002	纳林陶亥镇文化广电服务中心	纳林陶亥镇人民政府	27	内蒙古自治区鄂尔多斯市伊金霍洛旗纳林陶亥镇文化广电服务中心 201 室
15062721800001	伊金霍洛旗文物保护管理所	伊金霍洛旗文化体育广电局	2536	内蒙古自治区鄂尔多斯市伊金霍洛旗阿勒腾席热镇王府街
15062721800005	成吉思汗陵管理委员会	鄂尔多斯市人民政府	478	内蒙古自治区鄂尔多斯市伊金霍洛旗伊金霍洛镇成吉思汗管理委员会机关大楼
15070221800003	呼伦贝尔市海拉尔区文物管理所	海拉尔区文化体育局	5	内蒙古呼伦贝尔市海拉尔区俄罗斯商城五楼
15070221800004	海拉尔博物馆	海拉尔区文化体育局	145	内蒙古自治区呼伦贝尔市海拉尔区河西哈萨尔大桥西侧
15070221800005	海拉尔要塞遗址博物馆	海拉尔区文化体育局	1002	内蒙古自治区呼伦贝尔市海拉尔北山上

单位编码	单位名称	主管机构	藏品数量	单位地址
15070221800006	哈克遗址博物馆	海拉尔区文化体育局	984	内蒙古自治区呼伦贝尔市海拉尔哈克镇哈克村
15070221800007	呼伦贝尔民族博物院	呼伦贝尔市文化新闻出版广电局	15181	内蒙古自治区呼伦贝尔市海拉尔区河东胜利大街23号
15070221800010	呼伦贝尔市美术馆	呼伦贝尔市文化新闻出版广电局	2	内蒙古自治区海拉尔区满洲里南路
15072111900003	阿荣旗音河乡人民政府	阿荣旗人民政府	145	内蒙古自治区呼伦贝尔市阿荣旗音河乡富吉村九三站
15072121800002	阿荣旗博物馆	阿荣旗文化体育广播电影电视局	943	内蒙古自治区呼伦贝尔市阿荣旗那吉镇振兴路王杰广场南侧
15072211900003	莫力达瓦达斡尔族自治旗档案史志局	中国共产党莫力达瓦达斡尔族自治旗委员会办公室	8560	内蒙古自治区呼伦贝尔市莫旗尼尔基镇巴特罕大街旗政府2号办公楼
15072211900004	莫力达瓦达斡尔族自治旗旅游局	莫力达瓦达斡尔族自治旗人民政府	446	内蒙古自治区呼伦贝尔市莫旗尼尔基镇巴特罕大街27号
15072211900005	莫力达瓦达斡尔族自治旗阿尔拉镇人民政府	莫力达瓦达斡尔族自治旗人民政府	78	内蒙古自治区呼伦贝尔市莫旗阿尔拉镇政府办公楼东侧
15072221800001	莫力达瓦达斡尔族自治旗达斡尔民族博物馆	莫力达瓦达斡尔族自治旗文体广电局	2431	内蒙古自治区呼伦贝尔市莫旗尼尔基镇纳文东大街93号
15072221800002	莫力达瓦达斡尔族自治旗图书馆	莫力达瓦达斡尔族自治旗文体广电局	148	内蒙古自治区呼伦贝尔市莫旗尼尔基镇巴特罕大街56号
15072221800006	莫力达瓦达斡尔族自治旗腾克达斡尔民俗陈列馆	莫力达瓦达斡尔族自治旗腾克镇人民政府	195	内蒙古自治区呼伦贝尔市莫旗腾克镇腾克大街民俗村
15072311900003	鄂伦春自治旗档案史志局	中国共产党鄂伦春自治旗委员会	2	内蒙古自治区呼伦贝尔市鄂伦春自治旗阿里河镇拓跋鲜卑大街
15072321800001	鄂伦春自治旗博物馆	鄂伦春自治旗文化体育新闻出版广电局	1597	内蒙古自治区呼伦贝尔市鄂伦春自治旗阿里河镇拓跋鲜卑大街
15072421800001	鄂温克族自治旗鄂温克博物馆	鄂温克族自治旗文化体育新闻出版广电局	2215	内蒙古自治区呼伦贝尔市鄂温克族自治旗巴彦托海镇伊敏路
15072421800002	鄂温克族自治旗巴彦塔拉达斡尔民族博物馆	鄂温克族自治旗巴彦塔拉达斡尔民族乡人民政府	374	内蒙古自治区呼伦贝尔市鄂温克族自治旗巴彦塔拉达斡尔民族乡

单位编码	单位名称	主管机构	藏品数量	单位地址
15072421800003	鄂温克族自治旗锡尼河布里亚特博物馆	鄂温克族自治旗锡尼苏木人民政府	662	内蒙古自治区呼伦贝尔市鄂温克族自治旗锡尼河东苏木
15072441800008	鄂温克族自治旗锡尼河庙	鄂温克族自治旗民族事务局	5	内蒙古自治区呼伦贝尔市鄂温克族自治旗锡尼河庙
15072521800001	陈巴尔虎旗民族博物馆	陈巴尔虎旗文化体育新闻出版广电局	3365	内蒙古自治区呼伦贝尔市陈巴尔虎旗巴彦库仁镇巴音布日德街西乌珠尔路1号
15072621800001	新巴尔虎左旗博物馆	新巴尔虎左旗文化体育新闻出版广电局	949	内蒙古自治区呼伦贝尔市新巴尔虎左旗阿木古郎镇巴尔虎路文体活动中心
15072621800002	诺门罕战役遗址陈列馆	新巴尔虎左旗文化体育新闻出版广电局	1036	内蒙古自治区呼伦贝尔市新巴尔虎左旗罕达盖苏木查干诺尔嘎查
15072721800001	新巴尔虎右旗巴尔虎博物馆	新巴尔虎右旗文化体育新闻出版广电局	1633	内蒙古自治区呼伦贝尔市新巴尔虎右旗阿拉坦额莫勒镇乌尔逊大街
15072721800002	思歌腾博物馆	新巴尔虎右旗文化体育新闻出版广电局	615	内蒙古自治区呼伦贝尔市新巴尔虎右旗阿拉坦额莫勒镇克尔伦大街
15078121800001	满洲里市博物馆	满洲里市文化体育新闻出版广播电影电视局	1610	内蒙古自治区满洲里市南区三道街1号
15078121800007	满洲里市扎赉诺尔博物馆	满洲里市扎赉诺尔区文物局	774	内蒙古自治区满洲里市扎赉诺尔新区市政大街南、鑫湖路西
15078121800008	满洲里市沙俄监狱陈列馆	满洲里市文化体育新闻出版广播电影电视局	324	内蒙古自治区满洲里市南区三道街与四道街之间天桥路西侧
15078121800009	满洲里市中共六大展览馆	满洲里市文化体育新闻出版广播电影电视局	37	内蒙古自治区满洲里市华埠大街互贸区国门景区内
15078130200008	扎赉诺尔国家矿山博物馆	扎赉诺尔煤业有限责任公司	20	内蒙古自治区满洲里市扎赉诺尔区通满街1号
15078321800001	伪兴安东省历史陈列馆	扎兰屯市文化体育广播电影电视（文物）局	453	内蒙古自治区扎兰屯市铁路小学对面
15078321800002	呼伦贝尔市中东铁路博物馆	扎兰屯市文化体育广播电影电视（文物）局	646	内蒙古自治区扎兰屯市站前街2号
15078321800003	扎兰屯市历史博物馆	扎兰屯市文化体育广播电影电视（文物）局	3581	内蒙古自治区扎兰屯市吊桥路8-1号
15078321800004	扎兰屯市乌兰夫同志纪念馆	扎兰屯市文化体育广播电影电视（文物）局	298	内蒙古自治区扎兰屯市原市医院CT室
15078321800005	扎兰屯市教育局	扎兰屯市人民政府	8	内蒙古自治区扎兰屯市站前街91号

单位编码	单位名称	主管机构	藏品数量	单位地址
15078321800006	扎兰屯市档案史志局	中国共产党扎兰屯市委员会	8	内蒙古自治区扎兰屯市中央北路市委楼
15078321800007	成吉思汗镇东德胜村史陈列馆	扎兰屯市文化体育广播电影电视（文物）局	166	内蒙古自治区扎兰屯市成吉思汗镇东德胜村
15078321800010	萨马街鄂温克民俗馆	扎兰屯市文化体育广播电影电视（文物）局	109	内蒙古自治区扎兰屯市萨马街鄂温克民族乡政府对面
15078321800011	南木鄂伦春民俗博物馆	扎兰屯市文化体育广播电影电视（文物）局	124	内蒙古自治区扎兰屯市南木乡政府对面
15078321800012	达翰尔民俗博物馆	扎兰屯市文化体育广播电影电视（文物）局	110	内蒙古自治区扎兰屯市达翰尔民族乡政府内
15078341800008	成吉思汗镇梧琼花朝鲜民俗博物馆	扎兰屯市文化体育广播电影电视（文物）局	68	内蒙古自治区扎兰屯市成吉思汗镇鲜光村
15078341800009	萨马街索伦部落民俗博物馆	扎兰屯市文化体育广播电影电视（文物）局	998	内蒙古自治区扎兰屯市萨马街鄂温克民族乡距萨马街 16 千米处
15078411900003	恩和俄罗斯民族博物馆	恩和俄罗斯民族乡人民政府	31	内蒙古自治区额尔古纳市恩和俄罗斯民族乡
15078421800002	额尔古纳市文物管理所	额尔古纳市文化体育新闻出版广电局	513	内蒙古自治区额尔古纳市中央大街文体大厦五楼
15078521800001	敖鲁古雅乡驯鹿文化博物馆	根河市文化新闻出版广电局	343	内蒙古自治区根河市敖鲁古雅乡林海路
15078521800002	根河市文物管理所	根河市文化新闻出版广电局	247	内蒙古自治区根河市敖鲁古雅乡林海路
15080021600009	巴彦淖尔市临河区第一职业中等专业学校	巴彦淖尔市教育局	51	内蒙古自治区巴彦淖尔市临河区西环路甲 1 号
15080021800002	内蒙古河套文化博物院	巴彦淖尔市文化新闻出版广电局	4440	内蒙古自治区巴彦淖尔市临河区五一街文博中心
15080021800006	巴彦淖尔市文物工作站	巴彦淖尔市文化新闻出版广电局	4225	内蒙古自治区巴彦淖尔市临河区五一街文博中心
15080021800007	黄河水利文化博物馆	内蒙古河套灌区管理总局	973	内蒙古自治区巴彦淖尔市临河区金川大道西侧湿地公园内
15080021800010	巴彦淖尔市图书馆	巴彦淖尔市文化新闻出版广电局	7104	内蒙古自治区巴彦淖尔临河区新华西街 1 号
15082121800001	五原县博物馆	五原县文化体育广播电影电视局	364	内蒙古自治区巴彦淖尔市五原县新华南路西侧
15082221400001	磴口县黄河工程管理局	内蒙古自治区水利厅	276	内蒙古自治区巴彦淖尔市磴口县巴彦高勒镇团结路

续表

单位编码	单位名称	主管机构	藏品数量	单位地址
15082221800005	磴口县文物管理所	磴口县文化体育广播电影电视局	427	内蒙古自治区巴彦淖尔市磴口县巴彦高勒镇东风街磴口县博物馆
15082230100004	磴口县乌兰布和农场	磴口县人民政府	695	内蒙古自治区巴彦淖尔市磴口县乌兰布和农场场部
15082241900002	磴口县三盛公天主教堂	磴口县民族宗教事务局	5	内蒙古自治区巴彦淖尔市磴口县巴彦高勒镇城关村
15082310100004	乌拉特前旗小佘太镇人民政府	乌拉特前旗人民政府	29	内蒙古自治区巴彦淖尔市乌拉特前旗小佘太镇
15082310100005	乌拉特前旗明安镇人民政府	乌拉特前旗人民政府	50	内蒙古自治区巴彦淖尔市乌拉特前旗明安镇
15082321800002	乌拉特前旗西小召镇公田村民俗博物馆	乌拉特前旗西小召镇人民政府	689	内蒙古自治区巴彦淖尔市乌拉特前旗西小召镇公田村
15082321800003	乌拉特前旗博物馆（文物管理所）	乌拉特前旗文化旅游广电局	565	内蒙古自治区巴彦淖尔市乌拉特前旗乌拉山镇东风大街文化大楼四楼
15082321800007	乌拉特前旗图书馆	乌拉特前旗文化旅游广电局	7	内蒙古自治区巴彦淖尔市乌拉特前旗乌拉山镇东风大街文化大楼三楼
15082321900001	乌拉特前旗档案局	中国共产党乌拉特前旗委员会	90	内蒙古自治区巴彦淖尔市乌拉特前旗乌拉山镇团结路
15082321900006	乌拉特前旗气象局	巴彦淖尔市气象局	8	内蒙古自治区巴彦淖尔市乌拉特前旗乌拉山镇六中路
15082421800001	乌拉特中旗博物馆	乌拉特中旗文化体育广播电影电视局	232	内蒙古自治区巴彦淖尔市乌拉特中旗海流图镇鸿雁大街路北市民中心
15082421800002	乌拉特中旗文物管理所	乌拉特中旗文化体育广播电影电视局	83	内蒙古自治区巴彦淖尔市乌拉特中旗海流图镇鸿雁大街路北市民中心
15082421900001	乌拉特中旗档案管理局	中国共产党乌拉特中旗委员会	5	内蒙古自治区巴彦淖尔市乌拉特中旗海流图镇云英街路北
15082511800001	乌拉特后旗博物馆	乌拉特后旗文化体育广播电影电视局	659	内蒙古自治区巴彦淖尔市乌拉特后旗巴音宝力格镇巴音前达门街与乌根高勒路交叉路口南
15082611900004	杭锦后旗文化体育广播电影电视局	杭锦后旗人民政府	55	内蒙古自治区巴彦淖尔市杭锦后旗陕坝镇塞上东街69号

单位编码	单位名称	主管机构	藏品数量	单位地址
15082621600003	杭锦后旗奋斗中学	杭锦后旗教育局	15	内蒙古自治区巴彦淖尔市杭锦后旗陕坝镇奋斗街52号
15082621800001	杭锦后旗文物管理所	杭锦后旗文化体育广播电影电视局	1	内蒙古自治区巴彦淖尔市杭锦后旗陕坝镇赛上东街69号
15082621800003	杭锦后旗文化馆	杭锦后旗文化体育广播电影电视局	18	内蒙古自治区巴彦淖尔市杭锦后旗陕坝镇将军北路6号
15090021800001	乌兰察布市博物馆	乌兰察布市文化新闻出版广电局	42680	内蒙古自治区乌兰察布市集宁区新区格根西街10号
15090221800008	乌兰察布市图书馆	乌兰察布市文化新闻出版广电局	1060	内蒙古自治区乌兰察布市集宁新区格根西街
15090221900001	集宁区文物管理所	集宁区文化旅游新闻出版局	4964	内蒙古自治区乌兰察布市集宁区兴工路中段
15090221900002	集宁战役纪念馆	集宁革命烈士纪念物保护单位管理处	518	内蒙古自治区乌兰察布市集宁区生态路特1号
15092121800001	卓资县文物管理所	卓资县文化广播电影电视局	2874	内蒙古自治区乌兰察布市卓资山县卓资镇新建街3号
15092221800001	化德县文物管理所	化德县文化旅游新闻出版广电局	507	内蒙古自治区乌兰察布市化德县长顺镇长青街邮电路
15092311900004	商都县档案局	中国共产党商都县委员会	19	内蒙古自治区乌兰察布市商都县七台镇商大公路北
15092321800001	商都县文物管理所	商都县文化广播电影电视局	15466	内蒙古自治区乌兰察布市商都县七台镇府佐南路
15092321800002	商都县图书馆	商都县文化广播电影电视局	48	内蒙古自治区乌兰察布市商都县七台镇府佐南路
15092321800003	商都县美术馆	商都县文化广播电影电视局	236	内蒙古自治区乌兰察布市商都县七台镇府佐南路
15092411900001	兴和县文化广播电视局	兴和县人民政府	569	内蒙古自治区乌兰察布市兴和县新城区一马路
15092511900001	凉城县文化局	凉城县人民政府	1461	内蒙古自治区乌兰察布市凉城县岱海镇农艺路
15092511900002	凉城县永兴镇人民政府	凉城县人民政府	2	内蒙古自治区乌兰察布市凉城县永兴镇
15092511900003	凉城县天城乡人民政府	凉城县人民政府	2	内蒙古自治区乌兰察布市凉城县天城乡
15092611900006	察哈尔右翼前旗黄茂营乡	察哈尔右翼前旗人民政府	1	内蒙古自治区乌兰察布市察哈尔右翼前旗黄茂营乡

续表

单位编码	单位名称	主管机构	藏品数量	单位地址
15092621600007	察哈尔右翼前旗第六小学	察哈尔右翼前旗教育局	7	内蒙古自治区乌兰察布市察哈尔右翼前旗呼和乌素乡大庙村
15092621800001	察哈尔右翼前旗文物管理所	察哈尔右翼前旗文化体育广播电影电视局	1046	内蒙古自治区乌兰察布市察哈尔右翼前旗土贵乌拉镇新华街
15092721800001	察哈尔右翼中旗博物馆	察哈尔右翼中旗文化旅游新闻出版广播电影电视局	384	内蒙古自治区乌兰察布市察哈尔右翼中旗科布尔镇镶兰大街 1 号
15092811900002	察哈尔右翼后旗民族宗教事务局	乌兰察布市民族宗教事务委员会	7	内蒙古自治区乌兰察布市察哈尔右翼后旗白音察干镇广场南街
15092811900003	察哈尔右翼后旗民政局	乌兰察布市民政局	8	内蒙古自治区乌兰察布市察哈尔右翼后旗白音查干镇建设大街
15092821800001	察哈尔右翼后旗文物管理所	察哈尔右翼后旗文化体育广播电影电视局	325	内蒙古自治区乌兰察布市察哈尔右翼后旗文化会展中心
15092821900004	察哈尔右翼后旗档案局	察哈尔右翼后旗人民政府	654	内蒙古自治区乌兰察布市察哈尔右翼后旗文化会展中心
15092921800001	四子王旗博物馆	四子王旗文化旅游新闻出版广播电视局	379	内蒙古自治区乌兰察布市四子王旗新华街 75 号
15092921800005	四子王旗文物管理所	四子王旗文化旅游新闻出版广播电视局	46	内蒙古自治区乌兰察布市四子王旗新华街 72 号
15098121800001	丰镇市文物管理所	丰镇市文化旅游新闻出版广播电视局	106	内蒙古自治区丰镇市新丰大街
15220011900001	兴安盟博物馆	兴安盟文化体育新闻出版广电局	6491	内蒙古自治区兴安盟乌兰浩特市新桥东街 999-6 号
15220011900002	内蒙古民族解放纪念馆	兴安盟文化产业开发办公室	1502	内蒙古自治区兴安盟乌兰浩特市新桥东街
15220111000003	中国人民银行兴安盟中心支行	中国人民银行兴安盟分行	14	内蒙古自治区兴安盟乌兰浩特市新桥街 48 号
15220121800001	乌兰浩特市文物管理站	乌兰浩特市文化体育局	350	内蒙古自治区兴安盟乌兰浩特市兴安北大路 35 号
15220121800008	乌兰浩特市图书馆	兴安盟文化体育新闻出版广电局	532	内蒙古自治区兴安盟乌兰浩特市光明东街 28 号
15220121900004	乌兰浩特市城市建设档案馆	乌兰浩特市建设局	3	内蒙古自治区兴安盟乌兰浩特市民主东街 45 号
15220121900006	乌兰浩特市史志档案局	中国共产党乌兰浩特市委员会	33	内蒙古自治区兴安盟乌兰浩特市矿泉东街 29 号

续表

单位编码	单位名称	主管机构	藏品数量	单位地址
15222111900001	科尔沁右翼前旗博物馆	科尔沁右翼前旗文化体育局	5829	内蒙古自治区兴安盟科尔沁右翼前旗科尔沁镇乌兰毛都北路
15222211900001	科尔沁右翼中旗博物馆	科尔沁右翼中旗文化体育局	8044	内蒙古自治区兴安盟科尔沁右翼中旗巴彦胡硕镇科尔沁右翼中旗林业局对面
15222221900002	科尔沁右翼中旗档案局	科尔沁右翼中旗人民政府	2	内蒙古自治区兴安盟科尔沁右翼中旗党政二号楼二层东侧
15222321800001	扎赉特旗文物管理所	扎赉特旗文化体育广播电视局	1446	内蒙古自治区兴安盟扎赉特旗神山街道北音德尔路东侧文化中心三楼
15222421800001	突泉县文物管理所	突泉县文化体育广播电影电视局	198	内蒙古自治区兴安盟突泉县康乐街
15250111900002	二连浩特市国土资源局	二连浩特市人民政府	303	内蒙古自治区锡林郭勒盟二连浩特市锡林街北建设路东
15250121800001	二连浩特市伊林驿站遗址博物馆	二连浩特市国土资源局	314	内蒙古自治区锡林郭勒盟二连浩特市市区东北9千米处
15250121900003	二连浩特市文物保护管理所	二连浩特市文化体育广播电影电视局	609	锡林郭勒盟二连浩特市建设路
15250121900004	二连浩特市档案史志局	二连浩特市人民政府	25	内蒙古自治区锡林郭勒盟二连浩特市新区党政二号楼
15250221800001	锡林郭勒盟文物保护管理站	锡林郭勒盟文化体育广播电视电影局	949	内蒙古自治区锡林郭勒盟锡林浩特市锡林西大街文化园区
15250221800002	锡林郭勒盟博物馆	锡林郭勒盟文化体育广播电影电视局	991	内蒙古自治区锡林郭勒盟锡林浩特市锡林西大街文化园区
15250221800003	锡林郭勒盟图书馆	锡林郭勒盟文化体育广播电影电视局	1125	内蒙古自治区锡林郭勒盟锡林浩特市锡林大街66号
15250221800005	锡林浩特市文物事业管理局	锡林浩特市人民政府	428	内蒙古自治区锡林郭勒盟锡林浩特市贝子庙明干殿
15250221800007	锡林浩特市贝子庙管理委员会	锡林浩特市人民政府	3	内蒙古自治区锡林郭勒盟锡林浩特市贝子庙明干殿
15250221900004	锡林郭勒盟档案局	锡林郭勒盟行政公署	9	内蒙古自治区锡林郭勒盟锡林浩特市多伦路与北支路交汇处民禾写字楼四楼
15250221900006	锡林浩特市双拥办公室	锡林浩特市民政局	8	内蒙古自治区锡林浩特市文化中心二楼

单位编码	单位名称	主管机构	藏品数量	单位地址
15252221800004	阿巴嘎旗博物馆	阿巴嘎旗文化体育新闻广播电影电视旅游局	575	内蒙古自治区锡林郭勒盟阿巴嘎旗文化体育新闻广播电影电视旅游局综合楼内
15252221900002	阿巴嘎旗档案局	中国共产党阿巴嘎旗委员会	10	内蒙古自治区锡林郭勒盟阿巴嘎旗别力古台镇
15252241900001	阿巴嘎旗汉贝庙	阿巴嘎旗民族宗教事务局	27	内蒙古自治区锡林郭勒盟阿巴嘎旗别力古台镇巴彦查干东街一组 100 号
15252241900003	阿巴嘎旗杨都庙	阿巴嘎旗民族宗教事务局	14	内蒙古自治区锡林郭勒盟阿巴嘎旗别力古台镇红格尔高勒镇
15252321800001	苏尼特左旗博物馆	苏尼特左旗文化体育广播电影电视局	366	内蒙古自治区锡林郭勒盟苏尼特左旗满都拉图镇满达拉街
15252421800002	苏尼特右旗文物保护管理所	苏尼特右旗文化体育广电旅游局	226	内蒙古自治区锡林郭勒盟苏尼特右旗赛汉塔拉镇赛罕大街文化中心大楼二楼
15252421900001	苏尼特右旗档案史志局	中国共产党苏尼特右旗委员会	54	内蒙古自治区锡林郭勒盟苏尼特右旗赛汉塔拉镇新区
15252521800001	东乌珠穆沁旗文物保护管理所	东乌珠穆沁旗文化体育广播电影电视旅游局	911	内蒙古自治区锡林郭勒盟东乌珠穆沁旗乌里雅斯太镇道劳德西路 2 号
15252521800002	东乌珠穆沁旗博物馆	东乌珠穆沁旗文化体育广播电影电视旅游局	240	内蒙古自治区锡林郭勒盟东乌珠穆沁旗乌里雅斯太镇道劳德西路 2 号
15252521800003	乌拉盖博物馆	乌拉盖管理区文化体育广播电视旅游局	39	内蒙古自治区锡林郭勒盟乌拉盖管理区党政大楼 2104 室
15252621800001	西乌珠穆沁旗文物保护管理所	西乌珠穆沁旗文化体育广播电影电视局	35	内蒙古自治区锡林郭勒盟西乌珠穆沁旗巴拉嘎尔高勒镇文体大厦六楼
15252621800002	西乌珠穆沁旗博物馆	西乌珠穆沁旗文化体育广播电影电视局	662	内蒙古自治区锡林郭勒盟西乌珠穆沁旗巴拉嘎尔高勒镇罕乌拉街文体大厦一楼
15252711900002	太仆寺旗幸福乡人民政府	太仆寺旗人民政府	1	内蒙古自治区锡林郭勒盟太仆寺旗幸福乡
15252711900003	太仆寺旗档案局	太仆寺旗人民政府	78	内蒙古自治区锡林郭勒盟太仆寺旗宝昌镇广场西街档案综合大楼

单位编码	单位名称	主管机构	藏品数量	单位地址
15252711900004	太仆寺旗千斤沟镇人民政府	太仆寺旗人民政府	1	内蒙古自治区锡林郭勒盟太仆寺旗千斤沟镇政府综合楼
15252711900013	太仆寺旗红旗镇人民政府	太仆寺旗人民政府	1	内蒙古自治区锡林郭勒盟太仆寺旗红旗镇
15252721800001	太仆寺旗图书馆	太仆寺旗文化体育广播电视电影局	6	内蒙古自治区锡林郭勒盟太仆寺旗宝昌镇光明大街文化大厦二楼201室
15252721800002	太仆寺旗文物管理所	太仆寺旗文化体育广播电视电影局	105	内蒙古自治区锡林郭勒盟太仆寺旗文化大厦四楼
15252811900007	镶黄旗档案局	镶黄旗人民政府	322	内蒙古自治区锡林郭勒盟新宝拉格饶
15252821800001	镶黄旗蒙古马文化博物馆	镶黄旗文化体育广播电影电视旅游局	186	内蒙古自治区锡林郭勒盟镶黄旗新宝拉格镇文体大楼一楼
15252821800002	镶黄旗文物保护管理所	镶黄旗文化体育广播电影电视旅游局	17	内蒙古自治区锡林郭勒盟镶黄旗新宝拉格镇文体大楼一楼
15252921800001	正镶白旗博物馆	正镶白旗文化体育广播电视电影局	245	内蒙古自治区锡林郭勒盟正镶白旗明安图镇朝格温都开发区阿拉腾嘎达苏南路
15252921800006	正镶白旗文物保护管理所	正镶白旗文化体育广播电视电影局	161	内蒙古自治区锡林郭勒盟正镶白旗明安图镇朝格温都开发区
15252921900002	正镶白旗档案局	正镶白旗人民政府	101	内蒙古自治区锡林郭勒盟正镶白旗明安图镇朝格温都开发区
15253011900001	正蓝旗民族宗教事务局	正蓝旗人民政府	2	内蒙古自治区锡林郭勒盟正蓝旗上都镇广场北街政府大楼六楼617室
15253021800003	正蓝旗元上都遗址文物事业管理局	正蓝旗文化体育广播电视旅游局	841	内蒙古自治区锡林郭勒盟正蓝旗元上都镇腾飞路文化体育中心东楼三楼
15253121800001	多伦县文物局	多伦县人民政府	3253	内蒙古自治区锡林郭勒盟多伦县财政审计办公楼六楼
15290021800001	阿拉善博物馆	阿拉善盟文化新闻出版广电局	34774	内蒙古自治区阿拉善盟阿拉善左旗巴彦浩特镇额鲁特东路与军分区路口东南
15292111900004	阿拉善左旗公安局	阿拉善左旗人民政府	4	内蒙古自治区阿拉善盟阿拉善左旗西花园街8号、阿拉善左旗额鲁特东路6号

单位编码	单位名称	主管机构	藏品数量	单位地址
15292111900005	阿拉善左旗温都尔勒图镇人民政府	阿拉善左旗人民政府	6	内蒙古自治区阿拉善盟阿拉善左旗温都尔勒图镇温格其台嘎查
15292121800001	阿拉善王府博物馆	阿拉善左旗国有资产集团有限公司	658	内蒙古自治区阿拉善盟阿拉善左旗巴彦浩特镇王府街北侧 16 号
15292121800002	阿拉善左旗图书馆	阿拉善左旗文化旅游局	2270	内蒙古自治区阿拉善盟阿拉善左旗南大街
15292121800003	阿拉善左旗档案史志局	中国共产党阿拉善左旗委员会	5	内蒙古自治区阿拉善盟阿拉善左旗巴彦浩特镇西花园街 14 号
15292121800006	阿拉善盟图书馆	阿拉善盟文化新闻出版广电局	223	内蒙古自治区阿拉善盟阿拉善左旗巴彦浩特安德街
15292121800015	阿拉善左旗文化馆	阿拉善左旗文化旅游局	30	内蒙古自治区阿拉善盟阿拉善左旗巴彦浩特镇体育场西区三楼
15292141900006	阿拉善左旗妙华寺	阿拉善左旗民族宗教事务局	7	内蒙古自治区阿拉善盟阿拉善左旗敖伦布拉格镇图克木嘎查
15292141900007	阿拉善左旗巴音牧仁清真大寺	阿拉善左旗民族宗教事务局	1	内蒙古自治区阿拉善盟阿拉善左旗巴音木仁苏木
15292141900008	阿拉善左旗广宗寺	阿拉善左旗民族宗教事务局	10	内蒙古自治区阿拉善盟阿拉善左旗巴润别立镇图日根嘎查
15292141900009	阿拉善左旗昭化寺	阿拉善左旗民族宗教事务局	7	内蒙古自治区阿拉善盟阿拉善左旗嘉尔嘎勒赛汉镇鄂门高勒嘎查
15292141900010	阿拉善左旗延福寺	阿拉善左旗民族宗教事务局	9	内蒙古自治区阿拉善盟阿拉善左旗巴彦浩特镇王府街 18 号
15292141900011	阿拉善左旗福因寺	阿拉善左旗民族宗教事务局	1	内蒙古自治区阿拉善盟阿拉善左旗巴彦浩特镇伊和呼都格嘎查
15292141900012	阿拉善左旗承庆寺	阿拉善左旗民族宗教事务局	2	内蒙古自治区阿拉善盟阿拉善左旗嘉尔嘎勒赛汉镇辉图高勒嘎查
15292141900013	阿拉善左旗达里克庙	阿拉善左旗民族宗教事务局	3	内蒙古自治区阿拉善盟阿拉善左旗巴彦诺日公苏木阿日呼都格嘎查
15292141900014	阿拉善左旗沙尔扎庙	阿拉善左旗民族宗教事务局	12	内蒙古自治区阿拉善盟阿拉善左旗乌力吉苏木沙日扎嘎查

续表

单位编码	单位名称	主管机构	藏品数量	单位地址
15292210100003	阿拉善右旗粮食局	阿拉善右旗人民政府	600	内蒙古自治区阿拉善盟阿拉善右旗巴丹吉林镇曼德拉路 22 号
15292211800002	阿拉善右旗民族和宗教事务局	阿拉善右旗人民政府	14	内蒙古自治区阿拉善盟阿拉善右旗巴丹吉林镇曼德拉路 22 号
15292221800001	阿拉善右旗博物馆	阿拉善右旗文化旅游局	8100	内蒙古自治区阿拉善盟阿拉善右旗巴丹吉林镇曼德拉路 55 号
15292321800002	阿拉善盟额济纳旗文物局	额济纳旗文化广播电影电视局	6168	内蒙古自治区阿拉善盟额济纳旗达来呼布镇居延街文物管理所
15292321800003	阿拉善盟额济纳旗档案史志局	中国共产党阿拉善盟额济纳旗委员会	1	内蒙古自治区阿拉善盟额济纳旗土尔扈特街

第三章　普查人员名录

内蒙古自治区第一次全国可移动文物普查
领导小组、办公室、专家组、项目办人员名单

内蒙古自治区第一次全国可移动文物普查领导小组人员名单

	姓　名	职　务
组　长	刘新乐	自治区人民政府副主席
副组长	杨　玺	自治区人民政府副秘书长
成　员	王志诚	自治区文化厅厅长
	周纯杰	自治区文化厅厅长
	佟国清	自治区文化厅厅长
	安泳锝	自治区文化厅副厅长、文物局局长
	李鸿英	自治区文化厅副厅长
	王　儒	自治区发展改革委副主任
	董方成	自治区教育厅巡视员
	金　华	自治区民政厅副厅长
	刘义胜	自治区财政厅副厅长
	王　杰	自治区国土资源厅副厅长
	塔　拉	内蒙古博物院院长
	施勇兵	中国人民银行呼和浩特中心支行纪委书记
	周耀亭	自治区统计局副局长
	王月虎	自治区民委副主任、宗教局局长
	朝　克	自治区档案局副局长
	于　平	自治区科协副主席
	王大方	自治区文化厅（文物局）文物处处长
	富永军	自治区文化厅（文物局）博物馆处副处
	曹建恩	自治区文物保护中心主任

内蒙古自治区第一次全国可移动文物普查领导小组办公室人员名单

	姓　名	职　务
主　任	佟国清	自治区文化厅厅长
	安泳锝	自治区文化厅副厅长、文物局局长
	李鸿英	自治区文化厅副厅长
副主任	塔　拉	自治区文物局副局长、内蒙古博物院院长
	王大方	自治区文化厅（文物局）文物处处长、自治区文物局副局长
	马天杰	自治区文物局副局长
成　员	侯　俊	自治区文化厅（文物局）博物馆处处长
	富永军	自治区文化厅（文物局）博物馆处副处长
	索秀芬	自治区文化厅（文物局）博物馆处副处长
	曹建恩	自治区文物保护中心主任
	马晓丽	自治区文化厅（文物局）博物馆处
	郭苏峻	自治区文化厅（文物局）博物馆处
	李少兵	内蒙古博物院研究馆员
	李丽雅	内蒙古博物院副研究馆员
	刘丽娜	自治区文物保护中心
	陶明杰	呼和浩特市文化局副局长内蒙古将军衙署博物院院长
	梁际新	包头市文化局副局长
	白劲松	呼伦贝尔市文化局党组成员呼伦贝尔民族博物院院长
	哈　斯	兴安盟文化局副调研员
	马壮志	通辽市文化局副局长
	陶建英	赤峰市文物局副局长
	哈斯巴特尔	乌兰察布市文化局副局长
	刘志兰	鄂尔多斯市文化局调研员
	金丽凤	巴彦淖尔市文化局副局长
	刘利军	乌海市文化局副局长
	景学义	阿拉善盟文物局局长
	乌兰巴特尔	二连浩特市文化局局长
	闫　明	满洲里市文化广播电影电视局局长

内蒙古自治区第一次全国可移动文物普查领导小组办公室专家组人员名单

姓　名	单　位	职　称	主要研究方向
塔　拉	内蒙古博物院	研究馆员	青铜器、辽代文物
张牧林	内蒙古博物院	研究馆员	杂项
付　宁	内蒙古博物院	研究馆员	玉器、青铜器、金银器
于宝东	内蒙古博物院	研究馆员	玉器、金银器
云小青	内蒙古博物院	研究馆员	近现代文物
铁　达	内蒙古博物院	研究馆员	民族文物
李　虹	内蒙古博物院	研究馆员	古生物
张　彤	内蒙古博物院	研究馆员	民族文物
安　丽	内蒙古博物院	研究馆员	民族文物
郑承燕	内蒙古博物院	研究馆员	辽代文物
李少兵	内蒙古博物院	研究馆员	文物数字化数据库
李丽雅	内蒙古博物院	研究馆员	钱币、普查数据库
苏　东	内蒙古博物院	副研究馆员	瓷器
新苏乙拉	内蒙古博物院	副研究馆员	民族文物
钦巴图	内蒙古博物院	副研究馆员	民族文物
李毅君	内蒙古博物院	副研究馆员	玉器、金银器
巴彦尔	内蒙古博物院	副研究馆员	民族文物
陈永志	内蒙古文物考古研究所	研究馆员	瓷器、金银器
索秀芬	内蒙古文物考古研究所	研究馆员	新石器
孙建华	内蒙古文物考古研究所	研究馆员	辽代文物
张文平	内蒙古文物考古研究所	研究馆员	瓷器、金银器
郭治中	内蒙古文物考古研究所	研究馆员	新石器
张亚强	内蒙古文物考古研究所	研究馆员	新石器
曹建恩	内蒙古文物保护中心	研究馆员	青铜器
白丽民	内蒙古文物保护中心	研究馆员	民族文物
杨星宇	内蒙古文物保护中心	副研究馆员	辽代文物
孙金松	内蒙古文物保护中心	副研究馆员	新石器
张文芳	中国人民银行呼和浩特中心支行内蒙古钱币学会	研究员	钱币
武　成	呼和浩特市博物馆	副研究馆员	瓷器
刘　冰	赤峰市博物馆	研究馆员	玉器、青铜器
马凤磊	赤峰市博物馆	研究馆员	陶瓷器
张海斌	包头市文物管理处	研究馆员	瓷器
王志浩	鄂尔多斯市青铜器博物馆	研究馆员	青铜器
杨泽蒙	鄂尔多斯市考古研究院	研究馆员	青铜器

姓　名	单　位	职　称	主要研究方向
胡延春	巴彦淖尔市文物局	研究馆员	陶器
赵占魁	巴彦淖尔市文物局	研究馆员	陶器
白劲松	呼伦贝尔民族博物院	研究馆员	民族文物
殷焕良	呼伦贝尔民族博物院	副研究馆员	陶瓷器
尹建光	兴安盟博物馆	副研究馆员	陶瓷器
巴戈那	阿拉善盟文物局	副研究馆员	陶瓷器

内蒙古自治区第一次全国可移动文物普查项目办人员名单

姓　名	性别	工作单位	职称/单位职务	职　务
塔拉	男	内蒙古博物院院长	研究馆员/院长	主　任
侯俊	男	自治区文化厅、文物局博物馆处	处长	副主任
富永军	男	自治区文化厅、文物局博物馆处	副处长	副主任
索秀芬	女	自治区文化厅、文物局博物馆处	研究馆员/副处长	副主任
付　宁	男	内蒙古博物院	研究馆员/副院长	副主任
曹建恩	男	自治区文物保护中心	研究馆员/主任	副主任
马晓丽	女	自治区文化厅、文物局博物馆处	馆员	成员
张煜鹏	男	自治区文化厅、文物局博物馆处	助理馆员	成员
郭苏峻	男	自治区文化厅、文物局博物馆处		成员
于宝东	男	内蒙古博物院	研究馆员/副院长	成员
郎新伟	男	内蒙古博物院	高级会计师	成员
郑承燕	女	内蒙古博物院	研究馆员	成员
李少兵	男	内蒙古博物院	研究馆员	成员
李丽雅	女	内蒙古博物院	研究馆员	成员
皇甫臣	男	内蒙古博物院	高级会计师	成员
刘丽娜	女	内蒙古文保中心	馆员	成员
李　虹	女	内蒙古博物院	研究馆员	成员
李毅君	女	内蒙古博物院	副研究馆员	成员
沈莎莎	女	内蒙古博物院	馆员	成员
马　茹	女	内蒙古博物院	馆员	成员
玛　雅	男	内蒙古博物院	馆员	成员
通格勒格	女	内蒙古博物院	馆员	成员
特日根巴雅尔	男	内蒙古博物院	馆员	成员
额尔敦桑	男	内蒙古博物院	馆员	成员
张闯辉	男	内蒙古博物院	馆员	成员

姓　名	性　别	工作单位	职称/单位职务	职　务
吴　春	男	内蒙古博物院	馆员	成员
商玮钰	男	内蒙古博物院		成员
赵江滨	男	呼和浩特博物馆	馆长	成员
谭士俊	男	包头博物馆	馆长	成员
白劲松	男	呼伦贝尔市文化局党组成员、呼伦贝尔民族博物院	院长	成员
关玉文	男	兴安盟博物馆	馆长	成员
李乌力吉	男	通辽市博物馆	馆长	成员
刘　冰	男	赤峰市博物馆	馆长	成员
王新宇	男	乌兰察布市博物馆	馆长	成员
窦志斌	男	鄂尔多斯市博物馆	馆长	成员
马爱梅	女	内蒙古河套文化博物院	院长	成员
武俊生	男	乌海市博物馆	馆长	成员
李晋贺	男	阿拉善盟博物馆	馆长	成员

内蒙古博物院第一次全国可移动文物普查人员统计表

姓　名	性别	民族	工作单位	职　称	职　务	普查内容	备　注
于宝东	男	蒙古	内蒙古博物院	研究员	副院长	组织、管理、审核	管理人员、专家
郑承燕	女	汉	内蒙古博物院	研究员	保管研究部主任	组织、管理、审核	管理人员、专家
苏　东	女	汉	内蒙古博物院	研究员		数据审核	专家
李　虹	女	汉	内蒙古博物院	研究员	科长	数据审核	专家
孙　燕	女	汉	内蒙古博物院	副研究员		数据审核	专家
曹　瑞	男	汉	内蒙古大学	教授		数据审核	专家
李　瑶	男	汉	内蒙古大学	副教授		数据审核	专家
铁　达	女	蒙古	内蒙古博物院	研究员		数据审核	专家
文　莲	女	蒙古	内蒙古博物院	副研究员		数据审核	专家
张　彤	女	蒙古	内蒙古博物院	研究员		数据审核	专家
赵爱军	女	汉	内蒙古博物院	研究员		数据审核	专家
云小青	女	蒙古	内蒙古博物院	研究员		数据审核	专家
丁　勇	男	汉	内蒙古博物院	研究员		数据审核	专家
肖志华	女	汉	内蒙古博物院	副研究员		数据审核	专家
汤宝珠	女	满	内蒙古博物院	副研究员		数据审核	专家
额尔敦其木格	女	蒙古	内蒙古博物院	副研究员		数据审核	专家
琪琪格	女	蒙古	内蒙古博物院	副研究员		数据审核	专家
李毅君	女	回	内蒙古博物院	副研究员	科长	人员培训、部门协调、数据审核、数据汇总、数据统计、数据转换	专家、普查员
沈莎莎	女	汉	内蒙古博物院	馆员	科长	数据采集、数据录入、摄影	普查员
吴春雨	男	蒙古	内蒙古博物院	馆员		数据采集、摄影	普查员
张闯辉	男	汉	内蒙古博物院	副研究员		数据采集、数据录入、摄影	普查员
魏　孔	男	汉	内蒙古博物院	馆员		数据采集、摄影	普查员
云彩凤	女	汉	内蒙古博物院	馆员		数据采集、数据录入	普查员
杨萌萌	女	汉	内蒙古博物院	馆员		数据采集、数据录入	普查员
额尔敦桑	男	蒙古	内蒙古博物院	馆员		数据采集、数据录入、摄影	普查员

姓　名	性别	民族	工作单位	职　称	职　务	普查内容	备　注
通格勒格	女	蒙古	内蒙古博物院	馆员		数据采集、数据录入	普查员
特日根巴彦尔	男	蒙古	内蒙古博物院	副研究员	科长	数据采集、数据录入	普查员
察苏娜	女	蒙古	内蒙古博物院	馆员		数据采集、数据录入、摄影	普查员
张建升	男	汉	内蒙古博物院	副研究员		数据采集、数据录入、摄影、汇总	普查员
杨　絮	女	汉	内蒙古博物院	馆员		数据采集、数据录入、摄影、汇总	普查员
张　博	男	汉	内蒙古博物院	助理馆员		数据采集、数据录入、摄影	普查员
马慧敏	女	回	内蒙古博物院	馆员		数据采集、数据录入	普查员
白　羽	男	回	内蒙古博物院	助理馆员		数据采集、数据录入、摄影	普查员
张　帆	男	汉	内蒙古博物院			数据采集、数据录入、摄影	志愿者
赵　菲	女	汉	内蒙古博物院			数据采集、数据录入	志愿者
赵　伟	女	汉	内蒙古博物院			数据采集、摄影	志愿者
季江龙	男	汉	内蒙古博物院			数据采集、摄影	志愿者
李　阳	女	汉	内蒙古大学	硕士研究生		数据采集、数据录入	志愿者
杜泽昕	女	汉	内蒙古师范大学	硕士研究生		数据采集、数据录入	志愿者
梁　艳	女	汉	内蒙古大学	硕士研究生		数据采集、数据录入	志愿者
张君博	男	汉	内蒙古大学	硕士研究生		摄影	志愿者
张　倩	女	汉	内蒙古师范大学	硕士研究生		数据采集、数据录入	志愿者
张思华	女	汉	内蒙古大学	硕士研究生		数据采集、数据录入	志愿者
蒋飞飞	男	汉	内蒙古大学	硕士研究生		摄影	志愿者
刘　刚	男	汉	赤峰学院	硕士研究生		数据采集、摄影	志愿者
尹　航	男	汉	赤峰学院	硕士研究生		数据采集、摄影	志愿者
杜传省	男	汉	赤峰学院	硕士研究生		数据采集、摄影	志愿者
王抒鸥	女	汉	赤峰学院	硕士研究生		数据采集、数据录入	志愿者
叶雅慧	女	汉	赤峰学院	硕士研究生		数据采集、数据录入	志愿者
王　璐	女	回	赤峰学院	硕士研究生		数据采集、数据录入	志愿者
萨如拉	女	蒙古	内蒙古师范大学	硕士研究生		数据采集、数据录入	志愿者
付丽琛	女	汉	赤峰学院	硕士研究生		数据采集、数据录入	志愿者
刘鑫桐	男	汉	赤峰学院	硕士研究生		数据采集、摄影	志愿者

续表

姓　名	性　别	民族	工作单位	职　称	职　务	普查内容	备　注
隋瑞轩	男	汉	赤峰学院	硕士研究生		数据采集、摄影	志愿者
苏　妮	女	蒙古	赤峰学院	硕士研究生		数据采集、数据录入	志愿者
刘　洋	女	汉	赤峰学院	硕士研究生		数据采集、数据录入	志愿者
马会宇	男	汉	赤峰学院	硕士研究生		数据采集、数据录入	志愿者
高　旭	女	汉	内蒙古师范大学	硕士研究生		数据采集、数据录入	志愿者
王云霞	女	汉	内蒙古博物院			数据采集	志愿者
白云峰	男	汉	内蒙古博物院			摄影	志愿者
黄敏晴	女	汉	香港高校			数据采集	志愿者
高　旭	女	汉	内蒙古师范大学			数据采集	志愿者
奇力木格	女	蒙古	内蒙古师范大学			数据采集	志愿者

内蒙古自治区文物考古研究所第一次全国可移动文物普查人员统计表

姓　名	性别	民族	工作单位	职　称	职　务	普查内容	备　注
盖志勇	男	满	内蒙古文物考古研究所	研究馆员	副所长	全面负责所内普查	
张亚强	男	汉	内蒙古文物考古研究所	研究馆员	研究室主任	具体负责所内普查	
岳够明	男	汉	内蒙古文物考古研究所	副研究馆员	信息中心主任	具体负责所内普查	
李倩	女	汉	内蒙古文物考古研究所	文博馆员		数据采集、上传	
孙斯琴格日乐	女	蒙古	内蒙古文物考古研究所	文博馆员		数据采集、上传	
朱玉君	女	汉	内蒙古文物考古研究所	副研究馆员		数据采集、上传	
冯吉祥	男	汉	内蒙古文物考古研究所	文博馆员		数据采集、上传	
苏亚坤	女	汉	内蒙古文物考古研究所	助理馆员		数据采集、上传	
王颖	女	汉	内蒙古文物考古研究所	助理馆员		数据采集、上传	
查苏娜	女	蒙古	内蒙古文物考古研究所	助理馆员		数据采集、上传	
徐焱	男	汉	内蒙古文物考古研究所	助理馆员		数据采集、上传	
海日罕	女	蒙古	内蒙古文物考古研究所	助理馆员		数据采集、上传	
曹获	女	汉	内蒙古文物考古研究所	助理馆员		数据采集、上传	
金辉	女	汉	学生志愿者			数据采集、上传	
张倩	女	汉	学生志愿者			数据采集、上传	
乌日罕	女	蒙古	学生志愿者			数据采集、上传	
伟勒苏	女	蒙古	学生志愿者			数据采集、上传	
特日格乐	女	蒙古	学生志愿者			数据采集、上传	
乌英嘎	女	蒙古	学生志愿者			数据采集、上传	
朝克	男	蒙古	学生志愿者			数据采集、上传	
陈海玲	女	汉	学生志愿者			数据采集、上传	
张森	男	汉	学生志愿者			数据采集、上传	
毛双燕	女	汉	学生志愿者			数据采集、上传	

呼和浩特市第一次全国可移动文物普查人员统计表

姓 名	性别	民族	工作单位	职 称	职 务	普查内容	备 注
白金祥	男	汉	呼和浩特市人民政府		副市长	组织实施、领导	组织人员
韩 莉	女	蒙古	呼和浩特市委		宣传部副部长	组织实施、领导	组织人员
刘月平	男	汉	呼和浩特市人民政府		副秘书长、办公室主任	组织实施、领导	组织人员
兰 毅	男	汉	呼和浩特市文化新闻出版广电局		局长	组织实施、领导	组织人员
王 珺	女	满	呼和浩特市党史办		主任	组织实施、领导	组织人员
李绍强	男	汉	呼和浩特市发展和改革委		调研员	组织实施、领导	组织人员
王慧明	男	汉	呼和浩特市民委		副主任	组织实施、领导	组织人员
赵英杰	男	蒙古	呼和浩特市财政局		副局长	组织实施、领导	组织人员
王旺盛	男	蒙古	呼和浩特市民政局		副局长	组织实施、领导	组织人员
杨国臣	男	汉	呼和浩特市统计局		副局长	组织实施、领导	组织人员
栗俊钢	男	汉	呼和浩特市国土资源局		副局长	组织实施、领导	组织人员
鲁巴特	男	蒙古	呼和浩特警备区		政治部主任	组织实施、领导	组织人员
梁亚东	男	汉	呼和浩特市科协		副主席	组织实施、领导	组织人员
高振岭	男	汉	呼和浩特市国有资产监督管理局		副局长	组织实施、领导	组织人员
赵志刚	男	汉	呼和浩特市文物事业管理处	馆员	副处长	宣传、实施	宣传人员
赵 芳	女	汉	呼和浩特市文物事业管理处	副研究馆员	宣传科科长	宣传、实施	宣传人员
索尼尔	男	蒙古	呼和浩特市文化新闻出版广电局			参与、沟通协调	联络人员
扈 洁	女	回	呼和浩特市文物事业管理处			宣传、实施	宣传人员

姓　名	性别	民族	工作单位	职　称	职　务	普查内容	备　注
苏　导	男	汉	内蒙古自治区将军衙署博物院		办公室主任	参与、沟通协调	联络人员
吴怀林	男	蒙古	内蒙古自治区将军衙署博物院	高级技师		专家、审核	专家
赵敏捷	男	汉	呼和浩特市玉泉区文体局			组织实施、领导、审核	联络人员、普查员
包小团	男	蒙古	呼和浩特市文化新闻出版广电局		文物科科员	参与、沟通协调、信息采集	普查员
陆冬明	男	汉	呼和浩特市文化新闻出版广电局		文物科科员	参与、沟通协调、信息采集	联络人员
陶明杰	男	满	呼和浩特市文化新闻出版广电局、内蒙古自治区将军衙署博物院	副研究馆员	党组成员、处长	组织实施、领导、审核	管理人员、审核员
贺敬党	女	蒙古	内蒙古自治区将军衙署博物院		副处长	审核	管理人员、审核员
王太平	男	汉	内蒙古自治区将军衙署博物院	馆员	副科长、保管部副主任	专家、信息采集、审核	普查员、专家
赛英夫	男	蒙古	内蒙古自治区将军衙署博物院	馆员		审核、信息采集、审核	普查员、专家
郭　涛	女	汉	内蒙古自治区将军衙署博物院	馆员		审核、录入	普查员
韩凤玲	女	汉	内蒙古自治区将军衙署博物院	馆员		审核、录入	普查员
胡玉花	女	蒙古	内蒙古自治区将军衙署博物院	副研究馆员		审核、录入	普查员
斯钦布和	男	蒙古	内蒙古自治区将军衙署博物院	副研究馆员		摄影、录入、数据上传	普查员
郭　力	男	汉	内蒙古自治区将军衙署博物院	馆员		摄影、专家、审核	普查员、专家
王立德	男	汉	内蒙古自治区将军衙署博物院	副研究馆员	办公室副主任	组织实施、专家、信息采集、审核	普查员、专家
杨润先	女	汉	内蒙古自治区将军衙署博物院	副研究馆员		信息采集、专家、审核	普查员、专家

姓　名	性别	民族	工作单位	职　称	职　务	普查内容	备　注
王春生	男	汉	内蒙古自治区将军衙署博物院	助理馆员		信息采集	普查员
陈文娟	女	汉	内蒙古自治区将军衙署博物院	馆员		录入	普查员
王春燕	女	汉	内蒙古自治区将军衙署博物院	副研究馆员		录入	普查员
王国庆	男	汉	呼和浩特市文化新闻出版广电局、内蒙古自治区将军衙署博物院	馆员	文物科科员	录入、沟通协调	普查员
宫志华	女	蒙古	内蒙古自治区将军衙署博物院	馆员		录入	普查员
张晓英	女	蒙古	内蒙古自治区将军衙署博物院	助理馆员		信息采集	普查员
汤　军	男	满	内蒙古自治区将军衙署博物院	馆员		信息采集、专家	普查员、专家
李　岩	男	汉	内蒙古自治区将军衙署博物院	助理馆员		信息采集、专家、审核	普查员、专家
吉根泰	男	蒙古	内蒙古自治区将军衙署博物院	助理馆员		信息采集、专家	普查员、专家
张　黎	女	汉	内蒙古自治区将军衙署博物院	助理馆员		信息采集	普查员
马文婷	女	回	内蒙古自治区将军衙署博物院			信息采集	普查员
陶　鑫	女	满	内蒙古自治区将军衙署博物院			信息采集	普查员
王　璞	男	回	内蒙古自治区将军衙署博物院			录入	志愿者
闫　旭	男	汉	内蒙古自治区将军衙署博物院			录入	志愿者
张　倩	女	汉	内蒙古自治区将军衙署博物院			录入	志愿者
张建平	女	汉	内蒙古自治区将军衙署博物院			信息采集	志愿者

姓　名	性别	民族	工作单位	职　称	职　务	普查内容	备　注
赵江滨	男	汉	呼和浩特市文物事业管理处		处长	组织实施、审核	管理人员、审核员
迟利	女	汉	呼和浩特市文物事业管理处	研究馆员	副处长	组织实施、审核、专家	管理人员、审核员、专家
武高明	男	汉	呼和浩特市文物事业管理处	研究馆员	副处长	组织实施、审核、专家	管理人员、审核员、专家
包小民	女	蒙古	呼和浩特市文物事业管理处	副研究馆员	科长	信息采集、录入、专家、审核	普查员、专家
刘丽萍	女	汉	呼和浩特市文物事业管理处	副研究馆员	科长	录入	普查员
王虹	女	汉	呼和浩特市文物事业管理处	馆员	副科长	录入	普查员
董萨日娜	女	蒙古	呼和浩特市文物事业管理处	馆员		信息采集、录入	普查员
青亮	女	蒙古	呼和浩特市文物事业管理处	馆员		信息采集、录入	普查员
薛敏	女	汉	呼和浩特市文物事业管理处	馆员		摄影、宣传	普查员
杨蕊	女	汉	呼和浩特市文物事业管理处			信息采集、录入	普查员
王少阳	男	汉	呼和浩特市文物事业管理处			信息采集、录入	普查员
于成	男	汉	呼和浩特市文物事业管理处			信息采集、录入	普查员
戴丽萍	女	汉	呼和浩特市文物事业管理处	副研究馆员		信息采集	普查员
武成	男	汉	呼和浩特博物馆	研究馆员	馆长	组织领导、摄影、审核、专家	管理人员、审核员、专家
燕晓武	男	满	呼和浩特博物馆	副研究馆员	书记	组织领导、审核	管理人员

姓　名	性别	民族	工作单位	职　称	职　务	普查内容	备　注
朝　克	男	蒙古	呼和浩特博物馆	副研究馆员	副馆长	组织领导、专家	管理人员、专家
武晓怡	女	汉	呼和浩特博物馆	副研究馆员	副馆长	组织领导、宣传	管理人员、宣传人员
邢瑞明	男	汉	呼和浩特博物馆	馆员	办公室主任	组织领导	管理人员、联络员
图　娅	女	蒙古	呼和浩特博物馆	副研究馆员		信息采集、摄影	普查员
李铁刚	男	汉	呼和浩特博物馆	馆员		信息采集	普查员
张靖研	女	汉	呼和浩特博物馆	副研究馆员		参与、宣传	普查员
张丽华	女	汉	呼和浩特博物馆			参与、实施	普查员
张敏超	女	汉	呼和浩特博物馆	馆员		信息采集、录入、上传、审核、技术支持	技术人员、普查员
吴红波	女	蒙古	呼和浩特博物馆	馆员		摄影、录入、上传	普查员
康贵彬	男	蒙古	呼和浩特博物馆	副研究馆员		参与、宣传	宣传员
任亚云	女	汉	呼和浩特博物馆	副研究馆员		参与、宣传	宣传员
白俊杰	男	汉	呼和浩特博物馆	馆员		参与、宣传	宣传员
乌兰图雅	女	蒙古	呼和浩特博物馆	馆员		参与、宣传	宣传员
李俊林	男	汉	呼和浩特博物馆	助理馆员		参与、宣传	宣传员
陈　鹏	男	汉	呼和浩特博物馆	助理馆员		参与、宣传	宣传员
金　鑫	女	蒙古	呼和浩特博物馆	助理馆员		信息采集、录入、上传	普查员
张丽娜	女	汉	呼和浩特博物馆	助理馆员		摄影、上传	普查员
卜英姿	女	蒙古	呼和浩特博物馆	研究馆员		专家	专家
姬晓峰	男	汉	呼和浩特博物馆	助理馆员		参与、宣传	宣传员
云晓英	女	蒙古	呼和浩特博物馆	馆员		财会	宣传员
宋艳萍	女	汉	呼和浩特博物馆			财会	宣传员
霍　珺	男	汉	呼和浩特博物馆			信息采集	志愿者

姓　名	性别	民族	工作单位	职　称	职　务	普查内容	备　注
蒙　奇	男	汉	呼和浩特博物馆			信息采集	志愿者
赵曦瑶	男	汉	呼和浩特博物馆			信息采集	志愿者
张浩如	男	汉	呼和浩特市图书馆	副研究馆员	馆长	审核	管理人员、审核员
刘晓燕	女	蒙古	呼和浩特市图书馆	副研究馆员	副馆长	组织实施、审核、专家	管理人员、审核员
卜险峰	男	蒙古	呼和浩特市图书馆	副研究馆员	副馆长	审核	管理人员、审核员
王玉荣	女	汉	呼和浩特市图书馆	副研究馆员	阅览部主任	审核	普查员
娜　仁	女	蒙古	呼和浩特市图书馆	副研究馆员		信息采集	普查员
张　虹	女	汉	呼和浩特市图书馆	副研究馆员		信息采集	普查员
邹彩丽	女	汉	呼和浩特市图书馆	馆员		信息采集	普查员
马瑞芳	女	汉	呼和浩特市图书馆	馆员		信息采集	普查员
白瑞琴	女	汉	呼和浩特市图书馆	馆员		信息采集	普查员
赵一鑫	女	汉	呼和浩特市图书馆	馆员		录入、信息采集、专家	普查员、专家
敖嘉璐	女	汉	呼和浩特市图书馆	助理馆员		录入、信息采集	普查员
孙亚华	女	汉	呼和浩特市图书馆	副研究馆员		摄影	普查员
田利博	男	汉	呼和浩特市图书馆	馆员		摄影	普查员
俞伟明	男	汉	呼和浩特市图书馆	副研究馆员		摄影	普查员
王　宇	男	汉	呼和浩特市图书馆	馆员		摄影	普查员
董　海	男	汉	呼和浩特市图书馆	助理馆员		摄影	普查员
白　萍	女	汉	呼和浩特市图书馆	馆员		宣传	宣传员
武凤莲	女	汉	呼和浩特市档案局		副局长	组织实施、领导、审核	管理人员、审核员
李　蓉	女	汉	呼和浩特市档案局编研科	馆员	副科长	审核、信息采集、录入	普查员
刘沙仁娜	女	蒙古	呼和浩特市档案局技术科		副主任科员	信息采集、录入	普查员

姓　名	性别	民族	工作单位	职　称	职　务	普查内容	备　注
周丽英	女	汉	呼和浩特市档案局保管科	馆员	科长	信息采集、录入	普查员
李　静	女	汉	呼和浩特市档案局保管科	助理馆员	副科长	信息采集、录入	普查员
程利芳	女	汉	呼和浩特市档案局保管科		副主任科员	信息采集、录入	普查员
王　新	男	汉	呼和浩特市教育局		副调研员	组织实施、领导、审核	管理人员、审核员
黄永胜	男	蒙古	呼和浩特市教育局		副调研员	组织实施、领导、审核	管理人员、审核员
补宁迪	男	蒙古	呼和浩特市教育局		办公室科员	信息采集、录入	普查员
燕晓娟	女	满	呼和浩特市教科所	副高级教师	战略研究室主任	组织实施、宣传、审核	管理人员、审核员
陈　欣	女	汉	呼和浩特市电教馆	中级教师	教师	信息采集、录入	普查员
马永乐	男	回	新城区文化市场综合执法大队综合科		科长	组织实施、领导、审核	管理人员、审核员
高　飞	男	满	新城区文化市场综合执法大队			参与、宣传	普查员
訾　悦	女	汉	新城区文化体育和广播电影电视局			参与、宣传	普查员
王　宏	女	汉	新城区文化体育和广播电影电视局			宣传	普查员
兰　婷	女	汉	新城区文化体育和广播电影电视局			参与、宣传	普查员
兰　娟	女	汉	呼和浩特市新城区档案局		科员	信息采集、录入	普查员
张　兴	男	汉	呼和浩特市新城区档案局		科员	信息采集、录入	普查员
寇春标	男	汉	呼和浩特市回民区文化体育市场综合执法大队		大队长	组织、宣传、审核	管理人员、审核员
常向东	男	汉	呼和浩特市回民区文化体育市场综合执法大队		中队长	组织、宣传、审核	管理人员
张　宏	男	汉	呼和浩特市回民区文化体育市场综合执法大队			参与、宣传	宣传员

姓　名	性别	民族	工作单位	职　称	职　务	普查内容	备　注
梁润平	男	汉	呼和浩特市回民区文化体育市场综合执法大队			参与、宣传	宣传员
张晓阳	男	回	呼和浩特市回民区文化体育市场综合执法大队	主任		信息采集、录入	普查员
杨乐	男	汉	呼和浩特市回民区文化体育市场综合执法大队			参与、宣传	宣传员
王鹏	男	蒙古	呼和浩特市回民区文化体育市场综合执法大队			参与、宣传	宣传员
乌力吉	男	蒙古	呼和浩特市回民区文化体育市场综合执法大队			参与、宣传	宣传员
赵旭	男	汉	呼和浩特市回民区文化体育市场综合执法大队	中队长		参与、宣传	宣传员
高尔柯	男	蒙古	呼和浩特市回民区文化体育市场综合执法大队			参与、宣传	宣传员
刘飞	男	汉	呼和浩特市回民区文化体育市场综合执法大队			参与、宣传	宣传员
三月	女	蒙古	呼和浩特市回民区文化体育市场综合执法大队			参与、宣传	宣传员
秦亚姝	女	汉	呼和浩特市回民区文化体育市场综合执法大队			参与、宣传	宣传员
马瑞敏	女	汉	呼和浩特市回民区文化体育市场综合执法大队			参与、宣传	宣传员
赵书勤	女	汉	呼和浩特市回民区文化体育市场综合执法大队			参与、宣传	宣传员
李靖	男	汉	呼和浩特市回民区发改局	副局长		组织、宣传	管理人员
云鹏	男	蒙古	呼和浩特市回民区发改局			参与、宣传	宣传员
蔡志强	男	汉	呼和浩特市回民区发改局			参与、宣传	宣传员
康静	女	回	呼和浩特市回民区档案局			参与、宣传	宣传员
安琪	女	回	呼和浩特市回民区档案局			参与、宣传	宣传员

姓　名	性别	民族	工作单位	职　称	职　务	普查内容	备　注
邬素玲	女	汉	呼和浩特市回民区档案局			参与、宣传	宣传员
贾利俊	男	汉	呼和浩特市回民区民政局	副局长		组织、宣传	宣传员
张　敏	女	汉	呼和浩特市回民区民政局			参与、宣传	宣传员
马文星	男	汉	呼和浩特市回民区民政局			参与、宣传	宣传员
闫　晨	男	汉	呼和浩特市回民区钢铁路办事处	武装部部长		调查	普查员
张顺凯	男	汉	呼和浩特市回民区钢铁路办事处			调查	普查员
乔　颖	女	汉	呼和浩特市回民区钢铁路办事处			调查	普查员
孙嘉庆	男	汉	呼和浩特市环河街办事处			调查	普查员
王建宇	男	汉	呼和浩特市光明路办事处			调查	普查员
马疏斌	男	汉	呼和浩特市光明路办事处			调查	普查员
伊铁夫	男	回	呼和浩特市通道街办事处	经济办主任		调查	普查员
刘艳梅	女	汉	呼和浩特市通道街办事处			调查	普查员
李臻昀	男	汉	呼和浩特市通道街办事处			调查	普查员
王　营	男	汉	呼和浩特市新华西街办事处			调查	普查员
苗奕轩	男	汉	呼和浩特市攸攸板镇政府	镇文化站干部		调查	普查员
银福俊	男	汉	呼和浩特市段家窑村	村支部委员		调查	普查员
徐俊生	男	汉	呼和浩特市刀刀板村	村副主任		调查	普查员
王二威	男	汉	呼和浩特市青山村	村副主任		调查	普查员

姓　名	性别	民族	工作单位	职　称	职　务	普查内容	备　注
张三丰	男	汉	呼和浩特市东乌素图村	村副书记		调查	普查员
霍永炳	男	汉	呼和浩特市一间房村	村委员		调查	普查员
杨　鹤	男	汉	呼和浩特市西龙王庙村			调查	普查员
刘连生	男	汉	呼和浩特市倘不浪村			调查	普查员
刘红霞	女	汉	呼和浩特市厂汉板村			调查	普查员
王利升	男	汉	呼和浩特市四合兴村	村主任		调查	普查员
奚　波	男	汉	呼和浩特市塔布板村			调查	普查员
曲瑞祥	男	汉	呼和浩特市西乌素图村			调查	普查员
刘丽龙	男	汉	呼和浩特市元山子村			调查	普查员
冯玉枝	女	汉	呼和浩特市毫赖沟村			调查	普查员
董　瑞	男	汉	呼和浩特市孔家营村			调查	普查员
武　星	男	汉	呼和浩特市小府村			调查	普查员
李占军	男	汉	呼和浩特市东棚子村			调查	普查员
王　胜	男	汉	呼和浩特市坝口子村			调查	普查员
崔建武	男	汉	呼和浩特市攸攸板村	村副书记		调查	普查员
冯利英	女	汉	呼和浩特市海西路街办事处			调查	普查员
兰　蔚	男	汉	呼和浩特市海西路街办事处			调查	普查员
潘　栋	男	汉	呼和浩特市海西路街办事处			调查	普查员
刘建琴	女	汉	呼和浩特市海西路街办事处			调查	普查员
郝当英	女	汉	呼和浩特市海西路街办事处			调查	普查员
石　强	男	汉	呼和浩特市玉泉区文化体育广电局	副科	玉泉区文体局副局长	信息采集、录入	管理人员、审核员
殷伯义	男	汉	呼和浩特市玉泉区文化体育广电局		玉泉区文物管理所所长	信息采集、录入	管理人员、审核员
宫思琪	女	汉	呼和浩特市玉泉区文化体育广电局			信息采集、录入	普查员
赵小萱	女	汉	呼和浩特市玉泉区文化体育广电局			信息采集	普查员
谢盼盼	女	汉	呼和浩特市玉泉区文化体育广电局			录入	普查员
要煜东	男	汉	呼和浩特市玉泉区文化体育广电局			录入	普查员

姓　名	性别	民族	工作单位	职　称	职　务	普查内容	备　注
武沛然	男	汉	呼和浩特市玉泉区文化体育广电局			信息采集	普查员
呼　和	男	蒙古	呼和浩特市席力图召		消防组组长	信息采集	普查员
苏　道	男	蒙古	呼和浩特市席力图召		消防组组员	录入	普查员
阿迪雅	男	蒙古	呼和浩特市席力图召		消防组组员	信息采集	普查员
胡斯楞	男	蒙古	呼和浩特市席力图召		消防组组员	录入	普查员
孟和达来	男	蒙古	呼和浩特市大召		副住持	信息采集	普查员
热　希	男	蒙古	呼和浩特市大召		副文扎德（经头）	录入	普查员
释戒安	男	汉	呼和浩特市观音庙		消防组组长	录入	普查员
释戒住	男	汉	呼和浩特市观音庙		消防组组员	信息采集	普查员
韩权芬	女	汉	呼和浩特市赛罕区人民政府		副区长	组织实施、领导、审核	管理人员、审核员
陈汶辉	男	汉	呼和浩特市赛罕区文化体育和广播电影电视局		党总支书记	审核	管理人员、审核员
祁俊虎	男	汉	呼和浩特市赛罕区文化体育和广播电影电视局		局长	组织实施、领导	管理人员、审核员
左东明	男	汉	呼和浩特市赛罕区文化体育和广播电影电视局		局长	组织实施、领导	管理人员、审核员
朱　珠	男	汉	呼和浩特市赛罕区文化体育和广播电影电视局		副局长	组织实施、领导	管理人员、审核员
李　平	男	汉	呼和浩特市赛罕区文化体育和广播电影电视局	助理	文物管理办公室主任	信息采集、宣传	管理人员、普查员
王　蕾	女	汉	呼和浩特市赛罕区文化体育和广播电影电视局	助理	文物管理办公室科员	信息采集、录入	普查员
杨珊珊	女	回	呼和浩特市赛罕区文化体育和广播电影电视局		文物管理办公室科员	信息采集、录入	普查员

姓　名	性别	民族	工作单位	职　称	职　务	普查内容	备　注
邸　飞	男	汉	呼和浩特市赛罕区文化体育和广播电影电视局		文物管理办公室科员	调查、宣传	普查员
闫海英	男	汉	呼和浩特市赛罕区文化体育和广播电影电视局		文物管理办公室科员	调查、宣传	普查员
姚彦文	男	汉	呼和浩特市赛罕区文化体育和广播电影电视局		局办公室党务办主任	调查、信息采集	普查员
李　俊	男	汉	呼和浩特市赛罕区文化体育和广播电影电视局		局办公室科员	调查、信息采集	普查员
李永清	女	汉	呼和浩特市赛罕区文化体育和广播电影电视局		局财务室出纳	调查	普查员
何雪飞	女	汉	呼和浩特市赛罕区文化体育和广播电影电视局		文物管理办公室科员	调查	普查员
宇文龙飞	男	汉	呼和浩特市赛罕区文化体育和广播电影电视局		局公共文化科科长	调查	普查员
王　伟	男	汉	呼和浩特市赛罕区文化体育和广播电影电视局		局产业办主任	调查	普查员
张子君	男	汉	呼和浩特市赛罕区文化体育和广播电影电视局	中级	局产业办科员	调查	普查员
高俊仙	男	汉	呼和浩特市赛罕区文化体育和广播电影电视局		局广电办主任	调查	普查员
韩俊臣	男	汉	呼和浩特市榆林镇人民政府		文化站长	调查	普查员
杨永红	男	汉	呼和浩特市黄合少镇人民政府		文化站长	调查	普查员
李　杰	女	汉	呼和浩特市金河镇人民政府		文化站长	调查	普查员
南利清	女	汉	呼和浩特市敕勒川街道办事处		文化站长	调查	普查员
韩晓燕	女	汉	呼和浩特市昭乌达街道办事处		文化站长	调查	普查员
张青梅	女	汉	呼和浩特市人民路街道办事处		文化站长	调查	普查员
曹清香	女	汉	呼和浩特市大学西路街道办事处		文化站长	调查	普查员

姓　名	性别	民族	工作单位	职　称	职　务	普查内容	备　注
李　奇	男	汉	呼和浩特市大学东路街道办事处		文化站长	调查	普查员
王巴图	男	蒙古	呼和浩特市乌兰察布东路街道办事处		文化站长	调查	普查员
李靖宇	男	汉	呼和浩特市中专路街道办事处		文化站长	调查	普查员
刘志恒	男	汉	呼和浩特市巴彦街道办事处		文化站长	调查	普查员
张　毅	男	汉	呼和浩特市赛罕区档案局		局长	组织实施、审核	管理人员、审核员
乔虎俊	男	汉	呼和浩特市赛罕区档案局		办公室主任	信息采集、录入	管理人员、审核员
王　坤	女	汉	呼和浩特市赛罕区档案局		科员	信息采集、录入	普查员
张俊平	男	汉	呼和浩特市赛罕区巴彦镇中心校		校长	组织实施、审核	管理人员、审核员
吴　琼	女	汉	呼和浩特市赛罕区巴彦镇中心校			信息采集、录入	普查员
朱瑞英	女	汉	内蒙古大学图书馆			信息采集、录入	普查员
贺其叶勒图	男	蒙古	内蒙古大学民族博物馆		馆长	信息采集、录入	管理人员、审核员
张勇伟	男	汉	内蒙古大学民族博物馆		馆员	信息采集、录入	普查员
齐溶青	男	汉	内蒙古师范大学历史系		教师	信息采集、录入	管理人员、普查员、审核员
郭明华	男	汉	内蒙古师范大学历史系		国资处副处长	参与	宣传员
何砺碞	男	汉	内蒙古图书馆	副研究馆员	民族地方文献研究中心部门主任	审核	管理人员、审核员
冯丽丽	女	蒙古	内蒙古图书馆	馆员	无	摄影、信息采集、录入	普查员
王晓燕	女	汉	内蒙古党校图书馆		馆长	信息采集、录入	管理人员、审核员

姓　名	性别	民族	工作单位	职　称	职　务	普查内容	备　注
庞彩云	女	汉	内蒙古党校图书馆		馆员	信息采集、录入	普查员
王锦霞	女	汉	呼和浩特市土默特左旗文体广电局		局长	组织领导、实施	组织人员
庞金锁	男	汉	呼和浩特市土默特左旗文体广电局		副局长	组织领导、实施	组织人员
王兰柱	男	汉	呼和浩特市土默特左旗文物馆	馆员	馆长	组织实施、摄影、信息采集、审核、专家	管理人员、审核员、专家
阿勒腾	男	蒙古	呼和浩特市土默特左旗文物馆	助理馆员	副馆长	参与、实施、录入、摄影	普查员
荣浩然	男	蒙古	呼和浩特市土默特左旗文物馆	助理馆员	办公室主任	参与、宣传、录入、摄影	普查员
王利梅	女	汉	呼和浩特市土默特左旗文物馆	助理馆员	馆员	参与、实施	普查员
肖燕红	女	汉	呼和浩特市土默特左旗文物馆	助理馆员		参与、实施	普查员
郭桂丽	女	汉	呼和浩特市土默特左旗文物馆	助理馆员		参与、实施	普查员
章　娟	女	汉	呼和浩特市土默特左旗文物馆	助理馆员		参与、宣传	宣传员
冀海霞	女	汉	呼和浩特市土默特左旗文物馆	助理馆员		参与、宣传	宣传员
丁利文	男	汉	呼和浩特市托克托县政府		政府副县长	审核、组织实施、领导	组织人员
张素清	女	汉	呼和浩特市托克托县文化体育局		局长	审核、组织实施、领导	组织人员
贾来东	男	汉	呼和浩特市托克托县文化体育局		副局长	审核、组织实施、领导	组织人员
石　磊	男	汉	呼和浩特市托克托县博物馆	馆员	馆长	审核、信息采集、专家	管理人员、审核员、专家
刘　燕	女	汉	呼和浩特市托克托县博物馆	副研究馆员	馆员	信息采集、录入	普查员

续表

姓　名	性别	民族	工作单位	职　称	职　务	普查内容	备　注
赵　静	女	汉	呼和浩特市托克托县博物馆		馆员	信息采集、录入	普查员
云　玲	女	蒙古	呼和浩特市托克托县博物馆		馆员	信息采集、录入	普查员
梁亚东	男	汉	呼和浩特市托克托县博物馆		馆员	信息采集、录入	普查员
王　萌	男	汉	呼和浩特市托克托县博物馆		馆员	信息采集、录入	普查员
王砚平	男	汉	呼和浩特市托克托县博物馆		馆员	信息采集、录入	普查员
刘翠荣	女	汉	呼和浩特市托克托县博物馆		馆员	信息采集、录入	普查员
张一帆	女	汉	呼和浩特市和林格尔县政府副县长		领导小组组长	审核	组织人员
王建功	男	汉	呼和浩特市和林格尔县文体局局长		领导小组副组长	审核	组织人员
王　彪	男	汉	呼和浩特市和林格尔县文体局总支书记		领导小组副组长	审核	组织人员
闫　安	男	汉	呼和浩特市和林格尔县盛乐博物馆馆长		领导小组成员	审核	管理人员、审核员、专家
霍志国	男	汉	呼和浩特市和林格尔县文物保护管理所		所长、领导小组办公室主任、专家组组长	组织实施、专家、信息采集、审核	管理人员、审核员、专家
徐　静	女	汉	呼和浩特市和林格尔县文物保护管理所	馆员		录入	普查员、专家
刘鲜梅	女	汉	呼和浩特市和林格尔县文物保护管理所	助理馆员		信息采集	普查员、专家
张補才	男	汉	呼和浩特市和林格尔县文物保护管理所	助理馆员		信息采集	普查员、专家
刘锦慧	女	汉	呼和浩特市和林格尔县文物保护管理所	馆员		信息采集	普查员
温冠秀	男	汉	呼和浩特市和林格尔县文物保护管理所	馆员		信息采集	普查员

姓　名	性别	民族	工作单位	职　称	职　务	普查内容	备　注
韩利军	男	汉	呼和浩特市和林格尔县文物保护管理所	管理员		信息采集	普查员
侯改荣	女	汉	呼和浩特市和林格尔县文物保护管理所	管理员		摄影	普查员
张倩茹	女	汉	呼和浩特市和林格尔县盛乐博物馆	管理员		录入	普查员
高　飞	男	汉	呼和浩特市和林格尔县盛乐博物馆	管理员		录入	普查员
霍强胜	男	汉	呼和浩特市和林格尔县文物保护管理所	助理馆员		信息采集	普查员
朱家龙	男	满	呼和浩特市和林格尔县文物保护管理所	助理馆员		摄影	普查员、专家
刘润花	女	汉	呼和浩特市清水河县文体广电局		副局长	组织领导、实施、审核	组织人员
刘建国	男	汉	呼和浩特市清水河县文管所		所长	组织实施、专家、审核	管理人员、审核员、专家
亢　俊	男	汉	呼和浩特市清水河县文管所			信息采集、录入	普查员
孙　勇	男	汉	呼和浩特市清水河县文管所			信息采集、录入	普查员
张　健	男	汉	呼和浩特市清水河县文管所			信息采集、录入	普查员
赵　芳	女	汉	呼和浩特市清水河县档案局		科员	信息采集、录入	普查员
党晓丽	女	汉	呼和浩特市清水河县档案局			信息采集、录入	普查员
孙虎原	男	汉	呼和浩特市清水河县教育局		政府督学	组织领导、实施、审核	普查员
蔡势茂	男	汉	呼和浩特市清水河县教育局		教育史馆馆长	信息采集、录入	普查员
陈　敏	女	汉	呼和浩特市清水河民政局			参与、宣传	普查员

续表

姓　名	性别	民族	工作单位	职　称	职　务	普查内容	备　注
张世杰	男	汉	呼和浩特市武川县文体广电局		局长	审核	组织人员
吕维珍	男	汉	呼和浩特市武川县文体广电局		副局长	审核	组织人员
武明光	男	汉	呼和浩特市武川县文管所	副研究馆员	所长	组织实施、专家、信息采集、审核	管理人员、审核员、专家
田金花	女	汉	呼和浩特市武川县文管所	馆员	副所长	审核、信息采集	普查员
赵淑卿	女	汉	呼和浩特市武川县文管所	馆员		信息采集	普查员
张瑞霞	女	汉	呼和浩特市武川县文管所	助理馆员		信息采集	普查员
杨志军	男	汉	呼和浩特市武川县文管所			摄影	普查员
彭瑞锋	男	汉	呼和浩特市武川县文管所			录入	普查员

包头市第一次全国可移动文物普查人员统计表

姓　名	性别	民族	工作单位	职　称	职　务	普查内容	备　注
李　峰	男	汉	白云鄂博矿区文体广电旅游局	正科	局长（现已调离）	管理	
高　科	男	汉	白云鄂博矿区文体广电旅游局	副科	文化市场综合执法大队队长	数据采集	
高日梅	女	汉	白云鄂博矿区文体广电旅游局	科员		数据录入	
李彩霞	女	汉	内蒙古包头博物馆	研究员	征集保管部主任	管理	
杨　君	女	汉	内蒙古包头博物馆	副研究馆员	征集保管部副主任	管理	
申　琳	女	汉	内蒙古包头博物馆	馆员	科员	数据录入	
李志勇	男	汉	内蒙古包头博物馆	馆员	科员	数据采集	
陈　波	男	汉	内蒙古包头博物馆	馆员	科员	数据录入	
刘焕涛	男	汉	内蒙古包头博物馆	馆员	科员	摄影	
李壮伟	男	汉	内蒙古包头博物馆	馆员	科员	数据录入	
王建军	男	汉	内蒙古包头博物馆	馆员	科员	数据采集	
丁　洁	女	汉	内蒙古包头博物馆	助理馆员	科员	数据录入	
韩　艺	女	汉	内蒙古包头博物馆	助理馆员	科员	数据录入	
邬　洁	女	汉	内蒙古包头博物馆	助理馆员	科员	数据录入	
史永杰	男	汉	包头师范学院历史系		学生	数据采集	志愿者
郭振东	男	汉	包头师范学院历史系		学生	数据采集	志愿者
李　瑜	男	汉	包头师范学院历史系		学生	数据采集	志愿者
张晓飞	男	汉	包头师范学院历史系		学生	数据采集	志愿者
徐少博	男	汉	包头师范学院历史系		学生	数据采集	志愿者
魏月馨	女	汉	包头师范学院历史系		学生	数据采集	志愿者

姓　名	性别	民族	工作单位	职　称	职　务	普查内容	备　注
王　东	男	汉	包头师范学院历史系		学生	数据采集	志愿者
侯建坤	男	汉	包头师范学院历史系		学生	数据采集	志愿者
杨艳飞	男	汉	包头师范学院历史系		学生	数据采集	志愿者
徐　畅	女	汉	包头师范学院历史系		学生	数据采集	志愿者
吴　磊	男	汉	包头师范学院历史系		学生	数据采集	志愿者
高　琦	男	汉	达茂旗博物馆	文博馆员	馆长	管理	
萨日娜	女	蒙古	达茂旗博物馆		讲解员	数据录入	
斯琴高娃	女	蒙古	达茂旗博物馆		讲解员	数据录入	
乔志杰	男	汉	达茂旗文物管理所	群文助管	所长	管理	
王新文	男	汉	达茂旗文物管理所	文博馆员		数据采集	
高　举	男	汉	达茂旗文物管理所			数据采集	
宝音图	男	蒙古				摄影拍照	外聘
马文刚	男	汉	达茂旗文体广电局		局长	管理	
陈树明	男	汉	达茂旗文体广电局		副局长	管理	
张海斌	男	汉	包头市文物局	文博研究员	局长	文物审核	专家
苗润华	男	蒙古	包头市文物局	文博研究员	副局长	文物审核	专家
董勇军	男	汉	包头市文物局	文博副研究员	科员	文物摄影	
王英泽	女	汉	包头市文物局	文博副研究员	文物信息研究室主任	管理	
邢燕燕	女	汉	包头市文物局	文博馆员	文物科副科长	文物信息录入	
姚　旭	男	汉	包头市文物局	文博副研究员	科员	文物信息录入	
郑树清	女	汉	包头市文物局	文博馆员		数据采集	
李安原	男	汉	白俄罗斯国立大学			文物摄影	
蔺　斌	男	汉	内蒙古师范大学			文物摄影	
孟凯敏	男	汉	山西大同大学			文物信息采集	
陶永辉	男	汉	陕西师范大学			文物信息采集	
王阳琛	女	汉	陕西师范大学			文物信息采集	
解　旭	女	汉	包头师范学院			文物信息采集	
侯　宁	女	汉	包头师范学院			文物信息采集	
黄晓东	男	汉	包头师范学院			文物信息采集	
郭书彤	女	汉	包头师范学院			文物信息采集	

姓　名	性别	民族	工作单位	职　称	职　务	普查内容	备　注
虞菲珮	女	汉	包头师范学院			文物信息采集	
訾　茹	女	汉	包头师范学院			文物信息采集	
袁晓菲	女	汉	包头师范学院			文物信息采集	
崔　萌	女	汉	内蒙古大学			文物信息采集	
王福君	男	汉	敕勒川博物馆	正科	馆长	管理	
赵俊峰	男	汉	敕勒川博物馆	副科	副馆长	管理	
海永和	男	蒙古	敕勒川博物馆	科员	部长	数据采集	
云宇青	女	蒙古	敕勒川博物馆	科员	部长	数据录入	
刘德胜	男	汉	敕勒川博物馆	科员	部员	数据录入	
班学文	男	汉	敕勒川博物馆	科员	部员	数据录入	
兰瑞枝	女	汉	敕勒川博物馆	科员	部员	数据采集	
高　红	女	汉	敕勒川博物馆	科员	部员	数据采集	
潘慧超	女	汉	敕勒川博物馆	科员	部员	数据采集	
杨　帆	女	汉	东河区文物管理所		所长	数据采集	
孙志刚	男	汉	东河区文物管理所	中级		摄影、数据录入	
何　伟	男	汉	东河区文物管理所		科员	数据录入	
云雪魁	男	蒙古	东河区文体广电旅游局		科员	数据采集	
张春枝	女	蒙古	东河区文体广电旅游局		局长	管理	
杜瑞平	男	蒙古	东河区文体广电旅游局		副局长	管理	
落和平	男	汉	固阳县文物管理所	助理馆员	所长	摄影、数据采集	
高建云	男	汉	固阳县文体广电旅游局	副科级	文广局副局长	管理	
刘　军	男	汉	固阳县文体广电旅游局	科员	出纳	摄影	
郭慧敏	女	汉	固阳县文物管理所		文管所工作人员	数据录入	
冯　娜	女	汉	固阳县文物管理所		文管所工作人员	数据录入	
郭　婧	女	汉	固阳县文物管理所		文管所工作人员	数据录入	
任志远	男	汉	包头市青山区富强路小学		老师	数据采集	已调出
刘占江	男	汉	九原文体广电旅游局	正科	局长	管理	
樊　荣	女	汉	九原文体广电旅游局	副科	副局长	管理	
姚　梦	女	蒙古	九原文体广电旅游局	副主任科员	馆长	数据录入	

姓　名	性别	民族	工作单位	职　称	职　务	普查内容	备　注
吉日格乐	男	蒙古	九原区文化馆	群众文化馆员	馆员	数据采集、摄影	
李和平	男	汉	青山区文体广电旅游局		局长	管理	
尹　艳	女	汉	青山区文物管理所	中级	所长	管理	
赵　娜	女	汉	青山区文物管理所		科员	数据录入	
胡琮禹	男	汉	包头师范学院历史文化学院		书记、院长	数据采集	
孟令宏	男	汉	包头师范学院历史文化学院		文物馆负责人	数据录入	
王建国	男	汉	包头青山宾馆		书记	数据采集	
张利军	男	汉	石拐区文物管理所	科员	所长	管理	
王雅芳	女	汉	石拐区文物管理所	科员	所员	数据录入	
曹帮助	男	汉	石拐区文化馆	高教一级	馆员	数据采集	
王耀军	男	汉	个体	无	无	数据采集	
贺小军	男	汉	敕勒川文旅公司	正科	董事长	管理	
丁建军	男	汉	土右旗文化广电旅游局	副科	副局长	管理	
刘宏宇	男	汉	土右旗文物管理所	副科	所　长	管理	
李冬峰	男	蒙古	土右旗文物管理所	科员	副所长	管理	
库二东	男	汉	土右旗文物管理所	科员	副所长	管理	
董　辨	女	汉	土右旗文物管理所	科员	工作人员	数据采集	
吕　佑	女	汉	土右旗文物管理所		工作人员	数据录入	
张璟玉	女	汉	土右旗文物管理所		工作人员	数据采集	
梁　洁	女	汉	土右旗文物管理所		工作人员	数据采集	
罗敖特根	男	藏	五当召文物管理所		所长	管理	
新吉乐图	男	蒙古	五当召文物管理所		科员	摄影、数据录入	
秀鹏	男	蒙古	五当召文物管理所		科员	数据录入	
郭俊霞	女	汉	五当召文物管理所		科员	数据采集	
达古拉	女	蒙古	五当召文物管理所		科员	数据采集	
相　楠	男	汉	五当召文物管理所		科员	数据采集	
刘　飞	男	汉	五当召文物管理所		科员	数据采集	
邬峰颖	男	蒙古	五当召文物管理所		科员	数据采集	
王文龙	男	蒙古	五当召文物管理所		科员	数据采集	
葛剑锋	男	蒙古	五当召文物管理所		科员	数据采集	
刘　萍	女	汉	昆都仑区文体广电旅游局		局长	管理	
杜继翔	男	满	昆都仑区文物管理所		所长	管理	

姓　名	性别	民族	工作单位	职　称	职　务	普查内容	备　注
海　娜	女	回	昆都仑区文物管理所		副所长	数据采集	
张乃钰	女	回	昆都仑区文物管理所			数据录入	
阿拉腾	男	蒙古	昆都仑区文物管理所			数据采集	
咏　梅	女	蒙古	昆都仑区文物管理所			数据录入	
董泽军	男	汉	包钢党委宣传部		干事	数据采集	
吕培荣	男	汉	包钢档案馆		馆长	数据采集	
白斯古楞	男	蒙古	昆都仑召庙管会		主任	管理	
乌力吉	男	蒙古	昆都仑召庙管会		主任	管理	

呼伦贝尔市第一次全国可移动文物普查人员统计表

姓　名	性别	民族	工作单位	职　称	职　务	普查内容	备　注
白劲松	男	蒙古	呼伦贝尔民族博物院	文博研究馆员	院长	呼伦贝尔市一普办主任、呼伦贝尔市一普平台数据审核、市专家组成员	
殷焕良	男	汉	呼伦贝尔民族博物院	文博研究馆员	副院长	呼伦贝尔市专家组成员	
高洪才	男	汉	呼伦贝尔民族博物院	文博副研究馆员	副院长	呼伦贝尔市专家组成员	
陈凤山	男	汉	呼伦贝尔民族博物院	文博研究馆员		呼伦贝尔市专家组成员	
陈桂婷	女	汉	呼伦贝尔民族博物院	文博研究馆员	信息中心主任	呼伦贝尔市一普办业务管理、呼伦贝尔市一普平台管理人员、呼伦贝尔市专家组成员、一普报告编制	
范　博	男	汉	呼伦贝尔民族博物院	文博助理馆员		全市《呼伦贝尔市国有单位文物收藏调查登记表》审核汇总	离职
崔　爽	女	汉	呼伦贝尔民族博物院			全市一普平台数据录入、上报，一普报告编制	
白志强	男	蒙古	呼伦贝尔民族博物院	文博助理馆员		全市一普平台数据录入	
王　岩	男	汉	呼伦贝尔民族博物院	文博助理馆员		全市《呼伦贝尔市国有单位文物收藏调查登记表》审核汇总	

续表

姓　名	性别	民族	工作单位	职　称	职　务	普查内容	备　注
洪萍	女	汉	呼伦贝尔民族博物院	文博副研究馆员	藏品保管部主任	信息采集、文物命名、数据审核	
赵艳芳	女	汉	呼伦贝尔民族博物院	文博副研究馆员	历史部主任	信息采集、文物命名、数据审核	
苏顺义	男	汉	呼伦贝尔民族博物院	文博副研究馆员		藏品提供	
李琦	女	汉	呼伦贝尔民族博物院	文博馆员		文物摄影、信息采集	
长福	男	蒙古	呼伦贝尔民族博物院	文博馆员		文物摄影、藏品提供、信息采集	
季中汉	男	汉	呼伦贝尔民族博物院	文博助理馆员		藏品提供、信息采集，数据录入、上传	
刘家宇	女	汉	呼伦贝尔民族博物院	文博助理馆员		藏品提供、信息采集	
陈丹	女	汉	呼伦贝尔民族博物院	文博助理馆员		信息采集，数据录入、上传	
钱进	男	汉	呼伦贝尔民族博物院			信息采集	
呼德尔	男	蒙古	呼伦贝尔民族博物院	文博助理馆员		信息采集	
周伟	男	汉	呼伦贝尔民族博物院	文博助理馆员		展厅文物提供	
伊桑	女	达斡尔	呼伦贝尔民族博物院	文博馆员		展厅文物提供	
战瑞	男	汉	呼伦贝尔民族博物院	文博助理馆员		信息采集	
付颂昕	男	汉	呼伦贝尔民族博物院			信息采集	
陈曦	女	汉	呼伦贝尔民族博物院	文博助理馆员		信息采集	
巴图孟和	男	蒙古	新左旗文物所	文博馆员	所长	历史、宗教、战争文物	
关荣	男	锡伯	新左旗文物所	文博馆员	副所长	历史、宗教、战争文物	
通拉嘎	男	蒙古	新左旗文物所	文博助理馆员	工作人员	历史、宗教、战争文物	

续表

姓　名	性别	民族	工作单位	职　称	职　务	普查内容	备　注
其贺日勒	男	蒙古	新左旗文物所	文博助理馆员	工作人员	历史、宗教、战争文物	
顺布尔	女	蒙古	新左旗文物所		工作人员	历史、宗教、战争文物	
宏宇	女	鄂温克	鄂温克博物馆	文博副研究员	馆长	审核员	
阿斯日	男	达斡尔	鄂温克博物馆	文博馆员	副馆长	管理人员	
娜米拉	女	鄂温克	鄂温克博物馆	文博馆员	副馆长	数据采集	
关旭东	男	达斡尔	鄂温克博物馆	文博馆员	主任	数据采集	
鄂淑华	女	达斡尔	鄂温克博物馆	文博馆员	档案员	数据采集	
王和平	男	蒙古	鄂温克博物馆	文博馆员	库房保管员	数据采集	
安永明	男	达斡尔	鄂温克博物馆	高级技师	司机	摄影	
娜娜	女	鄂温克	鄂温克博物馆		讲解员	数据录入	
金铭峰	女	达斡尔	鄂温克博物馆	文博副研究员	展览组组长	数据采集	
昆霞	女	达斡尔	鄂温克博物馆		业务员	数据录入	
李小明	男	汉	海拉尔区文化体育旅游局		局长	普查办组长	
邢锐	女	汉	海拉尔区文物管理所	文博副研究馆员	所长	普查办副组长	
宿振华	男	汉	海拉尔区文物管理所	文博副研究馆员	副所长	普查小组工作人员	
马奎生	男	汉	海拉尔区文物管理所	文博馆员	主任	普查小组工作人员	
赵彦嵩	男	汉	海拉尔区文物管理所			普查小组工作人员	
赵艳红	女	汉	海拉尔区文物管理所	文博馆员		普查小组工作人员	
赵越	男	汉	海拉尔区文物管理所	文博研究员		普查办聘请专家	
牛丽娟	女	汉	海拉尔要塞遗址博物馆		副主任	普查小组工作人员	
李欣	女	汉	海拉尔要塞遗址博物馆			普查小组工作人员	
吴杰	女	汉	阿荣旗博物馆	文博馆员	馆长	数据审核、编制报告	
郭元清	女	汉	阿荣旗博物馆	文博副研究馆员	文物所长	数据采集、审核	

姓 名	性别	民族	工作单位	职 称	职 务	普查内容	备 注
全仲锡	男	朝鲜	阿荣旗博物馆	文博副研究员	普查员	文物拍照、审核	
张连池	男	汉	阿荣旗音河乡文体广电中心	文博助理馆员	主任	数据采集	
张 勇	男	满	额尔古纳市文物管理所	文博馆员	所长	审核员、管理员、文物信息采集、影像信息采集	
崔立军	男	汉	额尔古纳市文物管理所	文博馆员		文物信息采集、影像信息采集	
杨 军	男	汉	额尔古纳市图书馆	文博副研究馆员	馆长	影像信息采集	
刘金芳	女	汉	额尔古纳市文物管理所	初级助理	会计	影像信息采集	
刘 娜	女	汉	额尔古纳市文物管理所			数据录入	
于文郁	男	汉	根河市博物馆	文博馆员	馆长	文物影像信息采集	
邢留凤	女	汉	根河市乌兰牧骑			数据采集	
包曙华	男	蒙古	根河市乌兰牧骑			文物搬运	
李庆云	女	汉	根河市博物馆			测量	
张国磊	男	汉	根河市文化市场管理所			数据审核	
杨玉姣	女	汉	根河市文化市场管理所			文物信息采集	
晓 雪	女	蒙古	根河市文化市场管理所		会计	文物信息采集	
孙志斌	男	汉	根河市文化办		主任	文物影像信息采集	
赵学君	女	汉	根河市文物管理所	文博馆员	副所长	数据上传	
纪淑英	女	汉	根河市文物管理所	文博助理馆员		文物编号	
戴光云	男	鄂温克	敖鲁古雅乡政府		副乡长	提供文物详细资料	
庞 雷	男	汉				文物影像信息采集	志愿者
苗福晖	男	汉	满洲里市博物馆	文博副研究馆员	副馆长	填表、信息录入、网上填报	
李泽兴	男	汉	满洲里市博物馆	文博馆员	库房管理	照相、测量	
吴玉明	男	蒙古	新巴尔虎右旗巴尔虎博物馆		馆长	管理员	
娜仁其其格	女	蒙古	新巴尔虎右旗巴尔虎博物馆		副馆长	审核	

姓　名	性别	民族	工作单位	职　称	职　务	普查内容	备　注
田风东	男	汉	新巴尔虎右旗巴尔虎博物馆		副所长	录入、摄影	
建　军	男	蒙古	新巴尔虎右旗巴尔虎博物馆		工作人员	录入	
玉　芳	女	蒙古	新巴尔虎右旗巴尔虎博物馆		工作人员	录入	
王斯琴	女	蒙古	新巴尔虎右旗巴尔虎博物馆		工作人员	录入	
包学峰	男	蒙古	新巴尔虎右旗巴尔虎博物馆		工作人员	录入	
柴　然	男	汉	扎赉诺尔区文物局		局长	文物普查指导工作	
孙祖栋	男	汉	扎赉诺尔博物馆		馆长	数据审核、文物认定、文物普查指导	荣获自治区级"第一次全国可移动文物普查"先进个人称号
张新颖	女	汉	扎赉诺尔博物馆		馆员	扎赉诺尔区可移动文物普查宣传工作	
何　佳	男	汉	扎赉诺尔博物馆		馆员	文物测量、文物摄影、数据采集、数据录入、数据审核	
给拉巴干	男	蒙古	扎赉诺尔博物馆	文博助理馆员	馆员	扎赉诺尔区可移动文物普查宣传工作	
刘海峰	男	汉	扎赉诺尔博物馆		馆员	扎赉诺尔区可移动文物普查宣传工作	
田璐璐	女	蒙古	扎赉诺尔博物馆		馆员	扎赉诺尔区可移动文物普查宣传工作	
刘安然	男	汉	扎赉诺尔区文物局		科员	扎赉诺尔区可移动文物普查宣传工作	
张一弨	男	汉	扎赉诺尔博物馆		馆员	扎赉诺尔区可移动文物普查宣传工作	
王红力	女	汉	扎赉诺尔博物馆		讲解员	扎赉诺尔区可移动文物普查宣传工作	
张晓莉	女	汉	扎赉诺尔博物馆		讲解员	扎赉诺尔区可移动文物普查宣传工作	

姓　名	性别	民族	工作单位	职　称	职　务	普查内容	备　注
卢　博	女	汉	扎赉诺尔博物馆		讲解员	扎赉诺尔区可移动文物普查宣传工作	
刘　辉	女	汉	扎赉诺尔博物馆		讲解员	扎赉诺尔区可移动文物普查宣传工作	
寇　磊	女	汉	扎赉诺尔博物馆		馆员	扎赉诺尔区可移动文物普查宣传工作	
王新田	男	汉	牙克石市文体新广局		局长	一普办主任	办公室设在牙克石市文体广电局
韩金玲	女	汉	牙克石市文物局		副局长	一普办副主任	
朱志卓	男	汉	牙克石市文物管理所		副所长	发放《国有单位文物收藏情况调查登记表》	
高　鑫	男	汉	牙克石市文物管理所			发放《国有单位文物收藏情况调查登记表》	
邵德光	男	汉	牙克石市文物管理所			发放《国有单位文物收藏情况调查登记表》	
何伟光	男	蒙古	牙克石市文物管理所			发放《国有单位文物收藏情况调查登记表》	
杨　晨	男	汉	牙克石市文物管理所			发放《国有单位文物收藏情况调查登记表》	
李志琪	女	汉	牙克石市文物管理所			发放《国有单位文物收藏情况调查登记表》	
单吉通	男	汉	鄂伦春自治旗文体新广局		副局长	安排部署一普全面工作	
王艳梅	女	蒙古	鄂伦春自治旗民族博物馆	副研究馆员	馆长、文管所所长	一普全面工作	
吴秀娟	女	鄂伦春	鄂伦春自治旗民族博物馆	文博馆员	副馆长	文物整理	
宋宝峰	男	汉	鄂伦春自治旗民族博物馆	副研究馆员	出纳员	文物数据录入	

姓　名	性别	民族	工作单位	职　称	职　务	普查内容	备　注
陈立荣	女	汉	鄂伦春自治旗民族博物馆	文博馆员	保管部主任	文物出库审核	
孙俊凯	女	汉	鄂伦春自治旗民族博物馆		库房管理员	文物整理出库	
刘丹妮	女	汉	鄂伦春自治旗民族博物馆		库房管理员	文物整理出库	
孙　富	男	汉	鄂伦春自治旗民族博物馆		讲解员	文物数据录入	
白劲鹏	男	鄂伦春	鄂伦春自治旗民族博物馆		讲解员	表格发放	
闫淑刚	男	汉	鄂伦春自治旗民族博物馆		办公室副主任	文物拍照	
王　欣	女	汉	鄂伦春自治旗民族博物馆		群工部主任	文物拍照	
肖晓红	女	汉	鄂伦春自治旗民族博物馆		秘书	文物拍照	
张　强	男	汉	鄂伦春自治旗民族博物馆		讲解员	表格发放	
齐凤丹	女	汉	鄂伦春自治旗民族博物馆	文博馆员	会计	表格发放	
鄂喜辉	女	达斡尔	莫旗达斡尔民族博物馆		馆长	萨满博物馆展品，图书馆图书资料，档案局档案文书，阿尔拉达斡尔民俗馆，腾克陈列馆民俗文物，莫旗博物馆馆藏品、历史文件、民俗、用具	
郭旭光	男	达斡尔	莫旗达斡尔民族博物馆	文博副研究馆员	馆长		已调转
郭旭升	男	达斡尔	莫旗达斡尔民族博物馆	文博馆员	副馆长		
沃欣明	女	达斡尔	莫旗达斡尔民族博物馆	文博馆员	文秘		
杜恩辉	男	鄂温克	莫旗达斡尔民族博物馆	文博副研究馆员	组员		
苏丽群	女	达斡尔	莫旗达斡尔民族博物馆	文博馆员	副馆长		
涂彩桃	女	鄂温克	莫旗达斡尔民族博物馆	文博副研究馆员	保管员		
郭淑珍	女	达斡尔	莫旗达斡尔民族博物馆	文博馆员	保管员		
德秀琴	女	达斡尔	莫旗达斡尔民族博物馆	文博馆员	讲解员		
苏晓艳	女	达斡尔	莫旗达斡尔民族博物馆	文博馆员	讲解员		
郭亚民	男	达斡尔	莫旗达斡尔民族博物馆		临时工		
武　斌	男	达斡尔	莫旗达斡尔民族博物馆		临时工		
敖易萌	女	达斡尔	莫旗达斡尔民族博物馆		讲解员		
吴　磊	男	达斡尔	莫旗达斡尔民族博物馆		临时工		
特木其勒	男	蒙古	陈巴尔虎旗文体新广局		副局长	文物普查指导工作、数据审核、文物认定	

姓　名	性别	民族	工作单位	职　称	职　务	普查内容	备　注
哈申其木格	女	蒙古	陈巴尔虎旗民族博物馆	文博副研究馆员	副馆长	走访旗境内国有单位普查文物收藏情况	
孟　和	男	蒙古	陈巴尔虎旗民族博物馆	文博馆员	副馆长	数据审核、文物认定、文物拍照、搬运文物	
青　松	男	蒙古	陈巴尔虎旗民族博物馆	文博馆员	副馆长	走访旗境内国有单位普查文物收藏情况	
长　明	男	蒙古	陈巴尔虎旗民族博物馆	文博馆员	副馆长	走访旗境内国有单位普查文物收藏情况	
吉木斯	女	鄂温克	陈巴尔虎旗民族博物馆	文博馆员	接待组组长	走访旗境内国有单位普查文物收藏情况	
香　莲	女	蒙古	陈巴尔虎旗民族博物馆	文博馆员	办公室秘书	走访旗境内国有单位普查文物收藏情况	
萨如拉	女	蒙古	陈巴尔虎旗民族博物馆	文博馆员	历史组干事	走访旗境内国有单位普查文物收藏情况	
苏　德	女	蒙古	陈巴尔虎旗民族博物馆	文博副研究馆员	财务人员	可移动文物普查宣传工作	
张　斌	男	蒙古	陈巴尔虎旗民族博物馆		办公室主任	可移动文物普查宣传工作	
白永才	男	蒙古	陈巴尔虎旗民族博物馆	文博馆员	历史组组长	文物认定、数据采集及录入、数据审核、文物测量、搬运文物	
塔　娜	女	蒙古	陈巴尔虎旗民族博物馆	文博馆员	民俗组组长	文物认定、数据采集及录入、数据审核、文物测量、搬运文物	荣获自治区级"第一次全国可移动文物普查"先进个人称号

姓　名	性别	民族	工作单位	职　称	职　务	普查内容	备　注
巴拉金	女	蒙古	陈巴尔虎旗民族博物馆	文博馆员	民俗组干事	文物认定、数据采集及录入、数据审核、文物测量、搬运文物	
金　晶	女	蒙古	陈巴尔虎旗民族博物馆		接待组干事	数据采集及录入、文物测量、搬运文物	
安　妮	女	鄂温克	陈巴尔虎旗民族博物馆		讲解员	数据采集及录入、数据审核、文物测量、搬运文物	
韩百慧	女	蒙古	陈巴尔虎旗民族博物馆		讲解员	文物摄影、搬运文物	
白俊峰	男	蒙古	陈巴尔虎旗民族博物馆		历史组干事	文物摄影、搬运文物	
银　山	男	蒙古	陈巴尔虎旗民族博物馆		民俗组干事	文物测量、搬运文物	
王运国	男	汉	陈巴尔虎旗民族博物馆		保安队长	搬运文物	
辛全斌	男	满	陈巴尔虎旗民族博物馆		保安	搬运文物	
刘　倩	女	汉				数据采集及录入	志愿者
巴达玛希如	女	鄂温克	陈巴尔虎旗鄂温克民族苏木政府		文化站工作人员	数据采集及录入、文物测量	志愿者
于　萍	女	汉	扎兰屯市文体新广局		局长	普查总指挥	
冯清宇	女	汉	扎兰屯市文体新广局		副局长	数据审核	
陈林义	男	汉	扎兰屯市文体新广局		中东铁路研究员	文物采集	
华有玉	男	汉	扎兰屯市文体新广局			文物采集	已调离
任万程	男	汉	扎兰屯市文体新广局		文物所副所长	信息录入	
崔东波	女	汉	扎兰屯市文体新广局		博物馆中心主任	文物采集	
方　超	男	汉	扎兰屯市文体新广局		博物馆中心副主任	文物测量	
杨东魁	男	汉	扎兰屯市文体新广局		中东铁路研究员	文物采集	

姓　名	性别	民族	工作单位	职　称	职　务	普查内容	备　注
周学斌	男	汉	扎兰屯市文体新广局		中东铁路研究员	文物摄影	
王志宝	男	汉	扎兰屯市文体新广局		中东铁路研究员	文物摄像	
姚丙浩	男	汉	扎兰屯市文体新广局		体育办副主任	文物测量	
刘志强	男	汉	扎兰屯市文体新广局		中东铁路研究员	信息录入	
马元涛	女	汉	扎兰屯市文体新广局			信息录入	
杨海思	女	回	扎兰屯市文体新广局			信息录入	
韩喜乐	男	回	扎兰屯市文体新广局			文物摄影	

兴安盟第一次全国可移动文物普查人员统计表

姓　名	性别	民族	工作单位	职　称	职　务	普查内容	备　注
孟建仁	男	达斡尔	兴安盟文物管理站	副研究员	站长	审核	专　家
哈　斯	男	蒙古	兴安盟文物管理站	馆员	副站长	审核	管理人员
朴春月	女	朝鲜	兴安盟文物管理站	副研究员		审核	专　家
张　军	男	汉	兴安盟文物管理站	馆员		审核	管理人员
阿如娜	女	蒙古	兴安盟文物管理站	助理馆员		审核	管理人员
陈红瑞	女	蒙古	兴安盟文物管理站	助理馆员		审核	管理人员
白苏要拉	男	蒙古	兴安盟文物管理站	助理馆员		审核	管理人员
关玉文	男	蒙古	兴安盟博物馆	副研究员	馆长	审核	管理人员
尹建光	男	汉	兴安盟博物馆	研究馆员	副馆长	审核	专　家
高国庆	男	蒙古	兴安盟博物馆	助理馆员		摄影、数据采集	普查员
路　瑶	女	汉	兴安盟博物馆	管理员		数据采集、数据录入	普查员
包晓宇	女	蒙古	兴安盟博物馆	管理员		数据采集	普查员
邢　莹	女	汉	兴安盟博物馆	管理员		数据采集	普查员
钱玉成	男	汉	兴安盟文化产业开发办公室主任	研究员	主任	审核	专　家
张满全	男	蒙古	内蒙古民族解放纪念馆	馆员	馆长	数据采集	普查员
李　岩	男	回	内蒙古民族解放纪念馆	副研究员	副馆长	数据采集	专　家
方　巍	女	蒙古	内蒙古民族解放纪念馆	管理员	副馆长	数据采集	普查员
吴雪梅	女	蒙古	内蒙古民族解放纪念馆	馆员		数据录入	普查员
吴　磊	女	蒙古	内蒙古民族解放纪念馆	馆员		数据采集	普查员
王亚薇	女	汉	内蒙古民族解放纪念馆旧址部	馆员		数据录入	普查员
梁彦君	男	汉	乌兰浩特市人民政府		副市长	审核	管理人员
高喜武	男	汉	乌兰浩特市文化体育局		局长	审核	管理人员
董云松	男	汉	乌兰浩特市文化体育局		副局长	审核	管理人员

续表

姓　名	性别	民族	工作单位	职称	职务	普查内容	备　注
冯叶春	男	蒙古	乌兰浩特市文物管理站	中级	站长	数据采集	普查员
刘晨光	男	满	乌兰浩特市文物管理站	副高	书记	数据录入	普查员
张国安	男	汉	乌兰浩特市文物管理站	中级	股长	数据采集	普查员
曹德成	男	汉	乌兰浩特市文物管理站			数据采集	普查员
舍日布	男	蒙古	乌兰浩特市文物管理站			数据采集	普查员
付金兰	女	蒙古	乌兰浩特市文物管理站			数据录入	普查员
谷利友	男	汉	乌兰浩特市文物管理站			数据采集	普查员
于世鹏	男	蒙古	扎赉特旗文体广电局		副局长	审核	管理人员
马永光	男	汉	扎赉特旗文体广电局	技师二级	所长	审核	普查员
冷雪松	男	汉	扎赉特旗文体广电局	高级技师		摄影	普查员
刘金莲	女	蒙古	科右前旗博物馆	馆　长	副高	数据采集	普查员
乔源霖	女	汉	科右前旗博物馆	副馆长	初级	数据录入	普查员
郭　健	男	满	科右前旗博物馆		初级	数据采集	普查员
马秀敏	女	蒙古	科右前旗博物馆		初级	数据录入	普查员
杨　虹	女	蒙古	科右前旗博物馆		初级	数据录入	普查员
王建民	男	汉	突泉县文物管理所	所长	中级	审核、宣传	管理人员
陈长红	女	蒙古	突泉县文物管理所		初级	数据录入、审核	普查员
凉　爽	男	汉	突泉县文体局		初级	摄影、数据采集、数据录入	普查员
斯日古楞	男	蒙古	科右中旗文物管理所	所长	中级	摄影、审核	管理人员
陈秀兰	女	蒙古	科右中旗文物管理所		中级	数据采集	普查员
包金泉	男	蒙古	科右中旗文物管理所		初级	摄影、数据录入、审核	普查员
陈乐乐	女	蒙古	科右中旗文物管理所		初级	摄影、数据采集、审核	普查员
红　伟	女	汉	科右中旗文物管理所		初级	数据采集、审核	普查员
包雨冉	女	蒙古	科右中旗博物馆	副馆长	初级	数据采集、数据录入	普查员

通辽市第一次全国可移动文物普查人员统计表

姓　名	性别	民族	工作单位	职　称	职　务	普查内容	备　注
盛　勤	男	汉	通辽市文化新闻出版广电局		局长	审核	管理人员
苏日塔拉图	男	蒙古	通辽市文化新闻出版广电局		副局长	审核	管理人员
孟祥昆	男	汉	通辽市文物局		副局长	审核	管理人员
李铁军	男	蒙古	通辽市博物馆	文博副研究员	文保中心主任	审核、摄影	专家（项目办主任）
李乌力吉	男	蒙古	通辽市博物馆	文博研究员	原馆长	审核	管理人员
哈　斯	男	蒙古	通辽市博物馆	文博研究员	馆长	审核	专家
邰新河	男	蒙古	通辽市博物馆	文博研究员	馆员	审核	专家
闫洪森	男	汉	通辽市博物馆	文博研究员	馆员	审核	专家
武雅琴	女	汉	通辽市博物馆	文博研究员	馆员	审核	专家
关绍岚	女	满	通辽市博物馆	文博研究员	书记	数据采集	普查员
陈永生	男	汉	通辽市博物馆	文博馆员	馆员	数据采集	普查员
王瑞青	女	汉	通辽市博物馆	文博副研究员	馆员	数据采集	普查员
姜为民	男	汉	通辽市博物馆	文博馆员	馆员	数据采集	普查员
张立良	男	汉	通辽市博物馆	文博馆员	馆员	数据采集	普查员
刘　彬	男	汉	通辽市博物馆	文博馆员	馆员	数据采集	普查员

续表

姓　名	性别	民族	工作单位	职　称	职　务	普查内容	备　注
牡　丹	女	蒙古	通辽市博物馆	文博馆员	馆员	数据采集	普查员
吴美娜	女	蒙古	通辽市博物馆		馆员	数据录入	志愿者
刘芷彤	女	蒙古	通辽市博物馆		馆员	数据录入	志愿者
王永梅	女	蒙古	通辽市博物馆		馆员	数据录入	志愿者
李　晨	女	汉	通辽市博物馆		馆员	数据录入	志愿者
娜木罕	女	蒙古	通辽市博物馆		馆员	数据采集	志愿者
王慧瑶	女	汉	通辽市博物馆		馆员	数据采集	志愿者
郝文秀	男	汉	通辽日报社	副总编辑		宣传	媒体
赵卫东	男	汉	通辽市科尔沁区文化局		副局长	审核	管理人员
赵　猛	男	汉	通辽市科尔沁区文化局		科员	数据采集	普查员
孙全成	男	蒙古	科左中旗文广局		副局长	审核	管理人员
白格日乐吐	男	蒙古	科左中旗博物馆	文博助理馆员	馆长	摄影	专家
张哈斯	男	蒙古	科左中旗博物馆	文博助理馆员	馆员	专家	专家
包香玉	女	蒙古	科左中旗博物馆	文博馆员	副馆长	数据录入	审核
吴长胜	男	蒙古	科左中旗博物馆	文博馆员	馆员	数据采集	管理人员
温景山	男	汉	科左中旗博物馆	文博馆员	馆员	数据采集	普查员
吴相宝	男	蒙古	科左中旗博物馆	文博馆员	馆员	数据采集	普查员
王庆辉	男	汉	库伦旗文广电局		局长	审核	管理人员
杨卫东	男	蒙古	库伦旗宗教博物馆	文博馆员	馆长	审核、摄影	专家
巴特尔	男	蒙古	库伦旗宗教博物馆	文博馆员	副馆长	审核	专家
杨吉成	男	蒙古	库伦旗宗教博物馆	文博馆员	书记	审核	专家
永　红	女	蒙古	库伦旗宗教博物馆		馆员	数据采集	普查员
刘　洋	男	汉	库伦旗宗教博物馆		馆员	数据录入	普查员
萨日古拉	女	蒙古	库伦旗宗教博物馆		馆员	数据采集	普查员
王　欢	女	蒙古	库伦旗宗教博物馆		馆员	数据录入	志愿者
王　岩	女	蒙古	库伦旗宗教博物馆		馆员	数据采集	普查员
宏　敏	女	蒙古	库伦旗宗教博物馆		馆员	数据录入	志愿者
其力木格	女	蒙古	库伦旗宗教博物馆		馆员	数据录入	普查员
王化友	男	汉	奈曼旗文化广播电影电视局副局长		副局长	审核	管理人员
卫子儒	男	汉	奈曼旗王府博物馆	文博馆员	馆长	审核	专家
周伟东	男	蒙古	奈曼旗王府博物馆	文博馆员	副馆长	摄影	专家

姓　名	性别	民族	工作单位	职　称	职　务	普查内容	备　注
张晓芳	女	汉	奈曼旗王府博物馆	文博助理馆员	馆员	数据采集	普查员
萨如拉	女	蒙古	奈曼旗王府博物馆	文博馆员	馆员	数据采集	普查员
宝思洋	女	蒙古	奈曼旗王府博物馆	文博助理馆员	馆员	数据录入	普查员
王艳楠	女	蒙古	奈曼旗王府博物馆	文博助理馆员	馆员	数据录入	普查员
陈国鹏	男	汉	扎鲁特旗文化广播电影电视局		局长	审核	管理人员
朱秀娟	女	汉	扎鲁特旗南宝力皋吐博物馆	文博副研究员	馆长	审核	专家
刘志强	男	汉	扎鲁特旗南宝力皋吐博物馆	文博助理馆员	副馆长	摄影、审核	专家
陈雪	女	汉	扎鲁特旗南宝力皋吐博物馆		馆员	数据采集	志愿者
其力木格	女	蒙古	扎鲁特旗南宝力皋吐博物馆		馆员	数据采集	志愿者
斯琴毕力格	男	蒙古	扎鲁特旗文物管理所	文博馆员	库房管理员	摄影	普查员
王　成	男	蒙古	扎鲁特旗文物管理所	文博馆员	所长、馆长	审核	专家
于大江	男	汉	扎鲁特旗文物管理所	文博助理馆员	综合办公室主任	数据录入	普查员
金海英	女	蒙古	扎鲁特旗文物管理所	文博馆员	副所长、副馆长	数据采集	普查员
刘桂芳	女	汉	科左后旗文化广播电影电视局		副局长	审核	管理人员
李占杰	男	汉	科左后旗文物管理所	文博馆员	所长	审核	专家
包斌斌	男	蒙古	科左后旗文物管理所	文博助理馆员	书记	摄影	普查员
布仁额	男	蒙古	科左后旗文物管理所	文博助理馆员	副所长	数据采集	普查员
娜仁格日勒	女	蒙古	科左后旗文物管理所	文博助理馆员	副所长	数据录入	普查员

姓　名	性别	民族	工作单位	职　称	职　务	普查内容	备　注
高志武	男	汉	霍林郭勒市文化局		副局长	审核	管理人员
崔德军	男	汉	霍林郭勒市文管所	文博馆员	所长	摄影	普查员
牧　仁	男	蒙古	霍林郭勒市博物馆	文博馆员	馆长	数据采集	普查员
秦保华	男	汉	开鲁县博物馆	文博副研究员	馆长	审核	管理人员
马　海	男	汉	开鲁县博物馆	文博馆员	副馆长	审核	专家
石　杰	男	汉	开鲁县博物馆	文博馆员	馆员	数据采集	普查员

赤峰市第一次全国可移动文物普查人员统计表

姓　名	性别	民族	工作单位	职　称	职　务	普查内容	备　注
于凤先	男	蒙古	赤峰市文化新闻出版广电局、赤峰市文物局		局长	审核	管理人员
陶建英	女	蒙古	赤峰市文物局		副局长	审核	管理人员
郭勇	男	满	赤峰市文物局	副研究员	副科长	数据采集、审核	管理人员
贾　娜	女	汉	赤峰市文物局	助理馆员	科员	数据采集、审核	管理人员
许鹏飞	男	蒙古	赤峰市文物局			数据采集、审核	管理人员
刘　冰	男	汉	赤峰市文广局、赤峰市博物馆	文博研究员	文广新局副局长、博物馆馆长	审核	专家
赵国栋	男	满	赤峰市博物馆	文博研究员	副馆长	数据采集、审核	专家
鲍林峰	男	蒙古	赤峰市博物馆	文博副研究员	党支部书记	审核	专家
马凤磊	男	汉	赤峰市博物馆	文博研究员	副馆长	审核	专家
霍淑梅	女	蒙古	赤峰市博物馆	文博副研究员	馆员	数据采集	
沙大禹	男	回	赤峰市博物馆	文博馆员	副主任	数据采集、数据录入	
敖　敦	女	蒙古	赤峰市博物馆	文博馆员	馆员	数据采集	
张博程	男	汉	赤峰市博物馆	助理馆员	副主任	摄影	
张伟娇	女	蒙古	赤峰市博物馆	文博馆员	馆员	数据采集	
姚　笛	男	汉	赤峰市博物馆	文博馆员	馆员	数据采集	
白佳依	女	回	赤峰学院	无	考古专业学生	数据录入	
张海艳	女	汉	赤峰学院	无	考古专业学生	数据录入	
陈　新	男	汉	赤峰学院	无	考古专业学生	数据录入	

姓　名	性别	民族	工作单位	职　称	职　务	普查内容	备　注
高云逸	男	汉	赤峰学院	无	考古专业学生	数据录入	
汤艳杰	女	汉	赤峰学院	无	考古专业学生	数据录入	
董一瞳	男	汉	赤峰学院	无	考古专业学生	数据录入	
鞠红耘	女	汉	赤峰市图书馆		副馆长	审核	
李灵芝	女	汉	赤峰市图书馆		主任	数据采集、审核	
白嘎力	男	蒙古	赤峰市图书馆		主任	数据采集、审核	
冯雪琼	女	汉	赤峰市发改委		党组成员、医改办副主任	安排部署一普工作	
赵中建	男	汉	赤峰市财政局		副局长		
房振阳	男	汉	赤峰市民政局		副局长	安排部署一普工作	
赵兰生	男	汉	赤峰市教育局		副局长	安排部署一普工作	
张颖达	男	汉	赤峰市国土资源局		副局长	安排部署一普工作	
商宏祥	男	汉	赤峰市统计局		总统计师	安排部署一普工作	
布和朝克图	男	蒙古	赤峰市宗教局（民委）		副主任	安排部署一普工作	
郑　泉	男	汉	赤峰市档案局		副局长	安排部署一普工作	
李春山	男	汉	中国人民银行赤峰中心支行		纪委书记	安排部署一普工作	
李宝芳	男	汉	赤峰军分区政治部		干事	开展一普工作	
许红石	男	汉	赤峰市科协		副主席	开展一普工作	
巴图吉日嘎拉	男	蒙古	阿鲁科尔沁旗政府		副旗长	审核	管理人员
红　光	女	蒙古	阿鲁科尔沁旗文体局		纪检组长	审核	管理人员
娜仁高娃	女	蒙古	阿鲁科尔沁旗博物馆	文博副研究馆员	馆长	审核	专家
艾　丽	女	蒙古	阿鲁科尔沁旗博物馆	文博馆员	副馆长	数据采集	普查员
孙明明	女	汉	阿鲁科尔沁旗博物馆	文博馆员	馆员	数据录入	普查员
哈斯巴根	男	蒙古	阿鲁科尔沁旗文物事业管理所		馆员	摄影	志愿者
孙　超	女	汉	阿鲁科尔沁旗博物馆		馆员	数据采集	志愿者

姓　名	性别	民族	工作单位	职　称	职　务	普查内容	备　注
张晓红	女	蒙古	阿鲁科尔沁旗博物馆		馆员	数据采集	普查员
鲍爱民	男	蒙古	巴林左旗人民政府		副旗长	审核	管理人员
高文成	男	汉	巴林左旗文化体育广播电视局		局长	审核	管理人员
金永田	男	汉	退休	馆员		审核	专家
王青煜	男	汉	退休	馆员		审核	专家
王玉亭	男	满	巴林左旗政协文史委		主任	审核	专家
刘喜民	男	汉	巴林左旗地方史志办		主任	审核	专家
王松岭	男	汉	巴林左旗广电中心		副主任	审核	专家
李恩友	男	汉	退休			摄影	专家
李建奎	男	汉	巴林左旗辽上京博物馆	副研究馆员	馆长	摄影、审核	专家
李学良	男	汉	巴林左旗辽上京博物馆	助理馆员		摄影、数据上传	普查员
孟令婧	女	汉	巴林左旗辽上京博物馆	馆员		数据录入	普查员
许秋艳	女	汉	巴林左旗辽上京博物馆			数据采集	普查员
敖力布仁钦	男	蒙古	巴林左旗辽上京博物馆	副研究馆员	副馆长	数据采集	普查员
于静波	女	满	巴林左旗辽上京博物馆	副研究馆员	副馆长	数据录入	普查员
王利华	女	蒙古	巴林左旗辽上京博物馆	副研究馆员	书记	数据采集	普查员
斯琴高娃	女	蒙古	巴林左旗辽上京博物馆	助理馆员		数据采集	普查员
孙英哲	男	汉	巴林左旗辽上京博物馆	助理馆员		数据录入	普查员
石艳军	女	汉	巴林左旗辽上京博物馆	副研究馆员		数据录入	普查员
王国庆	男	汉	巴林左旗辽上京博物馆	助理馆员		数据录入	普查员
邹红波	女	汉	巴林左旗辽上京博物馆	管理员		数据采集	普查员
陈少杰	男	汉	巴林左旗图书馆	馆员	副馆长	宣传	普查员
辛慧廷	男	汉	巴林左旗纪委		主任	宣传	普查员
王利民	男	汉	巴林左旗教育局			宣传	普查员
斯钦图	男	蒙古	巴林右旗人民政府		副旗长、普查工作领导小组组长	审核	管理人员

姓 名	性别	民族	工作单位	职 称	职 务	普查内容	备 注
李山虎	男	蒙古	巴林右旗文化广电体育局		局长	审核	管理人员
商原驰	男	汉	巴林右旗博物馆		馆长	审核	管理人员
曹布敦嘎	女	蒙古	巴林右旗博物馆	文博馆员	副馆长	审核	管理人员
雷 风	女	蒙古	巴林右旗博物馆	文博馆员	馆员	数据采集	普查员
钱德海	男	蒙古	巴林右旗博物馆	文博馆员	馆员	摄影	普查员
田彩霞	女	汉	巴林右旗博物馆	文博馆员	财会室主任	数据采集	普查员
王长春	男	汉	巴林右旗博物馆		安保部主任	数据采集	普查员
海 堂	女	蒙古	巴林右旗博物馆	档案馆员	办公室主任	数据采集	普查员
扎拉嘎夫	女	蒙古	巴林右旗博物馆	档案馆员	馆员	数据采集	普查员
乌力吉德力根	男	蒙古	巴林右旗博物馆	高级技师	考古部主任	数据采集	普查员
莫德格	女	蒙古	巴林右旗博物馆	文博助理馆员	库房管理员	数据采集	普查员
萨如拉	女	蒙古	巴林右旗博物馆	文博助理馆员	库房管理员	数据采集	普查员
张志勇	男	蒙古	巴林右旗文化广电体育局		原局长、文物普查办公室主任	审核	管理人员
石 阳	男	汉	巴林右旗文化广电体育局		原馆长	审核	管理人员
青格勒	男	蒙古	巴林右旗博物馆	文博馆员	原副馆长	摄影	普查员
王丽丽	女	蒙古	巴林右旗博物馆		馆员	数据录入	志愿者
苏依拉其其格	女	蒙古	巴林右旗博物馆	文博助理馆员	馆员	数据录入	志愿者
于 晨	男	汉	巴林右旗博物馆		讲解员	数据录入	志愿者
赵素娟	女	汉	巴林右旗博物馆		讲解员	数据录入	志愿者
周 辉	男	汉	巴林右旗博物馆		讲解员	数据录入	志愿者
哈布日	女	蒙古	巴林右旗博物馆		讲解员	数据录入	志愿者

续表

姓　名	性别	民族	工作单位	职　称	职　务	普查内容	备　注
苏益拉其其格	女	蒙古	巴林右旗博物馆		讲解员	数据录入	志愿者
高莹莹	女	汉	巴林右旗博物馆		讲解员	数据录入	志愿者
王明玥	女	汉	巴林右旗博物馆		讲解员	数据录入	志愿者
龚雪娇	女	汉	巴林右旗博物馆		讲解员	数据录入	志愿者
胡思琪	女	汉	巴林右旗博物馆		讲解员	数据录入	志愿者
那顺孟和	男	蒙古	巴林右旗民俗博物馆		馆长	审核	管理人员
乌仁图亚	女	蒙古	巴林右旗民俗博物馆		馆员	数据录入	普查员
朝格巴图	男	蒙古	巴林右旗民俗博物馆		馆员	数据采集	普查员
达林太	男	蒙古	巴林右旗民俗博物馆		馆员	数据采集	普查员
乌吉古楞	女	蒙古	巴林右旗民俗博物馆		馆员	数据采集	普查员
金　良	男	蒙古	巴林右旗民俗博物馆		馆员	数据采集	普查员
鲍玉山	男	蒙古	巴林右旗民俗博物馆		馆员	数据采集	普查员
布日古德	男	蒙古	巴林右旗民俗博物馆		馆员	数据采集	普查员
达　阳	男	蒙古	巴林右旗民俗博物馆		馆员	数据采集	普查员
宝乐日其其格	女	蒙古	巴林右旗档案局		档案征集接收股股长	数据采集	普查员
左志山	男	汉	克什克腾旗文体广电体育局		副局长	审核	管理人员
刘艳	女	汉	克什克腾旗档案局		副局长	审核、数据采集	管理人员、普查员
韩立新	男	蒙古	克什克腾旗博物馆		馆长	审核、数据采集	管理人员、普查员
王岩	男	蒙古	克什克腾旗博物馆		副馆长	数据采集	普查员
萨仁其木格	女	蒙古	克什克腾旗博物馆		馆员	数据采集	普查员
布和	男	蒙古	克什克腾旗博物馆		馆员	数据采集	普查员
辛俊海	男	汉	克什克腾旗博物馆		馆员	影像数据采集	普查员
何晓萍	女	回	克什克腾旗博物馆		馆员	数据采集	普查员
旦却坚赞	男	蒙古	克什克腾旗博物馆		主持	审核、数据采集	普查员
杨广力	男	汉	林西县文体局		副局长	审核	管理人员
白明泽	男	蒙古	林西县博物馆	文博馆员	馆长	摄影、审核	管理人员
王　刚	男	汉	林西县博物馆	文博馆员	书记	审核	专家

姓 名	性别	民族	工作单位	职 称	职 务	普查内容	备 注
王燕	女	汉	林西县博物馆	文博馆员	副馆长	数据录入	普查员
赵永芳	女	汉	林西县博物馆	文博馆员		数据采集	普查员
白玉海	男	汉	林西县博物馆			数据采集	普查员
王明杰	男	汉	林西县博物馆			数据采集	普查员
李凯	男	汉	翁牛特旗人民政府		旗长	审核	管理人员
刘增军	男	汉	翁牛特旗文化广电体育局		局长	审核	管理人员
王立柱	男	汉	翁牛特旗文物局		局长	审核	管理人员
庞浩	男	汉	翁牛特旗博物馆	文博 副研究馆员	馆长	审核	专家
姚情情	女	汉	翁牛特旗博物馆	文博馆员	副馆长	摄影、数据录入、采集	普查员
高志新	男	汉	翁牛特旗博物馆	二级演员	副馆长	数据采集	普查员
特木其乐	男	蒙古	翁牛特旗文物局	二级演员	办公室主任	数据采集	普查员
道日吉	男	蒙古	翁牛特旗博物馆	文博馆员	执法股股长	数据采集	普查员
张玉红	女	汉	翁牛特旗文物局	三级演员	职工	数据采集	普查员
张悦	男	汉	翁牛特旗博物馆	文博 助理馆员	职工	数据采集	普查员
娜仁花	女	蒙古	翁牛特旗文物局	二级演员	职工	数据采集	普查员
彭晓静	女	汉	翁牛特旗文物局	文博 助理馆员	职工	数据采集	普查员
张梦雪	女	汉	翁牛特旗博物馆	文博馆员	职工	数据采集	普查员
赵婧	女	蒙古	翁牛特旗博物馆	文博 助理馆员	职工	数据采集	普查员
于娜	女	汉	翁牛特旗博物馆	文博 助理馆员	职工	数据采集	普查员
珠娜	女	蒙古	翁牛特旗博物馆	文博 助理馆员	职工	数据采集	普查员
杨梓	女	汉	翁牛特旗博物馆	文博 助理馆员	职工	数据采集	普查员
王宜玲	女	汉	翁牛特旗文物局	文博馆员	职工	数据采集	普查员

续表

姓　名	性别	民族	工作单位	职　称	职　务	普查内容	备　注
文　启	男	蒙古	翁牛特旗文物局	文博助理馆员	职工	数据采集	普查员
姚素丽	女	汉	翁牛特旗博物馆		职工	数据采集	普查员
陈立芬	女	汉	翁牛特旗档案局		局长	审核	管理人员
那音太	男	蒙古	翁牛特旗档案局		科长	数据采集	普查员
王　迪	男	汉	翁牛特旗档案局		科长	数据采集	普查员
张金冉	女	汉	翁牛特旗档案局		科长	数据采集	普查员
毛凤全	男	汉	翁牛特旗委宣传部记者站			宣传	媒体
额尔敦都冷	男	蒙古	翁牛特旗委宣传部记者站			宣传	媒体
刘亚东	男	蒙古	喀喇沁旗人民政府		副旗长	审核	管理人员
高希川	男	蒙古	喀喇沁旗文体局	正科	局长	审核	管理人员
李云龙	男	蒙古	喀喇沁旗文物管理局	文博馆员	局长	审核	管理人员
李凤举	女	蒙古	喀喇沁旗文物管理局	文博副研究员	副局长	审核	管理人员
张义成	男	汉	喀喇沁旗文物管理局	文博馆员	书记	摄影、审核	专家
马　静	女	满	喀喇沁旗文物管理局	助理馆员	库管员	审核	管理人员
郑晓光	男	汉	喀喇沁旗王府博物馆	文博副研究员	馆长	审核	专家
崔玉坤	男	汉	喀喇沁旗王府博物馆	文博馆员	主任	审核	管理人员
郭志伟	男	蒙古	喀喇沁旗文物管理局		志愿者	数据采集	志愿者
张宏艳	女	汉	喀喇沁旗文物管理局		志愿者	数据录入	志愿者
赵娟娟	女	蒙古	喀喇沁旗文物管理局		志愿者	数据采集	志愿者
王达磊	男	汉	喀喇沁旗文物管理局		志愿者	数据录入	志愿者
刘国印	男	汉	宁城县人民政府		副县长	审核	管理人员
李　义	男	汉	宁城县文物局	文博副研究员	局长	审核	管理人员
温长江	男	汉	宁城县文物局	文博副研究员	副局长	审核	管理人员
朱耀国	男	汉	宁城县文物局	高级技师	主任	摄影	普查员
孙桂琴	女	蒙古	宁城县文物局	技师		数据采集	普查员
红　英	女	蒙古	宁城县文物局	馆员		数据录入	普查员
姜　渊	男	汉	宁城县文物局			数据录入	志愿者

姓　名	性别	民族	工作单位	职　称	职　务	普查内容	备　注
王靖宇	女	汉	宁城县文物局			数据录入	志愿者
刘向东	男	汉	宁城县档案局		局长	审核	普查员
吴迪	男	汉	宁城县档案局		主任	数据采集	普查员
梁振川	男	汉	宁城县图书馆		馆长	审核	普查员
陈斯琴	女	蒙古	宁城县图书馆		副馆长	数据采集	普查员
田国瑜	男	汉	敖汉旗人民政府		副旗长	审核	管理人员
杨君雅	女	汉	敖汉旗文化广电体育局		副局长	审核	管理人员
田彦国	男	汉	内蒙古史前文化博物馆	文博副研究员	馆长	审核	管理人员、专家
阮红梅	女	满	内蒙古史前文化博物馆	文博副研究员	支部书记	数据采集	普查员
王显民	男	满	内蒙古史前文化博物馆	文博馆员	办公室主任	数据采集	普查员
陈瑶琪	女	汉	内蒙古史前文化博物馆	文博馆员	馆员	数据采集	普查员
鲍全喜	男	蒙古	内蒙古史前文化博物馆	管理9级	副馆长	数据采集	普查员
邱艳丽	女	蒙古	内蒙古史前文化博物馆	文博副研究员	馆员	数据采集	普查员
邱国斌	男	汉	内蒙古史前文化博物馆	文博馆员	副馆长	数据采集	普查员
王泽	男	汉	内蒙古史前文化博物馆	文博馆员	副馆长	数据采集	专家
安亚辉	女	汉	内蒙古史前文化博物馆	文博馆员	馆员	数据采集	普查员
郭树阳	男	汉	内蒙古史前文化博物馆	高级技师	馆员	数据采集	普查员
王春明	男	满	内蒙古史前文化博物馆	技工3级	馆员	数据采集	普查员
齐井明	男	汉	内蒙古史前文化博物馆	文博馆员	馆员	摄影	普查员
张英伟	男	汉	内蒙古史前文化博物馆	文博馆员	工会主席	摄影、审核	普查员
李海娟	女	蒙古	内蒙古史前文化博物馆	文博馆员	馆员	数据采集	普查员
孙淑静	女	汉	内蒙古史前文化博物馆	文博馆员	馆员	数据采集	普查员
张天武	男	蒙古	内蒙古史前文化博物馆	文博助理馆员	馆员	数据录入	普查员
张瑞杰	女	蒙古	内蒙古史前文化博物馆	文博助理馆员	馆员	数据录入	普查员
梁逍	男	汉	内蒙古史前文化博物馆	文博助理馆员	馆员	数据录入	普查员
耿文丽	女	汉	内蒙古史前文化博物馆	文博助理馆员	馆员	数据录入	普查员

姓　名	性别	民族	工作单位	职　称	职　务	普查内容	备　注
闫瑞雪	女	汉	内蒙古史前文化博物馆	文博助理馆员	馆员	数据录入	普查员
解曜珲	男	汉	内蒙古史前文化博物馆	文博助理馆员	馆员	数据录入	普查员
赵爱民	男	汉	红山区文物局	文博副研究员	副局长	审核	专家
周雨时	男	汉	红山区文物局	文博副研究员	文保办主任	数据采集、摄影、审核	专家、管理人员
路景天	男	汉	红山区文物局	助理馆员	职员	数据采集	普查员
郭旭东	女	汉	红山区文物局	助理馆员	职员	数据录入	普查员
任　杰	男	汉	赤峰市红山区二道井子考古遗址公园管理处（二道井子博物馆）		宣教部主任	数据采集、数据录入	普查员
邹松含	女	满	赤峰市红山区二道井子考古遗址公园管理处（二道井子博物馆）		办公室主任	数据采集、数据录入	普查员
吕富华	女	汉	赤峰学院	教授	教务办主任	数据采集、数据录入	普查员
李明华	女	汉	赤峰学院	副教授	考古学教学团队主任	数据采集、数据录入、摄影、审核	普查员
王亚姝	女	汉	红山区档案局		局长	数据采集、数据录入、摄影、审核	普查员
袁首力	男	汉	红山区图书馆	图书副研究员	馆长	数据采集、数据录入、摄影、审核	普查员
王彦杰	男	汉	元宝山区人民政府		副区长	审核	管理人员
隋子祥	男	汉	元宝山区文化广电体育旅游局		原局长	审核	管理人员
丛培军	男	蒙古	赤峰市元宝山区文化广电体育旅游局		局长	审核	管理人员
李　虎	男	汉	赤峰市元宝山区文化广电体育旅游局		副局长	审核	管理人员

姓　　名	性别	民族	工作单位	职　称	职　务	普查内容	备　注
陈建华	男	汉	赤峰市元宝山区文化广电体育旅游局	中级	原办公室主任、图书馆馆长	审核	管理人员
刘伟东	男	汉	赤峰市元宝山区文化广电体育旅游局	副高	文管所所长	审核	专家
高艺轩	女	汉	赤峰市元宝山区文化广电体育旅游局		办公室主任	数据录入	专家
王建华	男	汉	赤峰市元宝山区文化广电体育旅游局		科员	数据采集	专家
李怡凝	女	汉	赤峰市元宝山区文化广电体育旅游局		科员	数据录入	普查员
刘彦华	女	汉	松山区人民政府		副区长	审核	管理人员
李国君	男	汉	赤峰市松山区文化广电体育局		书记	审核	管理人员
杜新华	男	蒙古	赤峰市松山区文化广电体育局		副局长	审核	管理人员
胡国志	男	汉	赤峰市松山区文化广电体育局	中教一级	工作人员	摄影	管理人员
黄　莉	女	壮	赤峰市松山区文物管理所	文博副研究员	文管所所长	审核	专家
娄海峰	男	汉	赤峰市松山区文物管理所	文博馆员	文管所副所长	摄影	普查员
娄　达	男	汉	赤峰市松山区文物管理所	助理馆员	工作人员	数据采集	普查员
张亚静	女	蒙古	赤峰市松山区文物管理所	助理馆员	工作人员	数据录入	普查员
吴　昊	女	汉	赤峰市松山区文物管理所	文博馆员	工作人员	数据采集	普查员
王虹达	女	汉	松山区档案局		管理股股长	审核	专家

锡林郭勒盟第一次全国可移动文物普查人员统计表

姓　名	性别	民族	工作单位	职　称	职　务	普查内容	备　注
付海宙	男	汉	锡林郭勒盟文体新广局		局长	组织实施	管理人员
李询	男	汉	锡林郭勒盟文体新广局		书记	组织实施	管理人员
于继东	男	汉	锡林郭勒盟文体新广局		科长	组织实施	管理人员
宝妹	女	蒙古	锡林郭勒盟文体新广局		科员	数据采集、录入	普查员
李微	女	汉	锡林郭勒盟博物馆			数据采集、录入	普查员
包丽凭	女	蒙古	锡林郭勒盟博物馆		讲解员	数据采集、录入	普查员
温葛鸽	女	汉	锡林郭勒盟博物馆		讲解员	数据采集、拍摄	普查员
刘洪元	男	汉	锡林郭勒盟文物站	中级	副站长	组织实施	管理人员、专家
柏嘎力	男	蒙古	锡林郭勒盟文物保护管理站	中级		组织实施、审核	管理人员
呼和	男	蒙古	锡林郭勒盟文物保护管理站	初级		数据采集、录入	普查员
德力格尔	男	蒙古	锡林郭勒盟文物保护管理站	中级	站长	组织实施	管理人员、专家
罗金荣	女	蒙古	锡林郭勒盟文物保护管理站	中级	业务人员	库房保管	普查员
浩毕斯嘎拉图	男	蒙古	锡林浩特市文物事业管理局		副局长	组织实施	管理人员
斯琴巴图	男	蒙古	锡林浩特市贝子庙景区管委会		主任	组织实施	管理人员

姓　名	性别	民族	工作单位	职　称	职　务	普查内容	备　注
于守栋	男	汉	锡林浩特市文物事业管理局		原局长	组织实施	已离职
乌　兰	女	蒙古	锡林浩特市文物事业管理局	副高		数据采集、拍摄、鉴定	专家
杨建甫	男	汉	锡林浩特市文物事业管理局	高级技师		数据采集、鉴定	专家
萨仁图雅	女	蒙古	锡林浩特市文物事业管理局	中级		录入、审核、报送	普查员
赛音吉雅	男	蒙古	锡林浩特市文物事业管理局			数据采集	普查员
杨　洋	女	汉	锡林浩特市文物事业管理局			数据采集	志愿者
都古尔苏荣	男	蒙古	锡林浩特市旅游局			拍摄	志愿者
张福山	男	蒙古	锡林浩特市文体广电局		局长	组织实施	管理人员
安宏霞	女	汉	锡林浩特市文体广电局红色旅游纪念馆	副高	馆长	数据采集	普查员
乌日妮	女	蒙古	锡林浩特市文体广电局红色旅游纪念馆	初级		数据采集	普查员
苏日塔拉其其格	女	蒙古	锡林浩特市文体广电局红色旅游纪念馆	初级		数据采集	普查员
王力军	男	汉	锡林郭勒盟图书馆	副高	馆长	组织实施	管理人员
申延武	男	汉	锡林郭勒盟图书馆			数据录入	普查员
王铂轩	男	汉	锡林郭勒盟图书馆			数据采集、拍摄	普查员
白青林	男	蒙古	锡林郭勒盟档案局		局长	组织实施	普查员
曾德树	男	满	锡林郭勒盟档案局		主任	拍摄	普查员
孙玉花	女	蒙古	锡林郭勒盟档案局		副主任	数据采集	普查员
宝力道	男	蒙古	锡林郭勒盟档案局		科长	数据采集	普查员
李万库	男	汉	锡林浩特市双拥工作办公室	高级技师		数据采集	普查员

姓　名	性别	民族	工作单位	职　称	职　务	普查内容	备　注
胡明凯	男	蒙古	乌拉盖文体广电旅游局		局长	组织实施	管理人员、专家
包　涵	女	蒙古	乌拉盖文体广电旅游局		副主任科员	组织实施	管理人员
王　帅	女	蒙古	乌拉盖博物馆	助理馆员	科员	数据采集、录入、审核	志愿者
任悦彤	女	汉	乌拉盖博物馆	助理馆员	科员	采集、录入、审核	志愿者
常　鑫	女	汉	乌拉盖博物馆	助理馆员	科员	拍摄	志愿者
禹彩虹	女	汉	乌拉盖博物馆	助理馆员	科员	数据采集	志愿者
乌力吉巴图	男	蒙古	阿巴嘎旗文体广电旅游局	副处	原局长	组织实施	已离职
哈斯巴根	男	蒙古	阿巴嘎旗文体广电旅游局	正科	局长	组织实施	管理人员
斯琴图	男	蒙古	阿巴嘎旗文体广电旅游局	副科	原副局长	组织实施	已离职
张春梅	女	汉	阿巴嘎旗文体广电旅游局	副科	副局长	组织实施	管理人员
巴特尔	男	蒙古	阿巴嘎旗文物所	中级	所长	审核	普查员
陈海峰	男	蒙古	阿巴嘎旗博物馆	副处	馆长	审核、鉴定	专家
宝力道	男	蒙古	阿巴嘎旗图书馆	副高	馆长	拍摄	普查员
娜仁格日勒	女	蒙古	阿巴嘎旗博物馆	中级	馆长	数据采集、审核	普查员
左丽丽	女	汉	阿巴嘎旗文物所	中级	职工	数据采集、审核	普查员
乌保良	女	蒙古	阿巴嘎旗博物馆	中级	馆员	数据采集、审核	普查员
苏日那	女	蒙古	阿巴嘎旗博物馆	初级	讲解员	数据采集、审核	普查员
钢宝力道	男	蒙古	阿巴嘎旗文化稽查大队	公务员	稽查员	数据采集、审核	普查员
包力德	男	蒙古	阿巴嘎旗图书馆	副高	馆员	数据采集、审核	普查员
图　雅	女	蒙古	阿巴嘎旗文物所		职工	数据采集、录入	志愿者
王玉兰	女	蒙古	阿巴嘎旗图书馆		馆员	数据采集、审核	志愿者

续表

姓　名	性别	民族	工作单位	职　称	职　务	普查内容	备　注
苏宁巴亚尔	男	蒙古	正镶白旗文物所	初级	所长	数据采集、审核	专家
萨日娜	女	蒙古	正镶白旗文物所	中级	副所长	数据采集、录入、报送	普查员
阿　荣	女	蒙古	正镶白旗文物所	初级	干事	数据采集、录入	普查员
浩毕斯哈拉图	男	蒙古	正镶白旗博物馆	初级	副馆长	数据采集、拍摄	普查员
斯琴毕力格	男	蒙古	正镶白旗博物馆	中级	干事	数据采集、拍摄	普查员
苏德毕力格	男	蒙古	正镶白旗文体广电局	正科	局长	组织实施	管理人员
王银涛	女	蒙古	正镶白旗文体广电局	副科	副局长	组织实施	管理人员、专家
吉胡楞	男	蒙古	正镶白旗文体广电局	科员	办公室主任	组织实施	管理人员
张玉林	女	汉	正镶白旗档案局	正科	局长	组织实施	管理人员
娜仁花	女	蒙古	正镶白旗档案局	科员	干事	普查员	志愿者
苏德那木旺其格	男	蒙古	东乌旗文物所	初级	所长	录入、审核	普查员、专家
额日很巴图	男	蒙古	东乌旗乌珠穆沁博物馆		馆长	录入	普查员、专家
乌兰格日勒	女	蒙古	东乌旗文物所	中级	档案员	数据采集	普查员
乌云都力呼尔	男	蒙古	东乌旗文物所	初级	干事	拍摄	普查员
格日勒图雅	女	蒙古	东乌旗乌珠穆沁博物馆		馆员	数据采集	普查员
阿拉腾苏布达	女	蒙古	东乌旗乌珠穆沁博物馆	中级	讲解员	数据采集	普查员
珠兰琪琪格	女	蒙古	东乌旗乌珠穆沁博物馆		馆员	数据采集	普查员
塔　娜	女	蒙古	东乌旗乌珠穆沁博物馆		讲解员	数据采集	普查员

姓　名	性别	民族	工作单位	职　称	职　务	普查内容	备　注
乌云塔娜	女	蒙古	东乌旗乌珠穆沁博物馆	中级	馆员	数据采集	普查员
刘　刚	男	汉	东乌旗文物所		干事	数据采集	普查员
赛吉日呼	男	蒙古	东乌旗文物所			数据采集、录入	志愿者
木其尔	女	蒙古	东乌旗博物馆			数据采集、录入	志愿者
董立民	男	汉	多伦县文物局	副高	国保办主任	组织实施	普查员、专家
王建华	男	回				审核	专家
王　冰	女	满	多伦县文物局	助理	办事员	数据采集、录入	志愿者
王旭昊	男	回	多伦县文物局		办事员	数据采集、录入、审核	志愿者
宝贵拉	男	蒙古	镶黄旗文体广电旅游局		局长	组织实施	管理人员
瓦其尔扎布	男	蒙古	镶黄旗文物所	中级	所长	数据采集、审核	普查员、专家
朝包力高	男	蒙古	镶黄旗文物所	初级		数据采集、拍摄、录入、审核	普查员、专家
额日登达来	男	蒙古	镶黄旗蒙古马文化博物馆	中级	馆长	审核	管理人员
布仁吉日嘎拉	男	蒙古	镶黄旗蒙古马文化博物馆	中级	副馆长	数据采集、拍摄	普查员
胡其图	男	蒙古	镶黄旗蒙古马文化博物馆			数据采集、拍摄	普查员
格根塔娜	女	蒙古	镶黄旗蒙古马文化博物馆	初级		录入	普查员
呼日勒	男	蒙古	苏尼特右旗文物局	馆员	局长	组织实施	管理人员、专家
敖日格勒	男	蒙古	苏尼特右旗文物局	助理馆员	技术人员	录入、拍摄、报送	普查员
杨　丽	女	蒙古	苏尼特右旗文物局	馆员	财务	设备购置及后勤	管理人员
旭仁花	女	蒙古	苏尼特右旗文物局	馆员	技术人员	录入、上传	普查员
那日苏	男	蒙古	苏尼特右旗王府博物馆			数据采集、拍摄、录入	志愿者

姓　名	性别	民族	工作单位	职　称	职　务	普查内容	备　注
于泽泉	男	汉	苏尼特右旗王府博物馆		代理馆长	数据采集	志愿者
胡木吉利	男	蒙古	苏尼特左旗文化体育广电旅游局		局长	组织实施	管理人员
毕力格巴特尔	男	蒙古	苏尼特左旗文化体育广电旅游局		副局长	组织实施	管理人员
风　雷	男	蒙古	苏尼特左旗博物馆		馆长	组织实施、审核	管理人员、专家
沈　伟	男	汉	苏尼特左旗文化体育广电旅游局	助理馆员	秘书	数据采集、拍摄	普查员
乌云格日勒	女	蒙古	苏尼特左旗博物馆			录入	普查员
苏日古格	女	蒙古	苏尼特左旗博物馆			录入	志愿者
达·查干	男	蒙古	苏尼特左旗政协			组织实施	退休干部、专家
敖特根巴特尔	男	蒙古	西乌珠穆沁旗文物管理所	高级	所长	组织实施	管理人员、专家
哈巴特尔	男	蒙古	西乌珠穆沁旗文物管理所	中级	所员	数据采集	普查员、专家
赵　楠	男	汉	西乌珠穆沁旗文物管理所		所员	拍摄、录入	普查员
包丹丹	女	蒙古	西乌珠穆沁旗文物管理所		所员	数据采集	普查员
乌仁高娃	女	蒙古	西乌珠穆沁旗文物管理所		所员	数据采集	普查员
伊布格勒图	男	蒙古	西乌珠穆沁旗文物管理所			数据采集	普查员、已离职
乌云高娃	女	蒙古	西乌珠穆沁旗文物管理所			数据采集	志愿者、已离职
苏乙拉图	男	蒙古	西乌珠穆沁旗男儿三艺博物馆		馆长	组织实施	管理人员
宝音乌力吉	女	蒙古	西乌珠穆沁旗男儿三艺博物馆		讲解员	数据采集、拍摄、录入	普查员

续表

姓　名	性别	民族	工作单位	职　称	职　务	普查内容	备　注
乌云塔娜	女	蒙古	西乌珠穆沁旗男儿三艺博物馆		讲解员	数据采集、拍摄、录入	普查员
苏伊拉	男	蒙古	正蓝旗元上都遗址文物事业管理局	正科	局长	组织实施	普查办主任、管理人员
那松巴图	男	蒙古	正蓝旗元上都遗址文物事业管理局	正科	局长	组织实施	普查办副主任、管理人员
任进奇	男	汉	正蓝旗元上都遗址文物事业管理局	正科	副局长	组织实施	普查办副主任、管理人员、已离职
珊丹	女	蒙古	正蓝旗元上都遗址博物馆	馆员	博物馆馆长	组织实施、审核	普查员、专家
苏宁巴雅尔	男	蒙古	正蓝旗元上都遗址文物事业管理局		办公室主任	组织实施	普查员
董丽萍	女	汉	正蓝旗元上都遗址文物事业管理局	馆员	财务办公室主任	组织实施	管理人员
刘凤玲	女	汉	正蓝旗元上都遗址文物事业管理局	馆员	文保办公室主任	数据采集、录入、审核、报送	普查员、专家
王宏涛	男	满	正蓝旗元上都遗址文物事业管理局		科员	数据采集	普查员
宝力格	男	蒙古	正蓝旗元上都遗址文物事业管理局		野外文物保护办公室主任	数据采集	普查员
哈达	男	蒙古	正蓝旗元上都遗址文物事业管理局		科员	数据采集	普查员
李海亮	男	汉	正蓝旗元上都遗址博物馆		博物馆办公室主任	数据采集	普查员
杜新浩	男	满	正蓝旗元上都遗址博物馆		科员	数据采集	普查员、已离职
王佳静	女	汉	正蓝旗元上都遗址博物馆		科员	数据采集、录入	普查员
莫日根	男	蒙古	正蓝旗元上都遗址博物馆		科员	数据采集	普查员、已离职
扎那	男	蒙古	正蓝旗元上都遗址博物馆		科员	数据采集	普查员

姓　名	性别	民族	工作单位	职　称	职　务	普查内容	备　注
法丽彬	女	回	正蓝旗元上都遗址博物馆		科员	数据采集	普查员
丁宇环	女	回	正蓝旗元上都遗址博物馆		科员	数据采集	普查员
张向欣	女	汉	正蓝旗元上都遗址博物馆		科员	数据采集	普查员
钢都仁	男	蒙古	正蓝旗元上都遗址博物馆		科员	拍摄	志愿者
董晟娟	女	汉	正蓝旗元上都遗址博物馆		科员	拍摄	志愿者、已离职
张其布	男	蒙古	正蓝旗民族宗教事务局	正科	局长	组织实施	管理人员、已离职
额日和	男	蒙古	正蓝旗民族宗教事务局	副科	副局长	录入	管理人员
刚特木日	男	蒙古	正蓝旗民族宗教事务局		科员	数据采集	普查员
王喜斌	男	汉	太旗文化体育广播电影旅游局		局长	组织实施	管理人员
董旭东	男	汉	太旗文化体育广播电影旅游局		副局长	组织实施	管理人员
田义华	男	汉	太旗文化体育广播电影旅游局		所长	审核	普查员
塔　娜	女	蒙古	太旗文物管理所		科员	数据采集、录入	普查员
邓　淇	女	蒙古	太旗文物管理所		科员	拍摄、录入	普查员
王晶泽	男	汉	太旗文物管理所		科员	数据采集	普查员
左亚楠	男	汉	太旗文物管理所		科员	数据采集	普查员
左爱宇	男	汉	太旗文物管理所		副所长	数据采集	普查员
尹　博	男	汉	太旗文物管理所		科员	数据采集	普查员
布仁赛	男	汉	太旗文物管理所		科员	数据采集	普查员
张强云	女	汉	太旗第五小学		教师	协助	志愿者
李燕春	女	汉	太旗第三中学		教师	协助	志愿者
李燕鑫	女	汉				协助	志愿者
张　昊	女	汉	太旗移动分公司		大客户经理	协助	志愿者
李　欣	男	汉	太旗消防大队		指导员	协助	志愿者

姓　名	性别	民族	工作单位	职　称	职　务	普查内容	备　注
萨茹拉	女	蒙古	太旗档案局		科员	协助	志愿者
刘海燕	女	汉	太旗档案局		档案管理	协助	志愿者
聂　林	男	汉	太旗图书馆		馆长	协助	志愿者
王树根	男	汉	二连浩特市文化馆（文物所）	正高	馆长	管理人员	系统内
贺其勒图	男	蒙古	二连浩特市文化馆（文物所）		科员	志愿者	系统内
斯琴毕力格	男	蒙古	二连浩特市文化馆（文物所）		工作人员	审核	系统内
敖风荣	女	蒙古	二连浩特市文化馆（文物所）		工作人员	录入	系统内
苏力德	男	蒙古	二连浩特市文化馆（文物所）		工作人员	摄影	系统内
孟　彪	男	汉	二连浩特市文化馆（文物所）		工作人员	志愿者	系统内
宁培杰	男	汉	二连浩特市国土资源局		原恐龙博物馆馆长	专家	系统外

乌兰察布市第一次全国可移动文物普查人员统计表

姓　名	性别	民族	工作单位	职　称	职　务	普查内容	备　注
王　芳	女	汉	内蒙古自治区红十字会		党组书记、常务副会长	组织协调普查工作	管理者
张　翔	男	汉	乌兰察布市人民政府		副市长	组织协调普查工作	管理者
于海宇	男	汉	乌兰察布市人民政府		副市长	组织协调普查工作	管理者
崔利芬	女	汉	中共乌兰察布市委		副秘书长	组织协调普查工作	管理者
宋志峰	男	汉	乌兰察布市人民政府		副秘书长	组织协调普查工作	管理者
付俊峰	男	汉	乌兰察布市文化局		局长	组织普查工作	管理者
艾世亮	男	汉	乌兰察布市文化新闻出版广电局		局长	组织普查工作	管理者
哈斯巴特尔	男	蒙古	乌兰察布市文化新闻出版广电局		副局长	组织普查工作	管理者
张玉娟	女	汉	乌兰察布市文化新闻出版广电局		副局长	组织普查工作	管理者
王晓军	男	汉	乌兰察布市发展改革委		主任	组织协调普查工作	管理者
贺喜格图	男	蒙古	乌兰察布市教育局		副局长	组织协调普查工作	管理者
李　强	男	汉	乌兰察布市民政局		副局长	组织协调普查工作	管理者
张文斌	男	汉	乌兰察布市财政局		副局长	组织协调普查工作	管理者
李　宝	男	汉	乌兰察布市国土资源局		副局长	组织协调普查工作	管理者
乌兰图雅	女	蒙古	中国人民银行乌兰察布市中心支行		工会主任	组织协调普查工作	管理者
申治国	男	汉	乌兰察布市统计局		副局长	组织协调普查工作	管理者
照日格图	男	蒙古	乌兰察布市民委		副主任	组织协调普查工作	管理者
丁雷存	男	汉	乌兰察布市档案局		副局长	组织协调普查工作	管理者
范晓莉	女	汉	乌兰察布市科协		副主席	组织协调普查工作	管理者
胡旺忠	男	汉	乌兰察布市文化新闻出版广电局		科长	组织普查工作	管理者

姓　名	性别	民族	工作单位	职　称	职　务	普查内容	备　注
郑　荣	男	汉	乌兰察布市 文化新闻出版广电局		科长	组织普查工作	管理者
牛瑞峰	女	汉	乌兰察布市 文化新闻出版广电局		科员	组织普查工作	管理者
李　彪	男	汉	乌兰察布市博物馆	馆员	馆长	指导普查验收报告、工作报告编写	管理者
邢黄河	男	汉	乌兰察布市博物馆	馆员	书记	全面负责可移普工作	专家
胡晓农	男	汉	乌兰察布市博物馆	研究馆员	副馆长	负责部分旗县普查数据的审定	专家
张　涛	男	汉	乌兰察布市博物馆	副研究馆员	副馆长	器物描述、数据审核	专家
李恩瑞	男	汉	乌兰察布市博物馆	副研究馆员	馆长助理	指导录入、审核数据	专家
李树国	男	蒙古	乌兰察布市博物馆	副研究馆员	主任	负责市博物馆馆藏器物的断代、描述、数据的审核、修改及部分旗县的数据审核、修改	专家
崔利明	男	汉	乌兰察布市博物馆	副研究馆员	主任	器物描述、负责部分旗县数据审核、修改	专家
郝晓菲	女	汉	乌兰察布市博物馆	副研究馆员	主任	器物的打号、采集、数据录入、负责部分旗县的数据审核、修改	专家
杨美枝	女	汉	乌兰察布市博物馆	副研究馆员	主任	数据采集、核对、负责部分旗县数据审核、修改	专家
赵　杰	男	汉	乌兰察布市博物馆	馆员		本馆及部分旗县器物的命名、描述、断代	
江　岩	男	蒙古	乌兰察布市博物馆	馆员		器物描述、数据审核、修改	专家

姓　名	性别	民族	工作单位	职　称	职　务	普查内容	备　注
郑　燕	女	汉	乌兰察布市博物馆	馆员		录入登记、器物打号、数据上传、部分旗县数据审核、修改	
郝利平	男	汉	乌兰察布市博物馆	馆员		录入登记、器物打号	普查员
包龙梅	女	蒙古	乌兰察布市博物馆	馆员		录入登记、器物打号	普查员
马丽荣	女	汉	乌兰察布市博物馆	馆员		录入登记、器物打号	普查员
昝美荣	女	汉	乌兰察布市博物馆	技师		录入登记、器物打号	普查员
李跃忠	男	汉	乌兰察布市博物馆	馆员		录入登记、器物打号	普查员
张晓红	女	汉	乌兰察布市博物馆	馆员		录入登记、器物打号	普查员
司秋枫	女	汉	乌兰察布市博物馆	馆员		录入文物信息	普查员
刘淑芹	女	汉	乌兰察布市博物馆	助理馆员		录入登记、器物打号	普查员
石林梅	女	蒙古	乌兰察布市博物馆			负责全市普查数据采集、录入、上传、审核、修改等工作，编写普查、验收报告	
李鹏珍	男	汉	乌兰察布市博物馆			文物信息审核、修改	
谢　芳	女	汉	乌兰察布市博物馆			文物信息录入，照片、数据核对，钱币整理	
郭一宁	男	汉	乌兰察布市博物馆			文物摄影、照片修改	普查员
甄国庆	男	汉	乌兰察布市博物馆			文物数据录入、照片修改	普查员
王纪军	男	汉	乌兰察布市博物馆	馆员	副主任	后勤保障工作	普查员
刘晨霞	女	汉	乌兰察布市博物馆			编写普查、验收报告	普查员

续表

姓　名	性别	民族	工作单位	职　称	职　务	普查内容	备　注
田　亮	男	汉	乌兰察布市博物馆			文物信息采集	普查员
刘　霞	女	汉	乌兰察布市图书馆	馆员		古籍书信息采集、录入	普查员
贺润根	男	汉	集宁区政府		副区长	组织协调普查工作	管理员
周国栋	男	汉	集宁区政府		副主任	组织协调普查工作	管理员
王志强	男	汉	集宁区文旅新局		局长	组织普查工作	管理员
高东升	男	汉	集宁区文旅新局	副高	副局长	组织普查工作	管理员
龚　朔	男	汉	集宁区文化馆	副高	馆长	古籍书信息采集、录入	普查员
韩彩霞	女	汉	集宁区文物所	中级	所长	古籍书信息采集、录入	普查员
龚　炜	女	汉	察哈尔民俗博物馆	副高	馆长	古籍书信息采集、录入	志愿者
段　杰	男	汉	集宁区文物所	中级		古籍书信息采集、录入	普查员
宗　涛	男	汉	集宁区文物所	中级		古籍书信息采集、录入	普查员
冯　虎	男	汉	集宁区文化馆	中级	书记	古籍书信息采集、录入	志愿者
钱红梅	女	汉	集宁区文化馆	中级	副馆长	古籍书信息采集、录入	志愿者
王永健	男	汉	集宁区文化馆	中级	主任	古籍书信息采集、录入	志愿者
刘瑞敏	男	汉	集宁区文化馆	中级		古籍书信息采集、录入	志愿者
李　录	男	汉	集宁区文化馆	助理		古籍书信息采集、录入	志愿者
李建民	男	汉	集宁区文化馆	初级工		古籍书信息采集、录入	志愿者
智　强	男	汉	集宁区文化馆	助理		古籍书信息采集、录入	志愿者
陈国胜	男	汉	集宁区文化馆	管理十级		古籍书信息采集、录入	志愿者

姓　名	性别	民族	工作单位	职　称	职　务	普查内容	备　注
李学林	男	汉	集宁区文化馆	管理十级		古籍书信息采集、录入	志愿者
杨翠兰	女	汉	集宁区文化馆	中级		古籍书信息采集、录入	志愿者
杨明明	男	汉	集宁区文化馆	初级工		古籍书信息采集、录入	志愿者
任志勇	男	汉	集宁区文化馆	助理		古籍书信息采集、录入	志愿者
李豪杰	男	汉	集宁区文化馆	管理十级		古籍书信息采集、录入	志愿者
陈　伟	男	汉	集宁战役纪念馆	助理馆员	文史资料部部长	数据录入、上报	普查员
刘晋	男	汉	集宁战役纪念馆		科员	数据采集、录入	普查员
杨永星	男	汉	集宁战役纪念馆		科员	数据采集、录入	普查员
王志刚	男	汉	丰镇市文物管理所	馆员	所长	数据录入、审核、汇总、上报	普查员
张升华	男	汉	丰镇市文物管理所	管理员		文物拍照、建档登记	普查员
武　鑫	男	汉	丰镇市文物管理所	管理员		器物数据采集	普查员
武如霞	女	汉	丰镇市文物管理所	管理员		器物数据采集	普查员
罗金明	男	汉	察右前旗文物管理所	助管	所长	数据采集及出库、入库登记	普查员
杨晓鹏	男	汉	察右前旗文物管理所	助管	职员	数据录入、审核、汇总、上报	普查员
姚永红	男	汉	察右前旗文物管理所	助管	职员	数据测量、建档登记	普查员
张运平	男	汉	察右前旗文物管理所	助管	职员	文物拍照、建档登记	普查员
陈忠伟	男	蒙古	察右前旗文物管理所	高级工	职员	数据采集及出库、入库登记	普查员
闫志刚	男	汉	察右前旗文物管理所	九级职员	职员	数据采集	普查员
李彩云	女	汉	察右前旗文物管理所	十级职员	职员	文物建档、数据登记、整理归档	普查员

姓　名	性别	民族	工作单位	职　称	职　务	普查内容	备　注
德力格勒玛	女	蒙古	察右前旗文物管理所	九级职员	职员	数据录入、采集信息	普查员
白志文	男	汉	察右中旗文化旅游新闻出版广电局		副局长	国有文物收藏单位普查、填写文物登记表、数据审核	管理员
刘雪峰	男	汉	察右中旗文物管理所		所长	填写文物登记表、文物数据审核	普查员
胡永强	男	汉	察右中旗文化旅游新闻出版广电局		办公室主任	文物影像信息采集、信息录入、数据审核上报	普查员
余华东	男	汉	察右中旗文化旅游新闻出版广电局		文博股股长	文物信息录入	普查员
刘培风	男	汉	志愿者			文物信息录入	普查员
田晓娟	女	汉	志愿者			普查报告编写	普查员
和英姿	女	汉	察右后旗人民政府		副旗长	组织协调普查工作	管理者
叶　云	男	汉	察右后旗人民政府		法制办主任	组织协调普查工作	管理者
阿拉腾花	女	蒙古	察右后旗文化体育广电局		局长	组织普查工作	管理者
卜树兵	男	蒙古	察右后旗文化体育广电局		副局长	组织普查工作	管理者
杜志忠	男	蒙古	察右后旗文化体育广电局		办公室主任	组织普查工作	管理者
马世宏	男	汉	察右后旗文物管理所	助理馆员	所长	文物信息采集、描述、报告编纂	普查员
袁晓波	男	蒙古	察右后旗文物管理所	技师	副所长	文物照片拍摄、器物描述、文字编纂	普查员
李臻鑫	男	汉	察右后旗文物管理所		职员	文物数据录入	普查员
闫文利	女	蒙古	察右后旗文物管理所	技师		资料整理	普查员
田茂峰	男	汉	四子王旗博物馆		馆长	组织普查工作	管理员
印嘉惠	女	满	四子王旗博物馆		职员	文物信息采集、录入，照片拍摄	普查员
于俊香	女	汉	四子王旗博物馆		职员	文物信息采集、录入，照片拍摄	普查员
姬　雅	女	蒙古	四子王旗博物馆		职员	文物信息采集、录入，照片拍摄	普查员

姓　名	性别	民族	工作单位	职　称	职　务	普查内容	备　注
段建忠	男	汉	卓资县文化旅游新闻出版广电局		局长	组织普查工作	管理员
张文军	男	汉	卓资县文化旅游新闻出版广电局		副局长	组织普查工作	管理员
郑建勋	男	汉	卓资县文物管理所	馆员	所长	文物鉴定及描述	普查员
郝敬春	男	汉	卓资县文物管理所	技师		文物数据采集	普查员
王转军	男	汉	卓资县文物管理所	技师		文物数据采集	普查员
康　夏	女	汉	卓资县文化旅游新闻出版广电局			文物照片拍摄	普查员
李　磊	女	汉	卓资县乌兰牧骑			文物数据录入、资料整理	普查员
欧　然	男	汉	卓资县文化市场综合执法大队			文物数据录入、上传	普查员
刘旭东	男	汉	卓资县乌兰牧骑			文物搬运安放整理	普查员
方红明	男	汉	凉城县文物管理所		所长	文物信息采集、断代	普查员
火三柱	男	汉	凉城县文物管理所		职员	文物信息采集	普查员
王晓峰	男	汉	凉城县文物管理所		职员	文物信息采集、录入	普查员
张　俊	男	汉	凉城县文化馆		馆长	文物收藏单位调查	普查员
赵　兵	男	汉	凉城县文化馆		职员	文物收藏单位调查、文物数据采集	普查员
吴学文	男	汉	志愿者			文物照片拍摄	普查员
张晓东	男	汉	兴和县文管所		所长	文物拍照	普查员
薛　琴	女	汉	兴和县文管所		干事	数据采集	普查员
马文景	男	汉	兴和县文管所		干事	数据录入、上传	普查员
张　云	男	汉	商都县人民政府		副县长	组织协调普查工作	管理者
王　利	男	汉	商都县文化新闻出版广电局		局长	组织普查工作	管理者
王文涛	男	汉	商都县文化新闻出版广电局		副局长	组织普查工作	管理者
田少君	男	满	商都县文物管理所	副研究馆员	所长	文物数据审核、照片拍摄	普查员

姓　名	性别	民族	工作单位	职　称	职　务	普查内容	备　注
秦双成	男	汉	商都县文物管理所	馆员	副所长	普查信息录入、上传	普查员
王润忠	男	汉	商都县文化新闻出版广电局		股长	文物照片整理	普查员
李元荣	男	汉	商都县文物管理所	馆员		文物照片整理	普查员
卫延林	女	汉	商都县文化新闻出版广电局			钱币整理、照片整理	普查员
丁维杰	女	汉	外聘			钱币整理	普查员
岳　站	男	汉	商都县检察院			普查方案、工作报告编写	
王学兵	女	汉	外聘			钱币整理	普查员
侯金梅	女	汉	化德县人民政府		副县长	组织协调普查工作	管理员
贾永杰	男	汉	化德县文化新闻出版广电局		局长	组织普查工作	管理员
曹登峰	男	汉	化德县文化旅游新闻出版广电局		局长	组织普查工作	管理员
师　云	男	汉	化德县文化新闻出版广电局		副局长	组织普查工作	管理员
高天夫	男	汉	化德县文化旅游新闻出版广电局		副局长	组织普查工作	管理员
王　涛	男	汉	化德县文物管理所	高技	所长	数据采集、录入	普查员
陈　玲	女	汉	化德县文物管理所	馆员	副所长	数据采集、录入	普查员
李淑芳	女	汉	化德县文物管理所	高级工		数据采集、录入	普查员
郝丽萍	女	汉	化德县文物管理所	初级工		文物照片拍摄	普查员

鄂尔多斯市第一次全国可移动文物普查人员统计表

姓　名	性别	民族	工作单位	职　称	职　务	普查内容	备　注
刘满山	男	汉	鄂尔多斯市文化新闻出版广电局		副局长	审核	管理人员
秦旭光	男	汉	鄂尔多斯市文化新闻出版广电局		副科长	审核	管理人员
郝　成	男	汉	鄂尔多斯市文化新闻出版广电局		副科长	审核	管理人员
王爱珍	女	汉	鄂尔多斯市文化新闻出版广电局		主任科员	审核	管理人员
哈斯其劳	男	蒙古	成陵旅游区管委会		副主任	审核	管理人员
青　白	男	蒙古	成陵旅游区管委会	助理馆员	科员	数据录入	普查员
阿拉腾乌拉	男	蒙古	成陵旅游区管委会		科员	数据采集	普查员
额尔定乌拉	女	蒙古	成陵旅游区管委会		科员	数据采集	普查员
乌德尔斯迪	男	蒙古	成陵旅游区管委会		科员	摄影	普查员
乔纪娟	女	汉	鄂尔多斯市图书馆	馆员	馆员	数据采集、数据录入	普查员
乔云哲	男	蒙古	鄂尔多斯市图书馆	馆员	馆员	数据采集、摄影	普查员
满　来	男	蒙古	鄂尔多斯市图书馆	副研究馆员	主任	审核	专家
王志浩	男	汉	鄂尔多斯青铜器博物馆	文博研究馆员	馆长	审核	专家
白煜慧	女	蒙古	鄂尔多斯青铜器博物馆	文博馆员	主任	审核	管理人员
辛晓宇	男	汉	鄂尔多斯青铜器博物馆	文博助理馆员	职工	摄影	普查员
王京琴	女	回	鄂尔多斯青铜器博物馆	文博馆员	职工	审核	普查员

姓　名	性别	民族	工作单位	职　称	职　务	普查内容	备　注
伦晓蕉	女	汉	鄂尔多斯青铜器博物馆	文博助理馆员	职工	数据录入	普查员
杨　婕	女	汉	鄂尔多斯青铜器博物馆	文博助理馆员	职工	数据采集	普查员
李慧奉	女	汉	鄂尔多斯青铜器博物馆		职工	数据录入	普查员
郭丽平	女	汉	鄂尔多斯革命历史博物馆	文博研究馆员	馆长	审核	管理人员、专家
李　勇	女	蒙古	鄂尔多斯革命历史博物馆	文博馆员	副馆长	审核	管理人员
王　龙	男	汉	鄂尔多斯革命历史博物馆	文博副研究员	副馆长	审核	管理人员
林金瑞	女	汉	鄂尔多斯革命历史博物馆	文博馆员	藏品部主任	采集、录入，摄影、审核	普查员
程俊英	女	汉	鄂尔多斯革命历史博物馆	演员二级	职工	采集	普查员
高　娜	女	汉	鄂尔多斯革命历史博物馆	助理馆员	职工	审核	普查员
张　彬	女	汉	鄂尔多斯革命历史博物馆	助理馆员	职工	录入	普查员
郑　朴	男	蒙古	鄂尔多斯革命历史博物馆	助理馆员	职工	摄影	普查员
杨泽蒙	男	汉	鄂尔多斯市文物考古研究院	文博研究馆员	院长	审核	管理人员、专家
尹春雷	男	满	鄂尔多斯市文物考古研究院	文博研究馆员	副院长	审核	专家
杨俊刚	男	汉	鄂尔多斯市文物考古研究院	文博馆员	主任	数据采集、录入，摄影、审核	管理人员、普查员
李　双	男	蒙古	鄂尔多斯市文物考古研究院	文博助理馆员	职工	数据采集	普查员
徐　磊	男	汉	鄂尔多斯市文物考古研究院	文博助理馆员	职工	数据摄影	普查员
赵阳阳	男	汉	鄂尔多斯市文物考古研究院	文博馆员	职工	数据录入	普查员

姓　名	性别	民族	工作单位	职　称	职　务	普查内容	备　注
窦志斌	男	汉	鄂尔多斯博物馆	文博研究馆员	馆长	市普查办专家组、市普查办项目部主任；本单位普查领导	管理人员、专家
奥静波	男	汉	鄂尔多斯博物馆	研究员	党支部书记	拍照指导，督查各旗区普查工作	专家
李　锐	男	汉	鄂尔多斯博物馆	文博研究馆员	副馆长	市普查办项目部副主任、专家组成员、工作组组长；审核	专家
甄自明	男	汉	鄂尔多斯博物馆	文博副研究馆员	副馆长	市普查办项目部副主任、普查报告编制	专家
奥东慧	女	汉	鄂尔多斯博物馆	文博助理馆员	职工	数据录入、普查报告编制	普查员
郝二玲	女	汉	鄂尔多斯博物馆	文博副研究馆员	部室主任	文物提取、信息采集	普查员
赵　婷	女	汉	鄂尔多斯博物馆	文博馆员	部室副主任	信息采集	普查员
汪　琴	女	汉	鄂尔多斯博物馆	文博助理馆员	职工	摄影	普查员
马海燕	女	蒙古	鄂尔多斯博物馆	文博助理馆员	职工	数据录入、照片编辑	普查员
马惠荣	女	汉	鄂尔多斯博物馆	文博助理馆员	职工	摄影	普查员
刘　洋	男	汉	鄂尔多斯博物馆	文博助理馆员	职工	信息采集、摄影	普查员
赵国兴	男	蒙古	鄂尔多斯博物馆	文博馆员	部室主任	数据上传	普查员
乔丽娜	女	汉	鄂尔多斯博物馆	文博馆员	职工	照片编辑	普查员
李文龙	男	汉	鄂尔多斯博物馆	文博馆员	职工	数据核对、命名、审核	普查员
张二军	男	汉	鄂尔多斯博物馆	文博馆员	部室主任	数据录入模板	普查员
呼　玫	女	汉	鄂尔多斯博物馆	文博助理馆员	职工	信息采集、命名、数据录入、照片编辑	普查员

姓　名	性别	民族	工作单位	职　称	职　务	普查内容	备　注
萨日娜	女	蒙古	鄂尔多斯博物馆	文博馆员	职工	照片编辑	普查员
王雪芬	女	汉	鄂尔多斯博物馆	文博馆员	职工	摄影	普查员
张　珉	女	汉	鄂尔多斯博物馆	文博馆员	职工	照片编辑	普查员
乔　智	男	蒙古	鄂尔多斯博物馆	无	职工	数据录入模板	普查员
庄　园	女	汉	鄂尔多斯博物馆	无	职工	照片编辑、信息录入	普查员
娜仁高娃	女	蒙古	鄂尔多斯博物馆	文博副研究馆员	部室主任	信息采集	普查员
高兴超	男	汉	鄂尔多斯博物馆	文博馆员	部室副主任	信息采集、命名	普查员
郑淑敏	女	汉	鄂尔多斯博物馆	文博助理馆员	职工	信息采集、命名、数据录入	普查员
张驰昊	男	汉	鄂尔多斯博物馆	文博馆员	职工	摄影	普查员
赵　琼	女	汉	鄂尔多斯博物馆	文博助理馆员	职工	照片编辑	普查员
乔婧婷	女	汉	鄂尔多斯博物馆	文博助理馆员	职工	数据录入模板	普查员
张智杰	男	汉	鄂尔多斯博物馆	文博助理馆员	职工	摄影	普查员
白林云	男	汉	鄂尔多斯博物馆	文博馆员	部室主任	审核、上传、命名、总结、编写报告	普查员
刘向东	男	汉	东胜区文化局		局长	审核	管理人员
袁　成	男	汉	东胜区文化局		副局长	审核	管理人员
齐杭生	男	汉	东胜区文物保护管理所	文博副研究馆员	所长	审核	普查员
孙托亚	女	蒙古	东胜区文物保护管理所	文博副研究馆员	副所长	数据采集	普查员
陈　烨	女	汉	东胜区文物保护管理所	副高	馆员	数据采集	普查员
李　萍	女	汉	东胜区文物保护管理所	副高	馆员	数据采集	普查员
刘荣霞	女	汉	东胜区文物保护管理所	副高	馆员	数据采集、文物拍摄	普查员
杨　叶	女	汉	东胜区文物保护管理所	文博馆员	馆员	国有单位调查	普查员
张　威	女	汉	东胜区文物保护管理所	文博助理馆员	馆员	摄影	普查员
陶格涛	男	蒙古	东胜区文物保护管理所	文博馆员	馆员	摄影	普查员

姓　名	性别	民族	工作单位	职　称	职　务	普查内容	备　注
郭彩云	女	汉	东胜区文物保护管理所	文博馆员	馆员	数据采集、数据录入、审核	普查员
魏萱	女	汉	康巴什文旅广局		内组长	审核	管理人员
杨楠	女	汉	康巴什文旅广局		组员	审核	管理人员
王玲	女	汉	康巴什文旅广局		组员	审核	管理人员
刘伟	女	汉	康巴什文旅广局		组员	摄影、审核	管理人员
黄鹏	男	汉	康巴什文旅广局		外组长	审核	管理人员
孟建国	男	汉	康巴什文旅广局		组员	数据采集	普查员
张睿	男	汉	康巴什文旅广局		组员	数据录入	普查员
张鑫	男	汉	康巴什文旅广局		组员	数据采集	普查员
越红	女	汉	康巴什文旅广局		组员	数据录入	普查员
赵楠	女	汉	康巴什文旅广局		组员	数据采集	普查员
其劳道尔基	男	汉	康巴什文旅广局		组员	宣传	普查员
白明德	男	汉	伊金霍洛旗文化体育广电局		局长	审核	管理人员
杨福新	男	汉	伊金霍洛旗文化体育广电局		副局长	审核	管理人员
李绿峰	女	汉	伊金霍洛旗文物保护管理所	文博副研究员	所长	审核	管理人员、专家
云丽	女	蒙古	伊金霍洛旗文物保护管理所	文博馆员	副所长	审核	管理人员、专家
李霞	女	汉	伊金霍洛旗文物保护管理所	文博馆员	副所长	数据采集、总结上报、宣传、报告编写	普查员
赵磊	男	汉	伊金霍洛旗文物保护管理所		职工	摄影、录入、上传、审核	普查员
郭浩东	男	汉	伊金霍洛旗文物保护管理所		职工	数据录入	普查员
乌云其木格	女	蒙古	伊金霍洛旗文物保护管理所	技师	职工	数据采集	普查员
斯庆	女	蒙古	伊金霍洛旗文物保护管理所	文博助理馆员	职工	数据采集	普查员

姓　名	性别	民族	工作单位	职　称	职　务	普查内容	备　注
孙喜梅	女	汉	达拉特旗文化旅游广播电影电视局	副科	副局长	审核	管理人员
王清云	男	汉	达拉特旗文物管理所	文博助理馆员	所长	审核	管理人员
赵永志	男	汉	达拉特旗文物管理所	二级演奏员	副所长	审核、数据采集	普查员
张　芳	女	汉	达拉特旗文物管理所	文博助理馆员	职工	摄影、数据采集	普查员
杨　鹭	女	汉	达拉特旗文物管理所		职工	数据录入	普查员
赵　宇	男	汉	达拉特旗文物管理所		职工	数据录入	普查员
林　霞	女	蒙古	达拉特旗文物管理所	四级演员	职工	数据采集	普查员
李瑞峰	女	汉	达拉特旗文物管理所	文博助理馆员	职工	数据采集	普查员
李　慧	女	汉	达拉特旗文物管理所	文博馆员	职工	数据采集	普查员
张　钧	男	汉	准格尔旗文化旅游广电局		局长	审核	管理人员
何贵军	男	汉	准格尔旗文化旅游广电局		副局长	审核	管理人员
刘卫军	男	汉	准格尔旗博物馆		馆长	审核	管理人员
王永胜	男	汉	准格尔旗文管所	文博馆员	所长	审核	专家
史明亮	男	蒙古	准格尔旗博物馆	文博馆员	副馆长	摄影	普查员
刘继成	男	汉	准格尔旗博物馆	文博助理馆员	馆员	数据采集	普查员
马　丽	女	汉	准格尔旗文管所	文博助理馆员	副所长	数据录入	普查员
高向奎	男	蒙古	准格尔旗博物馆	文博助理馆员	馆员	数据采集	普查员
刘旭川	男	汉	准格尔旗文管所	文博助理馆员	馆员	数据采集	普查员
闫　晶	女	汉	准格尔旗博物馆	文博馆员	馆员	数据采集	普查员
王泽鸿	男	汉	准格尔旗博物馆		馆员	数据采集	普查员
任利芬	女	汉	准格尔旗博物馆		馆员	数据录入	普查员
宋艺芳	女	蒙古	准格尔旗博物馆	文博馆员	馆员	媒体宣传	普查员
刘　峰	男	汉	杭锦旗文化体育广电局		副局长	审核	管理人员

姓　名	性别	民族	工作单位	职　称	职　务	普查内容	备　注
孙　海	男	汉	杭锦旗纪检委		纪检组长	审核	管理人员
白志荣	男	蒙古	杭锦旗文物管理所	文博助理馆员	原所长	审核	专家
高　平	男	汉	杭锦旗文物管理所	文博助理馆员	所长	审核	管理人员
那　顺	男	蒙古	杭锦旗文物管理所	文博助理馆员	主任	摄影	管理人员
白　虹	女	蒙古	杭锦旗文物管理所	文博助理馆员	职工	数据录入	普查员
李　慧	女	汉	杭锦旗文物管理所	文博助理馆员	职工	数据录入	普查员
托　娅	女	蒙古	杭锦旗文物管理所		职工	数据采集	普查员
云苏米雅	男	蒙古	鄂托克旗文化广播电视局		局长	审核	管理人员
前　途	男	蒙古	鄂托克旗文物保护管理所		原所长	审核	专家
吉仁太	男	蒙古	鄂托克旗文物保护管理所	文博馆员	副所长	摄影、审核	管理人员、专家
阿拉腾浩日瓦	男	蒙古	鄂托克旗文物保护管理所	文博馆员	职工	审核、数据录入	管理人员
马西毕利格	男	蒙古	鄂托克旗文物保护管理所	文博馆员	职工	审核、数据采集	管理人员
布　和	男	蒙古	鄂托克旗文物保护管理所	文博馆员	职工	审核	专家
哈　斯	女	蒙古	鄂托克旗文物保护管理所	文博助理馆员	职工	数据采集	普查员
乌云娜	女	蒙古	鄂托克旗文物保护管理所	文博助理馆员	办公室主任	数据采集、摄影	普查员
陈崇阳	男	汉	鄂托克前旗文旅广局		副局长	日常组织、协调和实施	管理人员
张旭梅	女	汉	鄂托克前旗文物保护管理所	副研究馆员	所长	数据采集、审核	普查员
卢　强	男	汉	鄂托克前旗文旅广局		办公室主任	数据采集	普查员

姓　名	性别	民族	工作单位	职　称	职　务	普查内容	备　注
刘　玮	男	汉	鄂托克前旗文物保护管理所	文博助理馆员	职工	数据采集	普查员
天　亮	女	蒙古	鄂托克前旗文物保护管理所	文博馆员	职工	数据采集、审核	普查员
白　琳	女	汉	鄂托克前旗文物保护管理所		职工	数据采集、录入	普查员
红　叶	女	蒙古	鄂托克前旗文物保护管理所		职工	数据采集、摄影	普查员
牧　仁	男	蒙古	鄂托克前旗文物保护管理所		职工	数据采集	普查员
青克勒图雅	女	蒙古	鄂托克前旗文物保护管理所		职工	数据采集	普查员
李余飞	男	汉	鄂托克前旗文物保护管理所		职工	数据采集、录入	普查员
图　娅	女	蒙古	鄂托克前旗文物保护管理所		职工	数据采集	普查员
刘　杰	女	汉	鄂托克前旗文物保护管理所		职工	数据采集	普查员
王桂玲	女	汉	鄂托克前旗文物保护管理所		职工	数据采集	普查员
顾丽婷	女	汉	鄂托克前旗文物保护管理所		职工	数据采集	普查员
乌达木	男	蒙古	鄂托克前旗文物保护管理所		职工	数据采集、摄影	普查员
万晓宇	男	汉	鄂托克前旗文物保护管理所		职工	数据采集、录入	普查员
苏雅拉陶特胡	男	蒙古	乌审旗文化体育广播电影电视局		局长	审核	管理人员
巴德玛	女	蒙古	乌审旗文化体育广播电影电视局		副局长（分管博物馆工作）	审核	管理人员
梁世和	男	汉	乌审旗文化体育广播电影电视局		工会主席（分管文物工作）	审核	管理人员

姓 名	性别	民族	工作单位	职 称	职 务	普查内容	备 注
杨骐瑞	男	汉	乌审旗文化体育广播电影电视局	助理馆员	办公室主任	审核	管理人员
白庆元	男	汉	乌审旗文物局	文博研究馆员	局长	审核	普查员
吉仁巴雅尔	男	蒙古	乌审旗文物局	文博馆员	所长	摄影、审核	普查员
王 燕	女	汉	乌审旗文物局	文博馆员	副所长	数据录入	普查员
伟林花	女	蒙古	乌审旗文物局	文博馆员	职工	数据采集	普查员
赵青山	男	汉	乌审旗文物局	文博馆员	职工	数据采集	普查员
边海英	女	汉	乌审旗文物局	文博馆员	职工	数据采集	普查员
段玉荣	女	汉	乌审旗文物局	文博助理馆员	办公室主任	数据采集	普查员
阿克塔沁格根塔娜	女	蒙古	乌审旗文物局	文博助理馆员	职工	数据录入	普查员
那仁敖其	男	蒙古	乌审旗文物局	文博助理馆员	职工	数据采集	普查员
娜荷芽	女	蒙古	乌审旗文物局	文博助理馆员	职工	数据采集	普查员
珠 拉	女	蒙古	乌审旗文物局		职工	数据采集	普查员
斯庆图	男	蒙古	乌审旗文物局		职工	数据采集	普查员
恩克吉日嘎拉	男	蒙古	乌审旗文物局		职工	数据采集	普查员
额尔德尼其木格	女	蒙古	乌审旗博物馆	文博馆员	副馆长	摄影、审核	普查员
庆 达	男	蒙古	乌审旗博物馆		办公室主任	数据录入	普查员
伊日桂	女	蒙古	乌审旗博物馆	文博助理馆员	办公室副主任	数据采集	普查员
乌 云	女	蒙古	乌审旗博物馆		馆员	数据录入	普查员
哈不热	男	蒙古	乌审旗博物馆			摄影、审核	普查员
查苏娜	女	蒙古	乌审旗博物馆		馆员	数据录入	普查员
格根塔娜	女	蒙古	乌审旗博物馆		馆员	数据采集	普查员

巴彦淖尔市第一次全国可移动文物普查人员统计表

姓 名	性别	民族	工作单位	职 称	职 务	普查内容	备 注
胡延春	男	汉	巴彦淖尔市考古所	文博研究员	所长	资料审定	专家
张秀琴	女	蒙古	巴彦淖尔市考古所	文博馆员		数据测量	普查员
乌日娜	女	蒙古	巴彦淖尔市考古所	文博馆员		数据测量	普查员
刘红梅	女	汉	巴彦淖尔市考古所	文博馆员		数据测量	普查员
杨红卫	女	汉	巴彦淖尔市考古所	文博馆员		数据采集	普查员
王雅琦	女	汉	巴彦淖尔市考古所	文博副研究员	副所长	资料审定	专家
恩克乌力吉	男	蒙古	巴彦淖尔市考古所	文博馆员		数据采集	普查员
高峻	男	汉	巴彦淖尔市考古所	文博馆员		数据采集	普查员
于静	女	汉	巴彦淖尔市考古所	文博馆员		数据采集	普查员
高鹏	男	汉	巴彦淖尔市考古所	文博助理馆员		数据采集	普查员
程龙军	男	汉	巴彦淖尔市考古所	文博馆员	副所长	资料审定	管理人员
张文渊	男	汉	巴彦淖尔市考古所	文博助理馆员		后勤服务	工作人员
李芹	女	汉	巴彦淖尔市考古所	文博馆员		数据上传	普查员
陈敏	女	汉	巴彦淖尔市考古所	文博助理馆员		数据上传	普查员
贾甲	男	汉	巴彦淖尔市考古所	文博助理馆员		数据采集	普查员
郝宁	女	汉	巴彦淖尔市考古所	文博助理馆员		资金管理	工作人员
朱明哲	男	汉	巴彦淖尔市文化市场综合执法局		副所长、文物保护监察大队大队长	数据采集	普查员
赵占魁	男	汉	内蒙古河套文化博物院	专技四级	副院长	资料审定	专家
曹丽月	女	汉	内蒙古河套文化博物院	专技五级	副院长	资料审定	管理人员
王娟	女	汉	内蒙古河套文化博物院	专技七级	副院长	资料审定	管理人员

姓　名	性别	民族	工作单位	职　称	职　务	普查内容	备　注
王　欣	男	汉	内蒙古河套文化博物院	专技十一级		照片整理、编号，数据上传	工作人员
马　岳	男	汉	内蒙古河套文化博物院	专技十一级		拍照	普查员
李少雷	男	汉	内蒙古河套文化博物院	专技十一级		拍照	普查员
王　瑞	女	汉	内蒙古河套文化博物院	专技十一级		电子数据录入	普查员
韩景轩	女	汉	内蒙古河套文化博物院	无		纸质数据登记	普查员
常　虹	女	汉	内蒙古河套文化博物院	无		数据采集	普查员
张　月	女	汉	内蒙古河套文化博物院	管理九级		数据采集	普查员
赵俊霞	女	汉	内蒙古河套文化博物院	专技九级		数据采集	普查员
其其格	女	蒙古	内蒙古河套文化博物院	专技八级		经费统筹	工作人员
李晓雨	女	汉	内蒙古河套文化博物院	专技九级		搬运文物	工作人员
高奇峰	男	汉	内蒙古河套文化博物院	无		搬运文物，协助拍照	志愿者
祁　全	男	蒙古	内蒙古河套文化博物院	无		搬运文物	志愿者
岱青巴图	男	蒙古	巴彦淖尔市图书馆			资料审定	管理人员
胡　琼	女	汉	巴彦淖尔市图书馆	图书馆副研究馆员		数据采集	普查员
贺　莎	女	汉	巴彦淖尔市图书馆	图书馆馆员		数据采集	普查员
赵栩田	男	汉	巴彦淖尔市图书馆	图书馆助理馆员		数据采集	普查员
刘永河	男	汉	巴彦淖尔市黄河水利文化博物馆	水利高级工程师	馆长	业务指导	管理人员
秦瑞娟	女	汉	巴彦淖尔市黄河水利文化博物馆	经济师	网络部副部长（领导成员）	业务指导	工作人员
谢　冬	女	汉	巴彦淖尔市黄河水利文化博物馆	无		信息记录	工作人员
范　磊	男	汉	巴彦淖尔市黄河水利文化博物馆	无		摄像、测量	工作人员
王鹏波	男	汉	巴彦淖尔市黄河水利文化博物馆	工程师		数据录入	工作人员
乌日恒	女	汉	巴彦淖尔市黄河水利文化博物馆	无	讲解员	数据采集	工作人员
王春叶	女	汉	临河区文体局	正科	局长	统筹协调	管理人员
樊海全	男	汉	临河区文体局	副科	局长	统筹协调	管理人员
王　淋	女	汉	临河区文物管理所	中级	所长	审定资料	管理人员

姓　名	性别	民族	工作单位	职　称	职　务	普查内容	备　注
彭凤英	女	汉	临河区文物管理所	中级	干事	照相	普查员
党迎迎	女	汉	临河区文物管理所	初级	干事	上传数据	普查员
徐荣	男	汉	临河区文物管理所	中级	干事	数据采集	普查员
屈荣	女	汉	临河区金川办事处		文化站长	拍照	普查员
殷铁	男	汉	临河区汇丰办事处		文化站长	建档	普查员
杨敏	女	汉	临河区车站办事处		文化站长	资料报送	普查员
贺建国	男	汉	临河区北环办事处		文化站长	登记、管理	普查员
陆秀仙	女	汉	临河区铁南办事处		文化站长	登记、管理	普查员
安红霞	女	汉	临河区团结办事处		文化站长	数据采集	普查员
石占军	男	汉	临河区解放办事处		文化站长	资料整理	普查员
郅杏枝	女	汉	临河区东环办事处		文化站长	数据采集	普查员
赵丽生	女	汉	临河区新华办事处		文化站长	资料整理	普查员
郭建军	男	汉	临河区先锋办事处		文化站长	数据采集	普查员
武挺	男	汉	临河区乌兰图克镇		文化站长	登记、管理	普查员
李敏	女	汉	临河区狼山镇		文化站长	资料整理	普查员
刘燕	女	汉	临河区干召庙镇		文化站长	数据采集	普查员
史文惠	女	汉	临河区城关镇		文化站长	登记、管理	普查员
郭海军	男	汉	临河区双河镇		文化站长	资料整理	普查员
徐美丽	女	汉	临河区新华镇		文化站长	数据采集	普查员
赵凤娥	女	汉	临河区八一镇		文化站长	登记、管理	普查员
张琳	女	汉	临河区曙光镇		文化站长	拍照	普查员
苏建成	男	汉	临河一职	中高	校级督学	资料整理	工作人员
李浩宇	男	汉	磴口县文体局		副局长	统筹协调	管理人员
王维清	男	汉	磴口县文体局		局长	统筹协调	管理人员
李建新	男	汉	磴口县文物管理所	馆员	所长	统筹协调	管理人员
王浩	男	汉	磴口县文物管理所	副研究员	副所长	文物命名、分类	专家
程建蒙	男	汉	磴口县文物管理所	馆员		资料审核	普查员
王秀清	女	汉	磴口县文物管理所	馆员		登记、管理	普查员
李朱珠	女	汉	磴口县文物管理所	馆员		资料整理	普查员
刘雅婷	女	汉	磴口县文物管理所	助理馆员		拍照	普查员
谢凌勇	男	汉	磴口县兵团博物馆	馆员		数据采集	普查员
王玉珏	女	汉	磴口县兵团博物馆		讲解员	数据上传	普查员
赵龙	男	汉	磴口县乌兰布和农场		干事	数据登录	普查员
于雪松	女	汉	磴口县黄河工程管理局	工程师		数据审核	普查员

续表

姓 名	性别	民族	工作单位	职 称	职 务	普查内容	备 注
袁洪飞	男	汉	磴口县黄河工程管理局	工程师		数据审核	普查员
张守成	男	汉	杭锦后旗文体局		局长	统筹协调	管理人员
张海生	男	汉	杭锦后旗文体局		副局长	统筹协调	管理人员
董继光	男	汉	杭锦后旗文体局		纪检组长	统筹协调	管理人员
马海泉	男	汉	杭锦后旗文物管理所		所长	统筹协调	管理人员
段晓莉	女	汉	杭锦后旗文物管理所	初级		照相、上传数据	普查员
闫丽英	女	汉	杭锦后旗文物管理所	中级		照相、测量	普查员
安兰伟	男	汉	杭锦后旗奋斗中学		校长	汇总、审核	普查员
张 颖	男	汉	杭锦后旗奋斗中学		副校长	资料整理	普查员
崔瑞军	男	汉	杭锦后旗文化馆	中级	馆长	资料采集	普查员
周晓黎	女	汉	杭锦后旗图书馆	副高	馆长	测量、记录	普查员
张争锐	男	汉	杭锦后旗文化市场综合行政执法局	初级		资料采集	普查员
萨仁格日乐	女	蒙古	乌拉特后旗政府		副旗长	负责全面工作	管理人员
郭永志	男	汉	乌拉特后旗政府办		副主任	日常组织和具体协调	管理人员
霍建国	男	汉	乌拉特后旗文体局		局长	统筹协调	管理人员
张 德	男	汉	乌拉特后旗发改局		副局长	统筹协调	管理人员
白丽琴	女	汉	乌拉特后旗教育局		副局长	统筹协调	管理人员
张 军	男	汉	乌拉特后旗民政局		副局长	统筹协调	管理人员
杨永胜	男	汉	乌拉特后旗财政局		副局长	统筹协调	管理人员
宝音孟克	男	蒙古	乌拉特后旗国土资源局		副局长	统筹协调	管理人员
李 峰	男	汉	乌拉特后旗统计局		副局长	数据审核	管理人员
钢 花	男	蒙古	乌拉特后旗档案局		副局长	统筹协调	管理人员
牧 仁	男	蒙古	乌拉特后旗民宗局		副局长	统筹协调	管理人员
郭 强	男	汉	乌拉特后旗科协		副主席	统筹协调	管理人员
包国瑞	男	蒙古	乌拉特后旗文体局		副局长	统筹协调	管理人员
刘利军	男	汉	乌拉特后旗文体局		博物馆馆长	照相、审核	普查员
图孟格日乐	女	蒙古	乌拉特后旗文体局		博物馆副馆长	数据采集	普查员
祁美丽	女	蒙古	乌拉特后旗文体局		博物馆馆员	建档	普查员
乌力吉	男	蒙古	乌拉特后旗文体局		博物馆馆员	数据采集	普查员
黄佳芯	女	蒙古	乌拉特后旗文体局		博物馆讲解员	报送	普查员

姓　名	性别	民族	工作单位	职　称	职　务	普查内容	备　注
辛　陆	女	汉	乌拉特后旗文体局		博物馆讲解员	数据采集	普查员
韩晓宇	男	汉	乌拉特后旗文体局		博物馆馆员	数据采集	普查员
刘　斌	男	汉	乌拉特中旗文管所	中级	所长	数据审核	管理人员
丁关俊	男	汉	乌拉特中旗文管所	初级	文物管理员	数据录入、数据采集	普查员
白　喜	男	蒙古	乌拉特中旗文管所	中级	文物管理员	照相	普查员
王俊娥	女	汉	乌拉特中旗文管所		文物管理员	数据采集	普查员
李瑞玲	女	汉	乌拉特中旗文管所		讲解员	记录	普查员
张曦月	女	蒙古	乌拉特中旗文管所		讲解员	数据采集	普查员
乌日更	男	蒙古	乌拉特中旗文化市场		干部	照相	普查员
陈雪娜	女	汉	乌拉特中旗文化馆	中级	干部	记录	普查员
其格楚海	女	蒙古	乌拉特中旗文化馆	中级	干部	数据采集	普查员
周　京	男	汉	乌拉特中旗档案局		出纳	数据采集	普查员
阿拉腾花	女	蒙古	乌拉特中旗档案局		会计	数据采集	普查员
包　巍	男	汉	五原县人民政府		副县长	统筹协调	管理人员
刘二为	男	汉	五原县人民政府		政府办副主任	统筹协调	管理人员
苏茂荣	女	汉	五原县文化体育广播电影电视局		局长	组织和领导	管理人员
张　迪	女	汉	五原县档案局		局长	资料审核	管理人员
陈丽萍	女	汉	五原县文化体育广播电影电视局		副局长	日常组织和具体协调	管理人员
刘思永	男	汉	五原县发展和改革局		副局长	统筹协调	管理人员
周　兵	男	汉	五原县民政局		副局长	统筹协调	管理人员
张桂英	女	汉	五原县财政局		副局长	资金管理	管理人员
刘三亮	男	汉	五原县国土资源局		副局长	统筹协调	管理人员
闫爱贞	女	汉	五原县统计局		副局长	统计和审定	管理人员
马俊杰	男	汉	五原县民宗局		副局长	统筹协调	管理人员
龙秋霞	女	汉	五原县档案局		副局长	日常管理	管理人员
刘建军	男	汉	五原县科技局		副局长	统筹协调	管理人员
李少飞	男	汉	五原县文物管理所		所长	数据审核	管理人员
王立新	男	汉	五原县文物管理所		副所长	文物的命名、分类	管理人员
赵　毅	男	汉	五原县文物管理所			照相	普查员
张　路	女	汉	五原县文物管理所			上传数据	普查员
徐　境	女	汉	五原县档案局		宣教股长	数据采集	工作人员

姓　名	性别	民族	工作单位	职　称	职　务	普查内容	备　注
张　丹	女	汉	五原县档案局		解说员	数据采集	工作人员
王晓敏	女	汉	五原县档案局		解说员	电子录入	工作人员
祁佩增	女	汉	五原县广播电视新闻中心		记者	新闻报道	志愿者
斯琴巴拉	女	蒙古	乌拉特前旗政府		副旗长	负责全面工作	管理人员
布　赫	男	蒙古	乌拉特前旗政府		副旗长	统筹协调	管理人员
刘永胜	男	汉	乌拉特前旗政府		副主任	日常组织和具体协调	管理人员
朝鲁门	男	蒙古	乌拉特前旗文化旅游广电局		局长	组织协调	管理人员
樊振国	男	汉	乌拉特前旗文体中心		主任	组织协调	管理人员
曹　军	男	汉	乌拉特前旗广电中心		副主任	组织协调	管理人员
布日古德	男	蒙古	乌拉特前旗文体中心		副主任	组织协调	管理人员
苗　靖	男	汉	乌拉特前旗文体中心		文化科科长	组织协调	管理人员
张志刚	男	汉	乌拉特前旗档案局		副局长	组织协调	管理人员
胡怀峰	男	汉	乌拉特前旗博物馆	馆员	馆长	资料审核	管理人员
萨仁其木格	女	蒙古	乌拉特前旗博物馆	馆员	副馆长	数据采集	工作人员
菅　强	男	汉	乌拉特前旗博物馆	馆员	副馆长	登记、管理	工作人员
吕永平	男	汉	乌拉特前旗博物馆	技师	办公室主任	指导	普查员
周桂英	女	汉	乌拉特前旗博物馆	高级工	职员	登记、管理	工作人员
李金梅	女	蒙古	乌拉特前旗博物馆	助馆	职员	数据录入、数据采集	工作人员
侯　艳	女	汉	乌拉特前旗博物馆		职员	登记、管理	工作人员
黄伟文	女	汉	乌拉特前旗博物馆	馆员	职员	拍照	工作人员
齐苏亚拉图	男	蒙古	乌拉特前旗博物馆	高级工	职员	资料报送	普查员
周佳慧	女	汉	乌拉特前旗公田村民俗博物馆		职员	数据录入	普查员
张跃泉	男	汉	乌拉特前旗图书馆		馆长	资料采集	工作人员
王　军	男	汉	乌拉特前旗气象局		副局长	组织协调	管理人员
王力军	男	汉	乌拉特前旗小佘太镇政府		镇长	组织协调	管理人员
贾海豹	男	汉	乌拉特前旗明安镇政府		文化站站长	资料采集	普查员

乌海市第一次全国可移动文物普查人员统计表

姓　名	性别	民族	工作单位	职　称	职　务	普查内容	备　注
樊桂丽	女	汉	乌海市文新广局		局长	审核	管理人员
刘利军	男	汉	乌海市文新广局		副局长	审核	管理人员
李墨禄	男	汉	乌海市文新广局		主任科员	审核	管理人员
王晶晶	女	汉	乌海市文新广局		科长	审核	管理人员
李树东	男	汉	乌海市文新广局		科长	审核	管理人员
武俊生	男	汉	乌海市博物馆	文博副研究员	馆长	审核	专家
郝玉龙	男	汉	乌海市博物馆	文博馆员	馆长助理	摄影、审核	专家
吴蕾	女	汉	乌海市博物馆	文博馆员	馆员	审核	专家
谢晶	男	汉	乌海市博物馆	助理馆员	馆员	数据采集	普查员
孟睿	女	汉	乌海市博物馆	助理馆员	馆员	数据录入	普查员
徐正夏	男	汉	乌海市博物馆		馆员	数据采集	普查员
蔡雪娇	女	汉	乌海市博物馆		馆员	数据录入	志愿者
赵楠	女	汉	乌海市博物馆		馆员	数据采集	志愿者
赵红	女	汉	乌海市博物馆		馆员	数据录入	志愿者
乔惠萍	女	汉	海勃湾区博物馆	文博副研究员	馆长	审核	专家
郭勇卿	女	汉	海勃湾区博物馆	文博副研究员	馆员	数据录入	普查员
王萍	女	汉	海勃湾区博物馆		馆员	数据录入	普查员
强越	女	汉	海勃湾区博物馆		馆员	数据录入	普查员
刘苏婷	女	汉	海勃湾区博物馆		馆员	数据采集	普查员
赵军	男	汉	海勃湾区博物馆		馆员	摄影	普查员
李冀琛	男	汉	海勃湾区博物馆		馆员	摄影	普查员
李亚旭	女	汉	海勃湾区博物馆		馆员	数据录入	普查员
刘维佳	女	汉	海南区文化旅游局				普查员
白净	男	汉	乌达区文化市场综合执法大队				普查员
董巍巍	男	汉	乌海日报社（乌海晚报）			宣传	媒体

阿拉善盟第一次全国可移动文物普查人员统计表

姓　名	性别	民族	工作单位	职　称	职　务	普查内容	备　注
赵红岩	女	汉	盟行署		副盟长	管理	
孙建军	男	汉	盟文广局		局长	管理	
包　金	女	蒙古	盟教体局		局长	管理	
全江波	男	汉	盟长助理、盟人行		行长	管理	
姚泽元	男	汉	盟发改委		主任	管理	
王国福	男	汉	盟行署副		秘书长	管理	
斯沁夫	男	蒙古	盟民事局		局长	管理	
王迎翔	男	汉	盟民政局		局长	管理	
斯琴	女	蒙古	盟财政局		局长	管理	
高乾隆	男	汉	盟国土局		局长	管理	
陈秀芳	女	汉	盟统计局		局长	管理	
金　山	男	蒙古	盟档案局		局长	管理	
张宝平	男	汉	盟科协		主席	管理	
高冬	男	汉	盟文广局		副局长	管理	
景学义	男	汉	盟文物局		局长	管理	
巴戈那	男	蒙古	盟文广局文化遗产科		科长	管理	
李　宇	女	汉	盟文广局计财科		科长	管理	
张震州	男	汉	阿拉善博物馆	文博副研员	馆长	审核平台数据	单位及盟普查办级审核
梅　花	女	蒙古	阿拉善博物馆	文博副研员	副馆长	审核平台数据	单位及盟普查办级审核
陈东旭	女	满	阿拉善博物馆	文博副研员	文保部主任	信息采集、网报数据、审核平台数据、撰写工作报告	单位及盟普查办级审核

姓　名	性别	民族	工作单位	职　称	职　务	普查内容	备　注
吴婷婷	女	汉	阿拉善博物馆	助理馆员	文保部职员	信息采集、网报数据、审核	单位及盟普查办级审核
杨　峰	男	汉	阿拉善博物馆	助理馆员	文保部职员	摄影	
俞志鹏	男	汉	阿拉善博物馆	助理馆员	文保部职员	摄影	
奥祺尔巴托	男	蒙古	阿拉善博物馆		文保部职员	摄影、网报数据	
海丽娜	女	蒙古	阿拉善博物馆		展陈部职员	网报数据	
范檬萌	女	汉	阿拉善博物馆		文保部职员	网报数据	
丽　丽	女	蒙古	阿拉善博物馆	馆员	宣教部主任	完善纸质档案	
海　龙	男	蒙古	阿拉善博物馆	馆员	技术部	完善纸质档案	
杨福丽	女	汉	阿拉善博物馆	助理馆员	研究部职员	完善纸质档案网报数据	
许光磊	男	汉	阿拉善博物馆		志愿者	网报数据	
邱　涛	男	汉	阿拉善博物馆		志愿者	网报数据	
王　雄	男	汉	阿左旗政府	副处级	副旗长	管理	
陶恒鑫	男	汉	阿左旗政府	副科级	副主任	管理	
吴永元	男	汉	文化旅游局	正科级	原局长	管理	
恩克阿木尔	男	蒙古	文化旅游局	正科级	局长	管理	
闫新福	男	汉	教育体育局	正科级	局长	管理	
纳　青	男	蒙古	民族事务局	正科级	局长	管理	
布仁巴伊尔	男	蒙古	档案局	正科级	局长	管理	
田　源	女	汉	文化旅游局	副科级	副局长	管理	
阿拉塔	男	蒙古	文物管理局	副科级	局长	管理	
白萨茹拉	男	蒙古	文物管理局	副科级	副局长	管理	
刘　艳	女	汉	文物遗产管理所	副科级	原所长	管理	
李小伟	男	汉	文物管理局	助理	业务室主任	文物认定、登记、数据上报	
纳　钦	男	蒙古	文物管理局	助理	办公室主任	文物登记	
阿拉腾乌拉	男	蒙古	文物管理局	助理	志愿者	文物登记	
徐海峰	男	汉	文物管理局	管理员	志愿者	文物登记	
苏　鹏	男	汉	文物管理局	管理员	志愿者	文物登记、拍照	

姓　名	性别	民族	工作单位	职　称	职　务	普查内容	备　注
张　弛	男	汉	阿拉善王府博物馆	管理员	志愿者	文物登记、拍照	
尼　玛	男	蒙古	延福寺	馆员	志愿者	管理	
莫日根	男	蒙古	达里克庙	馆员	寺管所所长	管理	
铁木耳萨那	男	蒙古	乌力吉文化站	副研究馆员	站长	管理	
劳　登	男	蒙古	广宗寺	馆员	寺管所所长	管理	
胡哈斯巴根	男	蒙古	福因寺	馆员	寺管所所长	管理	
通古拉嘎	男	蒙古	阿左旗文化馆	副研究馆员	志愿者	管理	
牧　仁	男	蒙古	阿右旗人民政府		旗委常委、宣传部部长、政府副旗长	管理	
王德寿	男	汉	阿右旗人民政府		办公室副主任	管理	
魏智广	男	汉	阿右旗文化旅游局		局　长	管理	
潘存军	男	汉	阿右旗发改局		副局长	管理	
王集中	男	汉	阿右旗财政局		副局长	管理	
肖秀琴	女	汉	阿右旗国土局		副局长	管理	
谢永德	男	汉	阿右旗交通局		副局长	管理	
叶德喜	男	汉	阿右旗环保局		副局长	管理	
李永士	男	汉	阿右旗水务局		副局长	管理	
白生明	男	汉	阿右旗林业局		副局长	管理	
黄勇军	男	汉	阿右旗住建局		副局长	管理	
王国荣	男	汉	阿右旗民政局		副局长	管理	
郭玉香	女	汉	阿右旗教体局		副局长	管理	
徐生仁	男	汉	阿右旗统计局		副局长	管理	
徐爱先	男	汉	阿右旗民宗局		副局长	管理	
尚洪秋	男	汉	阿右旗人武部		副部长	管理	
孙艳丽	女	汉	阿右旗审计局		副局长	管理	
范荣南	男	汉	阿右旗文物局	副研究馆员	局　长	摄影	
侍明禄	男	汉	阿右旗森林公安局		局　长	管理	
郭春梅	女	汉	阿右旗档案局		副局长	管理	
马正升	男	汉	中国人民银行阿右旗支行		副行长	管理	

姓　名	性别	民族	工作单位	职　称	职　务	普查内容	备　注
阿拉腾巴格那	男	蒙古	阿右旗巴丹吉林镇		副镇长	管理	
曾艳	女	汉	阿右旗雅布赖镇		副镇长	管理	
范军	男	汉	阿右旗阿拉腾敖包镇		副镇长	管理	
王国成	男	汉	阿右旗曼德拉苏木		副苏木达	管理	
赵慎祥	男	汉	阿右旗阿拉腾朝格苏木		副苏木达	管理	
李成元	男	汉	阿右旗巴彦高勒苏木		副苏木达	管理	
段晨亮	男	蒙古	阿右旗塔木素布拉格苏木		副苏木达	管理	
范永龙	男	汉	阿右旗文物局	文博助理馆员	职工	网报、网审	
王多斌	男	汉	阿右旗文物局	文博助理馆员	职工	数据采集	
五一	男	汉	阿右旗文物局	文博助理馆员	职工	数据采集	
严丽	男	女	阿右旗文物局	文博助理馆员	职工	数据整理	
巴格那	男	汉	阿右旗文物局	初级工	职工	数据采集	
贾芳	男	女	阿右旗文物局	文物管理员	职工	数据整理、网报	
李曙光	男	汉	额济纳旗政协		政协委员	管理	原文广局局长
梁建果	男	汉	额济纳旗人大		调研员	管理	
贾桂成	男	汉	额济纳旗宣传部、电视台		副部长、台长	管理	
那仁巴图	男	蒙古	额济纳旗文广局		副局长	管理	
冯秀清	女	汉	额济纳旗文广局		局长	管理	
傅兴业	男	汉	额济纳旗文物所	副研究馆员	所长	数据审核	
裴海霞	女	汉	额济纳旗文物所	文博馆员	副所长	数据采集、录入、登录、离线审核、撰写工作报告	
宝力道	男	蒙古	额济纳旗文物所	文博馆员		数据采集、摄影	
吉日格勒	男	蒙古	额济纳旗文物所	文博馆员	副所长	入户调查	
特木尔	男	蒙古	额济纳旗文物所	文博馆员	办公室主任	入户调查	
杜庆军	男	汉	额济纳旗文物所	文博馆员		数据采集	
乌日图纳森	男	蒙古	额济纳旗文物所	高级技师		文物清库	
巴图朝鲁	男	蒙古	额济纳旗文物所	助理馆员		文物清库	
石艺	女	蒙古	额济纳旗博物馆	助理馆员		数据采集	

第四章 表彰先进

国务院第一次全国可移动文物普查领导小组办公室《关于表彰第一次全国可移动文物普查先进集体和先进个人的决定》

国务院普查领导小组各成员单位，各省、自治区、直辖市文物局（文化厅），新疆生产建设兵团文物局，各相关部门：

2012 年至 2016 年，国务院统一部署，组织开展了第一次全国可移动文物普查。全国成立 3600 个普查机构，投入 10.7 万名普查人员、12.4 亿元经费，调查 102 万家国有单位，全面加强文物认定和登记，新发现一大批重要文物，健全国家文物资源管理机制，圆满完成第一次全国可移动文物普查任务，为我国文物事业改革发展做出了积极贡献。

普查实施五年来，全国各级普查机构和广大普查工作人员，牢记使命、恪尽职守、不畏艰难、无私奉献，按时、高效完成了可移动文物普查各项工作任务，涌现出一大批工作成绩突出、精神风貌高尚的先进集体和先进个人，为第一次全国可移动文物普查做出了突出贡献，为文物工作树立了楷模。为弘扬其忠于职守、开拓创新、为国奉献的崇高精神，经报国务院审批，全国评比达标表彰工作协调小组批准，各地可移动文物普查机构认真评选、层层推荐和逐级公示，国务院第一次全国可移动文物普查领导小组办公室、国家文物局决定，授予首都博物馆等 80 个单位"第一次全国可移动文物普查先进集体"荣誉称号，授予薛俭等 80 名同志"第一次全国可移动文物普查先进个人"荣誉称号。希望受到表彰的先进集体和个人珍惜荣誉，发扬成绩，谦虚谨慎，再接再厉，为加强文物保护利用，传承弘扬中华优秀传统文化再立新功。

各级文物行政部门和参加普查的有关单位广大干部职工要以受到表彰的先进集体和先进个人为榜样，紧密团结在以习近平同志为核心的党中央周围，高举中国特色社会主义伟大旗帜，牢记文化遗产保护光荣使命，立足本职岗位，争创优异成绩，不忘初心、继续前进，为建设文化遗产强国做出新的更大贡献。

  附件：1. 第一次全国可移动文物普查先进集体表彰对象名单
     2. 第一次全国可移动文物普查先进个人表彰对象名单

国务院第一次全国可移动文物普查领导小组办公室

（国家文物局代章）

2017 年 3 月 15 日

附件 1

第一次全国可移动文物普查先进集体表彰对象名单（共 80 个）

北京市

首都博物馆

北京市东城区文物管理所

天津市

天津市滨海新区文化广播电视局（天津市滨海新区第一次全国可移动文物普查办公室）

天津自然博物馆

河北省

河北省文物研究所

承德市第一次全国可移动文物普查领导小组办公室

山西省

运城市第一次全国可移动文物普查办公室

山西博物院保管部

内蒙古自治区

内蒙古自治区文物局博物馆处（内蒙古自治区第一次全国可移动文物普查领导小组办公室）

赤峰市文物局（赤峰市第一次全国可移动文物普查领导小组办公室）

辽宁省

沈阳故宫博物院

朝阳博物馆

吉林省

吉林省博物院

吉林市博物馆

黑龙江省

黑龙江省博物馆

佳木斯市博物馆

上海市

中国共产党第一次全国代表大会会址纪念馆

上海市徐汇区土山湾博物馆

江苏省

徐州市文物局

南京市江宁区博物馆

浙江省

温州市文物局第一次全国可移动文物普查办公室

杭州市园林文物局文物处第一次全国可移动文物普查办公室

安徽省

安徽博物院

合肥市文物管理处

江西省

鹰潭市第一次全国可移动文物普查领导小组办公室

婺源县文物局

山东省

曲阜市文物局（曲阜市文物管理委员会）

菏泽市文物局

福建省

福建博物院

龙岩市文物局

河南省

洛阳市文物局

河南省文物考古研究院

湖北省

湖北省博物馆

十堰市文物局

湖南省

湖南省文物局博物馆处（湖南省文物局第一次全国可移动文物普查工作办公室）

长沙市文物局

广东省

广东省文物局综合处（广东省文化厅推进第一次全国可移动文物普查工作办公室）

东莞市文化广电新闻出版局（东莞市第一次全国可移动文物普查领导小组办公室）

广西壮族自治区

广西壮族自治区博物馆

柳州博物馆

海南省

海口市博物馆

儋州市博物馆

重庆市

重庆市万州区博物馆

重庆中国三峡博物馆（重庆博物馆）第一次全国可移动文物普查办公室

四川省

四川博物院

成都博物馆

贵州省

黔东南苗族侗族自治州第一次全国可移动文物普查办公室

黔西南布依族苗族自治州第一次全国可移动文物普查办公室

云南省

云南省文物鉴定专家委员会

楚雄彝族自治州博物馆

陕西省

安康市文化文物广电局

榆林市文物保护研究所

甘肃省

甘肃简牍博物馆

甘肃省图书馆历史文献部

宁夏回族自治区

中卫市文物管理所

固原市原州区文物管理所

青海省

青海省博物馆

玉树藏族自治州第一次全国可移动文物普查领导小组办公室

新疆维吾尔自治区

新疆维吾尔自治区文物局第一次全国可移动文物普查工作办公室

新疆维吾尔自治区博物馆

新疆生产建设兵团

新疆兵团军垦博物馆

西藏自治区

西藏自治区文物局鉴定中心（第一次全国可移动文物普查办公室）

西藏昌都市文物局文物保护研究所（第一次全国可移动文物普查办公室）

中央宣传部

中宣部图书馆

中央党校

中共中央党校图书馆古籍特藏室

中央党史研究室

湖南党史陈列馆

外交部

外交部钓鱼台宾馆管理局办公室藏珍馆

国家发展和改革委员会

国家发展改革委社会发展司生活质量处

民政部

民政部优抚安置局烈士褒扬处

财政部

财政部文化司文化二处

文化部

故宫博物院器物部

中国国家博物馆藏品保管一部

国务院国有资产监督管理委员会

武汉钢铁集团武钢博物馆

国家统计局

国家统计局社会科技和文化产业统计司社会处

中国科学院

中国科学院新疆生态与地理研究所文献信息中心

中国社会科学院

中国社会科学院考古研究所考古资料信息中心

中国银行业监督管理委员会

中国工商银行股份有限公司新疆维吾尔自治区分行营业部

国家文物局

北京鲁迅博物馆（北京新文化运动纪念馆）第一次全国可移动文物普查工作小组

中国作家协会

中国现代文学馆保管阅览部

中国科学技术协会

北京自然博物馆标本部

附件2

第一次全国可移动文物普查先进个人表彰对象名单（共80名）

北京市

薛　俭　北京文博交流馆馆长兼书记

吴英茂（满族）　北京市西城区文化委员会科长

天津市

张昊文（女）　天津市文化广播影视局（天津市文物局）副主任科员

臧天杰　天津博物馆器物研究部副主任

河北省

孙增民　石家庄市文物局博物馆科科长

李昊鹏　邯郸市文物局博物馆处负责人

山西省

师悦菊（女）　山西省文物资料信息中心信息部主任、研究员

韩　革（女）　太原市文物局博物馆处处长

袁佳珍（女）　山西省文物资料信息中心馆员

内蒙古自治区

李丽雅（女、蒙古族）　内蒙古博物院研究馆员

索秀芬（女）　内蒙古自治区文物考古研究所研究馆员

辽宁省

袁　芳（女）　辽宁省博物馆助理馆员

刘冠缨（女、满族）　旅顺博物馆馆员

吉林省

许　敏（女）　吉林省博物院藏品保管员

王林艳（女）　吉林省自然博物馆工程师

黑龙江省

颜祥林　大庆市文广新局文化遗产保护科科长

查云玲（女）　黑河市文物管理办公室文博科科长

上海市

叶　婷（女）　嘉定博物馆文保部副主任

林　杰　宝山区文物保护管理所普查员

江苏省

陈　钰（女）　江苏省普查办普查员

漆跃文　苏州市普查办普查员

陈晶晶（女）　扬州市文物局人事行政处处长

浙江省

李　军（女）　宁波博物馆副馆长

刘荣华（女）　湖州市博物馆书记

曾昭明　浙江省文物局（普查办）普查员

安徽省

龚英邓（女）　安徽省文物局博物馆处工作人员

陈玉琳（女）　安徽省黄山市歙县普查办普查员

江西省

白光华　景德镇陶瓷考古研究所所长助理，兼任景德镇市文物局文物科副科长

赵德林　南昌市博物馆副馆长

山东省

温立杰　青岛市文物局主任科员

王瑞光　济宁市文物局博物馆科科长

高　震　山东博物馆宣教部副主任

福建省

陈家康　福建省南平市文物管理委员会办公室主任

河南省

齐迎萍（女）　郑州博物馆副馆长

李建新　开封市文物局文物保护与考古科科长

张建民　河南博物院藏品管理部副主任

湖北省

刘　真　湖北省古建筑保护中心馆员

黄文建　武汉市中山舰博物馆保管部主任

郑海峰　荆门市文物局副局长

湖南省

张婷婷（女）　湖南省文物考古研究所信息资料部工作人员

邱卫红（女）　益阳市博物馆文物征集部主任

广东省

焦大明（女）　广东省博物馆藏品管理与研究部副主任

胡在强　西汉南越王博物馆普查办秘书长

广西壮族自治区

许　明　广西民族博物馆馆员

梁　萍（女）　梧州博物馆保管部副主任

海南省

叶　帆　海南省博物馆保管部副主任

陈　睿（黎族）　海南省民族博物馆保管部主任

重庆市

侯亚兰（女）　重庆红岩革命历史博物馆助理馆员

张　辉（女）　巫山县文物管理所藏品研究部主任

四川省

晏满玲（女）　四川省泸州市博物馆藏品部主任

李勤学（羌族）　阿坝藏族羌族自治州文管所文保中心主任

贵州省

云　海（苗族）　贵州省第一次全国可移动文物普查办公室普查员

胡云燕（女）　遵义市第一次全国可移动文物普查办公室副主任

云南省

刘忠华　曲靖市文物管理所原所长/支部书记

赵　云　云南省博物馆副研究馆员

陕西省

朱新文　陕西省文物局博物馆与社会文物处调研员

邵小龙　陕西文物数据中心主任

梁彦民　陕西历史博物馆保管部主任

甘肃省

班　睿（藏族）　甘肃省文物资料信息中心副主任

杜永强　白银市博物馆副馆长

宁夏回族自治区

孔德翊　宁夏文物保护中心馆员

董　薇（女）　银川市文物管理处馆员

青海省

刘实民（女）　青海省文物管理局博物馆处处长

赵炯琪（土族）　青海省海南藏族自治州贵德县文物管理所所长

新疆维吾尔自治区

王金文　新疆维吾尔自治区文物局主任科员

赵德文　新疆维吾尔自治区博物馆馆员

路　莹（女）　吐鲁番市博物馆馆员

西藏自治区

娘吉加（藏族）　西藏博物馆副研究员

班旦次仁（藏族）　布达拉宫管理处助理馆员

卓　玛（女、藏族）　山南市文化局（市文物局）

教育部

刘春荣（女）　中国人民大学博物馆副馆长

国土资源部

骆团结　中国地质博物馆副研究员

文化部

李　晨　中国美术馆馆员

中国人民银行

赵颐丽（女）　中国钱币博物馆征集保管部主任

国家新闻出版广电总局

王　亚（女）　中国国际广播电台总编室音频资料处研究馆员

国家宗教事务局

胡雪峰（蒙古族）　北京雍和宫庙务管理委员会雍和宫住持

国家档案局

韩　冬　国家档案局综合档案馆业务指导处处长

国家文物局

何晓雷　国家文物局博物馆与社会文物司（科技司）博物馆处副处长、调研员

徐　鹏　国家文物局普查办（常熟博物馆借调）馆员

刘　佳　中国文物信息咨询中心工程师

内蒙古自治区第一次全国可移动文物普查领导小组办公室等《关于表彰内蒙古自治区第一次全国可移动文物普查先进集体和先进个人的决定》

自治区普查领导小组各成员单位，各盟市文新广（体）局、文物局，各直属文博单位，各相关单位：

2012年至2016年，在国务院统一部署和自治区政府领导下，全区组织开展了第一次全国可移动文物普查，成立了115个普查机构，投入2820名普查人员、4457万元经费，调查17778个国有单位，全面加强文物认定和登记，新发现了一大批重要文物，健全了全区文物资源管理机制，圆满完成了我区第一次全国可移动文物普查任务，为我区文物事业改革发展做出了积极贡献。

普查实施五年来，全区各级普查机构和广大普查工作人员牢记使命、恪尽职守、不畏艰难、无私奉献，按时、高效完成了可移动文物普查各项工作任务，涌现出一大批工作成绩突出、精神风貌高尚的先进集体和先进个人，为第一次全国可移动文物普查做出了突出贡献，为文物工作树立了楷模。为弘扬其忠于职守、开拓创新、为国奉献的崇高精神，经报自治区人民政府、自治区评比达标表彰工作协调小组批准，各盟市可移动文物普查机构认真评选、层层推荐和逐级公示，内蒙古自治区第一次全国可移动文物普查领导小组办公室、内蒙古自治区人力资源和社会保障厅、内蒙古自治区文化厅、内蒙古自治区文物局、内蒙古自治区公务员局决定，授予呼和浩特博物馆等59个单位"第一次全国可移动文物普查先进集体"荣誉称号，授予王太平等159名同志"第一次全国可移动文物普查先进个人"荣誉称号。希望受到表彰的先进集体和个人珍惜荣誉，发扬成绩，谦虚谨慎，再接再厉，为加强文物保护利用，传承弘扬中华优秀传统文化再立新功。

各级文物行政部门和参加普查的有关单位广大干部职工要以受到表彰的先进集体和先进个人为榜样，紧密团结在以习近平同志为核心的党中央周围，高举中国特色社会主义伟大旗帜，牢记文化遗产保护光荣使命，立足本职岗位，争创优异成绩，不忘初心，继续前进，为建设文化遗产强国做出新的更大贡献。

附件：1. 内蒙古自治区第一次全国可移动文物普查先进集体表彰名单
2. 内蒙古自治区第一次全国可移动文物普查先进个人表彰名单

内蒙古自治区第一次全国可移动文物普查领导小组办公室

内蒙古自治区人力资源和社会保障厅　　内蒙古自治区文化厅

内蒙古自治区文物局　　内蒙古自治区公务员局

2017 年 9 月 13 日

附件1

内蒙古自治区第一次全国可移动文物普查先进集体
表彰名单（共 59 个）

呼和浩特市

呼和浩特市文化新闻出版广电局文物科

内蒙古自治区将军衙署博物院办公室

呼和浩特市文物事业管理处

呼和浩特博物馆

呼和浩特市赛罕区文化体育和广播电影电视局

呼和浩特市托克托县文化体育局

包头市

包头市文化新闻出版广电局文物科

包头市文物管理处

包头博物馆

敕勒川博物馆

呼伦贝尔市

呼伦贝尔民族博物院

扎兰屯文化体育新闻出版广电（文物）局

莫力达瓦达斡尔族自治旗达斡尔民族博物馆

新巴尔虎右旗文物管理所

鄂伦春自治旗博物馆

兴安盟

兴安盟文化新闻出版广电局文物科

兴安盟博物馆

兴安盟文物站

通辽市

通辽市博物馆

库伦旗宗教博物馆

科左中旗文物管理所

开鲁县文物管理所

赤峰市

赤峰市财政局科学文化科

赤峰市博物馆

巴林左旗辽上京博物馆

巴林右旗博物馆

敖汉旗博物馆

翁牛特旗博物馆

宁城县辽中京博物馆

锡林郭勒盟

锡林郭勒盟文物保护管理站

锡林浩特市文物事业管理局

二连浩特市文物保护管理所

正镶白旗文物管理所

乌兰察布市

乌兰察布市博物馆

商都县文物管理所

凉城县文化旅游新闻出版广电局

察右中旗文化旅游新闻出版广电局

鄂尔多斯市

鄂尔多斯博物馆

鄂尔多斯青铜器博物馆

鄂托克旗文物保护管理所

乌审旗文物局

巴彦淖尔市

巴彦淖尔市考古研究所（原文物站）

内蒙古河套文化博物院

磴口县文物管理所

乌拉特前旗博物馆（文物管理所）

乌海市

乌海市博物馆

阿拉善盟

阿拉善盟第一次全国可移动文物普查办公室

阿拉善博物馆

中共内蒙古自治区委员会党史研究室

内蒙古自治区党委党史研究室宣传教育处

内蒙古自治区发展和改革委员会

内蒙古自治区发展和改革委员会社会发展处

内蒙古自治区统计局

内蒙古自治区统计局社会科技和文化产业统计处

内蒙古自治区宗教事务局

内蒙古自治区宗教事务局宗教一处

内蒙古自治区民政厅

内蒙古自治区民政厅优抚处

内蒙古自治区财政厅

内蒙古自治区财政厅科技文化处

内蒙古自治区文化厅

内蒙古自治区图书馆民族地方文献研究中心

内蒙古自治区人民政府办公厅

内蒙古自治区人民政府办公厅秘书八处

内蒙古自治区党委宣传部

内蒙古自治区党委宣传部宣传处

内蒙古自治区文物考古研究所

内蒙古自治区文物考古研究所第四研究室

内蒙古博物院

内蒙古博物院保管研究部

附件2

内蒙古自治区第一次全国可移动文物普查先进个人
表彰名单（共 159 名）

呼和浩特市

王太平　内蒙古自治区将军衙署博物院文物保管部主任

胡玉花（女、蒙古族）内蒙古自治区将军衙署博物院

刘利平（女）　呼和浩特市文物事业管理处博物馆科科长

包小民（女、蒙古族）　呼和浩特市文物事业管理处文保科科长

武　成　呼和浩特博物馆副馆长

张敏超（女）　呼和浩特博物馆

包小团（蒙古族）　呼和浩特市文化新闻出版广电局文物科科员

赵一鑫（女）　呼和浩特市图书馆古籍部馆员

张晓阳（回族）　呼和浩特市回民区文物管理所

殷伯义　呼和浩特市玉泉区文化体育广电局

霍志国　和林格尔县文物保护管理所所长

彭瑞峰　武川县文物保护管理所

包头市

王英泽（女）　包头市文物管理处资料室主任

董勇军　包头市文物管理处

邢燕燕（女）　包头市文物管理处

李彩霞（女）　包头博物馆征集保管部主任

申　琳（女）　包头博物馆

库二东　土默特右旗文物管理所副所长

刘　萍（女）　包头市昆都仑区文体广电旅游局局长

高　琦　达茂旗博物馆馆长

尹　艳（女）　包头市青山区文物管理所所长

冯　娜（女）　固阳县文物管理所

乔志杰　达茂联合旗文物管理所

呼伦贝尔市

陈桂婷（女）　呼伦贝尔市民族博物院信息部主任

洪　萍（女）　呼伦贝尔市民族博物院藏品保管部主任

巴图孟和（蒙古族）　新巴尔虎左旗文物管理所所长

冯清宇（女）　扎兰屯文体新广（文物）局副局长

郭元清（女）　阿荣旗博物馆所长

塔　娜（女、蒙古族）　陈巴尔虎旗民族博物馆民俗组组长

郭旭升（达斡尔族）　莫力达瓦达斡尔族自治旗文物管理所副所长

康凤齐　鄂伦春自治旗博物馆办公室负责人

孙祖栋　满洲里市扎赉诺尔区博物馆馆长

张　勇（满族）　额尔古纳市文物管理所所长

田风东　新巴尔虎右旗巴尔虎博物馆工作人员

安永明（蒙古族）　鄂温克族自治旗鄂温克博物馆工作人员

苗福晖　满洲里市博物馆副馆长

于文郁　根河市文物管理所所长

宿振华　海拉尔区文物管理所副所长

韩金玲（女）　牙克石市文化馆（文物所）馆长（所长）

兴安盟

关玉文（蒙古族）　兴安盟博物馆馆长

高国庆（蒙古族） 兴安盟文体新广局文物科科员

哈 斯（蒙古族） 兴安盟文物站站长

包金泉（蒙古族） 科尔沁右翼中旗文管所

吴雪梅（女、蒙古族） 内蒙古民族解放纪念馆文物征集保管部部长

乔源霖（女） 科尔沁右翼前旗博物馆

冯叶春 乌兰浩特市文管所所长

阿茹娜（女、蒙古族） 兴安盟文物站科员

通辽市

李铁军（蒙古族） 通辽市博物馆文保信息中心主任

赵卫东 科尔沁区文物局副局长

白格日乐吐（蒙古族） 科尔沁左翼中旗文物管理所所长

包斌斌（蒙古族） 科尔沁左翼后旗文物管理所书记

崔德军（蒙古族） 霍林郭勒市文物管理所所长

刘志强 扎鲁特旗文物管理所保管员

马 海 开鲁县文物管理所副所长

杨卫东（蒙古族） 库伦旗宗教博物馆馆长

周伟东（蒙古族） 奈曼旗文物管理所所长

赤峰市

贾秋玉（女） 赤峰市财政局科长

赵国栋（满族） 赤峰市博物馆副馆长

郭 勇（满族） 赤峰市历史文化遗产研究院副院长

贾 娜（女） 赤峰市历史文化遗产研究院

白嘎力（蒙古族） 赤峰市图书馆主任

黄 莉（壮族） 赤峰市松山区文物管理所所长

姚情情（女） 翁牛特旗博物馆副馆长

李建奎 巴林左旗辽上京博物馆馆长

曹布敦嘎（女、蒙古族） 巴林右旗博物馆副馆长

田彦国 敖汉旗博物馆馆长

白明泽（蒙古族） 林西县博物馆馆长

温长江 宁城县辽中京博物馆副馆长

刘伟东 赤峰市元宝山区文物管理所所长

韩立新（蒙古族） 克什克腾旗博物馆馆长

娜仁高娃（女、蒙古族） 阿鲁科尔沁旗博物馆馆长

林 杨 赤峰市红山区文物局主任

马 静（女、满族） 喀喇沁旗文物管理局库管员

沙大禹（回族） 赤峰市博物馆副主任

李学良（蒙古族） 巴林左旗辽上京博物馆

莫德格（女、蒙古族）　巴林右旗博物馆库管员

锡林郭勒盟

李　微（女）　锡林郭勒盟博物馆工作人员

刘凤玲（女）　正蓝旗元上都文物事业管理局工作人员

斯琴毕力格（蒙古族）　二连浩特市文物保护管理所所长

乌　兰（女、蒙古族）　锡林浩特市文物事业管理局文物保护办公室主任

苏德那木旺其格（蒙古族）　东乌珠穆沁旗文物保护管理所所长

沈　伟　苏尼特左旗文化体育广电旅游局

敖日格勒（蒙古族）　苏尼特右旗文物保护管理局干事员

邓　淇（女、蒙古族）　太仆寺旗文物管理所科员

瓦其尔扎布（蒙古族）　镶黄旗文物保护管理所所长

董立民　多伦县文物局汇宗寺国保办主任

萨日娜（女、蒙古族）　正镶白旗文物管理所副所长

陈海峰（蒙古族）　阿巴嘎旗博物馆馆长

赵　楠　西乌旗文物管理所工作人员

王　帅（女、蒙古族）　乌拉盖管理区博物馆科员

乌兰察布市

石林梅（女、蒙古族）　乌兰察布市博物馆

田少君（满族）　商都县文物管理所所长

袁晓波（蒙古族）　察右后旗文物管理所副所长

方红明　凉城县文物保护管理所所长

马文景　兴和县文化旅游新闻出版广电局

陈　玲　化德县文物管理所副所长

韩彩霞　乌兰察布市集宁区文物管理所所长

张升华　丰镇市文物管理所副所长

刘雪峰　察右中旗文物管理所所长

姬　雅（女、蒙古族）　四子王旗博物馆馆员

杨晓鹏　察哈尔右翼前旗文物管理所

郑建勋　卓资县文物管理所所长

鄂尔多斯市

窦志斌　鄂尔多斯博物馆馆长

白林云　鄂尔多斯博物馆文物信息中心主任

白煜慧（女）　鄂尔多斯青铜器博物馆主任

程俊英（女）　鄂尔多斯革命历史博物馆职员

杨俊刚　鄂尔多斯市文物考古研究院主任

郭彩云（女）　鄂尔多斯市东胜区文物保护管理所职员

史明亮　准格尔旗博物馆

王清云　达拉特旗文物管理所所长

赵　磊　伊金霍洛旗文物保护管理所

乌日图那顺（蒙古族）　杭锦旗文物管理所职员

吉仁巴雅尔（蒙古族）　乌审旗文物局

布　和（蒙古族）　鄂托克旗文物保护管理所

红　叶（女、蒙古族）　鄂托克前旗文物保护管理所

乔纪娟（女）　鄂尔多斯市图书馆职员

巴彦淖尔市

王雅琦（女）　巴彦淖尔市考古研究所

王　浩　磴口县文物管理所副所长

李　芹（女）　巴彦淖尔市考古研究所

王　欣　内蒙古河套文化博物院

丁关俊　乌拉特中旗文物管理所

萨仁其木格（女、蒙古族）　乌拉特前旗博物馆（文物管理所）副馆长

段晓莉（女）　巴彦淖尔市杭锦后旗文物管理所

刘利军　乌拉特后旗博物馆馆长

李少飞　五原县文物管理所所长

李建新　磴口县文物管理所所长

乌海市

武俊生　乌海市博物馆馆长

郝玉龙　乌海市博物馆

王　萍（女）　乌海市海勃湾区博物馆

阿拉善盟

胡　杨　阿拉善盟文物局

陈东旭（女、满族）　阿拉善博物馆

李小伟　阿拉善左旗文物管理局

范永龙　阿拉善右旗文物局

裴海霞（女）　额济纳旗文物局

内蒙古自治区教育厅

德力格尔（蒙古族）　内蒙古大学研究馆员

内蒙古自治区国土资源厅

宁培杰　二连浩特市国土资源局博物馆

内蒙古自治区档案局

卢　嵘（女、蒙古族）　阿拉善左旗档案局

中国人民银行

侯宇红（女）　中国人民银行呼和浩特支行高级经济师

内蒙古自治区文物考古研究所

岳够明　内蒙古文物考古研究所信息中心副主任

张亚强　内蒙古自治区文物考古研究所第四研究室主任

李　倩（女）　内蒙古自治区文物考古研究所第四研究室

内蒙古博物院

李毅君（女、回族）　内蒙古博物院历史科副研究员

沈莎莎（女）　内蒙古博物院保管研究部历史科科长

额尔敦桑（蒙古族）　内蒙古博物院馆员

张闯辉　内蒙古博物院馆员

张建升　内蒙古博物院副研究员

张　帆　内蒙古博物院

内蒙古自治区文物局

马晓丽（女）　自治区文物局博物馆处

张煜鹏　自治区文物局博物馆处

玛　雅（蒙古族）　内蒙古博物院

商玮钰　内蒙古博物院

马为民　内蒙古博物院

尹建光　兴安盟博物馆副馆长

苏　东（女）　内蒙古博物院副研究员

铁　达（女、蒙古族）　内蒙古博物院研究员

庆巴图（蒙古族）　内蒙古博物院副研究员

赵占魁　内蒙古河套文化博物院副研究员

陈鹤林（蒙古族）　中国文化报内蒙古记者站记者

内蒙古自治区文化厅

呼　和（蒙古族）　自治区文化厅计财处主任科员